U0883056

权威·前沿·原创

皮书系列为

“十二五”“十三五”“十四五”时期国家重点出版物出版专项规划项目

BLUE BOOK

智库成果出版与传播平台

跨境电商蓝皮书

BLUE BOOK OF CROSS-BORDER E-COMMERCE

中国跨境电商发展报告（2023）

ANNUAL REPORT ON THE DEVELOPMENT OF CROSS-BORDER E-COMMERCE IN CHINA (2023)

聚焦跨境电商产业长期价值

组织编写／河南国际数字贸易研究院
全球（郑州）跨境电商研究院

主　　编／张大卫　苗晋琦　喻新安

副 主 编／潘维成　王小艳

社会科学文献出版社
SOCIAL SCIENCES ACADEMIC PRESS (CHINA)

图书在版编目（CIP）数据

中国跨境电商发展报告. 2023：聚焦跨境电商产业长期价值 / 张大卫，苗晋琦，喻新安主编；潘维成，王小艳副主编. --北京：社会科学文献出版社，2023.5
（跨境电商蓝皮书）
ISBN 978-7-5228-1662-3

Ⅰ.①中… Ⅱ.①张… ②苗… ③喻… ④潘… ⑤王… Ⅲ.①电子商务-产业发展-研究报告-中国-2023 Ⅳ.①F724.6

中国国家版本馆 CIP 数据核字（2023）第 069286 号

跨境电商蓝皮书
中国跨境电商发展报告（2023）
——聚焦跨境电商产业长期价值

组织编写 / 河南国际数字贸易研究院
全球（郑州）跨境电商研究院
主 编 / 张大卫 苗晋琦 喻新安
副 主 编 / 潘维成 王小艳

出 版 人 / 王利民
组稿编辑 / 邓泳红
责任编辑 / 张 超
责任印制 / 王京美

出 版 / 社会科学文献出版社 · 皮书出版分社（010）59367127
地址：北京市北三环中路甲 29 号院华龙大厦 邮编：100029
网址：www.ssap.com.cn
发 行 / 社会科学文献出版社（010）59367028
印 装 / 三河市东方印刷有限公司

规 格 / 开 本：787mm×1092mm 1/16
印 张：24.75 字 数：371 千字
版 次 / 2023 年 5 月第 1 版 2023 年 5 月第 1 次印刷
书 号 / ISBN 978-7-5228-1662-3
定 价 / 168.00 元

读者服务电话：4008918866

《中国跨境电商发展报告（2023）》
编　委　会

主要编撰者简介

张大卫　经济学博士，博士生导师，中国国际经济交流中心副理事长兼秘书长，河南省政府原副省长，河南国际数字贸易研究院学术委员会主任。长期从事区域经济和产业经济的研究工作，发表经济社会发展领域研究论文多篇。参与指导编制河南省“十二五”规划，主持编制河南省“十五”“十一五”规划、中原城市群规划、郑州航空港经济综合实验区发展规划等。对跨境电子商务的政策理论和创新模式有深入的研究，著有《打造中国经济升级版》《航空经济概论》《国际著名智库机制比较研究》《E 国际贸易——下一代贸易方式的理论内涵与基础框架》，主编《中国跨境电商发展报告（2021）》等。

苗晋琦　工学博士，教授，中国机械研究总院博士研究生导师，北京交通大学兼职教授、博士后合作导师，郑州大学兼职教授，华北水利水电大学兼职教授，郑州师范学院兼职教授。曾任郑州市科技局局长、党委书记，郑州市工业和信息化委员会主任、党委书记，现任郑州职业技术学院党委书记，郑州市工业经济、科技和安全领导小组副组长，全球（郑州）跨境电商研究院执行院长。组织编制郑州市科技创新“十二五”规划，郑州市工业七大主导产业发展规划；参与组织编制郑州市工业、科技创新“十三五”发展规划等。发表高水平科技、经济社会发展论文 60 余篇，主持或参与编写（含跨境电商蓝皮书）著作 17 部。

喻新安　经济学博士，教授，研究员，河南省第十一届政协常委，河南省社会科学院原院长，享受国务院政府特殊津贴专家，河南省优秀专家，河南省杰出专业技术人才，河南经济年度人物（2011年），中国区域经济学会副会长，国家统计局“中国百名经济学家信心调查”特邀经济学家，河南省高校智库联盟理事长，河南国际数字贸易研究院首席专家。河南省“十五”至“十四五”规划专家委员会成员。主持国家级、省部级课题40余项，在《人民日报》《光明日报》《求是》《中国工业经济》《改革》《中国改革》等报刊发表论文400余篇，出版著作50多部（个人专著8部）。获省部级特等奖、一等奖10项。

序

2022 年是党和国家历史上极为重要的一年。面对风高浪急的国际环境和艰巨繁重的国内改革发展稳定任务，以习近平同志为核心的党中央掌舵领航，胜利召开党的二十大，擘画了全面建设社会主义现代化国家的宏伟蓝图，统筹国内国际两个大局，团结带领全国人民取得疫情防控重大胜利，为全国经济复苏及快速发展奠定坚实基础。全年社会经济发展表现出强大韧性，国内生产总值达到 121 万亿元，同比增长 3%；货物进出口总额达到 42.1 万亿元，同比增长 7.7%，连续 6 年保持世界第一货物贸易国地位，进一步增强了国际社会对中国经济的信心。

近年来，跨境电商新兴业态在我国蓬勃发展，即使在疫情延宕反复和国际经济下行的 2022 年，我国跨境电商进出口（含 B2B）依然达到 2.11 万亿元，同比增长 9.8%，持续彰显发展活力，全力保障外贸产业链供应链稳定，成为推动我国外贸转型升级和高质量发展的新动能。

2022 年，我国跨境电商利好政策措施不断推出。党中央、国务院关于不断深化构建新发展格局的战略举措和加快建设全国统一大市场的系列部署，为平台经济和贸易模式与业态创新发展，提供了新的重大历史机遇。《区域全面经济伙伴关系协定》（RCEP）正式生效，为我国发展外向型经济提供了更加广阔的空间，也为我国开展跨境电商等经贸合作提供了更多的制度性保障。国务院先后于 1 月和 11 月批复新增鄂尔多斯等 27 个、廊坊等 33 个跨境电商综试区，实现了我国 31 个省区市全覆盖，全国跨境电商综试区数量达到 165 个，跨境电商助力传统产业转型升级、促进产业数字化发展的作用更加凸显。《跨境电子商务海外仓运营与管理服务规范》等国家标准、行业标准、团体标准相继出台，为培育外贸竞争新优势提供了技术和制度支撑。政策红利持续释放，奠定了跨境电商行业持续发展的基础，进一步增强了国内大市场的全球吸引力，提升了“中国制造”和“中国市场”在全球价值链分工体系中的地位。

当前跨境电商发展的内外部环境正在发生深刻变化。在地缘冲突、全球通胀、能源危机、消费萎缩等多重因素交织影响下，世界经济迈入高通胀、低增长阶段。叠加全球抗疫应急需求消退等因素，跨境电商行业从增量扩张时代走向存量竞争时代，市场竞争与“内卷”愈演愈烈，以往铺货和泛品类经营模式呈现疲软之势，精细化运营、品牌化升级、本土化发展成为跨境电商企业提质增效和品质出海的战略选择。同时，社交媒体逐渐成为全球用户线上活动的核心载体，社交媒体营销、内容营销的重要性愈发凸显，网红营销、短视频和直播带货成为新风口。不同于传统平台电商以“产品”和“店铺”为核心，社交电商以“用户”为中心，通过个人分享让产品触达用户，将海量的海外消费需求与强大的中国制造、中国品牌对接，将国外的各类优质商品与国内市场以绿色、健康、智慧为导向的消费升级对接，逐渐成为跨境买家、卖家获取流量红利的新引擎和助力中国双循环供应链构建的驱动器。

党的二十大报告提出，推动货物贸易优化升级，创新服务贸易发展机制，发展数字贸易，加快建设贸易强国。跨境电商既是数字贸易的重要组成部分，也是推动建设贸易强国的新动能。加快贸易强国建设，是跨境电商必须承担的历史使命，也是我国跨境电商产业发展的长期价值所在。新阶段肩负新使命，跨境电商要坚持长期主义，聚焦跨境电商产业的长期价值，既要着眼跨境电商全产业链各环节，补齐当前产业发展的短板和弱项，更要认识到标准和规则体系在国际经贸发展中的重要性，持续优化既有规制体系，充分激发和释放市场主体活力，为跨境电商行业蓬勃发展提供动力。

随着互联网红利和用户规模增长的边际贡献下降，跨境电商行业步入存量竞争时代。行业发展态势和环境的变化，要求跨境电商企业重新思考商业本质和长期价值，探寻商业增长的真实路径与底层逻辑。因此，本年度蓝皮书以“聚焦跨境电商产业长期价值”为主题，基于当前复杂的国际形势，全面阐述我国跨境电商行业的发展现状及特点，分析跨境电商行业面临的挑战，分享具有地方特色的跨境电商典型案例，探索实现跨境电商行业长期价值的发展路径。本书由河南国际数字贸易研究院、全球（郑州）跨境电商研究院联合研创，两家智库均具有跨境电商领域的研究实力和丰富经验，通过汇集全国知名专家团队的智慧，形成本书文稿。

希望本书能为中国跨境电商长远发展贡献一分力量，也希望书中的内容能为各位读者带来启发和帮助，共同推动中国跨境电商闪耀全球舞台。

中国国际经济交流中心副理事长兼秘书长

张大卫

2023年2月

摘　要

当前，经济全球化遭遇逆流，疫情冲击还未完全退去，世界经济面临强劲“逆风”，我国外贸遭遇下行压力。党的二十大报告提出“推动货物贸易优化升级，创新服务贸易发展机制，发展数字贸易，加快建设贸易强国”。如何发挥跨境电商在稳定外贸产业链供应链、深度参与全球产业分工、加快建设贸易强国等方面的重要作用，是跨境电商必须承担的历史使命，也是我国跨境电商产业发展的长期价值所在。本书以“聚焦跨境电商产业长期价值”为主题，全面总结了2022年我国跨境电商发展的新环境、新特点和主要挑战，深入分析2023年我国跨境电商的发展趋势，探索实现跨境电商行业长期价值的发展路径，以期促进跨境电商综试区长期可持续发展和推动中国品牌高质量出海。

2022年，跨境电商显示出巨大的市场活力和增长韧性。跨境电商市场规模持续扩大，2022年跨境电商进出口达到2.11万亿元，同比增长9.8%，成为对外贸易的新渠道、转型升级的新动能、高质量发展的新引擎。跨境电商综试区持续扩围，“一年两批”增设60个跨境电商综试区，跨境电商综试区总数达到165个，遍布全国31个省区市，广东、浙江、江苏、山东实现全覆盖。跨境电商进口市场呈现“冰火两重天”，跨境电商进口商品种类逐渐丰富，河南跨境电商零售进口药品试点启动，但跨境电商进口创业型平台的发展道路异常艰难，蜜芽被迫转型，洋码头前途灰暗，唯品会市场份额一降再降，进口市场资源加快向平台巨头集中。跨境电商出口市场呈现全平台、全渠道布局趋势，我国互联网公司拓展海外电商业务版图，拼多多上线跨境平台 Temu，SHEIN 转战综合电商平台，TikTok 加速完成电商闭环；跨境电商企业纷纷拓展多种出海渠道，形成第三方平台、独立站、社交媒体、线下实体的全渠道矩阵。此外，越来越多的新兴数字技术赋能跨境电商发展，人工智能、区块链、元宇宙、ChatGPT 与跨境电商的“碰撞”，给跨境电商行业带来无限想象空间。

在疫情反复、通货膨胀、地缘政治危机等因素的共同作用下，全球经济呈现衰退之势，消费需求出现疲软，加之平台运营成本上升，降本增效成为 2022 年跨境电商卖家的主旋律。当跨境电商行业从野蛮生长进入稳定增长阶段，聚焦企业“内功”的精细化运营从可选项变为必选项，搭建私域流量池也成为企业关注的焦点，精细化数字化运营便成为跨境电商卖家降本增效的“第一驾马车”。当传统铺货模式逐渐跌落神坛，卖家经营重心由“打磨产品”转向“以产品为基础，以品牌为护城河”的策略，DTC 出海模式迅速兴起，品牌化发展成为跨境电商卖家降本增效的“第二驾马车”。当流量红利和运营红利见顶，跨境电商的竞争从前端的销售竞争转向了后端的供应链较量，供应链建设便成为跨境电商卖家降本增效、构筑核心竞争力的“第三驾马车”。当出海品牌面对更广阔的全球市场时，需要通过本土化运营实现产品创新和商业模式的因地制宜，本土化运营成为跨境电商卖家降本增效、打造全球化品牌的“第四驾马车”。

2022 年，跨境电商行业经历了大浪淘沙式的洗牌，但纵有风浪，跨境电商依然是个水深鱼大的市场。如何提升抗风险能力，如何从粗犷式发展转向高质量增长，成为所有企业的共同课题。旧平衡已被打破，新秩序正在建立，唯有坚持长期主义，聚焦产品、聚焦用户、聚焦内功，才能找到企业行稳致远的“钥匙”。

关键词： 跨境电商　长期价值　供应链　品牌出海

目　录

Ⅰ　总报告

B.1　聚焦跨境电商产业长期价值
——2022~2023年跨境电商发展分析与展望
……………………………………… 河南国际数字贸易研究院
全球（郑州）跨境电商研究院课题组 / 001
一　中国跨境电商发展的新环境 ……………………………… / 003
二　中国跨境电商发展的现状与特点 ………………………… / 006
三　中国跨境电商发展面临的挑战 …………………………… / 026
四　中国跨境电商发展的趋势 ………………………………… / 038
五　聚焦中国跨境电商产业长期价值的策略 ………………… / 047

Ⅱ　专题篇

B.2　构建以长期价值为目标的产业体系………………………… 张大卫 / 053
B.3　跨境电商与制造业产业集群融合发展……………………… 熊　斌 / 062
B.4　跨境电商品牌出海迎来黄金时代…………………………… 张周平 / 078

B.5 跨境电商柔性化数字化供应链建设研究 ……… 何 颖 朱小慧 / 091
B.6 中国跨境电商物流行业竞争格局深度分析 ……………… 田 勇 / 107
B.7 跨境电商海外仓发展策略研究 …………………… 梅冠群 何欣如 / 129

Ⅲ 案例篇

B.8 无锡综试区：聚力培育外贸新业态新模式，推进跨境电商高质量发展 …………………………… 吴 栋 许晓晨 杨 杰 / 144
B.9 义乌综试区：构筑跨境电商强大“引力场” …………………………………………………… 董华英 喻中华 / 155
B.10 温州综试区：全市域联动推进跨境电商产业集群提档升级 ………………………… 周怀中 钱 俊 龙佳丽 赵靓雯 / 166
B.11 绍兴纺织产业带：以集群优势带动跨境电商新发展 ……………………………………………… 周威威 陈 佳 / 180
B.12 平度睫毛产业带：山东假睫毛“翘”动全球，10对有7对来自平度 ………………………………………………… 苏 静 / 193
B.13 乐歌股份：从外贸转型发展的探索者，到赋能跨境电商行业生态服务的领军者 …………… 谢尚伟 虞浩英 王 凉 / 207
B.14 跨境电商助力河南县域经济发展研究 ……… 王岳丹 杨 兰 / 220

Ⅳ 探索篇

B.15 二十大精神下中国跨境电商政策分析及发展启示 …… 张夏恒 / 238
B.16 百舸争流千帆竞
——中国跨境电商服务生态体系发展研究
…………………………………… 王小艳 侯若旭 贺蓓蓓 / 251
B.17 跨境电商知识产权保护国际规则研究及对我国的启示
…………………………………………………… 洪 勇 李 峄 / 266

B.18 国货出海群像：进击的跨境电商品牌 …………………… 贾锐杰 / 278

B.19 链条价值的延伸与节点价值的提升：跨境电商供应链
数字化的路径选择 ………………………………… 潘 勇 潘嘉睿 / 293

B.20 宠物行业跨境电商发展现状及未来发展趋势
…………………………………………………………… 李豪强 李佳威 / 310

B.21 全球法定数字货币发行的理论依据及数字人民币
发展路径探析 ………………………… 张煜坤 张楠楠 韩 振 / 329

附录一 2022年中国跨境电商行业大事记 ……………………………… / 344

附录二 2022年全国跨境电商综试区重点政策 ………………………… / 349

Abstract ………………………………………………………………… / 354

Contents ………………………………………………………………… / 357

皮书数据库阅读**使用指南**

总报告

General Report

B.1 聚焦跨境电商产业长期价值

——2022~2023年跨境电商发展分析与展望

河南国际数字贸易研究院　全球（郑州）跨境电商研究院课题组*

摘　要： 当前，经济全球化遭遇逆流，我国外贸遭遇下行压力。作为外贸新业态，跨境电商展现出较强的韧性与活力，已经成为对外贸易的新渠道、转型升级的新动能、高质量发展的新引擎。充分发挥跨境电商在稳定外贸产业链供应链、深度参与全球产业分工、加快建设贸易强国等方面的重要作用，是跨境电商必须

* 课题组组长：喻新安、苗晋琦；副组长：王小艳、潘维成；课题组成员：周文超、王岳丹、张煜坤、张文勇、李豪强、侯东伟、侯若旭、贺蓓蓓、李佳威、杨兰、张楠楠、毛瑞娟、徐唯。执笔：王小艳，河南国际数字贸易研究院研究员、院长助理，主要研究方向为跨境电商、数字贸易、品牌出海；周文超，郑州职业技术学院电子商务学院院长，主要研究方向为跨境电商产教融合与人才培养；王岳丹，河南国际数字贸易研究院办公室副主任、副研究员，主要研究方向为跨境电商、数字贸易、数字经济；张煜坤，河南国际数字贸易研究院政策研究部副部长、副研究员，主要研究方向为跨境电商、国际金融、跨境支付结算、国际及国内税制；李豪强，河南国际数字贸易研究院助理研究员，主要研究方向为跨境电商、国际物流；侯东伟，河南国际数字贸易研究院助理研究员，主要研究方向为跨境电商、数字贸易。

承担的历史使命，也是我国跨境电商产业发展的长期价值所在。结合当前国内外经济发展形势，本报告分析了2022~2023年中国跨境电商发展新环境、现状和面临的挑战，并总结出跨境电商品牌出海、数字化转型、生态化服务、供应链竞争、本土化运营等发展趋势。新的发展阶段，我国跨境电商产业应秉持长期主义，从优化跨境电商产业生态、推进数实经济双向渗透、推动国内品牌加速出海、加快内外贸一体化发展、促进全链路合规化发展及主动参与国际规则对接六个方面，构建跨境电商产业长期价值体系，以期促进跨境电商综试区长期可持续发展和推动中国品牌高质量出海。

关键词： 跨境电商　长期价值　产业生态　品牌出海　跨境供应链

2022年，百年变局加速演进，世纪疫情持续冲击，国际局势动荡复杂，在地缘冲突、全球通胀、能源危机、消费萎缩等多重因素的交织影响下，世界经济迈入高通胀、低增长阶段。我国经济总体平稳运行，但也面临诸多风险挑战，需求收缩、供给冲击、预期转弱三重压力仍然较大。我国外贸发展环境更趋严峻复杂，进出口保持稳定增长压力加大。尽管面临诸多超预期因素影响，中国跨境电商仍然展现出较强的韧性与活力，成为我国稳外贸、带就业、保民生、促消费的重要力量。党的二十大报告强调"以高质量发展为主题，加快建设现代化经济体系"，提出"推动货物贸易优化升级，创新服务贸易发展机制，发展数字贸易，加快建设贸易强国"。顺应新形势、构建新格局，充分发挥跨境电商在稳定外贸产业链供应链、深度参与全球产业分工、加快建设贸易强国等方面的重要作用，是跨境电商必须承担的历史使命，也是我国跨境电商产业发展的长期价值所在。

一　中国跨境电商发展的新环境

（一）世界经济面临强劲“逆风”

当前，世界百年未有之大变局加速演进，新一轮科技革命和产业变革深入发展，世纪疫情持续冲击，逆全球化思潮抬头，单边主义、保护主义明显上升，主要发达国家频繁加息，导致全球通胀高企，世界经济复苏乏力，局部冲突频发，世界进入新的动荡变革期。全球疫情走势和地缘政治走向的高度不确定性，使全球经济增长前景黯淡，主要国际机构多次下调 2022 年全球经济增速预测，国际货币基金组织（IMF）、联合国、世界银行等分别将全球经济增速预期下调至 3.6%①、3.1%②、2.9%③，相较于 2021 年全球经济 6.1%的实际增速，平均下调了约 3 个百分点。同时，疫情反复延宕背景下，各经济体防疫政策和防控措施有所不同。虽然部分经济体放开了疫情管控，但与疫情前相比，全球商务活动、生产经营、人员流动仍受到诸多限制，放缓了经济全球化和区域经济发展进程，加剧了全球经济复苏的不平衡态势，也影响了跨境电商全球供应链的通畅运转。

（二）全球供应链格局加速重构

此前，全球化进程持续推进，世界范围内相对宽松的贸易政策环境为国际分工深化提供了有利条件，由跨国公司主导的全球价值链分工体系成为世界经济的显著特征。然而近几年，新冠疫情、地缘政治、通货膨胀等因素加速了全球供应链重构，暴露出各国高度相互依赖的产业链供应链的脆弱性，全球产业链供应链“断链”与“脱钩”风险持续攀升。当前，加速推动制

① 《国际货币基金组织将 2022 年全球经济增速预测值下调至 3.6%》，中国新闻网，2022 年 4 月 21 日。

② 《联合国下调 2022 年全球经济增长预期至 3.1%》，中国网，2022 年 5 月 19 日。

③ 《世行下调 2022 年全球经济增长预期至 2.9%》，新华社国际，2022 年 6 月 8 日。

造业回归，构建自主可控的本土化、区域化、短链化的产业链供应链体系，提升产业链供应链韧性和安全水平，成为各国发展诉求。近年来，以越南、印度为代表的东南亚、南亚国家经济快速崛起，凭借低廉的劳动力和土地成本、优惠的引资政策，积极吸引外商投资，承接国际产业转移，加之西方国家为遏制中国经济发展，使用众多市场之外的政治和政策手段驱使其在华企业转移，为我国供应链建设带来了新的挑战。此外，随着数字经济的深入发展、数字技术的广泛运用，以数字产业化和产业数字化为核心内容的数字经济，以零碳、低碳技术开发和推广等为代表的绿色经济，也进一步加速了全球产业链、供应链、价值链和创新链重构。

（三）数实融合赋能产业升级

数字技术的快速更迭，加速了数字经济与实体经济的深度融合。近年来，我国深入实施网络强国战略、国家大数据战略，先后印发《数字经济发展战略纲要》《“十四五”数字经济发展规划》，加快推进数字产业化和产业数字化，推动我国数字经济蓬勃发展，数字经济作为国民经济“稳定器”“加速器”作用更加凸显。2021 年我国数字经济规模为 45.5 万亿元，占 GDP 比重达 39.8%，产业数字化规模达 37.2 万亿元，占 GDP 比重为 32.5%，数字经济规模跃居世界第二。[①] 此外，党的二十大报告强调，要加快建设网络强国、数字中国，加快发展数字经济，促进数字经济和实体经济深度融合，打造具有国际竞争力的数字产业集群。作为拥有全球产业门类最齐全、体系最完整的贸易大国，加快推进数实融合，有利于推动实体经济全链路数字化转型、提升产业链供应链韧性和安全水平、催生新的商业和产业价值，是把握新一轮科技革命和产业变革新机遇的战略选择，也是推动我国经济高质量发展的重要引擎。数实融合在贸易和产业领域的深入拓展，也给跨境电商和数字贸易带来广阔发展空间。

---

① 中国信息通信研究院：《中国数字经济发展报告（2022 年）》，2022 年 7 月。

（四）"丝路电商"释放发展红利

自2013年"一带一路"倡议提出以来，我国利用跨境电商等外贸新业态新模式起步早、发展快等优势，主动深化国际合作，不断加强"丝路"伙伴国经贸往来。2013~2022年，我国与"丝路"伙伴国年度贸易额从1.04万亿美元扩大到2.07万亿美元，年均增长8%。[①] 2022年伊始，《区域全面经济伙伴关系协定》（RCEP）正式生效；1月26日，商务部等6部门联合印发《关于高质量实施〈区域全面经济伙伴关系协定〉（RCEP）的指导意见》，提出全面落实协定承诺，积极发展"丝路电商"，与更多RCEP成员国开展电商务实合作。截至2022年底，我国共与新加坡、巴基斯坦等28个国家签署电子商务合作备忘录，并建立双边电子商务合作机制。商务部连续4年举办"双品网购节"活动，累计邀请43个"丝路电商"伙伴国参与，2022年第四届活动首次设置非洲国家专场。"丝路电商"朋友圈的不断扩大和双向贸易通道的构建，将进一步释放跨境电商发展红利，为经济全球化带来新的发展契机。

（五）外贸下行压力亟须扭转动力

2022年中央经济工作会议指出，当前我国经济恢复的基础尚不牢固，需求收缩、供给冲击、预期转弱三重压力仍然较大，外部环境动荡不安，给我国经济带来的影响加深。从2022年全年经济情况及外贸进出口数据看，按不变价格计算GDP为1210207亿元，经济增速为3%，[②] 未达到年初既定5.5%的经济增速目标。从海关总署数据看，2022年我国进出口总值42.07万亿元，同比增长7.7%。[③] 但从单月数据看，4月受国内局部疫情影响出现短暂增速下降，后快速扭转拉升，8月以来，受美联储加息、外需放

① 《中国式现代化对世界意味着什么》，新华社，2023年3月16日。

② 国家统计局：《2022年四季度和全年国内生产总值初步核算结果》，2023年1月18日。

③ 《2022年我国外贸进出口增长7.7%，总值突破40万亿元创新高》，中国政府网，2023年1月13日。

缓、国内部分地区疫情散发等因素影响，进出口增速转负态势明显。11月当月出口贸易总额2960.9亿美元，同比下降8.8%，较10月下降0.9%，[①] 出口下行压力不断加大；同时，在国内疫情反复、居民收入增速放缓、消费低迷等因素作用下，进口增速持续增压，10月进口贸易总额2132.2亿美元，同比下降0.7%，[②] 成为2021年以来首度增速为负。全球经济衰退叠加消费需求萎缩，外贸进出口持续承压，亟须新经济新业态扭转进出口增速放缓趋势。

二 中国跨境电商发展的现状与特点

（一）跨境电商行业迎接“大浪洗礼”

1. 跨境电商行业规模增量提质

在复杂多变的国际贸易环境和疫情影响下，跨境电商显示出独特的市场优势和增长韧性，吸引越来越多的跨境电商市场主体加入该赛道，推动市场交易规模水涨船高。根据海关总署初步测算，2022年我国跨境电商进出口2.11万亿元，增长9.8%。其中，出口1.55万亿元，增长11.7%，进口0.56万亿元，增长4.9%（见图1）。[③] 同时，跨境电商市场主体规模稳步提升，截至2022年12月，中国海关跨境电商备案企业数量为46289家，其中跨境电商交易平台类企业8771家，广东（10243家）、山东（9228家）、浙江（8564家）三省的跨境电商企业备案数量位列前三，[④] 占总备案企业总数的60.57%，沿海地区外向型经济优势明显，为跨境电商企业创新创业提供沃土。我国跨境电商强劲发展势头，推动跨境电商市场主体进入高增长阶段，为跨境电商行业发展提供更多活力。

---

① 《2022年11月全国进出口总值表（美元值）》，中国海关总署网，2022年12月7日。
② 《高达7277亿美元，怎么看前十月贸易顺差创历史新高》，澎湃新闻，2022年11月7日。
③ 数据来源于国务院新闻办公室于2023年1月13日举行的新闻发布会上海关总署公布的数据。
④ 数据来源于中国海关企业进出口信用信息公示平台。

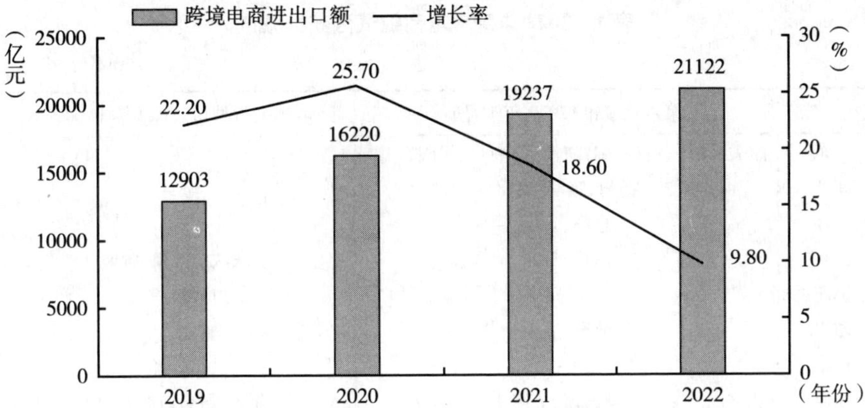

图 1　2019～2022 年中国跨境电商进出口总额及增长率

资料来源：海关总署。

2. 跨境电商综试区持续扩容

跨境电商综试区是我国跨境电商制度创新、管理创新、服务创新的"试验田"，在助力传统产业转型升级、促进产业数字化发展、拉动区域经济增长方面具有重要作用。2022 年 1 月 22 日和 11 月 24 日，我国先后有 27 个和 33 个城市获批跨境电商综试区（见表 1），全国跨境电商综试区总数达到 165 个。从数量上看，2022 年共批复 60 个跨境电商综试区，是历年批复数量最多的一年，实现了全国 31 个省区市的全覆盖，表明我国跨境电商监管模式和产业发展模式日趋成熟，具备了全国复制推广的成熟条件。从地区分布上看，广东省、江苏省、浙江省、山东省实现了地级市的全覆盖，东部沿海地区外贸产业基础扎实，对外交流合作频繁，具有发展跨境电商的先天优势；中西部地区也有更多城市获批，彰显出跨境电商摆脱传统贸易国界、地域限制的优势，特别是拉萨市获批西藏首个跨境电商综试区，将为西藏地区企业开拓国际市场提供新通道。我国跨境电商综试区由点到面、由沿海到内陆渐次铺开，充分体现出国家希望利用跨境电商等外贸新业态扩大高水平对外开放、全力稳住外贸基本盘的愿望，也进一步凸显出跨境电商促进国内国际双循环、推进贸易高质量发展的作用。

表 1　2022 年跨境电商综试区获批城市

单位：个

省(区、市)	第六批城市(2022 年 1 月)	第七批城市(2022 年 11 月)
广东	韶关、汕尾、河源、阳江、清远、潮州、揭阳、云浮	—
江苏	扬州、镇江、泰州	—
浙江	金华、舟山	—
山东	淄博、日照	枣庄、济宁、泰安、德州、聊城、滨州、菏泽
福建	—	南平、宁德
四川	南充、眉山	宜宾、达州
辽宁	—	鞍山
江西	景德镇、上饶	萍乡、新余、宜春、吉安
安徽	马鞍山、宣城	蚌埠
湖北	襄阳	—
内蒙古	鄂尔多斯	包头
湖南	—	衡阳、株洲
河南	—	焦作、许昌
河北	—	廊坊、沧州
黑龙江	—	同江
云南	红河哈尼族彝族自治州	大理白族自治州
吉林	—	延吉
陕西	宝鸡	—
新疆	喀什地区、阿拉山口	伊犁哈萨克自治州
广西	—	柳州、贺州
贵州	—	铜仁
山西	—	运城
西藏	—	拉萨
小计	27	33

资料来源：中国政府网。

3. 跨境电商行业渗透率回升向好

近些年来，跨境电商一直是备受关注的风口行业，越来越多的市场主体愿意尝试跨境电商这一新型贸易方式，跨境电商行业渗透率回升向好趋势不断巩固。2017~2022 年，中国跨境电商行业渗透率总体稳步提升（见图 2），近 3 年来持续保持在 35%以上，在经历 2021 年短暂下滑后，预计 2022 年我国跨境电商交易规模达到 15.7 亿元，占中国货物贸易进出口总额的36.75%，[①] 相比2021年增长10.56%。2022年中国跨境电商发展“磕磕碰碰”，数波疫情浪潮冲击国内产业，企业为此疲惫不堪，但得益于强大的工业制造基础，中国出海产品屡屡受到追捧，未来伴随着国际物流网络的持续畅通和跨境电商渠道加速拓展，跨境电商在外贸市场份额仍有较大的增长空间。

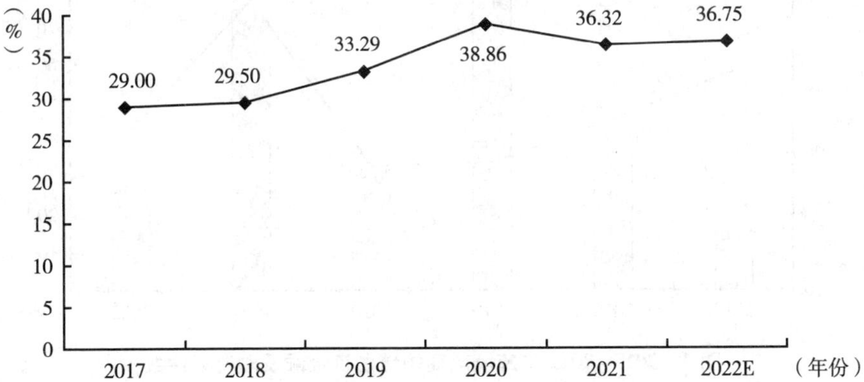

图2　2017~2022年我国跨境电商行业渗透率

资料来源：网经社电子商务研究中心。

4. 跨境电商行业投融资活动“遇冷”

跨境电商在疫情期间的逆势增长得到资本市场的高度关注，掀起一波投融资热潮，但2022年在全球经济衰退、消费能力下降等因素影响下，跨境电商发展呈现“理性繁荣”，相关投融资活动也回归平静，投融资方向从广泛覆盖转向关注重点领域。2017~2022年，跨境电商领域融资金额和融资事件呈现波动趋势（见图3），接近于“一涨一落”的态势。2022年跨境电商领域融资事件数为43起，融资金额约62亿元，相比2021年均有明显的回落。从投资方向来看，跨境服务商最受资本青睐，融资金额51.51亿元，占融资总额的83%，跨境综合服务成为跨境电商全链条出海的关键要素；出口跨境电商融资金额剧降，2022年仅为9.55亿元，占融资总额的15.39%；排在最后的是进口电商，融资1亿元，占融资总额的1.61%。[②] 在跨境电商投融资活动“遇冷”的同时，大健云仓

① 网经社：《2022年（上）中国跨境电商市场数据报告》，2022年8月29日。

② 网经社：《2022年度中国跨境电商投融资数据报告》，2023年2月13日。

登陆纳斯达克、子不语登陆港交所、赛维时代和致欧创业板 IPO 过会，但洋葱集团面临退市风险，燕文物流撤回 IPO 申请等事件也时有发生。

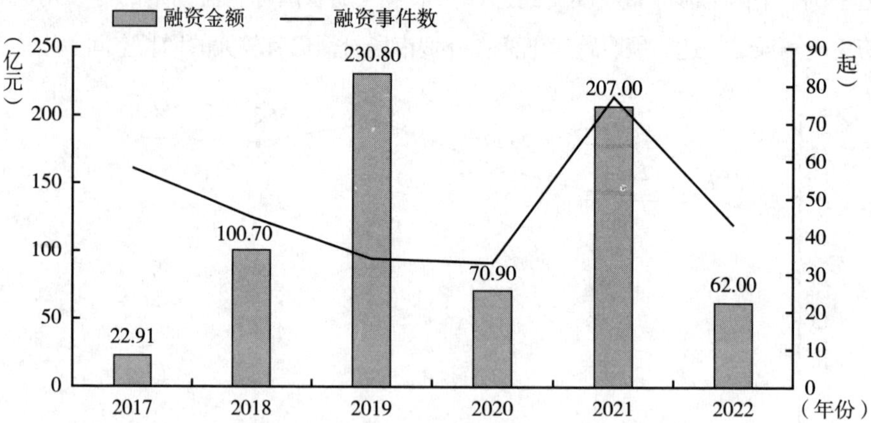

图 3　2017~2022 年跨境电商领域融资金额及融资事件数

资料来源：网经社电子商务研究中心。

5. 跨境电商行业“寒气”来袭

2022 年全球经济下行叠加通货膨胀，消费者购买意愿普遍下降，跨境电商卖家销售表现不如预期，库存遭遇大量积压，电商平台巨头裁员频频，跨境电商已经告别“遍地黄金”的时代，降本增效正在成为跨境电商的主旋律。2022 年以来，美国市场零售额增速从 2021 年的 20%左右下跌至 8%~10%，消费者购买热情的降温，引发市场库存再现“堰塞湖”，亚马逊等电商平台加大促销力度，缓解库存压力，2022 年第三季度实现线上自营和第三方卖家 13%、23%的增速，[①]“清库存”不断取得阶段性胜利。“裁员”同样是跨境电商行业的生存之痛，2022 年前三季度阿里巴巴减员 1.5 万人，9 月 19 日 Shopee 宣布调整削减部分岗位，12 月 6 日亚马逊裁员 1.8 万人，跨境电商平台巨头深陷“减员潮”。伴随互联网流量逐渐见顶，疫情周期性红利消失，跨境电商行业正慢慢从增量市场踏入存量市场，合规化、

① 纵腾集团：《美国零售去库存取得进展，跨境电商如何应对下半场?》，2022 年 11 月 1 日。

信息保护、数字税等相关政策的出台，在强化跨境电商行业监管的同时，也导致跨境电商企业业务收紧，“降本增效”“去肥增瘦”成为跨境电商平台和企业应对经济“寒冬”的首选手段。

（二）跨境电商政策红利持续释放

1. 国家不断释放利好政策信号

2022年，我国政府持续发布支持跨境电商等新业态发展的政策文件（见表2），围绕做强跨境电商产业、优化跨境电商服务生态、推动跨境电商与其他产业融合等方面，不断推动跨境电商制度完善和模式创新，持续优化跨境电商整体营商环境。一是2022年“一年两批”增设60个跨境电商综试区，发挥跨境电商助力传统产业转型升级、促进产业数字化发展的积极作用，推动外贸优化升级，加快建设贸易强国。二是以跨境电商为主要抓手推动外贸保稳提质，在出口方面，支持更多企业利用跨境电商出海，加大宣传和指导企业利用好出口退税政策，探索解决出口退换货难题；在进口方面，继续优化调整跨境电商零售进口商品清单，扩大跨境电商进口商品类别，挖掘进口消费市场潜力，满足国内多元化消费需求。三是鼓励金融机构加大对跨境电商的金融支持，完善跨境电商信用保险服务政策，制定跨境电商知识产权保护规则，推动国际物流企业与跨境电商企业深度合作，探索中医药、文化等行业与跨境电商融合发展，培育优化跨境电商产业链和生态圈。

表2　2022年跨境电商相关重点国家政策文件

发布时间	文件名	发布机构	发文字号	主要内容
2022年1月11日	《关于做好跨周期调节进一步稳外贸的意见》	国务院办公厅	国办发〔2021〕57号	加大对海外仓的金融支持和跨境电商等新业态的支持力度，调整优化跨境电商零售进口商品清单
2022年1月12日	《关于印发“十四五”数字经济发展规划的通知》	国务院	国发〔2021〕29号	扎实推进跨境电商综合试验区建设，积极鼓励各业务环节探索创新，培育壮大一批跨境电商龙头企业、海外仓领军企业和优秀产业园区，打造跨境电商产业链和生态圈

续表

发布时间	文件名	发布机构	发文字号	主要内容
2022年1月19日	《关于促进内外贸一体化发展的意见》	国务院办公厅	国办发〔2021〕59号	扎实推进跨境电子商务综合试验区建设,促进跨境电商零售进口规范健康发展,引导外贸企业、跨境电商、物流企业加强业务协同和资源整合,加快布局物流基础设施网络
2022年1月20日	《关于推动平台经济规范健康持续发展的若干意见》	国家发改委、国家市场监管总局、中央网信办、工信部、人社部、农业农村部、商务部、人民银行、国家税务总局	发改高技〔2021〕1872号	鼓励平台企业发展跨境电商,积极推动海外仓建设,推动中小企业依托跨境电商平台拓展国际市场,积极推动境外经贸合作区建设,培育仓储、物流、支付、通关、结汇等跨境电商产业链和生态圈
2022年1月26日	《关于高质量实施〈区域全面经济伙伴关系协定〉(RCEP)的指导意见》	商务部、国家发改委、工信部、人民银行、海关总署、国家市场监管总局	商国际发〔2022〕10号	研究制定跨境电子商务知识产权保护指南,支持各综合试验区结合本地实际创新发展,积极发展"丝路电商",与更多RCEP成员国开展电子商务务实合作
2022年1月22日	《关于同意在鄂尔多斯等27个城市和地区设立跨境电子商务综合试验区的批复》	国务院	国函〔2022〕8号	同意在鄂尔多斯市、扬州市等27个城市和地区设立跨境电子商务综合试验区
2022年2月21日	《关于调整跨境电子商务零售进口商品清单的公告》	财政部、国家发改委、工信部、生态环境部、农业农村部、商务部、海关总署、国家濒管办	关税司2022年第7号	增加了滑雪用具、家用洗碟机、番茄汁等29项近年来消费需求旺盛的商品,清单商品数达到1476个
2022年4月22日	《关于进一步加大出口退税支持力度促进外贸平稳发展的通知》	国家税务总局、公安部、财政部、交通运输部、商务部、文旅部、人民银行、海关总署、国家外汇局、银保监会	税总货劳发〔2022〕36号	便利跨境电商进出口退换货管理,鼓励并支持符合条件的跨境电商出口企业积极适用出口退税政策,规范跨境电商零售出口税收管理,引导出口企业在线上综合服务平台登记出口商品信息并进行免税申报

续表

发布时间	文件名	发布机构	发文字号	主要内容
2022 年 5 月 26 日	《关于推动外贸保稳提质的意见》	国务院办公厅	国办发〔2022〕18 号	推动跨境电商加快发展提质增效。加大对跨境电商出口海外仓监管模式的政策宣传力度，尽快出台便利跨境电商出口退换货的政策，强化政策指导，加强广交会等展会与跨境电商平台等联动互促
2022 年 6 月 20 日	《关于支持外贸新业态跨境人民币结算的通知》	人民银行	银发〔2022〕139 号	加大对外贸新业态的支持力度，完善跨境电商等外贸新业态跨境人民币业务相关政策
2022 年 11 月 24 日	《关于同意在廊坊等 33 个城市和地区设立跨境电子商务综合试验区的批复》	国务院	国函〔2022〕126 号	同意在廊坊市、沧州市等 33 个城市和地区设立跨境电子商务综合试验区

资料来源：中国政府网国务院政策文件库。

2. 地方支持政策陆续落地

紧跟国家政策步伐，地方政府立足自身发展定位和产业优势，出台跨境电商支持政策，为更多地方企业依托跨境电商出海保驾护航。一是新获批跨境电商综试区城市积极制定实施方案，2022 年 1 月新增的 27 个城市基本上印发了跨境电商综试区实施方案，明确各地跨境电商发展方向，支持当地市场主体开展跨境电商业务，促进跨境电商与本地特色产业深度融合，优化健全跨境电商生态圈。二是德阳、深圳、温州等地方政府出台跨境电商产业规划、行动计划、行动方案等中短期规划，积极推动跨境电商等外贸新业态新模式发展，培育壮大外贸增长新动能。三是各地积极出台加快发展外贸新业态新模式实施方案和品牌电商、直播电商的支持政策，提高外贸新业态新模式融合发展水平，“真金白银”助力跨境电商高质量发展（见表 3）。

表 3　2022 年各地出台跨境电商相关支持政策（部分）

地区	发布时间	发文机构	文件名称
北京	2022 年 1 月 29 日	北京市商务局	《关于进一步推进跨境电子商务创新发展的若干措施的通知》
河南	2022 年 2 月 16 日	河南省发改委	《关于全面提升河南跨境电子商务核心竞争力专项方案》
浙江	2022 年 1 月 30 日	丽水市商务局	《关于促进丽水市视频(直播)电子商务发展的若干意见(试行)》
	2022 年 5 月 31 日	杭州市跨境电商综试办	《杭州跨境电商“暖心助企　产业共富”行动举措 15 条》
	2022 年 6 月 2 日	杭州市人民政府办公厅	《关于促进杭州市新电商高质量发展的若干意见》
	2022 年 10 月 26 日	温州市	《温州市跨境电商高质量发展三年行动计划(2022~2024 年)》
广东	2022 年 2 月 15 日	中山市人民政府	《关于印发中山市支持跨境电商高质量发展二十四条的通知》
	2022 年 9 月 9 日	广州市人民检察院等多部门	《广州市跨境电商行业合规指引(试行)》
	2022 年 11 月 1 日	深圳市盐田区人民政府	《关于加快推进跨境电子商务产业发展扶持办法的通知》
	2022 年 11 月 15 日	深圳市商务局	《深圳市推动跨境电子商务高质量发展行动方案(2022~2025)》
福建	2022 年 5 月 31 日	石狮市人民政府办公室	《关于印发石狮市支持品牌电商发展若干措施的通知》
山东	2022 年 4 月 12 日	青州市人民政府办公室	《关于印发青州市支持跨境电子商务发展政策措施的通知》
四川	2022 年 4 月 24 日	四川省商务厅	《关于促进跨境电商零售进口健康快速发展的重点举措的通知》
	2022 年 6 月	德阳市商务局	《中国(四川)自由贸易试验区德阳协同改革先行区跨境电子商务发展规划(2021~2025)》
	2022 年 6 月	德阳市推进中国(德阳)跨境电子商务综合试验区建设工作领导小组	《德阳市促进跨境电子商务产业发展三年行动计划(2022~2024 年)》
江苏	2022 年 1 月 28 日	江苏省人民政府办公厅	《关于加快发展外贸新业态新模式若干措施的通知》
江西	2022 年 2 月 15 日	江西省人民政府办公厅	《关于加快发展我省外贸新业态新模式的实施意见》

续表

地区	发布时间	发文机构	文件名称
陕西	2022 年 3 月 30 日	陕西省人民政府办公厅	《关于加快发展外贸新业态新模式的实施意见》
云南	2022 年 3 月 18 日	云南省人民政府办公厅	《关于加快发展外贸新业态新模式的实施意见》
辽宁	2022 年 3 月 18 日	辽宁省人民政府办公厅	《关于加快发展外贸新业态新模式的实施意见》
安徽	2022 年 1 月 24 日	安徽省人民政府办公厅	《关于印发安徽省加快发展外贸新业态新模式实施方案的通知》
宁夏	2022 年 3 月 21 日	宁夏回族自治区人民政府办公厅	《关于推进全区外贸新业态新模式发展的若干措施的通知》
重庆	2022 年 3 月 31 日	重庆市人民政府办公厅	《关于印发重庆市加快发展外贸新业态新模式实施方案的通知》
湖南	2022 年 4 月 29 日	湖南省人民政府办公厅	《关于加快发展外贸新业态新模式的实施意见》

资料来源：根据网络资料综合整理。

3. 行业标准规范密集出台

2021 年以来，商务部组织跨境电商综试区开展“跨境电商规则与标准建设专项行动”，发布跨境电商领域国家、行业等标准 41 项，并指出未来继续推进标准规则相关工作。在此基础上，2022 年跨境电商领域多项团体标准、行业标准、国家标准出台，对推动跨境电商行业高质量发展、增强跨境电商国际话语权发挥了重要作用。2022 年 5 月，政府、协会、企业多方联合起草的《跨境电子商务海外仓运营与管理服务规范》团体标准正式实施，为企业海外仓建设和管理提供了指导，规范了海外仓运营和服务流程，提升了跨境电商物流仓储配送时效。11 月，国家市场监管总局公布《中小微企业跨境电商综合服务业务管理规范》《跨境电子商务交易类产品信息多语种描述 智能手机》《跨境电子商务交易类产品多语种分类与命名 陶瓷产品》《跨境电子商务交易服务质量评价》四项跨境电商国家标准，有效推进了跨境电商产品合规化进程，优化完善了跨境综合服务体系，有利于跨境电商行业高质量可持续发展。11 月，国家标准《跨境电子商务海外仓运营管理要求（征求意见稿）》发布，是跨境电商海外仓领域第一个国家标准，为畅通国内国际双循环、培育外贸竞争新优势贡献标准力量。此外，国内各界还积极将行业标准规则推向国际社会，11月23日，中国贸促会商业行业委员会牵头提出的《数字贸易——基本概念与关键倡议》被国际标准化组织（ISO）正式注册，是ISO首个标题为“数字贸易”的国际标准，对中国参与全球经济治理具有重大意义。

4. 行业交流活动频繁举办

跨境电商行业交流活动是政府、企业、学者等多方共同破解跨境电商发展难题和实现跨境电商创新发展的重要渠道，也是推动跨境电商资源要素深度对接、助力企业开拓国际市场的主要途径。2022年，各地政府以跨境电商博览会、研讨会等形式助力跨境电商长效增长，并通过组团出海变被动为主动，全力以赴稳住外贸基本盘。一方面，跨境电商相关会议先后成功举办（见表4），如2022中国跨境电商交易会、2022年黄河流域跨境电商博览会、第六届全球跨境电子商务大会等，国内外政要、国际组织代表、专家学者、跨境电商企业齐聚一堂，共觅跨境电商新共识和新机遇，为促进进出口商品展销、完善跨境电商生态和提高对外开放水平增添新动力。另一方面，随着我国防疫政策的优化，“拼经济、搞建设、促发展”成为各地政府工作主旋律，浙江、广东、江苏、四川等多地政府部门组织本地外贸企业，通过商务包机等方式组团出海，鼓励企业通过参加国际展会、贸易推介、项目洽谈等形式，抢占更多国际市场份额，变被动承受压力为主动破局，促进境内外跨境电商资源要素快速流动。

表4　2022年各地举办的跨境电商相关会议

时间	地点	会议名称
6月1~3日	福州	2022中国跨境电商交易会
6月18~20日	深圳	第五届全球跨境电商节暨第七届深圳国际跨境电商贸易博览会
7月21~24日	重庆	2022年中国(重庆)跨境电商交易会
7月22~24日	长沙	首届湖南(长沙)跨境电商交易会
7月25~30日	海口	2022年中国国际消费品博览会
7月28~29日	杭州	2022全球跨境电商峰会
7月28~30日	青岛	2022中国(青岛)跨境电商博览会
8月8~10日	郑州	第六届全球跨境电子商务大会

续表

时间	地点	会议名称
8月17~19日	厦门	2022中国(厦门)国际跨境电商展览会
8月26日	广州	2022世界跨境电商大会
8月26~28日	青岛	2022年黄河流域跨境电商博览会
9月16~19日	南宁	第19届中国—东盟博览会
11月3日	深圳	第二十四届亚洲宠物展览会同期论坛活动之“中国宠物行业跨境电商大会”
11月5~10日	上海	第五届中国国际进口博览会
11月11~13日	无锡	首届长三角跨境电商行业发展峰会及交易会
12月9日	宁波	第四届中国(宁波)跨境电子商务发展大会
12月11~14日	杭州	首届全球数字贸易博览会

资料来源：根据网络资料综合整理。

（三）新需求带来跨境电商发展新机遇

1. 能源短缺催生跨境电商新热点

受新冠疫情、俄乌冲突等多方面因素影响，全球能源供需格局发生深刻变化，欧洲电网面临有史以来最严峻的考验，但新的危机也诞生了跨境电商的新机遇，新能源商品、取暖设备等在跨境电商平台上脱颖而出。一是新能源变身跨境电商出海生力军，阿里巴巴国际站发布的2022年度十大商品，新能源行业产品占据3位①，光伏设备、壁挂充电桩、电动自行车等产品借助跨境电商平台挖掘国际市场需求，迅速占领国外市场。二是“取暖神器”出口表现抢眼，2022年前三季度，阿里巴巴国际站上中国产的电热水器、电暖器等品类销量激增，其中电热毯销量增长近5倍。对于欧洲能源短缺引发的市场需求变化，我国跨境电商企业快速反应并组织生产和销售，凸显了中国产业链快速匹配海外市场需求的响应能力。

---

① 《看2022国际站年度十大商品，一秒get全球采购趋势》，阿里巴巴国际站，2022年12月16日，https：//supplier. alibaba. com/us/news/PX0023A71. htm？ spm = a27am. 12866437. list. 1. 26463c20yWSpCI&joinSource = baidu。

2. 宠物市场成跨境电商"新风口"

伴随着养宠人群数量的增长，"宠物经济"成为覆盖全年龄段的全球消费趋势。宠物相关产品在跨境电商平台中逐渐成为热门搜索词，2022 年 4 月亚马逊平台"狗粮""狗狗玩具""猫咪树"等多个宠物关键词进入热搜词前 200 名[①]，并在 5 月 2 日举办首个宠物日，而东南亚地区 Google 宠物用品搜索量更是在 2021 年同比增长了 88%左右[②]，跨境电商领域内"宠物经济"呈现爆发式增长，在全球范围内掀起了网购宠物产品热潮。同时，我国卖家也闻声而动，SHEIN 在 2021 年初宣布新添宠物用品业务，2022 年 8 月"狗绳第一股"源飞宠物顺利上市，宠物电商成为当前的热门赛道，吸引了越来越多的企业入局，推动中国宠物品牌借助跨境电商拓展出更大的发展空间。

3. "反向海淘"异军突起

"反向海淘"是指大量海外消费者在中国跨境电商平台购买"中国货"的现象，特别是在国内大型电商购物节期间，海外消费者线上购物活动异常活跃，国内电商节日活动逐渐成为全球性质的购物狂欢节日。2022 年"双十一"期间，浙江省"反向海淘"的订单数增长明显，特别是销往欧洲的"中国过冬八件套"[③]；广州海关累计监管的跨境电商零售出口商品达 2077.9 万票，同比增长 1.25 倍，[④]"反向海淘"成了"双十一"的新趋势；"双十一""黑五"期间韩国人在速卖通平台上抢购中国货，甚至让韩国海关物流中心都发生了"爆仓"。[⑤]"反向海淘"的加速背后，是中国跨境电商平台国际影响力扩大、跨境物流渠道畅通的重要体现，更是海外消费者对中国制造供应链能力的肯定。

4. 体育赛事"带爆"中国制造

世界体育赛事在全球范围内有着广泛的影响力，近年来中国制造企业频繁参与国际体育赛事硬件设施建设，跨境电商企业也凭借赛事热潮大卖周边

---

① 《亚马逊 4 月热门搜索词出炉！7 大品类热度飙升》，亿恩网，2022 年 5 月 6 日。

② 《小宠物大"钱"景！看他们如何借力 Shopee 玩转宠物经济》，雨果网，2022 年 11 月 3 日。

③ 《我省行业旺季首轮阶段呈现新发展趋势》，浙江省邮政管理局，2022 年 11 月 11 日。

④ 沈钊、江海晏：《"反向海淘"凸显中国制造卖全球》，《羊城晚报》2022 年 11 月 16 日。

⑤ 曾庆怡：《"反向海淘"火了！这国成跨境电商新蓝海》，《上海证券报》2022 年 12 月 4 日。

产品。2022年2月北京冬奥会的成功举办引起了周边产品的抢购热潮，特别是“冰墩墩”在亚马逊、Mercari（日本二手交易平台）等平台热销断货；11月卡塔尔世界杯到处可见“中国造”，官方授权的足球、球衣等世界杯周边产品绝大部分来自中国，义乌制造更是抢占了世界杯周边商品70%的市场份额。[①] 国际体育赛事带动中国跨境电商一波又一波的销售热度，源于生产制造端的“物美价廉”、平台交易端的营销引流、物流运输端的及时快捷，我国高效率、高品质的产业链供应链为跨境电商企业提供了走向世界的底气和优势。

（四）跨境电商进口市场“冰火两重天”

1. 进口商品种类逐渐丰富

习近平主席在第五届中国国际进口博览会开幕式上的致辞中提出，中国将推动各国各方共享中国大市场机遇，扩大优质产品进口。在扩大对外开放和促进消费升级的双轮驱动下，跨境电商进口消费向多样化、个性化、高端化转变，进口商品种类显著增多。在国家层面，2022年1月28日，国家八部门联合印发《关于调整跨境电子商务零售进口商品清单的公告》（2022年第7号），进一步优化调整跨境电商零售进口商品清单，将清单进口商品种类数从1413个增加至1476个，吸引更多国外商品进入中国市场。在地方政府层面，积极探索特殊商品进口试点，2022年4月11日，河南跨境电商零售进口药品试点在“全球汇”平台完成首单交易，为国内消费者购买进口药品开辟了更便捷的新路径。在进口平台层面，天猫、京东等平台最大化满足国内消费者需求，其中京东2022年上半年进口品牌商品SKU数量同比增长51%[②]，为国内消费者提供了更多进口商品购买选择。进口消费成为消费升级的重要驱动力量，很大程度上弥补了国内消费市场的不足，彰显了中国内需市场的广阔发展空间。

---

① 《借“球”出海　中国跨境卖家征战世界杯》，21经济网，2022年12月2日，http：//www.21jingji.com/article/20221202/herald/e122c438505fe27390206c388b784f24.html。

② 京东消费及产业发展研究院：《2022年进口消费趋势报告》，2022年7月25日。

2. 进口电商行业两极分化

在跨境电商行业整体火热的情况下，跨境电商进口商品在批发零售市场的占比不断攀升，2021 年占批发零售业进口额的比例达到 55%，[①] 进口跨境电商企业却“几家欢乐几家愁”，呈现两极分化的市场格局。一方面，部分海淘平台面临窘迫局面。2018 ~ 2022 年，走秀网、海天下、乐吾淘等 18 家跨境电商进口企业消失[②]，跨境电商进口创业型平台发展道路异常艰难，蜜芽被迫转型，洋码头前途灰暗，唯品会市场份额一降再降，部分创业型平台沦为巨头附庸。另一方面，进口市场资源加快向平台巨头集中。易观分析公布的 2022 年第三季度中国跨境零售进口电商市场数据显示（见图 4），天猫国际稳居第一位，占 39. 6%的交易份额，列第二位的京东国际占比 25. 0%，

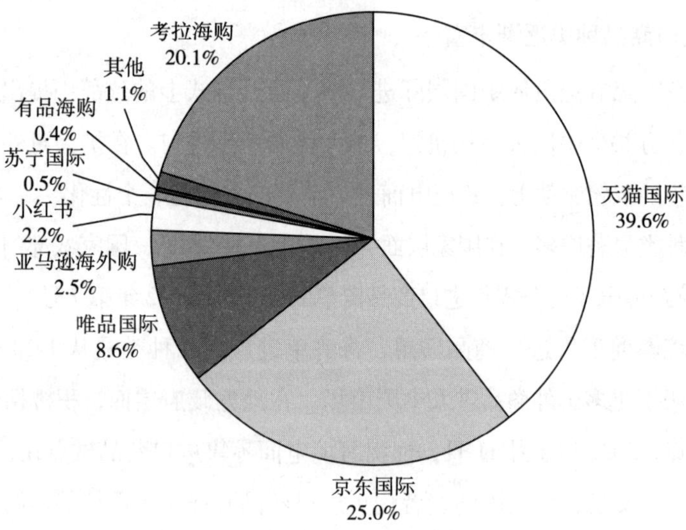

图 4　2022 年第三季度跨境零售进口电商市场（B2C）交易份额

资料来源：易观分析。

① 天猫国际、德勤中国：《迎开放，向未来——中国进口消费市场研究报告 2022》，2022 年 11 月 6 日。

② 《跨境电商“寒冬”来袭　背靠顺丰的“丰趣海淘”倒在了双 11 黑五前夜?》，网经社，2022 年 11 月 16 日，https：//baijiahao. baidu. com/s？ id = 1749615704170682173&wfr = spider &for = pc。

紧随其后的考拉海购占比 20.1%，前三名的市场份额总和超过了 80%。跨境电商进口行业经历近几年残酷的大洗牌后，跨境电商中小平台渐渐被平台巨头淘汰，跨境电商平台巨头以综合品类优势占据主要进口市场份额。

3. 国外品牌加速入驻国内电商平台

近年来，“进博+电商”成为海外品牌加速进入国内市场的重要捷径，越来越多的进口商品以更高效率、更低成本源源不断地进入中国市场，与国产商品形成互补，进一步激活国内消费市场活力和潜力。作为世界上首个以进口为主题的国家级展会，“进博会”让更多海外品牌商品得以共享中国市场，进入国人的购物车。如 2022 年第五届“进博会”期间，天猫国际携手联合利华美妆品牌 Hourglass、拜耳旗下 ONE A DAY、宝洁旗下护肤品牌 TULA 等海外品牌，发布 100 款全球进博新品，同步上架天猫“双十一”，以期打开中国市场；拼多多的美妆领域，先后有强生集团、资生堂集团、爱茉莉集团、LG 生活健康集团等知名化妆品集团开设官方旗舰店，加持百亿补贴等优惠策略，降低海外产品入华成本。承接进博会溢出效应，进口跨境电商平台不断完善数字贸易基础设施建设，服务好全球品牌，满足国人进口消费需求。

（五）跨境电商全平台全渠道加速布局

1. 跨境电商平台“百家争鸣”

2022 年以来，国内电商企业出海动作愈发频繁，拼多多、阿里、字节跳动等互联网公司明显加速了海外电商业务的布局，导致全球跨境电商平台竞争日趋激烈，形成了“群雄角逐”的市场格局，也给跨境电商企业多平台布局提供了更多选择。一是国内特色电商平台模式成功复制海外。字节跳动于 2022 年 9 月上线了新的快时尚独立站 If Yooou，国际电商 TikTok Shop 继 2021 年进入了印度尼西亚、英国市场后，2022 年相继布局马来西亚、泰国、越南、菲律宾和新加坡等五个东南亚国家；拼多多同样加快国际市场平台布局，通过全球化探索增长新空间，2022 年 9 月推出的跨境项目 Temu，打造面向北美市场的跨境电商平台，并迅速登顶美国 Google Play 购物类软件单日下载榜第一。二是传统跨境电商平台巨头寻求更多新方案。2022年亚马逊全球开店跨境峰会上提出，要“做宽供应链解决方案、做深新选品全过程解决方案、做轻品牌全球化出海路径、做厚本地化服务”，为中国卖家品牌出海提供更多便利性。阿里巴巴不断增资东南亚电商平台 Lazada，并把业务“触角”伸向了欧洲市场。三是大型独立站转向第三方跨境电商平台。SHEIN 近几年来发展势头迅猛，2022 年上半年营业收入 1107.2 亿元，同比增长 50%，但 SHEIN 注意到单一的垂直电商可能会遇到发展瓶颈，于 10 月上线二手交易平台 SHEIN Exchange，并开始探索第三方电商平台模式。当 SHEIN 的成功经验刺激平台卖家转型做独立站出海时，独立站模式的 SHEIN 却迈向综合电商平台模式。

2. 多渠道布局挖掘更多增长点

经历亚马逊“封号事件”后，国内大量跨境电商平台型卖家深刻体会到多渠道布局的重要性，纷纷拓展多种出海渠道，形成“第三方平台+独立站+社交媒体+线下实体”的全渠道矩阵。一是 B2C 卖家加速布局独立站，以减少对第三方平台的依赖。第三方平台与独立站协同布局能有效规避风险，通过双向引流，形成正向循环的持久竞争优势，以便提升自身品牌价值。二是拓展线下渠道成为很多互联网原生品牌的探索方向。2022 年 11 月，SHEIN 在日本东京设立全球首个长期线下实体店铺，通过“线上便捷+线下体验”提升消费者购物满意度，满足不同消费习惯的市场需求，持续增强消费者黏性。三是社交媒体全面渗透跨境电商，Facebook、Twitter、Instagram、TikTok 等社媒渠道被卖家广泛运用于营销环节，快速扩大跨境电商产品流量入口，加速提升品牌国际知名度。

3. 多元化市场布局抢占发展蓝海

近年来，出海企业对跨境电商模式的认可度持续提高，大量市场主体涌入，导致当下跨境电商市场竞争变得异常激烈，开拓新的市场成为更多卖家的追求，于是纷纷将目光转向 RCEP 成员国、拉美等新兴市场。2022 年 1 月 RCEP 正式生效，通关、税收等便利化措施为中国的跨境电商提供了新的机遇，据广州海关统计，2022 年广州海关监管的出口至 RCEP 国家的跨境电商清单 2.8 亿票，同比增长 4.76 倍,[①] RCEP 地区呈现巨大的跨境电商发展潜力。此外，拉美市场获得跨境电商巨头重点布局，2022 年 9 月阿里巴巴与巴西开展合作并开设“巴西制造”专馆，将菜鸟拉美总部设在巴西圣保罗，紧抓拉美跨境电商蓝海市场；SHEIN 从 2019 年就布局巴西市场，并于 2022 年 3 月在巴西试点“平台模式”；Shopee 也是在 2019 年首次进入巴西市场，并于 2022 年上半年在巴西新设了 5 个配送中心。拉美电商市场掘金赛道，已经成为不少中国平台和品牌重点布局的海外市场之一。

（六）新技术新模式赋能跨境电商发展

1. 直播电商成为跨境电商流量新风口

新冠疫情对线下产业冲击明显，传统营销方式无法开展实施，“直播带货”消费模式悄然兴起，直播电商成为目前炙手可热的流量新风口。随着网红经济的发展和 MCN 机构数量的增加，中国直播电商行业快速发展，社交媒体、短视频等深度融入跨境直播电商行业，推动跨境直播电商市场规模迅速扩大，艾媒数据显示（见图 5），2022 年中国跨境直播电商市场规模预计达到 1116 亿元，比 2021 年增长了 2.1 倍，预测 2025 年前市场规模均保持高速增长。全球市场对跨境直播行业信心倍增，特别是 TikTok 在海外取得巨大成功，为跨境直播电商带来了无限可能，越来越多的卖家通过 TikTok 短视频营销为产品引流。同时，数字技术与跨境直播的应用场景不断扩大，催生更多新型直播形式，如 VR 工厂体验、虚拟偶像直播等直播方式，助力跨境电商卖家拓展新流量渠道。

2. 海外众筹成为跨境电商出海新渠道

海外众筹是跨境电商卖家出海的一种新方式，为创新产品筹集资金，给予出海产品更多试错机会，为跨境电商行业增添更多动力。在跨境电商整体趋向精品化运营的大背景下，近年来越来越多拥有创新产品的出海企业，通过众筹营销在海外打响品牌，推动中国产品驶入出海快车道。在众多众筹平

---

① 林琳：《RCEP 实施首年，广州海关助超 110 亿货物进出口享惠》，《广州日报》2023 年 2 月 5 日。

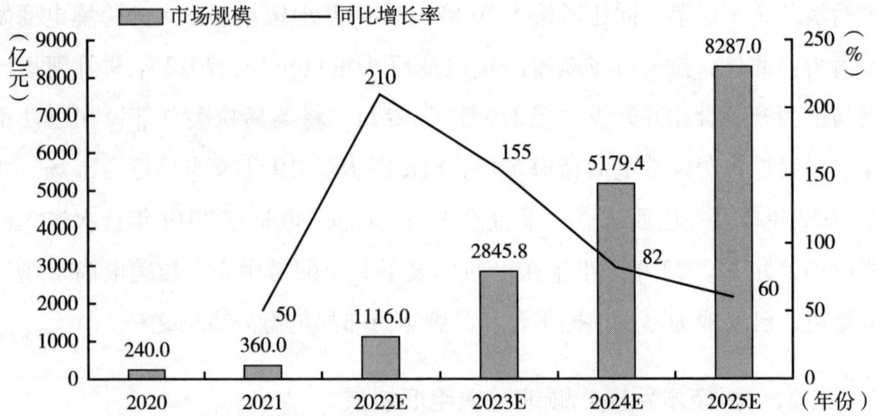

图 5　2020~2025 年中国跨境直播电商市场规模及预测

资料来源：艾媒数据中心。

台中，Kickstarter 和 Indiegogo 是中国企业海外众筹的主要选择（见表 5），2021 年 Kickstarter 平台上来自中国的项目共 959 个，Indiegogo 平台 30 万美元以上的项目中约有 40%来自中国，[①] 众筹平台逐渐成为跨境电商卖家在第三方电商平台和独立站之外的另一种选择。越来越多的出海产品在众筹平台取得成功，为降低新品试错成本、拓展海外营销渠道提供全新思路。

表 5　全球部分众筹平台

奖励型众筹平台	创立时间	项目发起国家/地区	热门项目类别	3 月网站访问量
Kickstarter	2009 年	欧美核心国家、中国香港	游戏、设计、科技	25.1M
Indiegogo	2008 年	全球 200 多个国家	家居、游戏、电子配件、旅游出行	7.5M
Makuake	2013 年	日本	生活电子类、家居、厨房用品、工具	6.6M
Wadiz	2012 年	韩国	婴幼儿、儿童与游戏、兴趣	1.4M
Idea. me	2011 年	拉丁美洲(阿根廷)	艺术、音乐及零售产品	50K
MyStartr	2012 年	东南亚(马来西亚)	电影音乐艺术、一般消费品	79.1K

资料来源：雨果跨境。

① 李思融：《海外众筹，中企出海驶入快车道》，https：//baijiahao.baidu.com/s？id=1731321318705978065&wfr=spider&for=pc。

3. 新兴数字技术推动跨境电商迭代升级

随着科学技术的发展，越来越多的新兴数字技术赋能跨境电商发展，催生出更多应用新场景，推动跨境电商发展迈入新阶段。一是元宇宙在全球范围内持续火爆，与同样火热的跨境电商发生“碰撞”，推动数字虚拟人、NFT、VR/AR+购物、数字货币等新应用发展，为跨境电商带来新产品、新渠道、新支付、新体验，产生全新的电商购物链路。二是随着跨境电商企业开始重视精细化运营和品牌化发展，赋能卖家抓流量、降成本和提效率的跨境电商SaaS（通过网络提供软件服务）需求迎来新一轮增长，2021 年中国跨境电商SaaS 市场规模达 73 亿元，增速为 73.8%，预计 2022 年达到 103 亿元，2025 年之前均会保持稳定增长（见图 6）。三是人工智能、区块链等数字技术广泛运用于跨境电商生产、采购、交易、支付、物流、仓储、营销等各环节，提升全流程的运营效率，成为推动行业迭代创新的重要驱动力量。四是全球最火的人工智能对话机器人 ChatGPT 横空出世，将为跨境电商运营带来巨大机会，已有跨境电商企业将其应用于人工智能选品、广告素材/广告语智能输出、广告智能投放、客服智能回复等方面，未来关于人工智能的想象空间将不断被打破。伴随着数字技术应用场景广度和深度的拓展，技术应用将重塑跨境电商产业链条，助力跨境电商效率升级和模式创新，驱动跨境电商迭代升级。

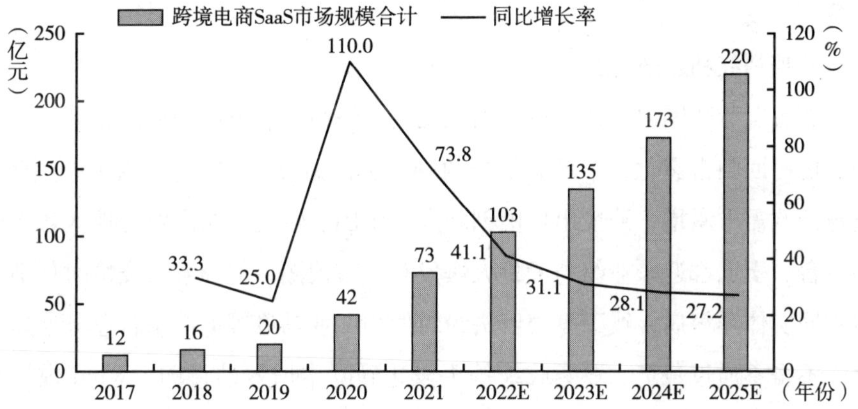

图 6　2017~2025 年中国跨境电商 SaaS 市场规模及预测

资料来源：艾瑞咨询，《2022 年中国跨境电商 SaaS 行业研究报告》，2022 年 6 月。

三　中国跨境电商发展面临的挑战

（一）全球经济衰退降低行业发展预期

1. 衰退阴影笼罩世界经济

2022 年，面对疫情持续、全球通胀、地缘冲突、能源危机、美联储加息等不利因素，全球经济活动呈现增长放缓、需求萎缩的趋势，航运和大宗商品领域不断发出警报，经济衰退风险继续上升。据世界贸易组织（WTO）预测，2022 年全球货物贸易量增长 3.5%，但 2023 年仅增长 1%，远低于此前估计的 3.4%。[①] 中国经济发展也面临“三重压力”，中国物流与采购联合会发布的数据显示，2022 年 12 月中国大宗商品指数（CBMI）为 101.0%（见图 7），相比 11 月略有回升，各项分指数中的供应指数、销售指数、库存指数也有所回升，但销售量仍呈下降趋势，销售指数上升动力不足。[②] 各项分指数表明我国大宗商品市场供需两端均明显放缓，商品库存压力增大，市场呈供大于求的迹象，市场淡季特征显现。全球经济衰退、地缘政治以及贸易壁垒为跨境电商出海企业带来新的挑战，企业面临严峻的市场竞争环境。

2. 疫情红利逐渐消退

随着全球范围内疫情管控逐渐恢复到疫情前，线下经济迎来复苏，线上经济慢慢回归常态化，市场竞争与内卷也愈演愈烈。在疫情发生的前中期，全球网购需求激增，跨境出口屡创新高，中国、欧美、东南亚等地区各大电商平台、卖家都迎来业绩与股价大爆发和上市浪潮，但随着后疫情时代消费者重回实体零售店，线下零售巨头纷纷发力，亚马逊等电商平台业务增速放缓，不得不通过裁员、业务收缩等手段达到降本增效的目的。Wind 数据显

① 《世贸组织预计 2023 年全球货物贸易量仅增长 1%》，国家发改委官网，2022 年 10 月 31 日。

② 中国物流与采购联合会：《12 月中国大宗商品指数（CBMI）》，2023 年 1 月。

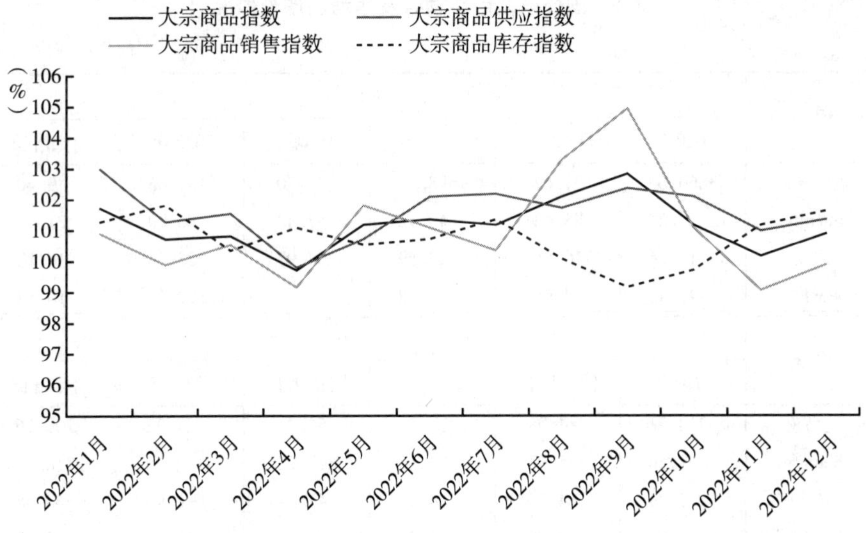

图7　中国大宗商品指数

资料来源：中国物流与采购联合会。

示，2022 年，亚马逊营收仅增长 9.4%，并成为历史上首个市值缩水万亿美元的公司；Shopify 亏损 34.6 亿美元（见表 6），最新美股数据显示，Shopify 股价距最高点暴跌 97%。[①] 此外，根据我国跨境电商大卖公布的财报，2022 年多数卖家出现明显的利润下降，面临“增收不增利”的困局。跨境电商行业从 2020 年的增量抢夺时代走向 2022 年的存量竞争时代，线上线下双轮驱动或许是后疫情时代跨境电商企业“破局”的突破点。

3. 供应链外迁压力增加

随着国际分工的深入发展，跨国公司以成本效益、经济效益和效率为导向将传统产业不断细化，在全球范围内寻找适配生产的地点，带动全球产业链供应链加速重构，而承接国际产业链转移成为我国经济循环畅通的关键。以美国为首的西方国家在政治安全和经济利益的双重考量下，通过重构全球供应链来降低中国在全球供应链体系的重要性，试图在印度和东南亚地区塑

① 数据来源于百度股市通，2023 年 2 月 9 日。

表 6　国外电商巨头营收及净利润增长情况

单位：亿美元，%

项目	营收					
	2020 年	同比增长	2021 年	同比增长	2022 年	同比增长
亚马逊	3860.64	37.62	4698.22	21.70	5139.83	9.40
Shopify	29.29	85.63	46.12	57.43	56.00	21.42
Etsy	17.26	110.86	23.29	34.97	25.66	10.18
Wayfair	141.45	54.98	137.08	-3.09	122.18	-10.87
项目	净利润					
	2020 年	同比增长	2021 年	同比增长	2022 年	同比增长
亚马逊	213.31	84.08	333.64	56.41	-27.22	-108.16
Shopify	3.20	355.93	29.15	812.23	-34.60	-218.72
Etsy	3.49	264.20	4.94	41.31	-6.94	-240.68
Wayfair	1.85	118.78	-1.31	-170.81	-13.31	-916.03

造新的供应链中心，我国外部脱钩风险加大。2021 年 2 月 24 日，美国拜登总统签署《美国供应链的行政令》，其意在供应链上"去中国化"，印度成为主要的替代目的地。受政治及经济因素影响，惠普、苹果、戴尔等公司纷纷在印度布局新的供应链。此外，随着我国人力资源成本上涨，以及疫情和国际局势的外部扰动，我国不少跨境电商企业去东南亚国家开设工厂、进行产能转移，也有卖家布局海外供应链，给我国跨境电商的全球化发展带来了一些新的改变。

（二）国际规则话语权和影响力亟须提升

1. 国际规则参与对接不充分

我国跨境电商在快速发展中面临诸多制度与法律问题，在全球经贸治理和国际贸易规则制定方面存在对接障碍，难以掌握国际贸易中的主动权。为推动数字贸易发展，欧美日等发达国家或地区纷纷开始执行双边和区域跨境电商规则，逐渐成为当今跨境电商规则的领导者和制定者，而有我国参与的涉及电子商务条款的双边/多边区域贸易协定较少，且多缺乏影响力，章节条款内容涉及点较少、不够深入。此外，我国作为数字贸易大国，在跨境电商领域处于全球领先地位，先后实践和创新出一系列跨境电商监管、通关、金融等便利化成果，其中系列成果获得了世界海关等国际组织的肯定，却在海外复制推广方面面临诸多障碍，并未出现在 WTO 电子商务谈判成果、RCEP 等重大区域贸易协定的谈判成果、融入“一带一路”共建或者上合组织协议中。在跨境电商国际规则制定方面，我国仍需积极与更多国家谈判，增进与各国政府间的沟通与交流，将更多国家纳入促进国际多边贸易便利化范围，推动我国跨境电商规则标准上升为区域或全球规则标准。

2. 国际化平台建设滞后

跨境电商行业发展存在“渠道对接”和“跨境服务”两大核心难题，破解这两大难题的关键在于全球跨境电商平台体系的构建与完善。Webretailer 发布了 2022 年全球电商平台最新排名及其主要市场、销售品类和平台访问量（见表 7），亚马逊以每月超过 55 亿次的访问量位居榜首，eBay 以每月接近 30 亿次的访问量紧随其后，而我国国际化跨境电商平台只有全球速卖通（AliExpress）挤进前十，月度访问量超 5 亿次，不及亚马逊月度访问量的 10%。① 目前，我国跨境电商行业渗透率连年稳步提升，但在国际市场上的跨境电商平台建设相对滞后，缺少具有国际影响力的平台，且平台的基建配套服务不高，全球物流供应链和本地仓网络也亟须创建。跨境电商平台如何提供优质的平台服务，让中小品牌、商家在海外发展中将更多的精力聚焦产品本身，同时，如何拓展商家生态，构建跨境服务体系，优化终端消费者体验，都是提高跨境电商平台国际影响力的重要影响因素。

表 7　2022 全球电商平台访问量 TOP20

单位：亿次

序号	平台名称	服务地区/国家	产品类别	每月访问量
1	亚马逊(Amazon)	全球	综合电商	56.9
2	易贝(eBay)	全球	综合电商	29.8

① “The World's Top Online Marketplaces 2022”, https://www.webretailer.com/marketplaces-worldwide/online-marketplaces/.

续表

序号	平台名称	服务地区/国家	产品类别	每月访问量
3	虾皮(shoppe)	东南亚	综合电商	6.3
4	乐天(Rakuten)	全球	综合电商	5.91
5	全球速卖通(AliExpress)	全球	综合电商	5.26
6	沃尔玛(Walmart)	北美	综合电商	5.14
7	美客多(Mercado Libre)	拉美	综合电商	4.47
8	Etsy	全球	艺术品、手工艺品	3.96
9	淘宝(TaoBao)	中国	综合电商	3.33
10	wildberries	俄罗斯	综合电商	2.79
11	拼多多(Pinduoduo)	中国	综合电商	2.63
12	Trendyol	土耳其	综合电商	2.23
13	泰伦斯(Target)	美国、澳大利亚	综合电商	2.07
14	Flipkart	印度	综合电商	2.02
15	Allegro	波兰	综合电商	2.01
16	Ozon	俄罗斯	综合电商	1.97
17	京东(JD.COM)	中国	综合电商	1.87
18	Zalando	欧洲	时尚电商	1.7
19	Tokopedia	印度尼西亚	综合电商	1.64
20	来赞达(Lazada)	东南亚	综合电商	1.44

注：本表是根据 SimilarWeb 对 2022 年 7 月访问量超过 100 万次的 151 个电商平台的流量进行排名，月访问量数据为同一平台在不同站点的访问量总和。

资料来源：Webretailer。

3. 国际支付市场自主可控能力弱

我国跨境支付面临的主要挑战是自主可控的海外终端支付体系尚未形成，跨境支付市场占比依然较小，缺少市场话语权。2022 年 3 月和 6 月，第三方支付服务提供商 PayPal 先后两轮大规模冻结中国卖家账号，不仅涉及跨境电商中小卖家还有头部卖家。PayPal 声称中国卖家违反《用户协议》《合理使用规则》等有关协议或制度，封禁了许多中国卖家账户并冻结其资金。PayPal 是全球市场使用最为广泛的第三方支付工具，在普通消费者中影响力较大，无论是商家还是消费者都很难摆脱对其的依赖。面对封号，中国卖家通常申诉过程漫长且烦琐，往往不了了之，独自承担所有损失，给企业正常的生产经营带来极大的不确定性。此外，目前国际上不少政府部门都在研究限制中国金融科技企业在当地市场准入和扩张布局等政策，我国金融科技企业在参与国际监管规则、商业规则、技术标准化等方面亦有不足之处，因此，我国在推进金融科技全球治理体系、形成先进的监管体制机制、引领数字环境下跨境金融服务全球监管标准之路任重而道远。

（三）全球化物流供应链体系尚不完善

1. 物流供应链韧性有待增强

党的二十大报告提出“着力提升产业链供应链韧性和安全水平”，安全可靠、畅通高效的全球物流供应链网络对产业链供应链稳定畅通至关重要。目前，物流供应链系统的外部环境复杂多变，同质化、低水平的供应链服务，较弱的国际物流支撑能力等问题，导致端到端的跨境电商供应链受到严重挑战。2022 年，码头拥堵、航班停飞、转运困难等所导致的全球供应链危机，成为笼罩在跨境电商企业头顶上的一块阴云，同时也暴露出我国国际供应链物流体系的脆弱性，为我国物流链自主可控敲响了警钟。作为全球货物贸易第一大国，我国国际货运物流的对外依存度高达 70%，① 与贸易大国地位不相匹配，对国际货物运输的掌控能力严重不足。此外，相较于国际物流企业在我国兼有发达的揽货服务网络，我国物流企业在国外的末端服务网络和服务能力很弱，大部分通过委托、转包等形式与境外物流企业合作完成末端集疏运服务，难以提供端到端的一体化供应链服务。下一步，加快布局国际物流基础设施建设，构建国际物流供应链节点网络，培育我国具有全球服务能力的物流企业和供应链服务商，打造为我所用的全球供应链物流体系，成为摆在我国面前迫切需要解决的问题。

2. 海外仓服务功能不健全

物流是跨境电商的核心链条，而海外仓是构建国际物流体系和解决跨

① 林坦、刘伟华：《远近结合 提升我国国际供应链物流能力》，《中国交通报》2022 年 7 月 25 日。

境物流“最后一公里”问题的有效途径。目前，我国积极推进海外仓建设，全球海外仓总量超过2000个，但大多数海外仓为中小企业分散独立经营，未能实现规模化经营，而且这些海外仓多为企业自建自用，缺少公共仓和共享仓。大量海外仓为贴近消费市场的终端配送仓，布局在全球重要物流节点的大型中转枢纽仓不足，与亚马逊FBA仓，UPS、Fedex、DHL等快递巨头的区域分拨仓，马士基、地中海、达飞等海运公司港口枢纽仓相比，实力和规模方面都存在巨大差距。大部分海外仓功能单一，除基础的仓储物流功能外，终端配送、展示销售、售后维修、金融服务等配套服务跟不上，且海外仓整体的数字化和自动化水平较低，无法提高海外仓的操作准确性和履约时效性。此外，我国缺少对海外仓全球布局的统筹和引导，很多海外仓企业扎堆涌入某些热点市场，导致市场短时间内过于饱和，行业内部出现恶性竞争，而新兴市场的海外仓资源短缺，不利于行业良性健康发展。

3. 国际航空物流服务能力存在短板

跨境电商的迅猛增长对我国航空物流发展起到了很大的促进作用，在我国航空运输的出口货物中，跨境电商产品占比已经达到30%左右，但跨境电商产品追求时效性的特点，也对我国航空物流服务能力提出了更高的要求。我国航空物流全球网络布局严重滞后，对接全球物流市场的能力不强。目前，我国国际航空货运通航全球53个国家的120多个城市，且以周边地区市场为主，远程国际航线则主要集中在欧美市场，南美、非洲等地区覆盖能力较差。我国航空货运飞机数量远远无法满足货运需求量，2022年，我国共有全货机212架，全货机航空公司数量仅为12家左右，顺丰航空作为我国最大的货运航空公司，自有货运飞机为77架。[①] 而反观国际头部航空物流公司，仅联邦快递（FedEx）一家企业在役货机就达684架，联合包裹（UPS）达624架。我国航空运输企业承运的进出口货运量总体份额偏低，海外航空巨头占我国国际货运市场60%以上份额，尤其是关键航路、关键

① 《2022年中国航空货运发展回顾 在变化中加快发展步伐》，中国民航网，2023年2月19日。

产业链节点城市，几乎均被国外航司垄断，这也意味着国货难以国运，与我国在全球供应链中的地位严重不匹配。

4. 俄乌冲突影响中欧班列发展

中欧班列已经成为跨境电商行业运输的重要渠道，“中欧班列+跨境电商”的国际物流运输服务，提升了跨境电商企业配送响应速度和物流运转能力。但大国博弈与地缘政治给多国密切协作的国际班列运行模式带来不确定风险，尤其是2022年爆发的俄乌冲突及其后欧美对俄罗斯的严厉制裁对中欧班列主通道形成了一定程度的冲击，其出入欧洲的交通流量出现明显下降。同时，俄乌冲突导致中欧班列运输通道的运营和发展产生了重大变化，加速了中欧班列各参与方尤其是欧方对替代通道的探索进程。欧方对新的、不通过俄罗斯领土的替代通道的需求陡然上升，跨里海“中间走廊”成为中欧线路中几乎唯一的“政治正确”通道，这种非市场导向的选择，不可避免地会对中欧班列运输市场的正常发展造成扭曲。此外，中欧班列与地方产业的有效衔接亟待加强，需要更好地发挥中欧班列对本土产业和经济的带动作用。

（四）跨境电商品牌和创新能力亟待提高

1. 品牌塑造能力薄弱

随着消费者更加强调对产品品质的追求，曾经以“价低”和“量大”争夺市场的优势逐渐褪去，品牌化建设成为跨境电商出海的新引擎。海关数据显示，2021年我国跨境电商出口商品中拥有自主品牌的商品占比仅为17%，大部分跨境电商产品仍局限于“无牌”“贴牌”，缺少品牌影响力，直接减弱了向消费者传达品牌理念和延续品牌生命力的作用。部分跨境电商企业缺少品牌意识，对爆款的盲目追求造成了产品同质化问题，不仅降低了用户体验，也让企业陷入价格战，压缩了发展空间。同时，很多跨境电商企业没有深入了解海外消费者消费习惯和喜好，在前瞻性规划产品时不能准确定位客户需求，致使品牌缺乏创新灵感和动力，妨碍品牌调性持续性输出和消费者品牌认知度、忠诚度的培养。此外，部分跨境电商企业缺少品牌塑造和传播能力，较少关注自身的品牌故事、品牌形象以及品牌传播等宣传策略，以致消费者无法加深对品牌的信任和品牌文化的认同感，品牌塑造能力有待提高。

2. 产品研发投入不高

党的十八大以来，国家高度重视品牌建设，强调要“推动中国制造向中国创造转变、中国速度向中国质量转变、中国产品向中国品牌转变”，于是“品牌”与“自主研发能力”成为外贸企业突围制胜的关键。目前，我国的跨境电商企业大致可以分为工贸型、销售型和研发型。许多工贸型跨境电商企业是从代工转型而来，产品研发能力弱，品牌附加值偏低，产品竞争力不强，品牌化转型起步晚、进程缓慢。我国大部分跨境电商企业属于销售主导型，走“重运营、轻研发”的发展道路，因为增加营销投入往往带来较明显的业绩增长，而企业研发投入带来的贡献往往是缓慢的，使企业通常选择前者来提高营业收入，通过较少的研发投入进行微创新。如 2022 年成功上市的“便携储能第一股”华宝新能，2019～2021 年的研发投入占营收的比例分别为 2.83%、2.19%和 2.79%，而同行业的安克创新同期的研发投入占比分别为 5.92%、6.07%和 5.92%；已通过深交所创业板 IPO 申请的跨境电商家居大卖致欧科技，2019～2021 年研发投入占营收的比例分别为 0.45%、0.32%和 0.41%①，远低于行业平均值，且产品设计方面的专利技术多为外观专利。研发投入少，研发能力弱，产品溢价低，使跨境电商企业的竞争力大打折扣，极易被竞争对手模仿、超越。

3. 创新质量有待提升

当前，铺货和泛品类模式竞争优势逐渐表现出疲软之势，特别是亚马逊封店潮的影响，很多的卖家开始意识到深耕产品和创新研发的重要性。创新质量成为巩固跨境电商企业行业核心地位、抢占市场的关键，也是中国品牌出海的保障。目前很多跨境电商企业的创新质量不高，企业研发创新多为微创新，不易于巩固在行业中的核心地位，研发创新对营收的贡献率并不高，

① 数据来源于企业年度财报或者招股说明书。

如致欧科技招股书显示，2019~2021 年自研发产品贡献的营收占比分别仅为 17.35%、26.19%和 28.37%，虽逐年攀升，但效益并不明显，收入主要来自非自主研发成果。部分企业在没有深入调研市场需求、消费者偏好等情况下进行产品设计，这种一厢情愿式的创新设计往往会“水土不服”，得不到目的国消费者的认可。此外，部分跨境电商企业关注利润而不注重产品质量和知识产权，违反跨境电商出口平台的规则，或出现模仿和抄袭行为，致使侵权事件频发。与此同时，在商业模式创新方面，不少跨境电商企业没有积极尝试社交媒体、跨境直播和独立站等创新型渠道或浅尝辄止，不能为用户创设更多消费场景以及留存私域流量和数据。

（五）跨境金融创新和服务水平有待加强

1. 跨境人民币结算推广难度大

近年来，我国人民币国际化水平不断提高，2022 年 12 月人民币全球支付占比 2.15%，保持全球第五大最活跃货币的位置，但严重滞后于 2022 年我国 14.7%的出口国际市场份额。人民币跨境使用受到中国与其双边贸易和投资、人民币币值稳定性、相关国家经济金融发展水平等因素影响，推广难度较大。中国已与共建“一带一路”国家金融监管部门签署了 35 份合作文件，包含与 22 个沿线国家签署的双边本币互换协议，但共建“一带一路”区域跨度大，沿线国家经济发展水平参差不齐，政治环境复杂多变，部分国家金融体系欠发达，经济金融脆弱性较高。跨境人民币在部分国家的流通使用受限，目前仍以美元结算为主，尤其是在大宗商品交易领域，美元定价仍为常态，对扩大人民币跨境结算带来不利影响。同时，人民币在部分国家的账户开立、跨境支付使用等方面存在障碍，人民币无法进入当地银行体系结算流通。人民币对部分国家货币交易缺少官方汇率报价，且这些国家没有将人民币作为外汇储备，收到人民币资金后仍选择兑换成美元等主要货币。此外，中资银行主要布局在境外国家首都等核心城市，在其他城市鲜有布局，人民币金融产品供给有限，结算渠道仍受限。

2. 跨境金融保险产品难以满足企业需要

随着跨境电商进入多业态并存的全产业链时代，跨境金融服务需求从单一的收款、收单等支付类基础金融服务，过渡到供应链金融、外汇、资金管理、保险、财税等综合性金融服务。根据亿欧智库报告，专业化定制化的金融服务正逐步成为跨境电商企业的新需求，2021 年我国跨境电商企业对保险、理财投资等服务需求占比均超过 20%，且有融资需求的跨境电商卖家明显增多，占比达到 32%。[①] 但目前金融机构在监管和技术等方面的创新依然不足，尚不能满足跨境电商企业综合性、多元化的融资需求。与此同时，保险成为跨境电商领域规避风险的重要手段，但目前保险机构在外贸领域推出的保险产品和服务与企业诉求有一定差距，出口信用保险、财产损失保险、货物运输险等业务覆盖面也有待进一步扩大，亟须保险机构积极探索支持跨境电商各业务环节的新产品新模式，帮助企业降低出口风险。

3. 跨境电商中小微企业融资难

“融资难、融资贵”依然是跨境电商中小微企业面临的现实难题。与龙头企业和大型电商企业不同，中小跨境电商企业在发展之初面临更强的融资需求，但经营时间短、轻资产、缺少抵押物等问题让跨境电商中小微企业融资难上加难。同时，跨境电商中小微企业由于自身治理结构和财务制度有待改善，不能为企业长期、稳定的发展及时引入战略性投资者。此外，具有潜力的初创公司、独角兽公司缺少股权融资的思维和运作，也是制约跨境电商企业融资的重要因素。当前，针对跨境电商产业链属性差异化特点，金融机构开发的传统供应链金融产品不能完全适配，供应链金融产品种类少，缺少与信保机构、物流企业等跨界合作，如以海关监管仓货物担保融资时还可以叠加跨境电商出口风险统保，为跨境电商企业提供全链路风险保障和融资支持。与此同时，跨境电商金融产品缺少组合创新和综合金融服务优化，需要

① 《从跨境电商金融服务需求之变看市场之变》，中国商务新闻网，2022 年 3 月 26 日，https：//baijiahao. baidu. com/s？ id=1728238288583181552&wfr=spider&for=pc。

突破组合贸易保险、保值避险、现金管理等功能，从而有效缓解跨境电商企业融资难的困境。

（六）综试区富有活力的生态体系尚未建立

1. 综试区综合配套服务体系不健全

跨境电商综试区建设是典型的系统工程，需要铁路、港口、航空机场、海关特殊监管区等基础设施保障，更需要交易、物流、支付、信用、金融、数据等各类配套服务保障，以及政府部门对新业态的管理体制机制和支持政策等管理服务保障。部分综试区城市外贸基础落后，跨境电商生态尚未形成，且缺少完善的政策体系和高效的公共服务体系，不能有效吸引跨境电商企业、平台、服务商的集聚。部分综试区城市缺少海关特殊监管区域，跨境电商物流基础设施不完善，航空货运发展水平较低，甚至还不具备航空货运能力，再加上本地货量不足以支撑大型物流公司在当地设立分拨中心，导致跨境出口商品的物流时效长、成本高。部分综试区服务生态不健全，缺少报关、货代、外贸综合服务、物流承运商等服务支撑，导致很多跨境电商出口货物在其他城市申报，出口数据无法在本地留存，使政府无法全面准确掌握跨境电商出口数据，政府出台的支持政策无法匹配实际需求，不利于当地外向型经济发展。

2. 综试区差异化发展有待深入

为充分发挥跨境电商对经济和消费的强劲带动作用，从 2015 年 3 月至 2022 年 11 月，国家先后七次共批复 165 个跨境电商综试区，其中，广东省、江苏省、浙江省和山东省已实现了地级市城市全覆盖。2022 年 3 月 31 日，商务部公布了“2021 年跨境电子商务综合试验区评估”结果，这是商务部首次对全国前五批 105 个跨境电商综试区建设进展情况进行评估，通过 40 多项指标将评估结果分为四个档次：“成效明显” 10 个、“成效较好” 50 个、“成效初显” 40 个和“尚在起步阶段” 5 个。除了广州、深圳、杭州、宁波等城市形成了富有活力的跨境电商生态体系，大部分综试区的跨境电商生态存在“缺项”和“短板”，尤其是后续批复的综试区尚处于探索发展阶段，发展定位不明确，发展路径不清晰，没有找到结合本地产业基础和发展特点的差异化发展模式。从各地公布的跨境电商综试区实施方案来看，复制与借鉴前几批次实施方案的内容居多，而根据当地具体情况、因地制宜出台具体发展政策和实施方案的较少。跨境电商综试区如何结合本地外贸和产业特色进行差异化发展，通过跨境电商和本地产业的双向延伸和渗透，以提升本土产业国际竞争力，是所有综试区城市要深入思考并力行解决的重要课题。

四　中国跨境电商发展的趋势

（一）跨境电商步入品牌出海黄金时代

1. 更多中国产品以“品牌”的姿态进入全球市场

在平台规则日益收紧、各国监管制度日趋完善的国际环境下，传统铺货模式逐渐跌落神坛，品牌出海成为当前和未来跨境电商发展的必由之路。2022年是中国品牌出海的爆发年，大量中国品牌依托跨境电商走向国际市场。“2022 凯度 BrandZ 中国全球化品牌 50 强”显示，SHEIN、Anker、AUKEY、正浩创新、Flexispot、威克士、ECOVACS、兰亭集势等 8 个跨境电商大卖品牌强势入榜，较 2021 年新增 2 个入榜品牌，入榜品牌中还有阿里巴巴、京东等跨境电商平台企业和字节跳动、快手等内容电商平台企业。同时，在国内市场格局趋于稳定和饱和的情况下，中国传统品牌拓展跨境电商渠道成为利润增长点与破局点，如安踏、花西子、完美日记等国内品牌纷纷布局线上赛道，拓展触达海外消费者的渠道。在越来越多的跨境电商企业启动品牌出海新征程的背景下，深圳、杭州、宁波、成都等地政府将品牌培育上升为地区发展战略，陆续投入“真金白银”，鼓励企业境外品牌创建、境外商标注册和产品认证等。品牌意识正在觉醒，可以预见的是，中国跨境电商正步入品牌出海黄金时代，未来将会有更多的中国产品以“品牌”的姿态进入全球市场。

2. DTC 出海成为品牌全球化的重要突破口

在跨境电商从铺货思维向产品思维、从流量思维向用户思维转变的趋势下，DTC 出海模式迅速兴起，成为中国品牌全球化的重要突破口。DTC 模式的核心是直接面向消费者，不只是销售渠道上的直接面向用户，更是与消费者建立品牌心智链接，于是产品创新能力、内容营销能力、用户运营能力、供应链协同能力成为 DTC 品牌成功出海的关键要素。因此，越来越多的 DTC 出海品牌开始内外兼修，首先，加大创新研发投入，不断向“微笑曲线”两端延伸，持续提升产品品质，以差异化的“硬核”产品获得更多海外消费者认可；其次，注重品牌的国际营销，开启全球市场的多元化布局，开设独立站沉淀私域流量，利用社交媒体精准链接潜在消费者，并通过内容营销讲好品牌故事；最后，重视海外消费者的大数据分析，及时洞察消费者需求与市场变化趋势，实现精细化用户运营，并反向指导产品端、营销端、供应链的优化与调整。DTC 出海品牌采取更加长期主义的策略，通过创造与众不同的品牌价值，提高企业盈利水平，打造品牌溢价能力，从而在激烈竞争中构筑品牌“护城河”。

3. 跨境电商平台助力全球化品牌建设

当下，互联网流量日渐分散且增量稀缺，但随着传统品牌商和工厂商家进入跨境电商领域，跨境电商平台卖家供给侧增长速度超过流量侧增长，于是“僧多粥少”的矛盾导致流量竞争加剧。因此跨境电商平台纷纷对供给侧进行变革，逐渐淘汰铺货走量型卖家，将有限的流量优先分配给供应链质量和效率更高的品牌型商家，推动我国企业在品牌出海道路上迈向高质量发展。目前多个跨境电商平台提出国际化品牌建设计划，如“亚马逊全球开店中国”发布 2023 年战略重点，将支持卖家布局全球业务，助力中国卖家构建长期价值，数据显示，2020~2022 年亚马逊上的中国品牌型卖家数量增长近 3 倍。[①] 平台品牌出海、品牌孵化等行动计划，以及对品牌商家的流量扶持，帮助中国企业和中国品牌充分发挥供应链优势，在海外市场建立品牌

① 亚马逊：《同心笃行，共创长赢——2022 年亚马逊全球开店跨境峰会》，2022 年 12 月 26 日。

心智，让中国制造在世界市场上“从幕后走到台前”，加速中国品牌出海的步伐。

（二）数字化精细化转型成为必然趋势

1.精细化运营成为降本增效之道

复杂多变的国际经贸环境、水涨船高的运营成本、日益激烈的行业竞争等，不断抬高跨境电商的门槛，挤压跨境电商企业的利润空间，也推动跨境电商行业从野蛮生长阶段进入稳定增长阶段，此时规模性的外部红利（流量红利、政策红利）难以再现，于是回归企业“内功”的精细化运营从可选项变为必选项。精细化运营不仅是店铺运营、库存管理、广告营销等单一板块或环节的精细化，更是包括产品、采购、营销、售后、供应链、管理等全业务、全链路的深度精细化。精细化运营的前提是企业的数字化，通过企业数字化转型实现数据管理，并有效盘活数据价值，运用数字技术和数字工具，实现从计划、生产到销售全价值链端到端的可视化、精细化管理。在跨境电商行业从追求规模增长转向效率和质量提升的趋势下，通过提高精细化运营能力，进一步驱动业务增长、促进品牌的传播与沉淀已势在必行。

2.私域流量成为企业重要资产

大数据时代，数字分析已经取代经验判断，跨境电商也从流量引导型向用户驱动型演变，数据流量正成为跨境电商下半场的秘密武器。随着跨境电商公域流量获取成本攀升、利润空间被压缩，构建私域流量池逐步成为企业关注的焦点。当前，独立站是私域平台，社交媒体则是独立站的第二道私域流量池，可以帮助企业沉淀不同类型客户，降低获客成本，提升数字化营销运营能力。此外，利用私域平台留存的用户基础数据和行为数据，进行数据分析和用户画像，有助于企业构建完善的用户全生命周期服务体系，实现千人千面的营销服务，增加消费者与品牌间的黏性，增加消费者复购率和活跃度。私域运营使跨境电商企业获得了流量、交易数据及客户关系的控制权，驱动企业从流量思维转向用户思维，实现基于数据的、以客户为中心的全渠道整合营销。私域流量可以帮助卖家建立竞争壁垒，正成为企业的重要资产和可持续发展的关键。

（三）跨境电商加速构建生态化服务体系

1. 依托资本加持，打造生态化服务矩阵

在我国跨境电商从产品出海进入品牌出海阶段，精细化运营、多渠道布局和品牌化发展成为跨境电商卖家共同选择，对 SaaS 建站、跨境支付、海外营销、数据分析等各类服务需求日渐增长，催生了一大批提供各种专业产品和服务的跨境电商服务商，跨境电商服务行业生态化特征日益显著。市场对跨境电商服务需求的持续增长，吸引了更多的参与者和资本竞相入局。当前，跨境电商行业投融资热点从 2021 年以前的出口跨境电商和进口跨境电商过渡到出口跨境电商和跨境电商服务商，尤其是跨境电商服务商正成为资本投资最青睐的领域。2021 年跨境电商投融资领域服务商获得融资事件占比为 64.94%，2022 年则达到了 83%，服务商融资事件数量占比提升明显。[①]在资本的加持下，从某一环节切入的跨境电商服务商不断拓展服务边界，向前后两端延伸服务链条，持续丰富生态化服务矩阵，更好满足我国企业出海的多样化、个性化、一体化服务需求。

2. 以数字技术为支撑，催生各种新型服务方式

5G、大数据、物联网、人工智能、区块链、虚拟现实/增强现实等新一代信息技术在电子商务领域的集成创新和融合应用，为跨境电商行业带来全新的发展机遇，成为推动行业迭代创新的重要驱动力量。一方面，数字技术在跨境电商生产、采购、交易、支付、物流、仓储、营销等各环节的深度应用，推动外贸全流程优化提升，加快了跨境电商行业的效率变革，如综合运用区块链、机器学习等新技术，将更好地解决跨境电商物流监测、跨境支付、征税退税以及质量追溯等难题，提升全流程的运营效率；另一方面，数字技术和数字工具的逐步成熟和普及，催生了跨境电商 SaaS、数字营销、

① 根据网经社电子商务研究中心发布的《2021 年跨境电商服务商融资数据榜》《2022 年度中国跨境电商投融资数据报告》。

跨境直播、数据算法分析等新服务领域，如 SaaS 建站技术推动卖家建站进入低成本的“平民化”时代，让中小企业无须花费大量精力便能轻松拥有自己的网站。数字技术与跨境电商的深度融合，将进一步推动跨境电商服务行业的数字化、智能化、专业化发展，加快打造丰富、活力、智慧的服务新生态。

3. 以社交媒体为中心，营销服务商赋能流量获取

随着社交媒体用户数量激增以及用户使用社交媒体时间增长，社交媒体逐渐成为全球用户线上活动的核心载体和商家营销的流量入口。特别是在广告营销成本增加、卖家品牌化发展的双重驱动下，卖家将目光转向直播、短视频、移动社交软件等社交媒体，纷纷开启社交媒体的推广引流和内容营销。新的营销渠道和方式的诞生，推动整合营销服务需求不断增长，催生了一大批营销赋能服务商。社交媒体平台的电商属性、低成本多样化的引流方式，以及网红达人经济的兴起，吸引大量营销服务商深耕社交媒体平台流量池，实践出更有效的营销方案和引流玩法。同时，当前围绕社交电商模式的品牌推广、营销变现、数字资产管理等环节还未形成良性商业闭环，提供包装、营销、推广和变现的 MCN 细分服务商，成为行业新需求和服务领域的热门赛道。当品牌出海替代产品出海之后，社交媒体营销、内容营销的重要性愈发凸显，这给营销服务商带来了巨大的市场空间，通过数字工具、牵手网红、建立私域流量、垂直化营销等多种营销方式，为品牌出海提供强大支撑。

（四）跨境电商与贸易新业态加速融合

1. “跨境电商+海外仓”联动发展，优化并稳定全球供应链

在疫情冲击全球供应链的背景下，海外仓发挥全球供应链物流枢纽节点作用，衔接我国国际干线物流和海外终端配送体系，保障了外贸产业链供应链稳定。我国企业加速海外仓全球化布局，不断提升跨境电商物流履约能力，不断丰富海外仓服务功能，延伸出展览展示、商品分销、退换货、售后服务、供应链管理、金融服务等一系列服务，在优化供应链管理

服务的同时，促进终端销售的作用日益凸显。当前，以海外仓为枢纽、打通国际贸易各个环节的一体化服务需求日益增长，推动海外仓企业积极整合国内外资源，向供应链上下游延伸服务，形成了“综保区前置仓+海外仓”双仓联运、“海外仓+跨境电商、一般贸易、市场采购、外综服”等多模式多业态联动发展局面。未来，海外仓要进一步完善功能，提升数字化智能化水平，不仅要成为我国国际供应链的重要组织平台，更要成为重要的国际贸易平台，优化并稳定全球供应链，推动更多中国制造产品和中国品牌“走出去”。

2. “跨境电商+市场采购”有机融合，拓展新业态出口渠道

跨境电商与市场采购贸易同属外贸新业态，是我国外贸发展的有生力量，推动两者的有机融合，将拓展新业态的出口渠道，形成新的外贸增长点。在疫情以及贸易数字化的影响下，跨境电商与市场采购贸易的融合速度逐步加快，很多市场采购经营者线上使用跨境电商平台获取订单，线下使用市场采购贸易方式出口货物，并取得了显著的成效；中小跨境电商企业采购的无票货物，利用市场采购贸易“无票免税”优势，实现异地组货、全国通关的便捷报关出口，促进跨境电商企业合规化、阳光化发展。跨境电商与市场采购贸易的深入融合，既可以解决跨境电商企业小额出口及无票的难题，完成合法合规收汇，也推动了市场采购由传统的线下采购逐步向线上下单、履约、结汇的数字化转型，极大降低了中小微企业出海门槛，提升了贸易便利性。

3. “跨境电商+服务贸易”加速融合，激发数字贸易新活力

跨境电商兼具货物贸易和服务贸易属性，且正从以货物贸易为主向货物贸易、服务贸易双轮驱动转变。跨境电商交易活动产生了跨境营销、国际物流、国际金融、知识产权、财税合规、信息技术等一系列服务贸易工作，我国跨境电商产品和品牌“走出去”，也带动了我国的平台、物流、支付、技术等服务“走出去”，扩大了我国跨境电商领域的服务贸易规模。同时，跨境电商与保税展示交易相结合，逐渐成为服务贸易与跨境电商融合发展中较为活跃的一种业态模式，形成了“网购保税+线下自提”“跨境电商+艺术品保税展示”等新场景，并进一步探索出“跨境电商+免税店”“跨境电商+文旅”“跨境电商+医药”等消费场景，助力新消费提质增效。跨境电商与保税维修、离岸贸易的融合发展也是未来趋势，如天津东疆保税港区首创的离岸电商模式，将原来大量中小跨境电商企业在境外主体从事的采销业务回归国内，实现了离岸采购、电商销售、资金合规化进出的创新。跨境电商与服务贸易的加速融合，推动数字贸易时代全面到来，成为全球贸易发展的重要引擎，也成为国际合作竞争的前沿领域。

（五）跨境电商迎来“供应链为王”阶段

1. 供应链成为出海企业核心竞争力

随着平台竞争的不断加剧，不断涌入跨境赛道的传统企业让身处“存量市场”的跨境卖家面临巨大的生存危机。当流量红利和运营红利结束后，供应链管理又重新成为跨境电商企业的发力重点，跨境电商迎来“供应链为王”的时代。提到跨境电商供应链，不得不提快时尚品牌 SHEIN，其小单快反、快速上新、价格把控等均是依托其背后极致的供应链能力。而字节跳动在海外跨境电商方面的尝试却频繁碰壁，TikTok 的全球月活跃用户已经超过 16 亿，坐拥巨大的流量池，但字节跳动在跨境快时尚领域的前两次尝试 Dmonstudio 和 Fanno 均以失败而告终，究其原因，过度重视前端营销能力的开拓，而忽视了供应链体系的塑造，导致其在这场持久战的较量中铩羽而归。跨境电商下半场已经开始，尤其是面对乌卡时代，跨境电商的竞争已从前端的销售竞争转向了后端的供应链较量，供应链能力的强大将决定最终胜者的归属。

2. 跨境电商与产业带上游及工厂端深度连接

目前跨境电商出海生态发生了深刻变化，主要集中体现在四个方面：一是跨境电商出海方式，中国出海企业已经开始从价格取胜逐渐发展为越来越注重产品和品牌，品牌价值成为链接中国制造和海外消费者的纽带；二是跨境电商出海主体，由早期个人、贸易型企业为主转变为贸易型企业与生产型企业融合发展，许多生产型企业由线下转到线上，数字化水平明显提升；三是跨境电商出海货源组织形式，从原来靠批发商城或批发网站进货卖到海外，向产业带上游及工厂端深度连接与转移；四是跨境电商产业带发展方面，从沿海到内陆、从东部到西部，越来越多传统外贸产业集群，通过跨境电商实现了全球业务拓展和品牌打造，同时部分跨境电商产业带从沿海发达地区向中西部内陆地区转移。从跨境电商出海生态的变化来看，跨境电商与产业带的链接更加紧密，具有扎实产业基础、供应链优势和成本优势的跨境电商特色产业带迎来发展机遇。

3. 供应链全球化布局成为大势所趋

经济全球化是当今世界经济发展的必然趋势，而经济全球化的主要表现形式之一便是产业链供应链的全球化。供应链全球化正成为全球共识，国际货币基金组织和世界贸易组织等国际性机构均对“去全球化”给全球经济带来的负面影响发出警告，并强调供应链的多元化、全球化布局。当前，我国正积极融入全球供应链体系，主动申请和加快推进加入《全面与进步跨太平洋伙伴关系协定》《数字经济伙伴关系协定》等高水平区域性协定，积极开展电子商务方面谈判。同时，我国强调自身供应链的安全性和自主可控性，并不是推动供应链企业回归本土化和不再扩大高水平高质量开放，而是加强产业基础再造能力建设和研发创新。此外，供应链的全球化也将提升贸易的便利化，发挥资源的全球配置作用，有效缓解跨境电商物流、支付等供应链关键节点的难题。供应链全球化布局已是大势所趋，为我国企业出海，尤其是对跨境电商企业而言，插上了腾飞的翅膀。

（六）出海企业加快推进“本土化”进程

1. 产品本土化是品牌出海的立身之本

品牌出海是跨境电商发展的必然趋势，根据不同市场区域的不同特点以及发展阶段的不同需求来进行本土化运营，则是中国品牌进入海外市场的有效路径。产品是品牌的物质载体，可以向消费者提供功能利益、情感利益和自我表现利益，是形成品牌个性的主导力量，因此产品的本土化显得格外重要。很多出海企业会根据不同国家的使用习惯和使用场景需求，针对产品进行定制化设计。如智能清洁领域新锐品牌追觅科技，在研发海外版吸尘器时，采取了“一市一样”的策略，针对欧美家庭环境地毯多的特点，在吸尘器上配置了 V 字形防缠绕的地毯刷；针对亚太地区硬质地面多的特点，采用了更密集的短绒加强清扫力度；针对日韩喜欢席地而坐对地面清洁度高的特点，使用清洁力更强的软刷来解决。产品设计的本土化在满足全球用户个性化需求和带来更优质消费体验的同时，通过文化上的共振给消费者带来心智上的冲击和认同感，进而提升消费者对品牌的认可度。

2. 营销本土化是品牌出海的流量抓手

营销本土化包括营销内容本土化和营销渠道本土化，是与消费者建立联系和增加情感共鸣的桥梁。营销内容的本土化是通过把语言、图片和视频等营销内容的创作与本土文化和习俗相结合，或者邀请忠实的本土用户、网红共同设计广告，以真实的视角拉近企业与消费者之间的距离。跨境电商家居大卖致欧科技旗下 Feandrea 品牌就是通过与忠实客户共同完成一部广告片的拍摄，快速与本土消费者建立互动互信关系。在营销渠道的本土化方面，需要针对不同市场，选择当地最受欢迎的媒体渠道，海外线下渠道也是不容忽略的重要销售场景。如跨境电商大卖 SHEIN 先后在伦敦、纽约、迪拜、日本等全球多地开设线下快闪店，采用线下试穿体验、线上下单购买的模式，更好地满足了快时尚“短平快”的营销要求，打造沉浸式网购体验。产品本土化是留住消费者的关键，而营销本土化则是吸引消费者浏览和购物的催化剂。

3. 人才本土化是打造全球化品牌的关键支撑

出海企业在开拓海外市场时，往往面临风俗文化、消费习惯、风土人情等方面的差异，而克服这些“水土不服”离不开对当地市场有深刻洞察的本地人才。于是，如何在海外市场搭建符合企业自身文化价值观的本地化团队，成为很多出海企业面临的痛点。人才本土化最大的优势便是了解当地的风俗文化、消费群体，更容易从本土化的视角为产品设计提供新理念，也更容易最先感知境外市场的动态，及时做出产品和营销调整。安克创新在开拓全球化市场时，始终坚持用本土人才孵化本土市场，如 2022 年 2 月，安克创新在日本开设了两家线下实体店，运营店铺的不是几个精通日语的中国员工，而是一支扎根在日本本土的百人团队。所有出海企业都希望打造出自己的全球化品牌，而所谓的全球化品牌，其实就是每个国家的本土化，“国际化管理团队+中国制造企业+海外本土化运营团队”或许可以成为打造全球化品牌的人才架构模型。

五　聚焦中国跨境电商产业长期价值的策略

此前十年，跨境电商行业依托中国供应链优势，搭乘互联网和移动互联网发展风口异军突起，叠加疫情时代加速全球消费场景的线上转移，跨境电商迎来了爆发式增长的“高光时刻”。然而，全球经济衰退、地缘政治冲突、多国通胀高企、疫情红利消散殆尽等环境因素，加剧了行业发展的不确定性；而我国跨境电商的国际话语权不大、全球物流服务能力不强、出口商品附加值不高、跨境金融创新不足、综试区生态体系不健全等，成为制约行业长远健康发展的梗阻。新发展阶段，应以构建跨境电商产业长期价值为目标，持续优化跨境电商产业生态，推动跨境电商与实体经济深度融合，加速中国品牌出海步伐，促进企业内外贸一体化发展和全链路合规化发展，积极参与跨境电商国际规则制定，助推我国跨境电商行业进入一个全新的发展时代。

（一）优化跨境电商产业生态

依托跨境电商“六体系两平台”基础框架，以长期价值为主导，优化构建产业体系完备、高效分工、全面协作的跨境电商生态系统，是促进我国跨境电商产业稳健发展、助推对外贸易高质量发展的应有之义。一是支持跨境电商平台发展。着力培育各类跨境电商平台，推动具有国际影响力的跨境电商平台在我国设立区域性总部、研发中心、结算中心和供应链管理中心。引导企业通过收购或参股等方式建设全球性或区域性跨境电商平台，融入目的国贸易生态圈。加大独立站营销推广、品牌孵化等支持力度，引导有条件的独立站联合国内品牌，开展品牌孵化，实现“自营+平台”双轮驱动发展。支持国内电商平台出海，利用线上电商、线下实体、社交媒体等多元渠道提高平台国际影响力，拓展国际营销网络。鼓励营销、支付、交付、物流、品控等跨境电商服务平台深耕垂直市场，推动我国跨境电商“产品+品牌+服务”共同出海。二是壮大跨境电商市场主体。鼓励国内优质工厂发挥供应链和成本优势，与跨境电商贸易型企业、跨境电商平台等开展深度合作，全面参与国际贸易。鼓励跨境电商贸易型企业发挥电商运营、营销推广优势，并深度链接产业带工厂，提升跨境电商核心竞争力。支持信息技术、物流服务、跨境支付、营销推广、财税合规、知识产权、人才培训等各类跨境电商服务企业发展，为跨境交易提供各种专业服务。三是发挥跨境电商载体作用。支持跨境电商产业园、直播电商基地和楼宇等载体持续完善跨境电商服务功能，实现各类载体专业化、集聚化、规模化发展。推动成立专业化的行业协会和产业联盟等，充分发挥服务企业、对接政府、助力行业发展作用，做好资源对接、人才培训、赛事举办、政策宣讲等工作。

（二）推进数实经济双向渗透

实体经济和实体产业是经济发展的基础，也是跨境电商高质量发展的根本。推动实体经济与以跨境电商为代表的数字经济融合发展，是新一轮科技革命和产业变革的大势所趋。一是聚焦“跨境电商+产业集群”，筑牢跨境电商发展基础。依托国家外贸转型升级基地、优势产业带和产业集群，组织开展“跨境电商+产业集群”试点，支持设立试点服务工作站，助推产业触网转型、跨境出海。支持工厂型企业利用第三方跨境电商平台、建设品牌独立站等开展跨境电商业务，对通过跨境电商方式销售自有品牌产品的工厂型企业给予一定政策支持，激发企业国际市场拓展热情。强化产业集群链主和龙头企业带动作用，鼓励具备条件的企业自建行业性垂直平台和独立站，充分发挥供应链优势，培育自主品牌、自有渠道和自有用户群体。二是促进数实融合，锻造跨境电商竞争优势。鼓励工厂型企业结合跨境电商供应链发展特点，利用数字技术对产供销全链条升级改造，打造快速反应、柔性管理的供应链体系，助推企业数智化转型。支持工贸一体化企业用好私域流量资源和数字技术工具，深入挖掘和沉淀数据价值，精准构建用户画像、有的放矢开发产品、分门别类打造品牌。

（三）推动国内品牌加速出海

品牌是高质量发展的重要象征。推动国内品牌出海，既是跨境电商发展的必由之路，也是推动中国制造向中国创造、中国速度向中国质量、中国产品向中国品牌转变的重要举措。一是支持培育自主品牌。鼓励国内优质传统品牌和新消费品牌，积极开展境外商标注册和国际认证，探索构建视频、社交、内容等多元化海外营销网络，加快海外第二增长曲线布局。鼓励有条件的企业通过收购目的国知名品牌，快速融入当地市场。支持跨境电商企业利用“独立站+平台”双轨并行发展 DTC 模式，打造跨境原生自主品牌。引导工厂型企业与品牌服务商对接，借助服务商数字技术优势，加强在品牌和商品包装、全球媒体渠道对接、广告投放、营销云 SaaS 等品牌出海营销全链路合作，打造满足用户需求的 DTC 品牌。二是鼓励企业品牌升级。支持跨境电商企业以市场和用户需求为导向，以数据算法为驱动，运用数字工具挖掘用户需求数据，加大设计研发投入，不断提升产品竞争力。支持企业围绕技术、质量、文化等品牌内涵，强化跨境电商 IP 品牌建设和运营，提高品牌附加值。鼓励企业积极参与国际品牌评价、开展高端优质品牌认证等活动，提高企业相关经费奖励支持力度。引导品牌企业提升售前售后客户服务、售后维修、退换货等全流程服务能力，不断提高用户满意度。

（四）加快内外贸一体化发展

推动内外贸一体化发展，是新阶段应对外需疲软、拉动内需增长、促进产业提质的重要抓手，也是服务构建以国内循环为主、国内国际双循环相互促进的新发展格局的需要。一是健全内外贸一体化监管服务体系。推动内外贸监管部门信息互换、监管互认，实施内外贸一体化监管。探索推动内贸商品生产标准、质量检测等与国际标准体系接轨，促进内外贸监管规则衔接。深化与“一带一路”、RCEP 等国家和地区合作，推进共建区域性跨国官方商品证书核查系统，持续推动核查系统范围向检验检疫证书等范围延伸扩大，不断扩大进出口商品范围。二是培育内外贸一体化市场主体。引导专业批发市场、地理标识、产业集群、老字号等利用跨境电商拓展国际市场。支持国内物流、快递、仓储、知识产权、财税合规、法律咨询、品牌孵化（MCN）等服务商出海，扩大国际国内市场布局。组织开展内外贸融合促消费活动，支持国内电商平台、商贸综合体、步行街、商场超市等开设外贸产品专区，与外贸企业精准对接，推动企业外贸转内销。三是发挥行业组织作用。支持政府主导、行业协会牵头，搭建内外贸一体化平台，为企业内外贸融合发展降本增效。鼓励行业商协会或龙头企业牵头，制定内外贸一体化产品标准和服务标准，积极参与国家标准、行业标准及有关政策的制定。

（五）促进全链路合规化发展

合规制度建设是企业长远发展的关键，推动跨境电商企业合规出海，是助力企业行稳致远、健康高质量发展的重要基石。一是强化企业合规引导。制定《跨境电商行业合规指引》，引导企业增强法律意识、规则意识，重视合规管理制度体系构建。支持行业商协会组建跨境电商海外风险防范专委会，加大对企业海外合规经营、境外电商平台规则、出口目的国法规等指导和培训。加大企业商标、专利、软件著作权、品牌注册、商品质量认证等费用支持力度，鼓励企业购买知识产权海外侵权责任险。二是完善跨境电商合规服务体系。强化企业海外维权能力建设，支持跨境电商海外知识产权服务中心建设，完善目的国政策法规咨询、税务风险提示、合规事件预警等合规服务功能，为企业跨境出海保驾护航。建立涵盖境外税务代理、律所咨询、知识产权代理、工商注册代办等合规服务商公共资源库，助力中小微企业合规出海。支持税务、知识产权合规服务商搭建合规云平台，引导与英法德美等主要出口目的国监管部门系统对接，提高合规服务效率和精准度。鼓励合规服务商与亚马逊等跨境电商平台深度对接合作，及时更新掌握平台规范化运营规则，降低企业违规风险。

（六）主动参与国际规则对接

支持跨境电商企业对接高标准国际经贸规则，是提高我国国际数字贸易规则体系话语权，提升治理体系和治理能力现代化水平，实现国际国内法治对接的重要举措。强化数据跨境流动、数字平台垄断、数字服务税等领域规则体系建设，持续完善国内跨境电商标准规则体系。鼓励由龙头企业、行业协会牵头，推动建设一批具有国际影响力的国家或行业标准。支持互联网出海企业积极参与世界贸易组织、世界海关组织等国际组织活动，主动参与或主导电子商务国际规则制定。加强跨境电商等外贸新业态行业组织建设，鼓励完善相关标准，强化外贸企业出海基础支撑和服务保障作用。以互利共赢、公开透明为原则，用好 RCEP 等区域经贸协定，围绕国际贸易“单一窗口”平台共建、商品质量检测认证体系互认、知识产权保护、跨境物流等领域，推动开展双边或多边标准规则对接，强化区域经贸规则协同。

参考文献

商务部：《中国电子商务报告》，2022 年 9 月。

王文涛：《加快建设贸易强国（认真学习宣传贯彻党的二十大精神）》，《人民日报》2022 年 12 月 20 日。

浙江电子商务促进会：《2022 年中国跨境出口电商发展报告》，2022 年 2 月。

艾瑞咨询：《2022 年中国跨境电商服务行业趋势报告》，2022 年 6 月。

亿邦动力：《2022 DTC 品牌出海发展报告》，2022 年 8 月。

谷歌、凯度：《2022 中国全球化品牌 50 强研究报告》，2022 年 7 月。

亚马逊全球开店、财新智库：《聚势而上，勇拓新机——2022 中国出口跨境电商产业集群发展白皮书》，2022 年 10 月。

全球跨境电商品牌研究中心：《全球跨境电商品牌出海趋势报告》，2022 年 11 月。

天猫国际、德勤中国：《迎开放，向未来——中国进口消费市场研究报告 2022》，2022 年 11 月。

京东消费及产业发展研究院：《2022 进口消费报告：精准满足多元化、高品质消费需求》，2022 年 11 月。

专 题 篇

Thematic Reports

B.2

构建以长期价值为目标的产业体系*

张大卫**

摘　要： 跨境电商已经成为国际经贸领域基于数字技术和监管创新的新型贸易方式，是具有规则和标准意义的成功范例和解决方案。但在跨境电商发展过程中，仍面临行业规范缺乏、政策供给不足、产业生态系统脆弱、交易平台和国际物流环节受制于人等严峻挑战。未来，我们要正确认识和判断跨境电商发展的重要意义，以长期主义的理念，为国家、市场及用户提供真正的价值和持续增长红利，从制度与政策、国际物流、平台、产业生态系统四个方面着力，构建起以长期价值为目标的跨境电商产业体系。

关键词： 跨境电商　长期价值　产业体系

---

* 本文是在2022年8月9日在郑州举办的“第六届全球跨境电子商务大会”上发表演讲的基础上丰富而成。

** 张大卫，经济学博士，博士生导师，中国国际经济交流中心副理事长兼秘书长，曾任河南省发改委主任、河南省人民政府副省长、河南省人大常委会副主任等职务，长期从事区域经济、产业经济研究工作。

马克思主义政治经济学认为，对价值目标的追求是人类活动的重要内容，人类历史正是人类价值体系不断进化的过程。这一观点揭示了人类价值目标和价值体系不断向合理化、高级化、长期化演进的历史规律。百年变局下逆全球化浪潮、世纪疫情和各种地缘冲突，对全球经济产生了深刻影响，全球供应链受到严重冲击，作为全球跨境贸易第一大国，中国也深受其害。在复杂的环境下，中国跨境电商的发展逆势而上，取得了令人瞩目的成就。目前，中国跨境电商的业务量约占全球总量的40%，业务规模占全球交易额的26%，中国航运协会统计显示，我国集装箱远洋运输中跨境电商产品渗透率高达45%。跨境电商已经成为国际经贸领域基于数字技术和监管创新的新型贸易方式，是具有规则和标准意义的成功范例和解决方案。

一　跨境电商发展面临的挑战

自2012年我国启动跨境贸易电子商务服务试点和2015年国务院在杭州设立首个跨境电商综试区以来，我国政府秉持鼓励创新、包容审慎的监管原则，形成了一套符合新兴产业的监管标准和政策框架，极大激发了跨境电商的发展活力。但我国在跨境电商发展过程中，仍面临许多严峻挑战。

一是跨境电商这种新兴业态一直处于“在发展中规范，在规范中发展”的状态中，“小、散、乱”的发展特点仍然突出，且缺乏行业规范和行业自律，因各种条框约束，蓬勃发展的跨境电商行业还没能建立起自己的全国性行业组织。二是在通关、退税、结汇等制度层面还存在政策供给不足问题，促进跨境电商发展的政策环境有待进一步改善。三是跨境电商产业生态系统相对脆弱，国家前后分七批批复了165个跨境电商综试区城市，但相当一部分试点城市还没有明确自身发展定位，没有找准与城市发展、区位优势和产业特色相匹配的发展道路。四是我国跨境电商的成熟监管标准尚未与世界贸易组织（WTO）、世界海关组织（WCO）等国际组织充分衔接，在多双边经贸谈判中一些成功做法没有得到有效推广，也没有更多地纳入全球数字贸易与数字经济合作的框架中。五是我国跨境电商企业的创新与国际布局还需要更多的引导。六是跨境电商发展的基础平台、技术渠道、基本手段、基本能力仍然偏弱，特别是交易平台和国际物流的部分环节仍然受制于人。

上述问题的存在，使中国跨境电商规避风险的能力和健康发展的后劲受到影响。2021 年 4 月以来，亚马逊平台打击“刷单索评”而引起的封号潮，使一大批中国企业损失惨重，而 2022 年美国调整 800 美元进口免征额的税收政策传闻，又使中国部分出口电商风声鹤唳。深刻分析中国跨境电商发展存在的困难、挑战和问题，其根源可能是我们仍偏重于追求新业态发展带来的短期价值，过于看重规模增长带来的积累与变化，而对跨境电商发展的长期价值重视不够。在短期价值的观念引导下，很多跨境电商企业就像市场上倏忽聚散的赶大集者，他们甚至连能上得了场面的名称都没有，只是简单地被称为“卖家”“买家”“大卖”等。跨境电商企业发展的制度性环境如不能持续改善，就会出现国际管理大师艾斯戴尔所说的情况，即当不确定性成为常态的时候，企业的持续增长和盈利能力会遭遇挑战。为此，我们现在要做的就是正确认识和判断跨境电商发展的重要意义，以长期主义的理念，发掘它的长期价值，构建起有利于跨境电商作为新兴产业体系长远发展的环境与制度保障。

二　跨境电商产业的长期价值体现

产业长期价值是指产业的发展与成长不局限于企业短期目标，而是力图为国家、市场及用户提供真正的价值和持续增长的红利。换句话讲，就是产业在创造价值的同时，更要注重其自身长期可持续的增长，以拥有长期获利的能力。这也就是人们所讲的“长期主义”。跨境电商的长期价值主要体现在以下几方面。

一是顺应全球化及自由贸易的发展潮流，为消费者和商户带来跨国消费与贸易的便利，满足消费需求特别是消费升级的需要。要看到跨境电商的力量，看到跨境电商的创新为中国经贸、中国产业、中国市场的发展，特别是为消费者的便利性所带来的革命性变化。

二是顺应数字技术、信息技术的持续进步，将跨境贸易活动建立在现代科技手段支撑的基础上，使其具有强大的活力和生命力。跨境电商是在经济全球化背景下和现代信息技术推动下，跨境贸易方式数字化转型的产物，完全符合现代性动力机制的规律特征。

三是以技术创新推动商业模式和政府监管创新，用新发展理念和大数据监管手段促进监管不断改革、模式不断创新，积极释放市场潜力，形成新业态和增长新动能。

四是推动供给侧结构性改革，为大量中小微企业甚至消费者本人参与国际贸易活动提供渠道，为增加社会就业创造大量的新机会和新岗位。特别是在我国需求收缩、供给冲击、预期转弱三重压力仍然较大的背景下，要最大限度地发挥跨境电商新业态对于稳外贸基本盘和帮助出口企业特别是中小微企业克服各种不确定风险影响的积极作用。

三　构建以长期价值为目标的跨境电商产业体系

为构建以长期价值为目标的跨境电商产业体系，需要政府与市场协同，在以下几个方面继续努力。

（一）制度与政策

我国为支持跨境电商发展，陆续推出了网购保税备货（1210）、一般出口（9610）、跨境电商企业对企业直接出口（9710）、跨境电商出口海外仓（9810）等监管新模式。但目前 B2B 和 B2C 两大类跨境电商的通关方式尚未完全统一，B2C 跨境零售仍面临通关不便的问题，基于大数据平台和“数字围网”的 B2B、B2C 一体化通关模式还没有形成，B2C 进口零售业务的 O2O 模式还未破局，跨境电商零售进口与行李携带方式进口的公平性还需要进一步提高。针对海外仓的 9810 出口模式的通关方式还没有形成退税、结汇等方面的细则，跨境电商企业实际仍采用一般贸易（0110）方式开展出口业务。此外，还没有离岸电商的制度安排，离岸电商在海外的经营活动会遇到融资贷款、贸易真实性审核和结汇方面的重重困难。

我国跨境电商虽然在发展模式、制度创新等方面领先全球，但一直未转化成相关的国际规则标准。如我国独创的 1210、9610 跨境电商模式，虽得到世界海关组织（WCO）的高度认可，但尚未通过国际贸易多双边合作谈判、“一带一路”共建、上合组织及 RCEP 机制等在全球大范围复制推广。在数字服务市场开放、跨境数据流动、数据非本地化存储、个人隐私数据保护、数字平台治理、数字知识产权保护等前沿性国际数字规则领域，我国还处于“跟跑”阶段，规则引领的能力不强。特别是跨境电商数字化贸易的属性突出，在数字服务贸易、数字技术贸易、数字品贸易（如文化图书类产品）等领域发展空间巨大，也应尽早将其视作数字贸易的组成部分，成为我国在各种多双边机制中参与全球数字贸易规则制定及开展国际合作、谈判、交流的重要内容。

（二）国际物流

我国国内物流发展得很好，通过阿里、京东、三通一达、顺丰等强大平台和物流支撑体系，再加上我国强大的海运能力、陆路运输能力和卡车运输能力，整体上来说我国内陆地区的物流系统还是很发达的。但我国的国际物流存在很大问题，最突出的短板在于国际航空物流及海外仓能力不足。我国的物流仓储、分拨、终端配送以及航空物流等，在国际化方面还有很长的路要走。

第一个问题是国际航空物流问题。航空物流在组织资源的全球化配置和跨国生产贸易中具有独特优势，已成为衡量各国物流体系现代化水平的主要标志和全球价值链体系的核心环节。跨境电商产品的特性是时尚、快销、冷链以及个性化定制等，这样的特性就决定了跨境电商产品是追求时效性的。时效性的解决方案就是航空物流。据统计，在我国的外贸出口产品中，跨境电商产品渗透率已达 40%；中国航运协会的统计数据中，在我国的集装箱运输的出口产品中，跨境电商产品的渗透率已经达到 45%；据此预测航空运输的出口产品中，跨境电商产品也不会低于 30%。疫情冲击以及俄乌冲突造成全球供应链被冲击，导致我国出口产品运输过程中，海运一箱难求、空运一仓难求，给我国的国际物流带来很大阻碍。大力发展我国自己的航空物流，发挥我国的制度和市场优势，抓紧组建具有全球服务能力的航空物流集成商和供应链综合服务商，应该是我国解决跨境电商国际物流的优先选项。

目前国际航空物流发展势头非常迅猛，像美国的 UPS、德国邮政等物流公司，都在做全供应链链路管理的产业体系。这些物流公司过去只是承运人，目前开始向货代、仓储、终端配送方面布局发展。遗憾的是，中国目前没有一家国际航空物流巨头，或者与之比肩的航空物流公司。我们曾期望我国的物流公司能振奋精神，走向国际社会，但目前来看困难重重。我国的大型物流企业，特别是物流央企，要担当起这个责任，牵头组建中国的航空速递物流公司。

第二个问题是海外仓问题。海外仓是随着 9810 模式迅速发展起来的，在支撑跨境电商增长、出口产品增长方面起到了非常大的作用。但如果不把政策解决好，那它只有统计学上的意义，没有产业和现实的意义。2022 年上半年，我国的海外仓约有 2860 个，面积达到 2900 万平方米。通过对海外仓企业的了解和调研，目前海外仓存在五个方面的问题。一是规模化经营不足，大部分海外仓面积在 1 万平方米左右，且大部分仓是租用的，多为人家弃用或不用的仓库。二是拓展功能不足，很多海外仓只是一个堆放物品的地方，缺少退货检测、退货换标、维修上架等功能。三是融资能力不足，虽然我国部分地方政府开始给予海外仓补贴和奖励，但对一个海外仓企业来讲，这种补贴解决不了根本性问题。如果能给海外仓企业很好的政策，让企业能在国外贷到款，特别是在国外的中国银行贷到款，远比给予几十万元的补贴意义更大。四是贸易管理的体制和方式问题，由于一些海外仓缺乏现代信息系统，没办法生成数据，无法进行贸易的真实性核实，因此我国的税务部门和外汇管理部门是没法认可海外仓数据的。因为货物在海外仓的时候还没有完成交易，需要经过终端配送到用户手上才算完成交易。五是海外仓以企业自有仓居多，缺少公共仓、共享仓等第三方海外仓。

另外，我们在海外仓功能判断上也有不同的认识，到底应该把精力放在枢纽仓上还是放到终端配送仓上，这需要认真研究解决。建议国家统筹考虑我国的海外仓体系，既要在运输能力、运输网络、运输手段和主要市场区域等方面，结合我国“走出去”企业的实际情况，布局一些重要的枢纽仓，又要围绕我们的主要目标市场，多建设一些第三方仓、公共仓、共享仓，使我国跨境电商企业能以较低的成本开拓国际市场。同时，要尽快解决海外仓功能不足问题，要把贸易管理方式向国外复制，特别是我国已经发展成熟的1210 模式，完全可以通过一些国际双边谈判或海关监管互认来解决我国跨境电商出口难的问题。跨境电商不能只是统计方面的数据，更是一个能够覆盖国际市场、用先进的贸易手段来扩大国际经贸合作的新兴产业。

我国现在大力发展“一带一路”倡议，又具有强大的海运运输优势、国际航空网络和中欧班列等，我国现在向外发展的物流供给能力很足，但我国在国际物流方面，包括集拼、分拨、配送等能力是薄弱的。不像 UPS、MSC 等国外跨国公司，它们在开拓中国市场的时候，已经布局好了中国物流网络，而我们现在缺乏这种对等谈判，我们现在再去做国外物流市场的时候，企业会感到困难很多。与跨国公司的现代物流布局相比，我国还需尽快形成服务海、空、中欧班列、公路运输网络的中转枢纽仓和终端配送仓，为跨境电商企业的国际分拨、分拣包装和终端配送提供服务。为支持中国企业和商品“走出去”，我们要形成公共仓、专用仓相互配套的海外仓体系，要充分发挥民营企业发展国际物流的积极性和便利性，支持大型物流企业建设服务功能齐全的 EWTP（数字国际贸易平台）枢纽。

（三）平台

互联网时代发展起来的平台经济，既推动了传统产业和许多新产业、新业态的组织创新，更是跨境电商赖以长期发展的基础。跨境电商的平台经济属性在厂商与市场间形成了一个全新的产业生态系统，以电子数据方式，利用各类平台进行信息撮合与交易活动，推动了从生产到消费的全流程再造，改变了传统的产业链和供应链，有力促进了跨境电商新业态发展和供应链重构。目前我国跨境电商平台的撮合交易能力、市场组织能力及国际支付结算能力，已严重制约了跨境电商的长远发展。在平台建设上，我们要站在数字技术发展和数字贸易发展的前沿，充分利用大数据、云计算、区块链等技术与资源，坚持共享和包容合作的理念，加快推进现有平台的升级，构建起消费互联网与产业互联网（供给与需求、生产与消费）、国际市场与国内市场、线上与线下、虚拟与现实、现在与未来有效结合与联通的新型交易平台。目前河南省委省政府正在全力推进“全球汇”平台建设，对此我们深受鼓舞。在支付结算领域，要积极推动我国数字支付工具走出去，推动跨境电商平台采用数字人民币结算，实现平台结算与人民币跨境支付系统（CIPS）相连；同时要解决好企业信保、结汇等问题，使跨境电商资金循环能够畅通起来。

（四）产业生态系统

我国跨境电商发展十年来，已在一些城市形成了良好的产业生态系统。如深圳已建立起全国最大的跨境电商行业组织，集聚了跨境电商和相关制造业、供应链管理、物流、金融、法律、咨询、设计、传播、教育培训等各类企业6万多家，从业人员超过50万人；郑州等一些城市为发展跨境电商在自贸试验区范围内专门开辟出供产业发展的功能区；义乌等城市将跨境电商与市场采购贸易方式试点政策相衔接，解决出口中小微企业退税难问题；一些地方既支持阿里、京东、苏宁等平台企业发展，又鼓励创办独立站，积极参与国际竞争；SHEIN（希音）创建时尚服装领域专业化跨境电商平台，推动市场细分和专业化合作等做法，都促进了跨境电商产业生态系统的发展与繁荣。目前，一些重要的试点城市还在创新研究、政策与市场研究、人才培养与延揽储方面下功夫。要在较大的跨境电商企业、平台企业和服务类企业中，培养专注于产业长期价值增长的管理团队和领导力，加强培养服务社会、遵纪守法、向善而行、诚信为本、质量至上的理念和企业文化，为跨境电商的百年发展大计积累无形资产。

郑州是全国跨境电商发展的重要策源地之一，是习近平总书记亲临视察并发出“朝着买全球、卖全球目标迈进”的所在地。相信在河南省委、省政府的领导下，河南省的跨境电商事业发展，一定不会辜负总书记及党中央、国务院的殷殷期待，瞄准长远目标、坚持长期主义，积极构建以长期价值为目标的产业体系，为国家和地方的改革、开放、创新发展，为构建"双循环"新发展格局做出自己应有的贡献。

如今，跨境电商已成为国际贸易领域最受关注的话题之一。促进跨境电商可持续发展，事关全球无数消费者和厂商的利益。构建起一个平台或机制，在推动国际合作不断深化的同时，吸引政府部门和业界、研究机构等共商行业发展大事、共促国际贸易新业态繁荣发展，是非常有意义的事情。河南已举办多届全球跨境电商大会，在业界的影响力也最高，建议商务部、海关总署等部门进一步支持河南省，把这一大会办成更高规格、更具国际性的重要论坛。

B.3

跨境电商与制造业产业集群融合发展

熊　斌*

摘　要：　跨境电商贯穿产业、招商、市场、业态、研发设计、生产制造、物流仓储分拨、销售推广乃至投资等各个环节，正从消费型、销售型逐渐演化到生产型、服务型乃至全产业链型，跨境电商与产业集群融合发展趋势凸显。本文在介绍我国制造业产业集群基本概况的基础上，分析跨境电商和制造业产业集群融合发展背景和面临的挑战。同时，以深圳市推动“产业集群+跨境电商”工作为案例，介绍深圳在跨境电商和制造业产业集群融合方面形成的经验和做法，并提出在加强产业集群规划、构建柔性合作机制、持续优化统计机制、优化跨境电商税收政策、支持企业规范经营等方面促进两者的融合发展。

关键词：　跨境电商　制造业　产业集群

随着国家对跨境电商的大力支持以及互联网科技的不断发展，跨境电商在促进外向型经济高质量发展、构建国内国际双循环相互促进的良性发展格局中发挥了重要作用。网经社电子商务研究中心发布的报告显示，2022 年上半年中国跨境电商市场规模达 7.1 万亿元，占我国进出口贸易总额的

* 熊斌，深圳市天地纵横产业研究有限公司高级合伙人、专家研究员，中国人民大学海关与外汇法律研究所研究员，浙江大学 CAD&CG 国家重点实验室博士，国际商会中国国家委员会海关与贸易便利化委员会专家，中国报关协会决策咨询专家组成员，主要研究方向为自由贸易区（港）、跨境电商、海关特殊监管区域、外贸综合服务、数字贸易。

35.9%。其中，跨境电商出口占比达 77.5%，进口占比为 22.5%；预计 2022 年全年跨境电商市场规模将达 15.7 万亿元。① 据海关总署初步测算，2022 年我国跨境电商进出口 2.11 万亿元，增长 9.8%。其中，出口 1.55 万亿元，增长 11.7%，进口 0.56 万亿元，增长 4.9%。②

一 我国制造业产业集群基本概况

产业集群是指集中于一定区域内特定产业的众多具有分工合作关系的不同规模等级的企业与其发展有关的各种机构、组织等行为主体，通过纵横交错的网络关系紧密联系在一起的空间积聚体，代表着介于市场和等级制之间的一种新的空间经济组织形式。1990 年迈克·波特在《国家竞争优势》一书首先提出用“产业集群”（Industrial Cluster）一词对集群现象进行分析。区域的竞争力对企业的竞争力有很大的影响，波特通过对 10 个工业化国家的考察发现，产业集群是工业化过程中的普遍现象，在所有的发达经济体中，都可以明显看到各种产业集群。

伴随全球制造业变局和中国改革开放步伐，我国逐步形成了分散在不同区域、围绕不同领域的制造业产业集群。党的二十大报告也专门提出，“推动战略性新兴产业融合集群发展，构建新一代信息技术、人工智能、生物技术、新能源、新材料、高端装备、绿色环保等一批新的增长引擎。构建优质高效的服务业新体系，推动现代服务业同先进制造业、现代农业深度融合”。

国家发改委 2018 年启动战略性新兴产业集群发展工程，并于次年 9 月印发《关于加快推进战略性新兴产业集群建设有关工作的通知》，公布全国首批 66 个国家级战略性新兴产业集群名单，以“强健产业链、优化价值链、提升创新链”来加快形成产业链竞争的整体优势。

---

① 网经社电子商务研究中心：《2022 年（上）中国跨境电商市场数据报告》，2022 年 8 月 29 日。

② 《海关总署：2022 年我国跨境电商进出口 2.11 万亿元》，中国新闻网，2023 年 1 月 13 日。

工信部自2019年起组织实施先进制造业集群发展专项行动，引导和促进集群在市场竞争中不断提升发展质量和水平。2022年11月24日，工信部公布了45个国家先进制造业集群名单，其中新一代信息技术领域13个、高端装备领域13个、新材料领域7个、消费品领域4个、新能源及智能网联汽车领域3个，覆盖了制造强国建设重点领域，成为引领带动重点行业和领域创新发展的重要力量。在此基础上，2023年1月11日，工信部再次公布了2022年度中小企业特色产业集群名单，共有100家集群入选。工信部表示，未来还将支持中小企业特色产业集群参与先进制造业集群的培育和建设。

二 跨境电商和制造业产业集群融合发展背景

跨境电商是指分属不同关税区的交易主体，通过互联网信息技术完成在线交易洽谈和下单行为，达成交易合同、通过支付机构进行跨境支付结算，并通过跨境物流（离岸物流）将商品送达、完成交易的一种国际商务活动，既可以通过海关跨境电商监管平台申报进出口（采取9610、1210、1239、9710、9810等海关监管代码模式申报），又可以通过一般贸易、加工贸易、邮政包裹等方式申报进出口，甚至也可以通过离岸贸易方式予以交付。

跨境电商贯穿产业、招商、市场、业态、研发设计、生产制造、物流仓储分拨、销售推广乃至投资等各个环节，正从消费型、销售型逐渐演化到生产型、服务型乃至全产业链型，跨境电商与产业集群融合发展趋势凸显。

（一）国际贸易环境变化和需求的多样化推动跨境电商与制造业产业集群融合发展

近年来，中美贸易摩擦、新冠疫情全球大流行、全球市场变局、政策波动带来了一系列的震动，使国际贸易环境呈现更多的复杂性与多变性。同时，价值观的多元化、技术应用的场景化与普及化、层出不穷的创造与创新，促使商品的品类和分类越来越多、越来越细，产品订单的小批量、个性化、快速反应需求越发显现，推动跨境电商与制造业产业集群高度融合以便及时响应贸易环境和需求的变化。

（二）互联网、物联网、区块链、大数据、人工智能等新技术应用加速跨境电商与制造业产业集群融合发展

互联网的下半场属于产业互联网，产业互联网将会是未来的一个主要发展方向。未来，物联网、区块链、大数据、人工智能技术将不断渗透到企业组织的方方面面，彻底改变组织与顾客、组织与世界的互动方式，在新的经济模式中打破现实与虚拟的边界。

新技术赋能跨境电商持续推动制造业产业集群转型升级和协同发展。借助跨境电商平台的全球资源共享、交易联动，制造业产业集群能够高效获取供应商和市场需求信息，既有利于降低原材料采购成本，也有助于降低产品研发设计、市场开拓和销售推广成本，实现产品精准设计和营销。

（三）跨境电商阳光化发展促进政策措施、统计口径优化，推动跨境电商和制造业产业集群融合发展

为推动跨境电商企业阳光化出口与合规纳统，打通企业阳光化发展堵点，促进跨境电商产业健康可持续发展，引导跨境电商市场主体规范经营行为，营造阳光、健康、合规的产业生态，同时，为落实国务院第 55 次常务会议关于完善跨境电商统计体系的部署，海关总署自 2021 年开始，在跨境电商平台订单统计试点的基础上，开展跨境电商全业态统计。统计订单包括通过互联网平台（包括自建网站、第三方平台、综合平台等多种平台）达成并完成交易的订单；统计交易既包括中华人民共和国关境内与境外企业之间的交易，也包括中华人民共和国关境内与境外个人之间的交易；统计货物涉及通过海关跨境电商进出口统一版系统、H2018 通关管理系统、快件通关管理系统以及邮递渠道申报进出境的货物。这一统计口径的优化，有利于地方政府一定程度上掌握和了解跨境电商的发展情况并针对性制定激励措施，也有利于传统制造产业集群的跨境电商转型和融合发展。

三　跨境电商和制造业产业集群融合发展案例和路径

（一）跨境电商和制造业产业集群融合发展试点案例

为促进跨境电商和制造业产业集群融合发展，全国各地纷纷开展“产业集群+跨境电商”试点。下文以深圳市推动“产业集群+跨境电商”工作为案例，分析深圳在跨境电商和制造业产业集群融合方面形成的经验和做法。

1. 深圳具备雄厚的制造业产业基础

近年来，深圳深入实施创新驱动发展战略，大力推进制造强市建设，持续推进产业转型升级，推动战略性新兴产业发展取得积极成效。深圳规上工业总产值连续3年居全国城市首位。新型显示器件、人工智能、智能制造装备等3个产业集群入选首批国家级战略性新兴产业集群发展工程；工信部公布的45个先进制造业集群名单中，深圳占据4席，分别是新一代信息通信集群、智能装备集群、先进电池材料集群、高端医疗器械集群。另外，深圳市南山区智能终端芯片设计产业集群、深圳市宝安区锂电池设备制造产业集群入选工信部中小企业特色产业集群名单。以新一代信息通信集群为例，深圳电子信息制造业占全市规上工业增加值近六成，产业规模约占全国1/6。

2022年6月6日，深圳市人民政府发布《深圳市人民政府关于发展壮大战略性新兴产业集群和培育发展未来产业的意见》，明确20个战略性新兴产业集群发展重点细分领域（以及8个未来产业重点发展方向）（见表1、2）。同时，《深圳市20大先进制造业园区空间布局规划》（见表3）和《深圳市培育发展未来产业行动计划（2022~2025年）》共同构成了23份文件，对深圳战略性新兴产业集群、未来产业和先进制造业园区做了系统谋划，提出按照集中连片、产住分离的原则，在宝安、龙岗、龙华、坪山、光明、盐田、大鹏新区、深汕特别合作区等8个区合理划定20个先进制造业园区以及以光明科学城、河套深港科技创新合作区、前海深港现代服务业合作区、西丽湖国际科教城、东部滨海国际生物谷、红岭新兴金融产业带和深圳国家高新区南山园区、坪山园区、宝安园区、龙岗园区、龙华园区作为未来产业"6+5"核心承载区，重点布局未来产业。

表 1　深圳市战略性新兴产业集群发展重点

产业	序号	发展重点
新一代电子信息	1	网络与通信产业集群
	2	半导体与集成电路产业集群
	3	超高清视频显示产业集群
	4	智能终端产业集群
	5	智能传感器产业集群
数字与时尚	6	软件与信息服务产业集群
	7	数字创意产业集群
	8	现代时尚产业集群
高端制造装备	9	工业母机产业集群
	10	智能机器人产业集群
	11	激光与增材制造产业集群
	12	精密仪器设备产业集群
绿色低碳	13	新能源产业集群
	14	安全节能环保产业集群
	15	智能网联汽车产业集群
新材料	16	新材料产业集群
生物医药与健康	17	高端医疗器械产业集群
	18	生物医药产业集群
	19	大健康产业集群
海洋产业	20	海洋产业集群

资料来源：《深圳市人民政府关于发展壮大战略性新兴产业集群和培育发展未来产业的意见》，2022 年 6 月 6 日。

表 2　深圳市未来产业重点发展方向

发展重点	序号	重点发展方向
5~10 年内有望成长为战略性新兴产业	1	合成生物
	2	区块链
	3	细胞与基因(含生物育种)
	4	空天技术
10~15 年内有望成长为战略性新兴产业	5	脑科学与类脑智能
	6	深地深海
	7	可见光通信与光计算
	8	量子信息

资料来源:《深圳市人民政府关于发展壮大战略性新兴产业集群和培育发展未来产业的意见》,2022 年 6 月 6 日。

表 3　深圳市 20 大先进制造业园区

所在区	序号	园区名称	产业集群方向
宝安区	1	燕罗先进制造业园区	半导体与集成电路、智能终端、网络与通信
	2	石岩先进制造业园区	半导体与集成电路、超高清视频显示、网络与通信
	3	新桥东先进制造业园区	工业母机、激光与增材制造、精密仪器设备、智能机器人
	4	福海—沙井先进制造业园区	激光与增材制造、智能终端、超高清视频显示、网络与通信
龙岗区	5	西部先进制造业园区	网络与通信、半导体与集成电路、智能终端
	6	中部先进制造业园区	智能终端、现代时尚、超高清视频显示
	7	东部先进制造业园区	半导体与集成电路、新能源、生物医药、超高清视频显示、安全节能环保
龙华区	8	九龙山先进制造业园区	网络与通信、工业母机、半导体与集成电路、高端医疗器械
	9	鸾湖—清湖先进制造业园区	智能终端、网络与通信、激光与增材制造、安全节能环保、精密仪器设备
	10	黎光—银星先进制造业园区	智能终端、新能源、高端医疗器械、工业母机、激光与增材制造

续表

所在区	序号	园区名称	产业集群方向
坪山区	11	金沙-碧湖先进制造业园区	生物医药、高端医疗器械、大健康
	12	高新南先进制造业园区	半导体与集成电路、智能终端、新材料
	13	高新北先进制造业园区	智能网联汽车、新材料、激光与增材制造
光明区	14	凤凰先进制造业园区	超高清视频显示、安全节能环保
	15	马田先进制造业园区	精密仪器设备、智能传感器、现代时尚
	16	玉塘先进制造业园区	高端医疗器械
	17	公明先进制造业园区	新材料、生物医药
盐田区、大鹏新区	18	东部滨海先进制造业园区	生物医药、高端医疗器械、大健康、海洋产业
深汕特别合作区	19	鹅埠—小漠先进制造业园区	智能网联汽车、新能源、安全节能环保、新材料、海洋产业
	20	鲘门先进制造业园区	智能机器人

资料来源：《深圳市20大先进制造业园区空间布局规划》，2022年6月6日。

2. 深圳跨境电商发展形势喜人、成效显著

跨境电商正成为深圳外贸新业态的“金字招牌”，成为深圳外贸稳增长、推动进出口贸易聚势共赢的重要力量。一方面，深圳集聚了庞大、成熟的跨境电商市场主体，拥有傲基、通拓、赛维、天行云等诸多垂直、细分领域的头部平台企业和头部卖家，Lazada、Shopee、Jumia、Newegg、OZON等国际跨境电商平台企业中国总部相继落户深圳。深圳市商务局结合中国（深圳）国际贸易单一窗口统计数据和各监管场所统计数据分析，预计2022年全年深圳跨境电商进出口额超1800亿元，同比增长超2.3倍，比2021年新增约1300亿元。[①] 截至2022年底，深圳企业共建设运营海外仓253个，面积286万平方米，面积排全国前二，其中全省22个省级公共海外仓中有18个由深圳企业建设运营。另一方面，深圳

① 《深圳市跨境电商产业年产值规模超5000亿元》，中国经济网，2023年2月8日。

跨境电商产业园区成熟。全市各类跨境电商产业园区有 17 个，其中华南城电子商务产业园、星河 WORLD 被评为国家级电子商务示范基地。华南城电子商务产业园作为深圳电子商务产业园的龙头，是全国首个物流与电子商务协同发展的产业园，被商务部评为“2022 年综合评价成绩突出的国家电子商务示范基地”，因集聚半数全国十强跨境电商入选深圳市推进粤港澳大湾区和中国特色社会主义先行示范区建设实践案例。目前，华南城电子商务产业园聚集效应明显，在产业园内办公的各类电子商务专业人才约 15000 人，产业园累计服务电商企业超过 450 家，其中跨境电商企业超过 280 家，产业园总部基地和运营中心企业占比达 77%以上。深圳星河 WORLD 位于深圳市龙岗区坂田片区，主要打造集产城、产融、产教、产居四位一体的产融新城，优越的区域条件和完善的配套吸引了电子商务、新一代信息技术等企业入驻。截至 2022 年 6 月底，园区入驻企业超 1200 家，其中世界 500 强敦豪物流、纳斯达克上市企业海伦尔赛、港股上市企业时计宝、邻友通、际客电子、触动力科技等电子商务产业链相关企业达 267 家。

3. 深圳力促跨境电商和制造业产业集群双向融合发展

为促进跨境电商和制造业产业集群双向融合，深圳采取了一系列的措施。

（1）构建“产业集群+跨境电商”发展机制，促进产贸高度融合。2022 年 10 月 26 日，深圳市商务局发布《深圳市推动跨境电子商务高质量发展行动方案（2022~2025）》，共包括 23 条措施，从市场主体、产业发展、监管服务、金融创新、人才驱动、通关物流、优化环境和保障措施等八大方面深化跨境电商综试区建设，将重点支持电子信息、智能终端、超高清视频显示、现代时尚等产业集群与跨境电商深度融合，引导先进制造业企业通过跨境电商渠道拓展海外市场，开展跨境电商 B2B 出口。同时，带动跨境电商企业从加工制造向研发设计、检测维修等价值链高端延伸，推动生产与研发紧密连接，促进产业链加快延伸融合。

（2）构建跨境贸易国际枢纽，夯实融合发展基础。深圳深度融入“一带一路”建设大局，开展“产业援疆”，计划全力推进深圳—喀什跨境电商产业对接合作，拓展跨境电商西部中亚通道。充分发挥自贸试验区、综合保税区、通关监管场所等特殊区域和场所作用，整合保税仓、前置集货仓、海外仓等货物集散流转资源，进一步布局海运快线、中欧卡航、国际全货机航线、中欧班列、中老班列等“海陆空铁”一体化联运渠道，从通关便利化和物流仓储基础设施两方面形成合力，提高跨境电商发展效率。同时，将盐田港打造成国际跨境电商首选港，建设逆向物流中心；加快打造深圳机场—全球跨境电商邮快件集散中心。

（3）借力阳光化和科学化手段，打通融合发展通道。深圳专门制定实施《跨境电商零售出口企业阳光化申报试点工作方案》，鼓励自行或委托跨境电商外综服平台企业完成相关登记和备案，并按“关”“汇”“税”监管要求开展跨境电商出口业务。2022 年 6 月下旬，深圳机场国际快件运营中心、平安银行深圳分行、九米信息、顺丰集团等第一批试点企业在各有关监管部门的指导支持下通力合作，按照阳光化备案（对外贸易经营者备案、单一窗口企业信息注册备案、税务登记）、阳光化通关（跨境电商出口清单模式申报及汇总报关单）、阳光化结汇（企业向银行提交所需材料委托外综服收汇）和阳光化纳税（企业向税务部门提交报关单等所需材料，由税务部门进行企业所得税核定征收认定，企业完成所得税缴纳）的流程要求，顺利跑通备案、通关、结汇、税收等全链路阳光化出口。在此基础上，计划出台《深圳市关于推动外贸稳定高质量发展的若干措施 2023 年度资金安排计划》，提高跨境电商阳光化进出口奖励标准，力争年内新增 2000 家以上企业开展阳光化申报试点。

（二）跨境电商和制造业产业集群融合发展路径

以深圳为例，并结合全国各地开展的试点情况，各地可借助产业、区位、市场等优势，围绕重点产业集群，通过“渗透—互补—全面融合”等多种路径促进跨境电商和制造业产业集群融合发展。

1. 路径一：跨境电商与制造业产业集群互相渗透转型

即构建产贸一体化组织。既可能存在制造业企业借助数字化转型拓展跨境电商业务，也可能存在跨境电商企业将业务拓展到制造业领域。

2. 路径二：跨境电商与制造业产业集群的功能互补

即构建跨境电商产贸上下游协同合作模式。通过强化跨境电商与制造业产业链上下游的协同合作，共同快速响应市场需求。一方面，打通跨境电商与制造企业的垂直链接，调动上下游产能和生产资料快速衔接；另一方面，建立多方面、深层次的柔性合作体系，帮助跨境电商与上下游的合作伙伴建立良好的合作关系，建立起相互依存、互利共赢的有机合作体。

3. 路径三：跨境电商与制造业产业集群的全面融合

即构建跨境电商产贸融合组织。这一路径是随着产贸融合的不断深化和演变，跨境电商引发制造业产业集群在经营理念、生产运营模式上发生本质性的变化，促成两者产业重组和全面融合。

四　跨境电商和制造业产业集群融合发展面临的挑战

（一）需要增强经营理念和模式方面的柔性

跨境电商与产业集群通过柔性合作，适应外部环境的变化，有效处理或缓解因内外部因素而引起的不确定问题。柔性合作主要体现在产品、质量、时间、数量、价格等方面，贯穿企业营销、产品研发、生产、供应、物流以及信息传递全过程。从全国范围来看，传统制造业产业集群系统内条块分割现象比较严重，各个环节自成体系，难以实现信息的交换和共享，难以形成完整通畅的上下游快速衔接机制。要实现跨境电商和制造业产业集群的柔性合作，制造业产业集群面临经营理念和模式方面的诸多挑战，不仅要增强企业文化、组织结构、战略决策、人力资源管理等方面的柔性，还需要与跨境电商企业构建新型商业伙伴柔性合作机制、柔性利益分析机制等。

（二）需要加速数字化转型

一些传统制造业产业集群的数字化转型，尚处于初步阶段。要适应柔性合作的需要，构建快速响应的跨境电商生态链，需要围绕跨境电商和制造业产业集群柔性合作，对研发、设计、生产、物流、销售、服务等环节进行数字化改造和升级，推动业务流程再造和组织方式变革，带动管理提升、技术创新、模式变革，打造要素集聚、反应快速的跨境电商柔性生态链。

（三）需要切实强化跨境电商政策措施支撑

目前，鼓励跨境电商阳光化发展“叫好不叫座”，促进跨境电商和制造业产业集群融合发展政策措施不足，例如，跨境电商零售出口的所得税“核定征收”执行标准过低、政策覆盖面不广以及零售出口退税操作流程相对烦琐，导致企业阳光化出口申报意愿较低，同时，间接导致使用“无票免税”政策意愿不强。跨境电商企业对企业出口模式退税周期长，另外B2B出口采用“清单核放、汇总统计”简化方式办理报关手续，虽然满足了货物出口通关便利化需求，但是由于清单不能汇总成报关单，企业无法申请出口退税。再加上通关便利化与出口退税优惠不能同时享受，导致该政策落地成效不佳，制约企业扩大跨境电商 B2B 出口。在促进跨境电商与制造业产业集群互利双强方面，迫切需要出台更为切实的扶持政策措施。

（四）需要强化企业合规经营意识

合规化是跨境电商的大势所趋，更是跨境电商和制造业产业集群融合发展的基础。部分跨境电商主体合规发展意识薄弱，刻意追求交付效率，一味降低成本以及规避税收，游走于灰色地带。一方面，部分企业通过邮政包裹等方式申报跨境电商进出境货物，由于无法获取报关单证、无法阳光结汇，不少企业将货款结存于境内外或者通过地下钱庄、虚构服务贸易合同等方式进行货款交付，对正常金融管理秩序带来影响；由于无法正常纳税申报，也带来相当的税收损失。另一方面，部分跨境电商企业，存在知识产权侵权、违规开展虚构交易、编造用户评价、企业间恶性竞争、损害消费者权益等行为，导致被第三方平台封店、罚款、扣款或被海外流氓律师敲诈，生产经营受到较大影响。这些均将给跨境电商和制造业产业集群有序合作造成不利影响。

五　促进跨境电商和制造业产业集群融合发展的建议

融合发展既是跨境电商向制造业延伸的必然结果，也是制造业产业集群转型升级的时代需求。建议从加强产业集群规划、构建柔性合作机制、优化跨境电商统计机制和税收政策、提升企业合规体系能力等方面，促进跨境电商和制造业产业集群融合发展。

（一）加强产业集群规划，推进跨境电商产业园区提质增效

制造业等优势产业发展和新兴产业集群规划对跨境电商产业的可持续发展提供有力支撑。推动跨境电商产业园区、制造业产业集群整合升级，构建专业化、协同化、网络化、生态化发展基础，提升综合服务能力和产业集聚程度。各地方可以围绕构筑融合发展生态打造若干示范性产业园区。

（二）加快新技术应用，构建跨境电商和制造业产业集群柔性合作机制

积极开展“跨境电商+制造业产业集群”合作试点，围绕融合发展这一主题，以国际贸易订单为线索，将上游制造业产业集群生产资源、商品资源和跨境电商分散订单匹配起来，解决企业去库存、稳产能方面的问题。

充分挖掘跨境电商综合服务平台的潜力，统一数字化底层架构和建设产业集群大数据中心，打造整合产业集群、外贸综合服务平台、跨境电商主体的跨境电商和制造业产业集群融合发展平台（见图1）。

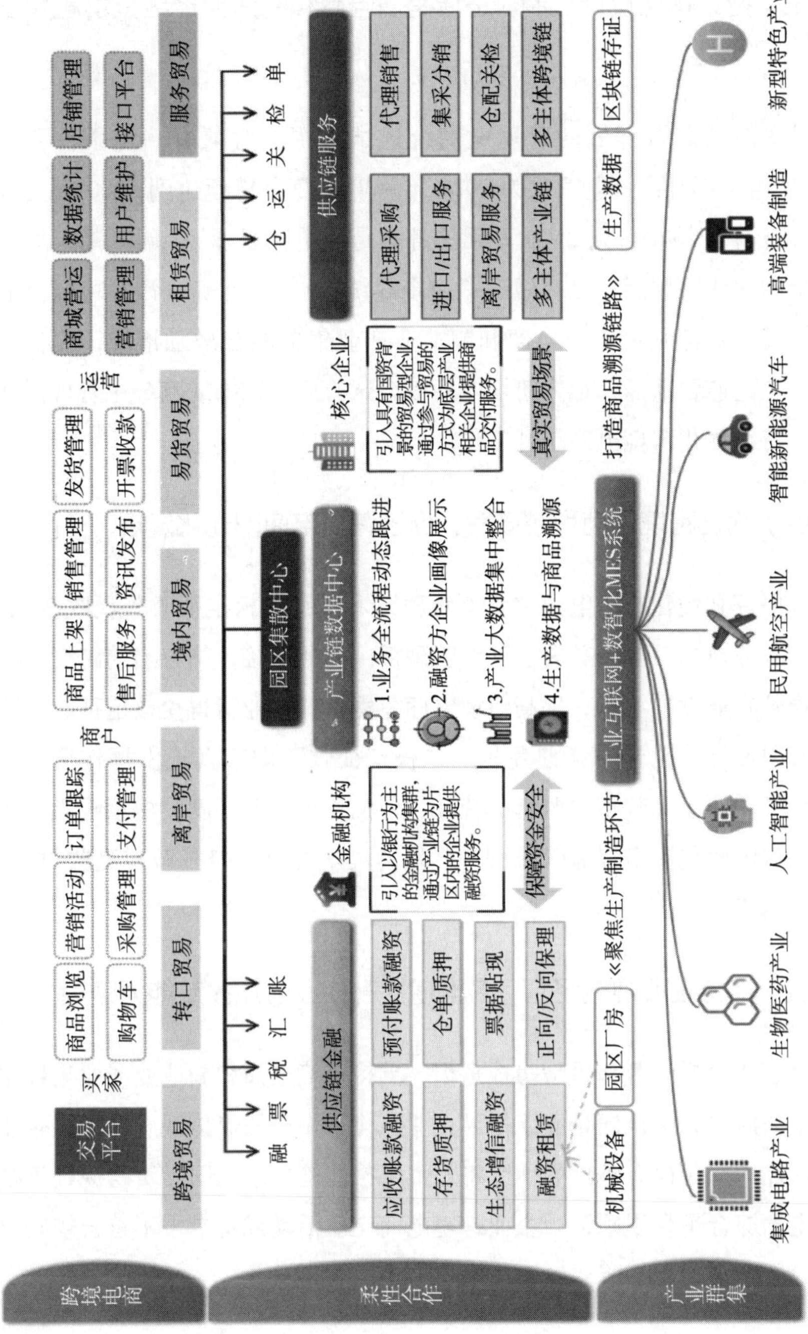

图 1　跨境电商和制造业产业集群融合发展平台示意

资料来源：笔者绘制。

（三）持续优化统计机制，适应跨境电商和制造业产业集群融合发展需要

现阶段海关总署开展的跨境电商统计试点调查对象有一定条件要求（如2022年上半年的调查对象为2021年跨境电商交易额达到5000万元或2022年上半年交易额达到2500万元的各类跨境电商企业），同时基于调查方法、部门协作等原因，难以做到“应统尽统”，为了准确统计跨境电商的实际规模并针对性制定跨境电商和制造业产业集群融合激励措施，建议海关、跨境电商监管部门、地方跨境电商综合试验区综试办或商务主管部门加强合作，持续优化跨境电商统计工作。

（四）优化跨境电商税收政策，促进跨境电商阳光化发展

深入研究和优化跨境电商“无票免税”和所得税核定征收等税收政策，加强国家税务总局、海关总署及外汇管理部门沟通对接，结合当前跨境电商业态规模及企业发展特点，提高跨境电商零售出口企业所得税核定征收政策企业营收限额标准，让“无票免税”“核定征收”政策真正发挥作用。同时，积极推动国家完善相关监管、统计、外汇、税务等制度，探索建立跨境电商进出口邮政包裹申报监管流程，开展跨境电商进出口邮政包裹收付汇、纳税申报试点。

（五）支持企业规范经营，多渠道提升企业合规体系能力建设

强化企业合规经营和风险防控意识，支持跨境电商和制造业产业集群龙头企业申请海关高级认证企业。指导企业强化知识产权保护观念，加强企业海外维权能力。建议有条件的地区将规范申报监管要求、国际贸易规则等融入跨境电商综合平台规则，当企业跨境电商交易活动或者申报不符合规则要求时，给予合规纠正提醒。

参考文献

《深圳市人民政府关于发展壮大战略性新兴产业集群和培育发展未来产业的意见》，2022 年 6 月 6 日。

深圳市工业和信息化局、深圳市规划和自然资源局：《深圳市 20 大先进制造业园区空间布局规划》，2022 年 6 月 6 日。

深圳市工业和信息化局、深圳市发展和改革委员会和深圳市科技创新委员会：《深圳市培育发展未来产业行动计划（2022~2025 年）》，2022 年 6 月 6 日。

深圳市商务局：《深圳市推动跨境电子商务高质量发展行动方案（2022~2025）》，2022 年 10 月 26 日。

B.4

跨境电商品牌出海迎来黄金时代

张周平 *

摘　要： 品牌出海成为当前最热门的话题，越来越多的中国企业和品牌探索走向海外市场。中国跨境电商品牌出海分为白牌、渠道品牌、产品品牌三个阶段，品牌出海主体包括原生互联网品牌、新消费品牌和传统工贸品牌三大类别。跨境电商品牌出海在拥有广阔的市场空间和销售机会的同时，也会面临认知、定位、人才、营销、渠道、合规等问题和挑战。针对当前跨境电商品牌出海存在的系列问题，对于品牌出海企业而言，在规避风险的同时，寻找到正确的出海路径至关重要，因此，提升品牌意识、找好自身市场定位、加快人才培养力度、加强本土化营销、全渠道运营并举、提高合规发展水平等成为品牌出海企业成功的关键要素。

关键词： 跨境电商　品牌出海　独立站

2022年中国跨境电商行业总体保持稳健发展的态势，海关总署数据显示，2022年我国跨境电商进出口2.11万亿元，增长9.8%。其中，出口1.55万亿元，增长11.7%，进口0.56万亿元，增长4.9%。① 面对复杂严峻

* 张周平，网经社电子商务研究中心跨境电商部主任，《跨境电商全产业链时代》畅销书作者，主要研究方向为跨境电商、品牌出海。

① 数据来源于国务院新闻办公室于2023年1月13日举行的新闻发布会上海关总署公布的数据。

的国内外形势和多重超预期因素冲击，跨境电商凭借线上交易、非接触式交货、交易链条短等优势在稳外贸过程中发挥了重要作用。近年来，跨境电商发展迅速，国家陆续出台了相关支持政策，跨境电商优势和潜力得以进一步释放。

当前，中国出口跨境电商发展阶段已经由产品出海迈向品牌出海。对品牌出海企业而言，通过跨境电商渠道出海可以较大降低开拓海外市场的门槛。如依托传统渠道，在海外市场建立品牌需要大量时间投入和长期运营，品牌知名度需要多年的积淀才能逐步占领目标市场，而跨境电商直面海外消费者，大大缩短了品牌成长周期。经过三年疫情的淬炼和“封号事件”的影响，品牌出海逐渐成为全行业的共识，2023 年起中国跨境电商步入品牌出海黄金时代。

一　跨境电商品牌出海现状及模式

（一）发展现状

一是品牌出海渠道更加多元。目前，品牌建设正在成为跨境电商经营越来越重要的部分，一方面是内部经营策略的变化，跨境电商商业模式从铺货模式转变为精品路线，品牌认证的需求上升；另一方面，地区及平台合规要求的加强也促进了这一趋势的形成。

目前，跨境电商平台开店和自建独立站是企业出海打造品牌阵地的两种主要形式，前者以亚马逊、eBay 等第三方跨境电商平台为主，是不少企业出海的第一步，而独立站则是近年来兴起的跨境电商营销型网站。从流量看，即使企业店铺在平台运营再好，始终受到平台制约，且流量要与其他竞品分一杯羹。而企业从独立站获取流量和资源的独有性是跨境电商平台难以比拟的，其发展潜力也要高得多。

二是互联网巨头纷纷加码跨境电商。2022 年以来，拼多多、阿里、字节跳动等不断加码海外电商布局，其中以微软、拼多多等巨头的一系列动作最受业内关注。4月20日，微软推出正在内测的首个跨境电商平台——Buy with Microsoft，目前主要集中在家居用品、3C、服装鞋帽、电子配件、园艺工具等领域。9月1日，拼多多旗下跨境电商平台Temu购物网站在海外上线，包括宠物用品、服饰、首饰、日用品、儿童用品等多个类目。9月，字节跳动上线了新的快时尚独立站If Yooou。在国内电商流量红海的现状下，各大互联网巨头把目光瞄向了更有想象空间的海外市场。微软推出跨境电商平台，主要是看重其广阔的市场前景及电商平台较强的变现能力。跨境电商在包括美国在内的全球市场都仍具有较大的市场发展前景，市场远未被满足。

三是多样化品牌营销手段带来多重体验。后流量时代，私域流量将成为流量市场最大的增量之一。私域流量是从公共领域（平台、媒体渠道等）引至私域（网站、社群等）的流量。私域流量是企业自己的流量，企业可以在任何时间、任何频次直接触达用户。数据显示，在美国，消费者每日使用移动设备的时长已经接近5小时。短视频、红人营销和在线直播等新媒体形式将成为跨境电商高效营销的新渠道。直播带货是强互动的购物，还原了线下面对面的购物体验。一些跨境电商品牌商敏锐地瞄准了品牌出海营销新方向，通过网红、意见领袖（KOL）搭建消费场景，用直播带货营造气氛，让品牌服务于消费者的社交需求，进而塑造品牌文化。

（二）主要阶段

中国跨境电商品牌出海大致分为白牌、渠道品牌、产品品牌三个阶段。曾经驱动跨境电商发展的两大优势——低价的竞争和低流量成本，随着竞争加剧，获客成本变高，正在逐步消失。作为世界工厂，中国已经具有足够丰富且原生创新、有竞争力的产品，国际消费者对中国品牌的认知和购买意向亦逐渐增加。中国将完成从制造到品牌的时代转变。

一是白牌阶段。该阶段主要的销售渠道是亚马逊等第三方跨境电商平台、自建独立站等方式。出海的商家群体包括早期海外留学生、海外互联网从业者等，产品涵盖婚纱礼服、3C数码等产品，总体来说该阶段主打的是信息差。

二是渠道品牌阶段。该阶段的主要销售渠道包括第三方平台铺货模式、Shopify 独立站群等，出海的商家包括外贸贸易商、中小外贸工厂等，主要产品特点是海外品牌低价的模仿品，考验企业的是选品能力、供应链整合能力、流量红利把握能力。

三是产品品牌阶段。该阶段的主要销售渠道是 DTC 品牌独立站、第三方跨境电商平台精品店铺，出海的商家群体包括中大型外贸工厂、国内传统和新国货品牌出海、原生创新产品出海，产品的特点主要是自己研发的产品为主，功能创新，高性价比，考验企业的是产品研发能力、供应链优势、品牌运营能力、数字营销能力等。

（三）主要模式

一是原生互联网品牌出海。以生产或销售某垂直类别相关的产品为主，创立之初就拥有全球视野的品牌，在这一类别中，能提供比其他百货渠道更丰富、更全面、更专业的选择，如 Anker、SHEIN 等。

二是新消费品牌出海。以国内市场为主的新消费品牌正逐渐把目光放到海外市场，探索第二增长曲线，如李宁、小米、张小泉、花西子等。

三是传统工贸品牌出海。长期为海外知名品牌从事 OEM、ODM 贴牌代加工的外贸企业，渴望打造自己的出海品牌，包括泰普森、三星羽绒以及中小型外贸出口企业，华东地区的出海卖家大多属于此类。

二　跨境电商品牌出海成为趋势

无疑，品牌出海已经成为行业发展趋势，这其中既有企业发展内生动力的原因，也有资本推动和“封号事件”的影响。

（一）企业发展

跨境电商企业经历了此前十多年的“白牌时代”，在拼价格和营销方式中度过了企业发展的第一阶段。该阶段参与者大部分是非品牌方的跨境电商玩家，擅长跨境电商平台的运营，以及对新趋势的精准把握。但随着更多的中国企业选择向海外进军，出海的玩家持续增多，都开始竞相购买流量，但是伴随流量愈加昂贵，商家开始将精力更多放在追求复购率上。因此，提高产品质量、打造品牌就成了跨境电商企业的新选择。

（二）资本助推

跨境电商作为数字经济在国际贸易领域的重要业态，近年来备受资本青睐。网经社“电数宝”电商大数据库显示，2022 年中国跨境电商投融资数量共 43 件，融资总额超 62 亿元。店匠、店小秘、空中云汇、欧税通、易芽、辰海集团、来赞宝等跨境电商企业均获得了超亿元的大额融资，吸引了包括软银愿景基金、老虎环球基金、红杉中国、GGV 纪源资本、金沙江联合资本等知名投资机构押注该赛道。近年来，像 PatPat、Newme、无疆跨境、梵海 VANGO、Cider、Furbulous 等 DTC 品牌频频获得资本的青睐。

（三）封号影响

自 2021 年以来，亚马逊以卖家违规等缘由清理了大批店铺，其中不少是来自中国的铺货型商户。这一过程中，中国跨境电商蒙受了不小的损失，也凸显跨境电商过分依赖海外第三方平台销售模式的弊端。中国零售跨境电商业态向独立站、精品店铺转型，向线下场景深化等新的趋势正在形成。

三　跨境电商品牌出海存在的问题

跨境电商品牌出海面对的是全球化市场，在拥有广阔的市场空间和销售机会的同时，也会面临认知、定位、人才、营销、渠道、合规等问题和挑战。

（一）认知问题

当前，我国跨境电商在市场竞争中依靠规模优势，对企业品牌的重视程度较低，品牌出海认识不足。跨境电商企业普遍缺乏品牌意识，驾驭品牌的能力更是比较弱。虽然近年来跨境电商企业对于品牌化有了初步的意识，但很多企业对品牌化的认知还停留在比较初级的阶段，不少企业以为注册个商标就是品牌。此外，在品牌运营及打造上，存在概念模糊不清的问题，分不清楚产品品牌、品类品牌以及渠道品牌等区别。跨境电商企业对品牌理解不够的话，将在未来打造品牌的道路上走弯路，出现诸如想短时间内造就一个知名品牌的错误想法及行为。

（二）定位问题

跨境电商品牌出海面向的是全球市场，面对广阔的海外市场群体，不可能一个品牌包打天下。很多企业在品牌出海的过程中，并不区分目标市场的定位，同一品牌面向海外的所有目标群体，往往很难取得理想效果。因各国语言、文化、消费习惯等存在较大差异，人群定位、产品内容、价格策略、渠道选择、企业形象等品牌定位问题成为企业出海过程中容易遭遇的困境。如果无法做到因地制宜，品牌定位将出现偏差，企业将面临较大的品牌信任挑战并进而影响盈利能力。

（三）人才问题

目前，跨境电商行业处于人才需求快速增长、供给跟不上的阶段。跨境电商粗放型发展，恶性竞争激烈，互相挖人才现象比较多，而且缺乏跨境电商成熟的培训标准和培训体系，这些短板都导致人才需求和供给存在较大差异。

我国在跨境电商人才培养方面主要存在两对矛盾。一是行业的快速发展与人才供应不足之间的矛盾。跨境电商行业快速发展，需要大量的人才，而现在的人才存量及人才结构明显跟不上发展的要求。每年高校电子商务专业的毕业生有数十万，但不管是知识结构还是能力要求，都出现较大的断层。二是企业对跨境电商人才的要求与传统教育模式之间的矛盾。在全球化背景下产生的跨境电商是一个较新的概念，这也决定了高校跨境电商人才培养工作还有很长的路要走。当前，高校电子商务/跨境电商专业理论更新速度慢，跟不上电子商务的快速发展。同时，高校与企业的需求对接比较少，无法给予学生有效的指导和帮助。电子商务/跨境电商是一个实践性极强的行业，高校教师大多经验不足，无法进行有针对性的实操教学。

（四）营销问题

营销问题也是品牌出海的最大难点之一，很多企业缺少对目标市场文化的了解，对于消费者购物偏好和支付偏好缺乏经验。因此，国内品牌即使产品优质，但要做品牌出海营销依然面临重重问题，很多企业花了重金投入却收效甚微。

很多企业在营销方面存在不少误区，如在很多出海的品牌及企业中，大多数还会按照传统营销的思路去做影响力，或在海外社交媒体投放广告，或是投新闻稿和效果广告。这部分品牌还处于盲目投放期，不知道出海营销的路径和方法，只能先做一波投放，提升品牌知名度。

每个国家及地区市场的社交生态环境、社交平台都有自己的特点，内容审美、社区文化都有很大的不同，品牌如果想要通过各种传播渠道、社交平台等来提升品牌的影响力，更需要根据当地的文化特性、用户偏好、KOL等来做定制化的创作。

（五）渠道问题

跨境电商品牌出海渠道主要有两种方式，一是通过亚马逊、eBay等第三方跨境电商平台去打造品牌，这也是目前主要的模式。第三方平台有广域流量基础，企业要做的就是如何从中获取流量。在第三方平台上打造品牌，需根据各个平台的政策及品牌调性，去规划企业的品牌发展路径。很多企业对第三方平台政策不够了解，对在平台上打造品牌的规划和定位不明晰，一味按照企业的品牌打法及之前传统品牌的玩法在做，效果肯定不理想。

二是独立站，通过自建平台实现DTC品牌出海。在独立站火热的当下，很多企业不顾体量及实力，都去自建独立站。由于对独立站的玩法等并不清楚，造成了不必要的损失。独立站虽是卖家自己建立，规则可以自定义，也不用担心第三方平台各种封号和限制，可以提升用户体验和品牌价值，听起来虽很美好，但一个全新的独立站，建站不难，难的是后续流量的获取和用户的运营和转化。此外，独立站的选品策略与第三方跨境电商平台截然不同，第三方平台有很多工具可以供卖家去做选品调研，而独立站从选品上突围则更加困难。

（六）合规问题

随着跨境电商的发展，知识产权保护是很多企业容易忽视的一个风险点。对于比较有知名度的品牌，企业往往有较强的避免品牌侵权的意识，而在面对中小品牌时，企业可能往往会缺乏这种意识，导致面临侵权赔偿的风险。由于国家和地区间的信息差，企业往往容易忽略那些在国外流行而在国内却不常见的元素。

从 2021 年的亚马逊“封号事件”到 Paypal 冻结账户，刷单、刷好评、商标侵权等知识产权问题突出，发生在跨境电商领域的纠纷和突发事件也在逐渐增多。在跨境电商野蛮发展阶段，企业为了求发展，各种招数尽出，但一旦平台等政策收紧，就会给企业的发展带来较大的困境。

四　典型案例

安克创新是全球化的知名消费电子品牌企业，通过自主研发、产品设计、品牌打造、渠道销售等方式塑造了享誉全球的智能硬件品牌，目前已经成功打造 Anker、soundcore、eufy、Nebula 等全球化品牌，覆盖充电类、智能创新类、无线音频类等多个产品品类。

（一）财务数据①

2022 年上半年，安克创新实现营业收入约 58.87 亿元，同比增长 9.62%，其中充电类产品、智能创新类产品和无线音频类产品收入分别为

① 本部分数据来源于安克创新（300866. SZ）的 2022 年半年报告。

29.45 亿元、16.68 亿元和 12.10 亿元；归属于上市公司股东的净利润约 5.76 亿元，同比增长 41.01%；归属于上市公司股东的扣除非经常性损益的净利润 3.06 亿元，同比增长 1.94%。

在 2020 年、2021 年和 2022 年上半年，安克创新研发投入分别达 5.67 亿元、7.78 亿元和 4.48 亿元，占总营业收入比例分别为 6.07%、6.19%和 7.61%，连续处于上升趋势。截至 2022 年 6 月 30 日，安克创新在全球范围内已取得 80 件发明专利、435 件实用新型专利和 423 件外观专利授权。

目前，安克创新的销售来源仍主要是海外市场，占比高达 96.49%。以地区划分来看，受宏观经济外部需求收缩、地缘争端升级、汇率变动等因素的影响，不同地区增长幅度存在较大差异。北美地区上半年收入 29.22 亿元，同比增长 13.05%；欧洲市场收入 11.09 亿元，同比增长 0.69%；日本市场收入 7.80 亿元，同比下降 6.20%；中东地区收入 3.71 亿元，同比增长 42.29%；中国大陆市场收入为 2.06 亿元，同比增长 16.99%；其他市场合计收入为 4.99 亿元，同比增长 20.02%。

（二）经营模式

一是研发模式。安克创新重视研发创新，以自主研发为主，以市场为导向进行产品开发，并对产品设计、工艺及质量要求持续改进。设立了产品开发部、研发中心、设计中心、软件开发部及产品测试部，构建起多维度的研发体系，形成了产品部门与支持部门交叉的矩阵式研发团队结构，并在充电产品、无线音频产品及智能创新产品等消费电子产品领域拥有多项核心技术。

二是采购模式。安克创新采用“自主研发设计+外协生产”的产品供应模式，全部产品的生产制造由合作的外协厂商完成。已在内部建立起完备的供应商体系和产品质量管理体系，通过严格把控供应商甄选标准、严格进行质量检测，保证产品的质量可靠及使用安全性。针对部分重要原材料，外协供应商须根据公司的产品质量标准、供应商资质管理制度和商务价格条款向公司指定的原材料供应商进行采购，并由外协供应商负责原材料供应商采购业务的具体执行与管理工作。

（三）渠道分布

安克创新采取全球化、全渠道覆盖的销售模式，2022 年上半年线上、线下各主要渠道收入较上年同期均有所增加。

一是线上渠道。安克创新线上业务主要依托于亚马逊、天猫、京东等第三方电商平台，以及公司各品牌独立站等进行销售，凭借汇集的巨大用户流量实现了对大部分目标消费者群体的覆盖。尽管 2022 年亚马逊 Prime day 会员日由 6 月调整至 7 月，部分大促活动周期相应调整，但上半年在亚马逊平台上收入仍实现一定增长；其他第三方平台如天猫、京东、eBay 等官方旗舰店及分销渠道贡献收入亦有增加，其中抖音官方店营业收入基数虽小但增长迅速，公司多元化营销策略得到市场积极反馈。

品牌独立站方面，安克创新现有的六大品牌（Anker 安克、soundcore 声阔、eufy 悠飞、Nebula 安克星云、AnkerMake 安克智造、AnkerWork）均设有单独站点，上半年独立站合计收入 2.15 亿元，收入占比持续提升。

二是线下渠道。安克创新线下业务主要面向全球性零售卖场、区域性大型零售卖场、独立 3C 商店和专业渠道卖家等企业客户，目前已覆盖北美、欧洲、中东、澳大利亚等多个国家和地区。安克创新在全球范围内覆盖的合作零售门店已超过 4 万家。

五　跨境电商品牌出海的路径及策略

针对当前跨境电商品牌出海存在的系列问题，并结合品牌出海成功案例，对于品牌出海企业而言，在规避风险的同时，寻找到正确的出海路径至关重要。

（一）加强品牌意识学习

企业在发展跨境电商时要做好两方面工作。一是要做自我评估。平台选择、品类选择、人员布局等一定要根据企业自身经营情况而定，不能盲目跟风。二是减少试错成本。在发展中，要采用小步快跑的方式，把握好发展跨境电商的节奏。

（二）找好自身市场定位

跨境电商品牌出海企业首先是找准目标市场定位。一是出海到发达国家还是发展中国家，是出海美国还是出海非洲。目前，欧美地区占据40%以上份额，是全球最大存量市场；非洲、印度以及东南亚、南美等发展中国家，是全球电商新兴市场，占据60%份额。二是追求性价比还是追求高品质。市场上的成功案例既有以SHEIN为代表的高性价比品牌出海，也有以安克创新为代表的高附加值品牌出海模式，企业需要根据自己的实际情况确定出海路线。

（三）加大人才培养力度

人才是跨境电商企业发展的根本，行业的快速发展催生了对综合型人才的紧迫需求。因此各地可因地制宜地整合各高校国际贸易、电子商务和外语专业的资源，加大对外语专业和跨境电商人才的培养力度。“技术+专业+管理”高素质、高数字的“双高人才”，是传统电子商务专业所不能覆盖的。跨境电商的核心是服务业与服务贸易，只有完成跨境营销服务、跨境平台服务、国际物流服务、国际金融服务和国际合规服务等一系列服务贸易工作，货物贸易才能真正实现。缺乏人才虽然是行业共性的问题，但对于跨境电商品牌出海的企业来说，人才问题更是重中之重。

（四）加强本土化营销

跨境电商品牌出海的第一步就是了解用户、洞察用户，不管是通过亚马逊、eBay等第三方跨境电商平台来做品牌，还是自建独立站做品牌都一样。品牌是消费者对一个公司的产品、服务、体验、企业价值观等一切初步认识的总和。针对不同国家和地区，企业需要基于不同的用户画像和消费者购物习惯去深度分析并开展精细化运营，这是企业提升用户体验和提高品牌知名度的不二法门。

在具体的营销方式上，品牌出海一定要使用本地化的市场营销方案。不同地区消费者的消费心理和习惯有着明显的差异，企业需要根据不同的市场做出调整。在对当地市场的偏好和需求进行深入了解的基础上，精心策划海外营销打法。如在当地创建本地化社交媒体账户，借助当地 KOL 及网红的影响力进行网红营销。场外流量的获取除了 Facebook 和谷歌两大巨头外，品牌的主要广告平台要从过去相对单一的平台发展到多渠道矩阵，推广到 YouTube、TikTok、Instagram、Twitter 等。如国内跨境电商巨头，也是国内少数出海成功的互联网企业之一的 SHEIN，其取得的成绩除了凭借供应链的“小单快反”优势外，跟其社交媒体营销密切相关。SHEIN 在海外社交媒体的营销并不只是单纯投放广告，还利用新消费品牌的一套营销打法，在社交媒体平台与 KOL、KOC 展开种草营销。此外还可以与海外营销机构合作，所谓专业的事情交给专业的人去做，如能找到了解海外营销生态的机构及服务商进行合作，将会提高品牌出海的运营效率，在一定程度上规避营销风险。

（五）全渠道运营并举

在渠道的选择上，主要有第三方跨境电商平台和独立站两种方式。在第三方跨境电商平台上打造品牌更多是采取精品模式，相比之前的铺货及站群模式，精品模式一般从差异化定位和独特的品牌附加值切入，深耕供应链、产品、售后服务与用户积累，打造专业和高性价比的站点体验。精品模式的核心盈利逻辑在于：通过较高的流量获取和精细化的站内运营，提升用户的重复购买和交叉销售，从而带来稳定的交易。

独立站的优势主要表现为两个方面。一是提高黏性。方便实时接收第一手的用户信息及反馈，同时可与客户建立直接的联系。二是精准营销。可以全面掌握流量数据，充分挖掘数据价值，精准投放广告，触达适合的卖家受众群体，提升购买率和复购率。但 DTC 品牌出海也有一定的门槛，对产品的研发、设计，以及自有产品的产权都有一定的要求，比较适合拥有一定研发能力和品牌营销意识的卖家。

品牌出海是跨境电商发展的必由之路，但品牌的建立并非一朝一夕就能实现，只有持续满足消费者的预期体验才能将品牌形象烙在消费者的心里，从而实现品牌的建立以及忠实用户的转化。

（六）合规发展迫在眉睫

随着中国出口跨境电商进入品牌出海的新阶段，跨境知识产权保护日益成为中国品牌出海面临的重要课题。近两年的政府工作报告中明确强调品牌创新和跨境电商知识产权保护的重要性，中国的跨境电商知识产权保护政策也不断加码，为中国品牌“走出去”保驾护航。但由于各国法律、文化和商业习惯不同，中国外贸企业在跨境知识产权保护方面会面临不同挑战。

商标、专利、版权都属于知识产权，企业在品牌出海时应注意是否可能在当地构成知识产权侵权，否则将面临罚款、产品下架甚至资金被冻结、店铺被封的风险。如亚马逊封号、Paypal 冻结账户等事件，凸显跨境电商合规发展已经迫在眉睫，跨境电商卖家需要高度关注诚信、税务、知识产权保护等方面的问题。

参考文献

吴力：《跨境电商烦恼溯源：合规之外，话语权短板凸显》，《国际商报》2022 年 4 月 14 日。

常河山：《在中国，如何做好跨境电商?》，《现代物流报》2022 年 5 月 6 日。

中国社会科学院财经战略研究院、全球跨境电商品牌研究中心：《全球跨境电商品牌出海生态报告》，2022 年 11 月 16 日。

B.5

跨境电商柔性化数字化供应链建设研究

何　颖　朱小慧*

摘　要： 跨境电商出口繁荣背后，中国的供应链起到了强有力的支撑作用。尤其是在全球跨境电商市场流量红利不断流失、市场竞争越来越激烈的背景下，跨境电商企业更加注重提高供应链的数字化水平，构建快速反应的柔性供应链，以期提高供应链全流程的运营效率。本文从供应链、柔性供应链、数字化管理的基本概念出发，尝试将数字化供应链和柔性供应链中的数字化管理进行整合，并通过 SHEIN、PatPat 构建柔性供应链体系，华凯易佰、三态股份等铺货大卖提升数字化管理能力的实际案例，全面解析柔性供应链和数字化管理在跨境电商领域的应用，最后提出跨境电商企业打造柔性化数字供应链的对策建议。

关键词： 柔性供应链　数字化供应链　跨境电商

2022年，我国跨境电商出口延续迅猛发展势头，海关总署发布的数据显示，2022年我国跨境电商进出口2.11万亿元，增长9.8%。其中，出口1.55万亿元，增长11.7%。

跨境电商出口繁荣背后，中国的供应链起到了强有力的支撑作用。据不完全统计，中国有220多种工业产品的产量位居全球第一。中国制造业增加值已经连续12年位居全球第一，2021年中国制造业增加值占全球比重近30%，

* 何颖，亿恩网资深编辑，主要研究方向为跨境电商产业发展；朱小慧，亿恩网编辑，主要研究方向为跨境电商领域企业、产品发展现状。

相当于美、德、日三国总和。背靠强大供应链资源，中国出海卖家迅速在各大跨境电商平台占领重要位置，中国卖家在亚马逊所占比重逼近50%。[①]

中国供应链的优势不仅在于强大的中国制造，快上快下快速反应，还在于和互联网的紧密结合，目前国内互联网正在供应链当中发力，数据化越来越强大。中国拥有大型工业互联网平台超过150家，服务的工业企业超过160万家。[②] 规上企业的数控化率达到55.3%，数字化的普及率达到74.7%，在全球的103家“灯塔工厂”中，中国就有37家，占比超过全球的1/3。[③]也正是在数字化的赋能下，中国供应链的整体运作效率有了显著提高，也让SHEIN、PatPat这样的中国跨境电商品牌有了弯道超车的机会。

一 供应链及柔性供应链的概念

（一）供应链历史

“供应链管理”这一概念最早在20世纪60年代就已经萌芽，由于实体配送的形成以及市场对企业物流的关注，一些专家开始研究这一体系。

事实上，“供应链”最早来源于彼得·德鲁克提出的“经济链”，后来在迈克尔·波特的推动发展下演变成“价值链”，直到20世纪80年代“供应链”概念才初具体系。到了20世纪90年代，供应链所带来的种种管理上的益处凸显，如增强企业的市场竞争力、提高产品的市场占有率等，至此这一概念不再只是一句简单的术语，而是逐渐进入众多企业高级管理层的视野。

哈理森在《供应链管理实务》中将供应链定义为“执行采购原材料，将它们转换为中间产品和成品，并且将成品销售到用户的功能网链”。美国

① “Chinese Sellers Didn't Quit Amazon”，https://www.marketplacepulse.com/articles/chinese-sellers-didnt-quit-amazon.

② 《从“中国制造”走向“中国智造”：我国工业互联网产业规模破万亿元?》，新华社，2022年10月26日。

③ 刘晨：《“灯塔工厂”助力制造业数字化转型》，中新经纬，2022年4月21日。

经济学家史蒂文斯则认为，供应链就是通过增值过程和分销渠道控制从供应商到用户的流，它开始于供应的源点，结束于消费的终点。

供应链体系将企业的生产活动进行了前伸和后延，“配套零件—制成产品—成功售出”。发展至今，一条完整的供应链里，供应商、制造商、分销商、零售商以及消费者都承担着不可或缺的角色。

（二）供应链在跨境电商领域的应用

对于大部分跨境电商企业来说，供应链管理主要是采购、销售、仓储、物流这四个要点。

企业要在跨境电商平台进行产品销售，首先，一定要有货源，这就涉及采购。企业要想累积起客户群和店铺声誉，其货源就必须是优质且稳定的。对于采购渠道来说，有部分跨境电商企业直接从工厂批发，也有的从专业的采购网站如阿里巴巴旗下的 1688 进行购买，或选择与专业的供应链服务公司合作。

销售环节自然就是将选好的产品上架至亚马逊、Wish、Shopee 等跨境电商平台的店铺中，设好 listing（商品列表）等，然后选择广告或其他引流方式进行推广，吸引消费者进行购买。

接下来就是仓储和物流。跨境企业需要将产品交由物流公司装柜运至海外合作仓库中，消费者下单后再交由当地合作物流承运公司进行配送。

以上每一环节都需要协同，这又称为“供应链协同”，具体涉及部门协同、公司协同、产业协同三个层面。

具体来说，“部门协同”就是供应链内部计划、采购、仓储、物流四个环节相互协同，推进项目从计划到落地执行。“公司协同”就是供应链与企业的销售、市场、研发等部门的协同，推进“产供销计划运营”一体化。“产业协同”则指的是供应链与外部供应商之间的协同，包括采购和供应商、仓储与海外仓及亚马逊 FBA 仓等、物流与物流商，实际就是要整合产业链上下游。[①]

① 跨境眼海豚学园：《跨境电商供应链之间的合作与管理怎么做?》，2022 年 6 月。

（三）柔性供应链的出现及应用

提到供应链，就不得不提近年来一直非常火热的“柔性供应链”，但这两者所指向的并不一样。1987 年，美国学者 Slack N 首次提出了“供应链柔性”的概念，他认为供应链柔性是指供应链对顾客需求做出反应的能力。

柔性供应链更强调供应链的敏捷性，即对于市场需求变化的适应能力。这一体系的重点在于两个方面的相互磨合：一是让需求反馈到供应链；二是以快速反应的制造链与外来的需求信息做出反应。

最早应用柔性供应链的是全球知名的快时尚品牌 ZARA，其根据库存积压的状况，在一开始生产新品时控制生产数量，在得到市场需求反馈后再进行“按需生产”，从而降低库存积压风险。

在国内，出海快时尚品牌 SHEIN 也很早就开始尝试打造柔性供应链，其市场的柔性供应打法可概括为“小批量、高频次、快速滚动返单”，即通过小批量（100 单左右）测试产品，找准爆款后全力推荐，这一柔性供应管理促使 SHEIN 做到了“上新快”（从产品设计到上架仅需 14 天）、“款式多”（据不完全统计，截至 2022 年上半年其 SKU 已超 66 万，当前日均上新 6000 款），售罄率保持在 98%，大大提高了成本效益。

与工厂深度捆绑、少量多次生产，SHEIN 的成功使柔性供应管理模式被越来越多的跨境出海品牌所采用。如全球知名母婴品牌 PatPat 也通过柔性供应链提高了产品的平均库存周转天数、平均出版天数以及新品开发周期；细刻、Cider、心潮无限、全量全速等出海快时尚品牌都在尝试复刻这一模式。

（四）数字化管理

柔性供应链对市场需求变化反应能力的要求极高，而要更快、更灵活地适应市场需求，打破流水线式的僵硬生产方式，数字化的运用是大势所趋。为了能精准洞察市场需求变化、制订合理的生产计划，数据分析是柔性供应链中必不可缺的环节，这就涉及柔性供应链中的数字化管理。

数字化供应链则是基于互联网、物联网、大数据、人工智能等新一代信息技术和现代化管理理念方法，以数据为驱动基础，对供应链活动进行整体规划设计与运作的新型供应链。柔性供应链在数字化供应链加持的基础上，能够实现更为敏捷的业务应用场景。

本文尝试将数字化供应链和柔性供应链中的数字化管理进行整合，因为柔性供应链中所需要的敏捷应对市场、灵活协同业务的能力越来越多依赖智能信息技术的加持，而数字化供应链也是在强调供应链体系中的智能信息化作用。

当前，不少大型的跨境电商企业都在供应链活动中使用了数字化管理。如为了有效分析消费者的偏好、提升消费者购物体验感，跨境企业会将已完成交易买家的购物信息构建成数据库，通过数据分析了解产品的市场供求状况，有针对性地优化产品和服务结构。还有不少跨境电商企业建立起自己的智能库存管理系统，以此来提高仓储和物流环节的运行效率。有技术和资金支持的大型跨境电商企业会自主研发智能系统进行整体工作运营，如华凯易佰、有棵树、三态股份等，没有自主研发实力的跨境电商企业则会选择购买相关服务企业的技术。总而言之，数字化管理已经是跨境电商企业不可或缺的运营模式。

二　柔性供应链和数字化管理在跨境电商领域的应用

（一）柔性供应链在服装大卖家身上的成功应用

在跨境电商圈，“柔性供应链”往往和 SHEIN、细刻、PatPat 这些服装跨境电商大卖紧紧捆绑在一起。尤其是快时尚服装品牌 SHEIN 更是一举将“柔性供应链”在跨境电商圈打响。这种情况看似偶然，其实必然。

中国是全球最大的服装生产国，自 1994 年起一直位居世界第一。2021 年中国服装产量已达 168.02 亿件，同比增长 6.71%。不仅如此，“衣食住行”是人类最基本的生活需求，这四大行业的天花板都很高，容易产生巨人企业，同时需求会长期存在并升级。

在优质供应链和高天花板的支撑下，服装一直是热门的出海赛道。多年来跑出了包括SHEIN、PatPat、细刻、赛维时代等服装大卖，尤其是神秘的千亿巨头SHEIN的突然出现，更是彻底点燃了服装企业出海的热情。

与此同时，在各大跨境电商平台的众多类目中，服装也占有很大比重，如在亚马逊平台上，2021年10月服装接棒家居，一跃成为亚马逊第一大品类。不仅如此，在亚马逊诸多自有品牌中，服装品类占比也高达50%。拼多多旗下项目Temu布局国外市场时，服装也是其叩开海外消费者大门的首选类目之一。在社交平台TikTok上，服装更是当之无愧的热销品类。

但众所周知，服装行业面临一个很大的难题，那就是库存，所以柔性供应链成为行业迫切需要。尤其是快时尚讲究的就是“快”和“时尚”，与传统服装品牌把衣服划分为春夏秋冬四个季节的款式不同，快时尚服装品牌的更新速度是以“天”来计算的。它们往往根据当下流行的款式和元素，以低价、款多、量少为特点，激发消费者的兴趣，最大限度地满足消费者需求。这对供应链的要求更高了，需要供应链对消费者的需求做出迅速反应，并柔性生产。可以说，SHEIN和PatPat的迅速成功，本质上是大数据算法和柔性供应链的胜利。

1. SHEIN及其背后的柔性供应链

与15年前快时尚刚萌芽时相比，现在人们购买衣服的数量比当时多了60%，但持有的时间减少了一半。① 这说明人们对快时尚品牌上新的速度要求越来越高了。

显然，SHEIN已经完全掌握了快时尚的密码。现在其从产品设计到上架仅需14天，日均上新6000款，每周上新的SKU（最小存货单位）高达4万~5万款。

作为快时尚鼻祖的ZARA，从产品设计到上架的时间周期不超过3周，能保持一周两次的上新频率，每年推出12000款新品。其快速迭代的速度被行业推崇，然而现在与SHEIN对比却逊色许多。SHEIN真正实现了对前辈

① “Cradle to Cradle”，https：//watershedsentinel. ca/articles/cradle-to-cradle/.

的代际超越，且从价格来看，两者相似或相同的款式，SHEIN 比 ZARA 便宜许多，差距最高甚至达到五六倍。[①]

支撑 SHEIN 的“快速上新”以及“低价”车轮滚滚向前的，是其背后强悍的供应链。SHEIN 的创始人许仰天在公司创立 7 年后逐渐找到了自己的方向，即摒弃传统的和第三方供应商合作的模式，转而全力打造自己的供应链体系。当确定方向后，SHEIN 就一路从南京南下，来到在服装产业链上有着 30 多年积累的广州，并最终落户在广州的番禺区，接入了全球最繁荣的服装生产基地。

广州是全国乃至全球最大的服装批发聚散地，十三行商圈、站西路商圈、中八路童装商圈、沙河商圈等都是闻名全国的广州服装批发商圈。而番禺则作为服装生产聚集地，为广州的服装批发提供了条件。目前，有 7281 家服装制造企业聚集于番禺区，南村镇、大龙街、大石街、洛浦街、石碁镇等镇街是它们的主要聚集地，尤其是南村镇，是众多时尚企业供应链的源头。SHEIN 广州公司也坐落在此。

番禺的工厂与其他地方不同，它更偏向于“小作坊”，生产规模较小。这与传统制造业中的标准化、规模化显然背道而驰，却与当下消费端的个性化、多元化趋势相契合，这也是 SHEIN 选择在这里落户的因素之一。至 2021 年 8 月，南村镇已经有 300~400 家制衣厂成为 SHEIN 的核心供应商，此外还有 1000 多家小供应商。[②] 而在南村镇里那些围绕着 SHEIN 的庞大供应链企业群落，则被坊间称为“希音村”。

作为 SHEIN 的供应商，他们的生产和之前并没有什么不同，只是电脑里多了一套“MES 工艺管理系统”。这套系统追踪和管理有关服装供应链的一切流程，是 SHEIN 生产部门与供应商沟通的重要桥梁。

当接到订单时，SHEIN 会将订单分发给上游的不同工厂，如面料、裁

① 中泰证券：《品牌出海系列深度 · SHEIN 篇：疾如风，徐如林》，https：//www. doc88. com/p-90729286142528. html。

② 《广州“SHEIN 村”：困于系统的服装供应商》，https：//baijiahao. baidu. com/s？id = 1733140174890485413&wfr = spider&for = pc。

剪、车缝、印花等，每个生产环节都有多个工厂承接。供应商从收到SHEIN的订单、面料到将成衣送至SHEIN仓库，只需5天，其中面料制作1天，裁剪、车缝和收尾3天，二次工艺（绣花和印花）1天。通过这样的方式，SHEIN实现了对消费者需求灵活的柔性快反作业。

“小单快反”是SHEIN柔性供应链核心的集中体现，工厂之所以能做到如此快速的交付，原因也正在于此。“小单快反”即“小订单、测试再返单”。通俗来说，就是供应商接到来自SHEIN的需求后，短时间内生产一批小批量的测试款，通过测试款观察市场反应，如果该款产品畅销，则反过来追加生产。与传统的根据订单生产不同，“小单快反”是一种按需生产模式，消费市场需要什么，制造端就生产什么。这种模式下，库存过剩问题就能显著减少。

追逐潮流是快时尚的使命，然而潮流变化极快，就像一阵风，当你想要抓住的时候，它可能已经过去，所以供应链反应周期不能太长。再叠加这些年消费市场时尚潮流的周期正在迅速缩短，对供应链的反应速度要求就更高了。一旦供应链反应慢，就会产生库存，最后只能打折促销，如H&M超过三成的商品必须折价大促才能卖掉，ZARA也有15%商品面临滞销，需要打折促销。

三年加权复合营收增长率、库存周转率、三年加权复合资产收益率是Gartner（全球最具权威的IT研究与顾问咨询公司）评选“全球供应链最佳实践企业”的三个硬性指标。从前两项指标表现来看，SHEIN的供应链效率做得不错。2017年以来，SHEIN收入实现快速增长，复合年均增长率约180%。存货周转天数仅为30天（周转率=365/30=12.2），与之相比较，H&M和ZARA周转天数分别为138天（截至2021年11月底）和92天，SHEIN的效率比它们高了3~5倍。①

SHEIN的系统连接着两端，一端是工厂，另一端是消费者。SHEIN技术团队在全球市场网站抓取数据、分析趋势、预测流行。随后，智能设计系

① 《最佳实践和匹配：五大维度详解SHEIN的“柔性供应链”》，https://mp.weixin.qq.com/s/SwJuSrQq22E0Pp0SkM-R6w。

统、设计团队和版型修改团队会根据抓取到的信息，快速设计出具有潮流属性的服装，再交给工厂打版。在这套系统的上下联动下，当消费者热情过去后，SHEIN 的订单也会随之停止。这样既能保证快速上新，又能极大减少浪费，减少滞销衣物。

在这个过程中，SHEIN 和供应商的关系也不再是简单的客户和工厂的关系。SHEIN 会像管理自己的员工一样去管理这些供应商，还会对供应商进行完整细致的培训。此外，为保证获得最优质的供应商资源，它还会给供应商设置 KPI，进行末位淘汰。SHEIN 对供应商的考察主要在四方面设置 KPI：急采发货及时率、备货发货及时率、次品率、上新成功率。而 SHEIN 会根据供应商的 KPI 指标得分（40%），以及采购金额得分（60%）两项参考指标对供应商采取优胜劣汰制，划分 S、A、B、C、D 五级，排名 D 级（低于 60 分）末位的 30%的供应商将被淘汰。[①]

现在随着规模不断扩大，SHEIN 在供应链上的投入也在逐步加大。其在广州增城的湾区供应链总部已启动，项目面积约 3000 亩，总建筑面积约 330 万平方米，总投资达 150 亿元。与此同时，SHEIN 正以广州为原点，辐射周边，将供应链体系从东部沿海延伸到了内陆地区。最近两年，一些 SHEIN 的合作工厂开始在江西、湖北、广西等地开设分厂，将广东裁剪好的面料送去生产。

2. PatPat 打造柔性供应链体系

千亿巨头 SHEIN 在 2020 年横空出世，瞬间点燃了资本市场对跨境电商服装赛道的投资热度，PatPat 就是获得资本青睐的品牌之一，仅在 2021 年就连续获得了三轮融资，融资金额超 6 亿元。

PatPat 于 2014 年成立，是童装赛道诞生的独角兽，素有“童装界 SHEIN”的称号。PatPat 和 SHEIN 的共同点有很多：都是服装企业、同为 DTC 出海头部品牌、价格定位适合大众、供应链都在广州，且都拥有强大

---

① 中泰证券：《品牌出海系列深度 · SHEIN 篇：疾如风，徐如林》，2021 年 12 月，https：//www.doc88.com/p-90729286142528.html。

的供应链管理能力和运营效率。

PatPat 现已自建数字化系统，以此打通供应链全流程。同时，PatPat 利用“大数据+算法”，实时捕捉流行趋势、用户需求变化，进行数据汇总和分析，用于产品开发、款式设计、销量预测、生产管理和库存，实现精细化运营。它的供应链模式与 SHEIN 十分相似，都是基于自身的信息化管理系统对供应商进行筛查和考核。2019 年时，PatPat 的供应链系统已经管理着 800 多家供应商。

整合了工厂资源的 PatPat 上新速度也达到了匪夷所思的程度。2018 年 PatPat 就实现了平均每天上新 200~800 个 SKU，同时保持在线的 SKU 达到 2 万个；目前每日上新 1600 多个。虽然与 SHEIN 仍有差距，但与传统服装品牌以季度为单位的上新频率，以及 ZARA 每周 2 次的上新频率相比，仍旧是很有竞争力的。

不仅如此，PatPat 的平均库存周转天数为 30 天，平均出版天数为 5 天，新品开发周期为 7 天。[①] 它的库存周转和上新速度之所以那么快，原因也在于其对供应链的管理。与 SHEIN 类似，当 PatPat 接到生产订单后，会通过系统自动分配给有产能空余的工厂。而通过这套系统，PatPat 能够清晰地追踪到每一个生产流程。

全国纺织服装市场规模超 4 万亿元，规模以上企业 17 万多家，具有数字信息化管理能力的不足 5%。[②] 单从这一点上，PatPat 已经战胜了无数对手，站在了服装市场的顶端。

事实上，PatPat 的供应链也是经过了长时间摸索才走到了今天的位置。2018 年以前，其后端还是另一番模样：体系薄弱，回货时间不稳定，客户下单到收货要一个月，中间等待周期非常长，用户体验感非常差。与此同时，由于供应链、履约没有自己的体系，做出来的产品质量也不够好。甚至在创业初期，还经历过订单量猛增导致供应链过载的窘境，更别提吃过的供

① 《童装 PatPat 品牌是如何吸引超 40 亿投资的?》，中国服装协会，https://mp.weixin.qq.com/s/mxiTITlzHS8CNN-vBHYrcw。

② 王与桐：《从 SHEIN、PatPat 到简派，服装品牌卖家的供应链到底该怎么搭?》，36 氪，2021 年 11 月 26 日。

应商和仓库的无数暗亏了。自 2016 年起，它们就下决心开始深耕国内供应链，着力加强供应链整合能力，筛选优质供应商，加快产品的上新速度。同时陆续在广州、深圳、杭州、佛山等地设立办公室。

截至目前，PatPat 用户覆盖全球 100 多个国家和地区，已成为全球最大的童装 DTC 品牌、全球增长最快的童装品牌。

（二）铺货大卖的数字化管理

当下，跨境电商圈内不少体量大的企业（一般称为“大卖”）都在以铺货模式运营。所谓“铺货”，即并不深耕某一细分品类，而是以多店铺、泛品类的形式在电商平台进行销售。

对于铺货型跨境电商企业而言，选品、库存、调价等环节的高效协同非常重要。以亚马逊 500 强店铺英国站大卖 Boulevard 为例，其自主研发的供应链系统 Eiger 能够监测库存、自动调价，简化运营工作，从而提高效率。利用 Eiger 系统，Boulevard 能够在 10 分钟内为 15 万个 SKU（库存量单位）调价，测试不同产品的受欢迎程度、监控库存水平等。通过 Eiger 系统辅助，Boulevard 实现了 27 人管理 15 万 SKU 的超高人力资源效能。另一亚马逊大卖 Hour Loop 也通过其自行构建的数据系统铺了 10 万个 SKU，选品具有较强的前瞻性，市场反应颇为灵敏，因此 Hour Loop 所推出的新品往往能获得不错的流量，订单量也直线上升。①

而在国内，不少铺货型跨境电商大卖如华凯易佰、三态股份、有棵树等也都在信息化技术上投入巨大，只为建立起自己的数据系统，增强数字化管理能力，最终反馈于企业的营收利润等方面，而这些大型跨境电商企业也将自主研发能力视为核心的市场竞争优势。

1. 华凯易佰以算法为核心的信息化和智能化

以亚马逊、eBay、速卖通、Cdiscount、Wish 等第三方电商平台为载体，

---

① 《27 个人管 15 万 SKU，“人人喊打”的铺货模式，为何可融资 2000 万?》，跨境电商蓝海亿观网，2022 年 1 月 26 日。

销售汽车摩托车配件、工业及商业用品、家居园艺、健康美容、户外运动等品类的华凯易佰，深谙数字化建设的重要性。

由于泛品类铺货模式的运用，华凯易佰充分利用互联网思维、模块化管理和大数据技术对上下游资源整合，坚持自主研发信息化系统，旨在提升自动化、智能化运营水平。

目前，华凯易佰的“易佰云”智能化企业管理平台已经涵盖系统基础架构、基础业务系统模块（产品系统、采购系统、物流系统、仓储管理系统、订购管理系统、决策运营系统等）及智能应用系统模块（智能刊登系统、智能调价系统、智能广告系统、智能备货计划系统等）。其中，调价、刊登、推广、备货是最具代表性的四个系统。

在调价方面，华凯易佰自主研发“全自动数据整理及调价管理系统”，其依托大数据实时运算库存、日均加权销量等信息，实现了全平台 Listing（商品页面）管理，使商品数据信息的完整性和调价指令的传达都得以保障，以大数据算法为支撑，对跨平台、跨店铺的海量商品销售页面计算最优售卖价格，实现了批量、快速的价格升降调整。

在商品上架刊登方面，华凯易佰的“智能刊登系统”解决了人工刊登中编辑速度慢、批量修改难、翻译成本高等痛点。该系统运用梅森旋转算法等技术方法，对每个 SKU 批量生成数百种具有差异的标题文案和图片组合，并自动翻译成多国语言，再经过侵权、对应平台违禁的数据库比对校验后，自动匹配到平台细分类目，最后快速刊登至各个平台和各个站点。该系统还能根据销量数据自动筛选最优关键词，对同产品的介绍页面进行批量优化调整。

在广告投放方面，华凯易佰自主研发的“智能广告投放运行监控分析统计系统”可以针对不同业务场景和时间阶段的广告需求，设置差异化的投放策略，并对广告数据进行跟踪，成功提高转化率。

在备货方面，华凯易佰自主研发的智能 MRP 计划系统（Material Requirement Planning，物资需求计划），能够在 5~6 小时内完成上千万条分平台的产品信息、上百万条 FBA 链接及库存、20 万~40 万个 SKU 的全量数据计算，每天上午 10：00 前，该系统能够生成 2 万~10 万条 SKU 的采购备货指令、5万~10万条FBA仓和海外仓的发运指令。这一系统实现了供应链关键环节的智能化、精细化管控，大幅提升了备货环节的运转效率。①

当前，华凯易佰尚处于研发或迭代中的主要智能系统包括但不限于易佰云跨境仓储WMS系统、易佰云智能刊登系统、易佰云亿迈一体化智能管理平台、易佰云—易佰智库云平台、易佰云生产计划智能管控系统、易佰云跨境订单管理系统、易佰网络财务合规体系管理系统、易佰云服务集群总线管理中心平台、头程运费分摊分析核算系统、易佰云采购智能管理系统等。

以算法为核心的信息化和智能化，已成为华凯易佰经营泛品类业务的基石和倚仗，靠着强大的系统化管理和大数据分析能力赢得营收持续上升，在通胀飙升、消费降级、市场低迷的2022年，华凯易佰成功扭亏为盈，净利润预计达到2.1亿~2.4亿元。

2. 三态股份依托智能系统进行数字化管理

与华凯易佰一样，另一个跨境电商铺货型大企业三态股份也自行研发系统进行数字化管理。利用数据智能和信息技术简化供销两端流程，三态股份自主研发的智能信息系统大大提高了跨境交易效率。

由于销售市场广泛、订单处理量大、跨境运输渠道多等特点，三态股份对精细化运营管理、供应链资源整合能力提出了更高的要求。为了贴合业务实际需求，近年来三态股份不断迭代系统，加快对业务前端数据的响应，迅速捕捉客户需求。

正是依托了智能系统进行数字化管理，三态股份的运营效率不断提高，营收也不断增长，从2021年开始在创业板冲击上市。三态股份上市募资将用于投资跨境电商系统智能化升级建设项目、仓储智能化升级及补充流动资金。招股书显示，其用于智能化系统的募集资金超过8亿元。

自2007年成立以来，三态股份一直坚持通过数据智能来优化经营决策，运用信息技术实现科学管理。作为一家技术驱动型跨境电商企业，其通过大数据分析、机器学习等方法，开发出了覆盖选品开发、采购仓储、销售客

---

① 数据来源于华凯易佰2022年半年度财报。

服、物流运输等各个环节的算法模型，实现了跨境电商运营的系统化和关键业务环节的智能化，提升了供应链响应速度。

三态股份在智能选品、销量预测、智能采购、智能刊登、智能定价、智能客服等系统的相互配合和运用中，实现了业务运营的高时效、低差错，SKU 也呈现几何级数增长。品类覆盖潮流时尚、工具配件、家居生活、数码科技、兴趣爱好等五大类 17 小类，细分类目近百个，这样的泛品类销售模式对三态股份的选品工作提出了很高要求。但在智能选品系统的助力下，2019 年至 2022 年上半年，三态股份在各个平台仍保持售卖的 SKU 分别为 65.63 万个、59.97 万个、66.94 万个、79.37 万个。其中，平均每天下架淘汰的 SKU 数量分别为 302 个、437 个、309 个、152 个，而平均每天新开发的 SKU 数量分别为 648 个、283 个、500 个、838 个，效率之高令人咋舌。①

在仓储环节，三态股份的智能仓储系统能够做到绝大部分商品从下单到出库发货无须人工处理，半小时即可达到仓库配货状态，在运输过程中，实现了运输的可视化和全程物流监控。

通过自主研发的采购管理系统，三态股份整合了国内供应链资源，与众多供应商建立合作关系，利用规范的供应商管理系统，确保供货质量的稳定性和采购成本的可控性。

（三）当前跨境运营服务商现状

由于市场广、品类泛、销售渠道繁，很多大型跨境企业的业务多元化，而常规的 ERP（企业资源计划系统，实现信息集成的管理系统）无法有针对性地进行数字化管理，因此不少跨境企业都尝试自主研发，以适应发展需求。但并不是所有企业都有能力进行研发，因为这需要强大的资金和技术支持。

中小型跨境企业没有资金和技术支持，而有的大型跨境企业虽然有资金，但技术能力难以达到，此前就有大型跨境企业尝试自主研发 ERP，但

① 数据来源于三态股份 2022 年半年报告。

前后耗资上千万元，最后不了了之。显然，数字化管理的实现并不容易。

为了快速响应市场需求，无法满足自主研发条件的跨境电商企业只能与相关服务商进行合作。在跨境电商圈内，领星、店小秘、积加、通途、马帮、船长 BI 等就提供跨境电商 ERP，这一软件集成了 WMS、CRM 等模块，对接各种跨境平台，能够帮助跨境企业在采购、订单、发货、仓储、售后、统计等运营环节进行一站式、智能化、自动化管理，提升运营效率和降低成本。当前，由于需求持续高涨，这类企业的发展前景被看好，多次获得资本青睐，融资亿级已常态化。

三　跨境电商企业打造柔性化数字供应链的对策建议

（一）不断优化供应链各个环节

供应链的建设必须跟随时代和市场的变化而变化，因此需要不断对各个流程进行优化以适应发展需求。在采购、运输、存储和销售等交易过程中一定要不断提升效率，响应市场变化。比如在采购环节，企业挑选合作供应商时一定要注重合作的稳定性，还要建立候选合作伙伴名单来保障特殊情况下供应链的正常运作。因为只有保障了供应链的正常运作，才能对存储和销售环节进行进一步的优化，及时调整销售策略。

（二）相互协同使供应链效益最大化

优化各个供应链环节后，企业还要将其进行协同，做到集成化，以实现效果最大化，将工作流程、实物流程、资金流程和信息流程进行整合，进而统筹未来一段时间内公司的发展战略。具体而言，各个环节就是要通过信息的协调和共享做到高效链接资源，推动生产与需求实时对接，达到供需协同的目的。这一过程对各环节的灵活性提出了较高要求。如在了解产品市场需求后，企业灵活变化生产量，组织精准化的批量生产。以往一般是批量生产推向市场，没有一定的市场反馈，就会导致存货不足或者销售不佳的风险。但现在陆续有企业学习SHEIN的“小单快反”模式，不盲目生产，而是以消费者的需求为生产原动力，使优化后的供应端和销售端实现企业利润的最大化。

（三）让各个流程“看得见”

柔性供应链就是让供应链按照自己的想法，随意变化。但不能掌控，谈何柔性？在这一过程中，数字化赋能就显得尤为重要。柔性供应链虽然只有简单的五个字，但它包含了非常多看不见的东西，而数字化管理就是让看不见、摸不到的东西，变得“可以看见”，可以掌控。现在随着5G技术的出现，还可以考虑将这项技术引入柔性供应链中，让供应链变得更智慧。“供应链+互联网”是跨境电商企业打造柔性供应链中不可回避的一环。

（四）专业的人做专业的事

无论是在跨境圈还是资本圈，眼馋SHEIN的人不在少数，他们都想推出下一个SHEIN。但目前来看，能闯出名头的寥寥无几。除了缺乏供应链的积淀，最关键的是没有找到相关专业人才。专业的人做专业的事，找到相关的供应链人才很关键。然而，柔性化数字供应链是一套系统性的逻辑，尤其是在跨境电商行业仍然属于“新事物”，能找到有经验的专业人才并不多，这是跨境电商企业共同面临的难点。好在这一问题已经引起了政府部门的关注。2020年2月，人力资源和社会保障部等部门联合向社会发布了16个新职业，其中包括“供应链管理师”。与此同时，部分高校业增设相关专业，如大连海事大学、广东财经大学、安徽师范大学等均开设了“供应链管理”专业，培养和储备相关人才。

参考文献

跨境眼海豚学园：《跨境电商供应链之间的合作与管理怎么做?》，2022年6月。

中泰证券：《品牌出海系列深度·SHEIN篇：疾如风，徐如林》，2021年12月。

B.6

中国跨境电商物流行业竞争格局深度分析

田　勇*

摘　要： 客观来说，并不是所有散乱竞争的市场最终都会走向集中，走货关键节点资源的稀缺性和排他性决定了跨境电商货代在产业链中面对供应商（供应主体）必然处于天然不对等的话语权弱势地位；因此，通过数字化手段或独立发展，或将是我国跨境电商物流企业的突围路径。此外，从疫情发展及退潮的全过程来看，跨境电商物流的本轮繁荣其实是供给矛盾爆发的动态过程。归根结底是暂时性的需求转移碰上了供给滑坡，最终导致的行业的突飞猛进。随着疫情的退潮及经济大环境的变动，部分需求回流线下及整体需求萎缩已是不争的事实。

关键词： 跨境电商　数字化　物流行业

当前，跨境电商作为外贸新业态，持续受到政府、资本、媒体等的高度关注。跨境电商物流行业作为支撑我国跨境电商长期健康发展的核心支柱，自然也在疫情发展及政策演变过程中经历了大起大落。

跨境电商物流并没有公认的严密的行业定义，但毫无疑问，作为外贸物流大家庭中的“新人”，其本身既有和传统大贸物流相通的资源属性和流程

* 田勇，西澳大利亚大学工学硕士，运联研究院研究总监，主要研究方向为跨境物流、供应链与合同物流。

脉络，也具备传统大贸物流所不具备的个性特点。因此，要解释清楚目前我国跨境电商物流市场之所以呈现散乱竞争、市场集中度极低的现状，以及准确预测行业竞争格局走势，就必须从资源属性出发，结合跨境电商物流商业模式的新特点，依托供需关系变动这一根本遵循进行分析。

一　跨境电商物流的薄弱环节

（一）基因里的“薄弱点”决定了我国跨境电商物流市场将长期保持分散竞争状态

跨境电商物流市场总体上呈现的分散、混乱的竞争格局给了很多外部观察者甚至部分业内人士一个错觉，那就是这个市场必然会走向集中，或者市场终局必然会出现类似国内电商催化下的快递市场头部极度集中的状态。我们认为这是典型的误用类比、把相关性错认为因果关系的逻辑错误或者认知误区。

1. 服务链条的延长使跨境电商货代的运营复杂度远高于传统贸易货代

并不是所有散乱竞争的市场最终都会走向集中，是否走向集中取决于市场内的绝大部分玩家自身的资源属性和外部环境的塑造，而非市场目前的竞争格局本身。进一步拆开来讲，与传统贸易货代不同的是，跨境电商货代面对的是来源更加分散、订单集中度更低、时效更敏感以及履约变量更复杂多变的运营环境；总结一下就是：从传统大贸货代的港到港服务延伸到了门到门服务（见图 1）。

因此，在面对走货关键节点的支撑资源时，跨境电商货代相对于传统贸易货代可以被“卡脖子”的点更多，包含外发海关、边检、地勤货站、干线运力、目的国海关、税金、认证、拖车、仓储、卡车公司、末端配送商等关键节点的核心资源，都可能以各自的异常情况将整个走货链条的复杂度以指数级的猛烈程度进行抬升。

2. 关键资源的稀缺性和排他性决定了跨境电商货代成长的上限

走货关键节点资源的稀缺性和排他性，决定了跨境电商货代在产业链中

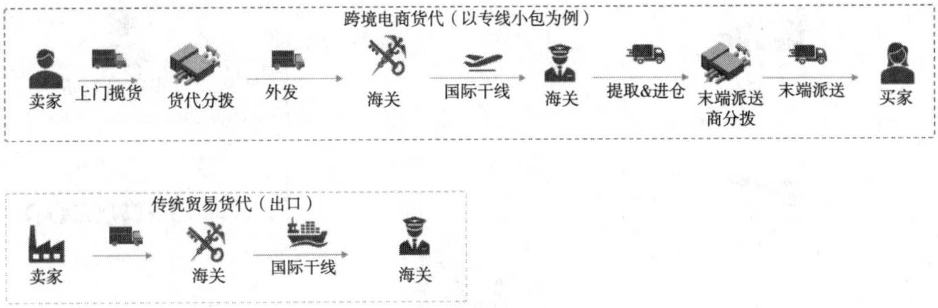

图 1　跨境电商货代与传统贸易货代业务流程区别

资料来源：笔者绘制。

面对供应商（供应主体）时必然处于天然不对等的话语权弱势地位，而且这种不对等的状态并不会随着跨境电商货代自身货量的增长或自身综合运营水平的提升而改变。这就直接导致货代企业在与同行竞争时很难形成差异化竞争优势，如时效差异、成本差异等。

例如，在外发口岸海关眼里，单一货代的货量再大，也只是出口总体货量的冰山一角；同样，在航司、船司眼里，顶多由于货代履约能力的稳定可靠和申报等清关关键节点的“老实本分”，能获得一定限度的舱位保障和局部价格优势（如签空运 BSA），但这并不能从根本上扭转货代在面对海关、干线运力供应商等关键资源时的弱势地位。凭借货量，在旺季或者如新冠疫情冲击下的非常时期，货代究竟能有多大的“可操作空间”和话语权？即使有，也几乎可以说是杯水车薪。

3. 各走货环节的关键资源共同决定边际成本下降的下限

组成走货链路各环节的关键资源不仅决定了跨境电商货代的成长上限，也从根本上决定了跨境电商货代的规模效应显著与否，即决定了走货边际成本下降幅度的大小（见图 2）。随着货量的增加，走货链条上的所有节点并不都会做出积极的反应。这就会形成类似“木桶效应”，即全链条走货边际成本的下降幅度受制于个别几个关键节点的不可控。

边际成本下降空间较大的环节主要包括前端国内段揽货以及目的国末端配送。其中，前端的上门揽收、分拨、仓储、分拣以及连接卖家、分拨中

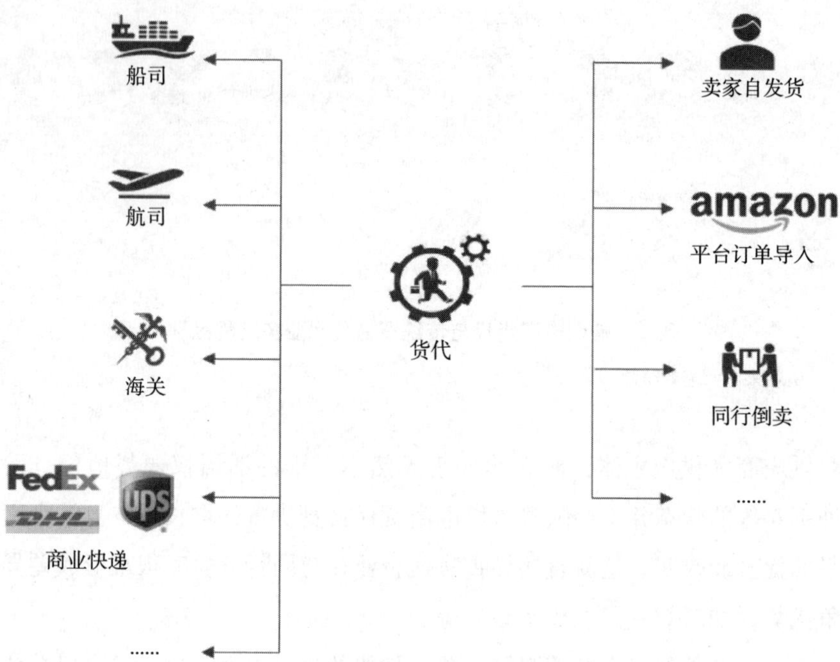

图 2　跨境电商货代走货链路的关键阶段资源

资料来源：笔者绘制。

心、外发机场/港口的支线、干线运输，在以上资产的设计能力极限之下，该场景中的单票成本会随着货量的增长显著下降（见图 3）。类似的还有目的国派送环节，派送商往往采取阶梯报价的方式提供不同的折扣或单票派送价格，单位时间内货量越大，对应的折扣或单价就越低（见图 4）。

但对于干线运输、关务操作等环节，则属于典型的规模不经济的服务节点。天然的弱势地位导致企业在很多时候无法掌握足够的话语权（如定价、异常处理主动性等），这些节点也就拉低了整条走货通路上的规模效应，属于典型的“卡脖子”环节。

4. 变量增多必然导致走货不确定性较强

相对于传统贸易货代，跨境电商货代要面对更长的服务链条进行履约，也必须面对更多的不可控节点，如何最大限度地摆脱被此类节点“卡脖

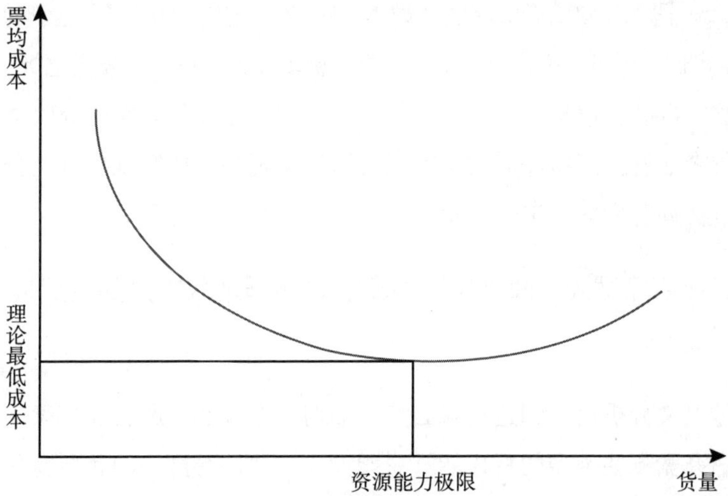

图 3　前端揽收单票成本

资料来源：笔者绘制。

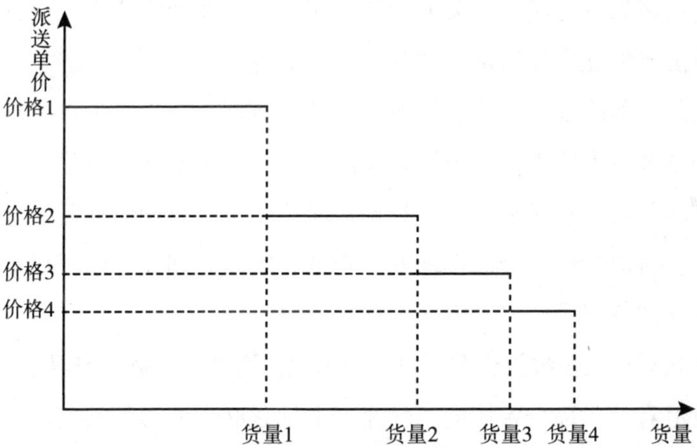

图 4　末端派送商阶梯报价

资料来源：笔者绘制。

子”？最简单直接的办法就是自己买船、买货机、买码头、目的国自建清关团队、自建末端配送体系……但以上重资产措施几乎不可能实现。即使大面积实现了（虽然违背了市场规律），但面对出发海关、到达海关、目的国政策（如欧盟税改)、罢工、政治经济环境（如美国喧嚣一时的“黑命贵”运动)、突发公共卫生事件等不可抗因素时，依然会显得被动无力，只能“靠天吃饭”。

因此，再结合信息差弥合之后的成本趋同和服务的同质化等因素，我们可以很清晰地看到跨境电商货代市场之所以呈现并将持续维持极度分散、混乱的竞争格局背后的决定性因素。

（二）表象层面：海外段资源掌控力薄弱是国内大部分跨境电商物流企业的通病

通过上文分析后，到这里就必然要面对一个核心问题：在持续激烈混战的市场中究竟哪些类型的货代能够脱颖而出？要回答这个问题要首先弄清楚跨境电商货代企业的核心竞争力是什么。

1. 理想状态：走货关键节点资源全部自控

对走货关键资源把控的深度直接构成了跨境电商货代企业的核心竞争力，其中包括诸如订舱能力、关务异常的实时监控及处置能力、信息系统可靠性、目的国末端优质配送资源的筛选及可靠性等。

目前全部头部跨境电商物流企业及大部分腰部企业，至少在主打线路上的大部分关键节点上实现了对关键资源的直控，如在目的国自建关务团队或和当地优质清关公司直接合作，实现快速响应、主动维护的运营姿态。海外自建团队或直接对接优质资源都需要可观的资本、时间投入以及足量的货量积累，也由此构建起了一定的竞争壁垒。

2. 实际状态：大多数货代企业以卖货为生，海外走货资源积累基本空白

就数量上看，大部分跨境电商物流企业缺乏必要的海外端资源积累，业务边界主要局限在国内段的揽收、仓储、营销等环节。此类企业不仅构成了我国跨境电商物流市场的绝对底盘，更塑造了行业现行业务模式的基本面。

跨境电商虽说是外贸新形态、新模式，但毕竟依然是外贸大盘中的一部分。与传统大贸货代企业类似，许多小型跨境电商货代往往依靠手上的优质卖家或工厂资源，通过筛选市面上价格、服务质量（性价比）较优的“同行”卖货，从而赚取差价。此类卖货模式可以说是行业司空见惯的业务现实，而且，即使在腰部货代企业之间，卖货现象也不足为奇。归根结底的原因是，对跨境电商物流行业内的绝大多数企业来说，从0到1搭建跨境电商物流线路是资源投入门槛极高的选项，明知必要可行，却无能为力，只能选择相对低风险的卖货模式，其代价就是必须承受相对低的成长天花板。

二　跨境电商物流企业两大发展方向

（一）发展方向一：以数字化跨境电商物流平台为切入点

目前市面上服务于跨境电商的物流平台大致分为两大类：信息展示类平台（类似过去的广告黄页）和平台型货代（包含撮合型平台、直控型平台）。其中平台型货代是由平台出面直接触客；在发货人眼里，平台充当的是货代的角色，并对走货质量负责，因此被归类为新型货代。由于信息展示类平台价值较明确且功能较单一，本部分重点围绕撮合型平台和直控型平台的价值展开论述。

1.跨境电商物流平台的分类

（1）信息展示类平台：组建线上跨境物流交易市场。形式上，信息展示类平台通过汇集各目的国路向的中小货代信息，为发货人提供了一目了然的可选货代清单，免去了发货人自主查找发货货代的时间成本，也扩展了可选货代的范围。模式上，信息展示类平台完全不介入实际交易，只做物流供应商线路、价格信息的展示，由发货人自主选择、自主联系，实际成交价格谈判、特殊条款商定等实际交易环节平台并不介入（见图5）。

（2）撮合型平台：介入交易过程，监控交易质量。形式上，撮合型平台根据发货人输入的发货信息，显示相关走货路径、价格等信息供发货人选择；有的平台并不直接显示实际承运货代信息，只以平台为唯一对接发货人。模式上，撮合型平台比信息展示类平台更进一步，介入了交易过程；通过系统算法自动比价择优，相当于替发货人做了一轮筛选，为发货人降低了试错成本。同时，平台通过一站式全程可视和透明收费，也为发货人免去了部分发货风险（见图6）。

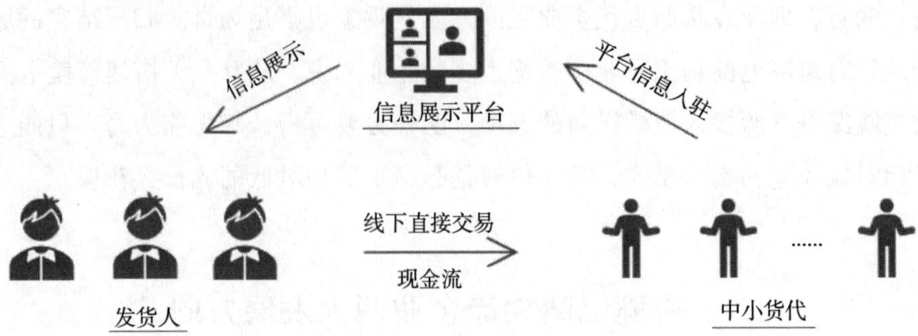

图 5　信息展示类平台业务流程

资料来源：笔者绘制。

图 6　撮合型平台业务流程

资料来源：笔者绘制。

（3）直控型平台：亲自下场直控部分节点。相对于撮合型平台的轻资产玩法，直控型平台做得更重。形式上，给发货人的直接感官与撮合型平台类似，也是通过大数据算法自动筛选最优走货选项供发货人选择。模式上，面对发货人时此类平台则更像货代，比如通过自营团队上门揽收、自营仓储（分拣中心）集货预分拣，以尽力保障发货人的服务体验，后续清报关环节则往往由自营团队操作，甚至目的国优势线路的本地关务也有自营团队跟进。

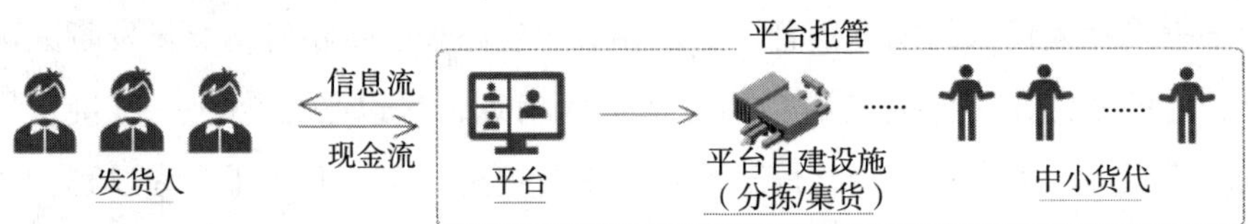

图 7　直控型平台业务流程

资料来源：笔者绘制。

2. 撮合型平台的核心价值：打破同行间的资源壁垒，实现优质资源的充分利用和共享

撮合型平台面对的发货人不仅有卖家（货主），也有很大一部分是货代。由此就形成了一个货代通过平台和同行“间接合作”的有趣模型；该模型在平台出现之前，在同条线路上互为竞争对手的竞争格局之下是几乎不可能发生的。

（1）货代作为平台客户：利用平台优质资源降低自身成本。当货代自己发货的成本高于通过平台发货的成本时，出于降低成本、提升利润空间的考虑，货代就会考虑通过平台走货；此时货代利用自身和卖家（直客）之间的信息差和集货优势，充当“卖货”的角色。此举虽然不能帮助货代获取收入增量，即几乎不能实现“开源”，却可以享受到“节流”的成本优化。

（2）货代作为供应商：通过平台获取货量增量。货代之所以也会成为平台的供应商，则主要是出于追求货量（收入）增量的考虑。把平台作为新的流量入口，而无须像过去一样亲力亲为地去一个个拜访客户、争取订单；在此过程中，货代和平台属于双赢关系；平台通过合作的货代完成了订单闭环（暂且不论货代的服务质量如何），货代则通过平台获得了靠自己无法短期内获得的货量增量，从而实现了“开源”。

（3）通过间接合作打破同行资源竞争壁垒。首先，对跨境电商卖家（直客）来说，撮合型平台打破了原有的发货“局部最优解”，将可选的走货资源范围进行了大幅拓展，在一定程度上通过替货主筛选最优发货路径选项，实现了以发货路向（目的国）为单位的“开放最优解”，帮助卖家（直客）直接降低了物流成本。

其次，对货代企业来说，平台的出现在一定程度上击穿了过去长期以来相互隔绝的同行间的资源壁垒；过去互相视为竞争对手的同行货代，基本不会直接进行资源对接；平台作为“局外人”，从全行业的宏观视角帮助平台对接的真正优质的中小货代拓展了业务，进一步提高了资源利用效率（见图 8）。

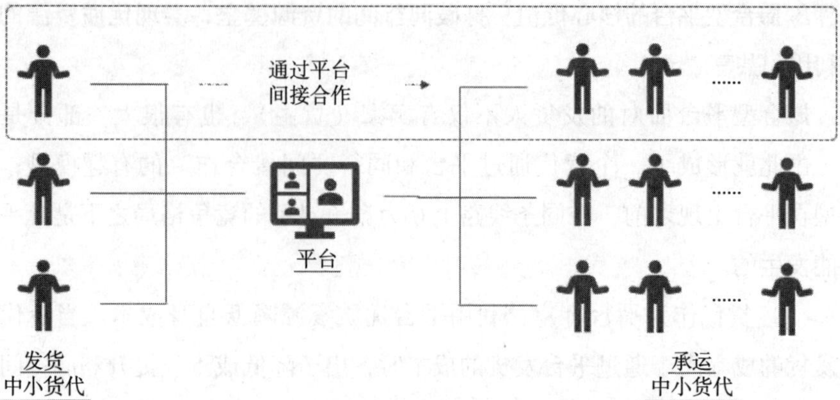

图 8　中小货代通过撮合型平台实现合作

资料来源：笔者绘制。

3. 直控型平台的核心价值：实现优质资源的强强联合

相对于仅作撮合的轻资产模式，直控型平台无疑选择了更为艰难且风险更大的一条路；但凡事都有两面性，关键环节直控带来的走货质量保障，必然会为平台带来源源不断的增量货源，从而有机会更快摊薄重资产投入的成本。

（1）横向上看，直控型平台模式天然具备放大自身资源优势的杠杆效应。直控型平台通过在部分走货关键节点（往往是规模效应较强的节点）上的重资产投入，增强了对服务质量的把控力；但不同于货代企业（服务商）的是，理论上平台可以对接各条路向的所有优质资源，从而有机会在自身重资产投入的基础上，优中选优，横向上对接覆盖多国的多条线路上的多个优质资源，实现自身资源和社会化优质资源的一对多耦合，从而充分放大自身投入的重资产优势。

（2）纵向上看，直控型平台更有理论上可实现每条线路的最优性价比。同样的道理，在横向上的资源一对多模式下，当我们专注每一条走货路向的线路时就会发现：通过杠杆效应助推，和撮合型平台类似的优质承运货代（优质资源）作为平台供应商所能激发的货量马太效应，该条线路起码在理论上可以由最优的资源组合共同支撑，只要货量足够大就有可能实现在该条线路上的走货最优性价比，进一步形成吸引更多货源的良性循环。

（3）打造“全线路最优”的跨境电商出口物流服务商是可能的。关于跨境电商物流特性的一个老生常谈的判断：链条长、复杂度高、突发情况繁多……正是由于这种客观存在的特点，才从根本上导致了几乎每个货代都有自己的所谓优势线路。头部企业可以做到主流路向国线路全覆盖，可提供足够可靠的服务，但面对非主流市场则鞭长莫及。头部尚且如此，更不用说腰部及众多第三梯队货代企业了，其对专长线路的依赖只能更强。

上述的货代企业“功能不全”的客观现实，却可以在直控型平台找到解决之道，即通过将各家货代的专长线路服务能力（优质资源）在平台上汇聚，接受发货人的优中选优（即上文所述的平台杠杆放大效应），再结合平台自身的资源投入，在理论上是可以打造出无弱项线路的“全能型”物流平台的。

4. 跨境电商物流平台是对优质货代优势的放大，也是对“黄牛”货代的加速出清

综合以上对跨境电商撮合型物流平台和直控型物流平台的论述，可以清晰地看到，跨境电商物流平台的核心价值（无论是以上哪种类型）在于：以加速的方式将总体上极度散乱的跨境电商出口物流全链条资源通过市场“看不见的手”进行整合及“优胜劣汰”，为发货人降低各类发货成本。

（1）平台的出现客观上创造了广大中小货代“抱团取暖”的契机。从形式上来说，跨境物流平台相当于将中小货代（资源）抱团聚合以充当大货代，在原有代理体系的基础上，为发货人进一步分摊了走货风险，降低了包含试错成本在内的综合物流成本，帮助提高发货人的盈利能力，进而有助于整个跨境电商出口生态的良性循环。

之所以只说发货人，而不说卖家（直客），是因为现阶段依然有不少货代依托信息差通过平台走货，因此为严谨起见，只说发货人。但依靠和直客的信息不对称、以卖货的方式通过平台赚取更多利润，并非长久之计，卖家（直客）迟早会直接对接平台。因此，对于撮合型平台来说，努力对接更多直客才是根本之策；对“黄牛型”的货代企业来说，似乎难免被市场淘汰的命运。

（2）平台型物流服务入口或许会逐步成为跨境电商出口物流市场中除头部玩家之外最强大的势力。物流平台通过连接聚合各路向国走货链条上优质资源的“星星之火”（包括但不限于：清报关资源、供应链金融资源、直连航司船司、目的国优质派送商资源、税金解决方案资源、海外仓资源、集采 SaaS 系统资源……），或许会造就足以和目前的第一梯队玩家抗衡的“燎原之势”。

（二）发展方向二：剥开繁荣泡沫，向纵深处发展，打造线路资源壁垒

众所周知，港口的日常运营涉及多个环节、多个参与主体的密切配合，任何环节或主体出现问题，都有可能成为制约整个港口正常运营的短板。比如 2021 年的美国大塞港就有集卡司机数量减少、港作熟练工人数量不足等负面因素的制约。

但是，如果我们把视野放大，不再拘泥于某个或某几个港口的操作现状，而开始关注疫情发生以来的国际物流运输运力及节点基本面时就会发现：所谓人手不足等具体而微的因素，固然可能是导致一时一地港口运作受阻、国际供应链断裂的重要因素，甚至是当时当地的决定性因素，但大概率不是统领国际物流运输持续动荡（如运价持续飞涨）的根本原因。

1. 严重违背供需规律的出口海运市场背后是外贸需求泡沫

所谓“需求泡沫”是指，除却普通消费者对日常生活所必须、企业对平时运营所不可或缺、其他非营利机构（如政府等组织）为正常运行所必备的各类物资、原材料等实体货物的需求以外的大部分在一定时期持续、普遍、快速增长的需求。

疫情发生以来我国外贸的持续高度繁荣，尤其是出口的繁荣更是有目共睹。支撑起繁荣大局的所有因素里固然有自然增长的真正需求和长年积累的增长惯性（我国已持续多年作为贸易顺差国为全球提供物美价廉、丰富多

样的商品），但真正导致外贸出口在较短时间内快速增长的因素就绝不仅仅只有常规需求，更少不了需求泡沫的推波助澜。因此，正确认识并及时识别需求泡沫对准确判断外贸出口及国际海运物流现状和趋势就显得尤为重要。

（1）从结构上看，出口需求的增长并非完全基于常规需求的增长。如果把我国面对的出口增量进行拆解就会发现，该增量的来源可分为三大类：一是原有 B 端一般贸易客户的订单量增长；二是原产国由于疫情封厂停产甚至封国新近转移过来的 B 端一般贸易新客户订单带来的新增量；三是电商渠道带来的直接增量（见图 9）。

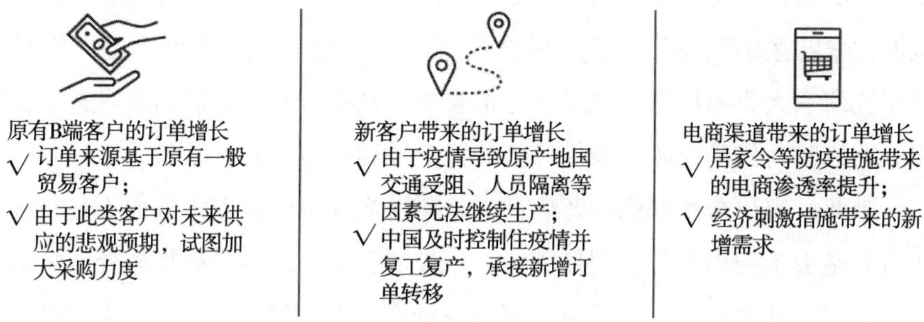

图 9　我国外贸出口增量的来源

资料来源：笔者绘制。

以电商渠道的 C 类增量为例，如果认为其增量只是消费者在疫情限制出行措施下购物渠道线上化或者说是电商渗透率抬升导致的就大错特错了。因为以上观点有一个致命的漏洞，那就是其前提默认了参与网购的各类商品的需求总量依然是理性的、可控的、实打实的真实需求，只不过流量入口因疫情原因发生了转移。

事实上，电商渠道的增量固然有原有需求向线上转移的部分贡献，但也有非常可观的增量是被“人为创造”出来的，即刺激消费政策最想看到的效果：虚假繁荣。比如，某家庭的洗衣机、沙发虽然有些老旧，但未来三五年内并没有换新的打算，疫情打破了这一切，居家隔离的家庭成员将更多的精力聚焦在居家环境的质量上，再加上政府发放现金，很多家庭必然会决定购买新洗衣机和沙发，抢在手中刚刚拿到的现金进一步贬值之前花出去，及时享乐。自此，需求泡沫就被“制造”完成了。

另外，如果其前提是正确的，在总需求稳定的情况下，既然有如此之多的流量转战线上，直接向产地国下单，我们就不可避免地看到传统零售渠道采购需求的下滑。但传统零售渠道贸易商的采购需求非但没有下滑，甚至和电商的增长速度一样，也经历着快速的增长。

（2）造成出口需求暴涨的其实是结构性的需求泡沫。同样的道理，原有 B 端一般贸易客户的订单量增长很大一部分也不是其自身客户需求的正常增长所致，而是出于对供应链稳定性的疑虑和对市场波动的判断，自发决策加大采购量囤积货物以备不时之需（此中原理其实和海外仓的大面积铺开以及商家大力布局海外仓库存非常类似，且都带来了相似的结果，以货物积压的风险为代价换取未来供应链的稳定性和确定性）。

因此，出口需求暴涨的背后其实是需求泡沫的煽风点火，而不是很多人认为的是由于国内率先控制住疫情、积极复工复产，同时叠加海外疫情大流行导致的海外生产停滞、居家令等防疫措施所引发的正常需求的简单叠加。

那就出现一条比较清晰的泡沫压力传导链：由于疫情大背景下贸易商对未来市场的偏悲观预期及消费刺激政策的实施，需求泡沫得以产生，并进一步传导到了物流或供应链层面，导致了前文所述的港口拥堵（见图 10）。

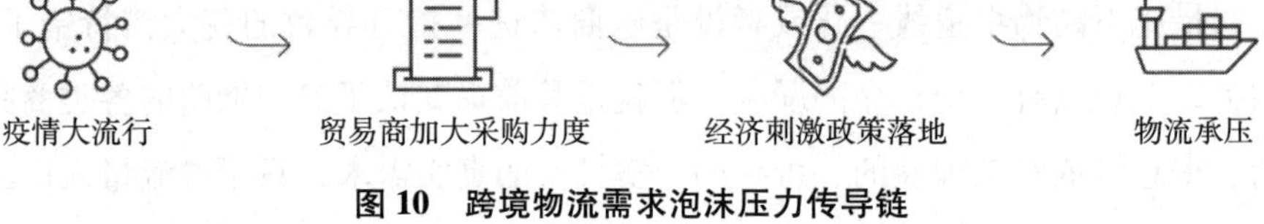

图 10　跨境物流需求泡沫压力传导链

资料来源：笔者绘制。

2. 不堪重负之下，海运运力及节点崩溃其实是意料之中的“正常现象”

关于需求泡沫传导链，最终承压的是海运物流运输或者说是整个供应链。其在价格及时效层面的具体表现就是运价的飙涨、交付质量的不可控。

（1）错不在海运运力及节点能力的供给。面对短时间内迅速增长的货运需求，作为国际货物贸易中占据绝对主体地位的海运运力及节点效率，一马当先地承接了需求泡沫带来的绝大部分运输和操作压力。也就是目前我们看到的出口路向的集装箱短缺，各大港口由于集中到港、操作能力限制，叠加防疫措施等因素所共同呈现的海运乱局。

（2）海运纾困的关隘不在运力和节点本身，而在物流需求端。在关注国际供应链及海运的人群中，人们的绝大部分注意力都被船司、港口等不断爆出的天价、拥堵、事故等信息所占据，进而想当然地认为海运本身必须无条件地解决问题以快速适应新的贸易需求增长。

可以肯定地说，如果秉持这种思维惯性，不但无法帮助海运及节点行业解决短期内供需失衡的问题，反而会给行业带来较大的风险和困扰。如误将需求泡沫当作真实需求，无条件地迎合运输需求的增长，进而投入更多重资产、透支现有资源，最终在泡沫破裂时，由于没有足够的订单来摊薄成本、维持边际成本“护城河”，此种投入和消耗可能成为拖累企业健康发展的定时炸弹。

因此，想要彻底解决目前海运市场承压的问题，就要把注意力从物流供给端转向需求端，即如何区分和识别外贸出口语境下的理性增长和需求泡沫，努力将自身能力和理性需求的增长进行匹配，而不是被动地被非理性的需求泡沫牵着鼻子走。

3. 冷静面对乱局，切莫形成自我感觉良好的战略误判，扎实做好运营才是破局之道

目前，解决海运及节点乱局真正有效的着力点在需求方，而不在物流供给方。那对外贸从业者而言，至少可以从战略和战术两个层面下手，解决眼前的问题，夯实未来发展的基础。

（1）战略上：认清需求的增长不是市场选择的结果，而是市场失灵的表现。基于企业内生的组织能力、研发实力、成本优势等要素获得的市场占有率提升所带来的增长，与水涨船高、不明就里踩在风口上享受到的行业红利带来的增长，有着截然不同的属性。但在市场持续火热、订单源源不断的繁荣氛围中，我们很难时刻都保持清醒。如果赚快钱的贪心被充分放大，如果将业绩的增长归功于自身实力和努力（当然也确实非常努力），就会形成极其危险的战略误判。进而忽视市场失灵带来的一系列风险，最终自食其果，错过练好内功的战略机遇期。

（2）战术上：扎实做好研发、质量把控、成本优化才是正途。其实即使行情再红火，市场依然没有忘记提醒外贸企业要保持冷静，提醒的方式就是大宗原材料价格的飞涨。

如果说出海海运价格及港口节点的拥堵是外贸企业前行路上的“堵截”，那么原材料价格的上涨则是外贸企业生产经营活动背后甩不开的“追兵”。面对“实打实”的所见即所得的订单，除了自发地对自家内生能力的重视和资源精力投入等“定力”，原材料采购价格的上涨则是有效提醒外贸企业时刻保持清醒的有力外部因素。联手同样在飞涨的物流成本，共同助推外贸企业思考并实施成本优化、增加研发投入等深挖“护城河”的举措。

只要是泡沫就有破裂的那一天，只有在拥抱行业红利的同时保持定力，不放松对企业运营能力的打磨，才能在泡沫破裂的那一天依然能存活下去。

4. 总述：疫情期间的需求泡沫造就的红利也是一场大浪淘沙

平心而论，疫情后的外贸出口繁荣的确是一时的供需失衡导致的。但这里“需”很大一部分是泡沫。以海运运价为例，其更是逐步偏离了供需规律，即随着价格的攀升，需求反而也在不断攀升。在此等乱局之下，谁勘破了表象背后的泡沫实质，并扎扎实实把控好自身成长节奏，才能做到“任凭风浪起，稳坐钓鱼船”的基业长青。但这种企业终究只能占少数，占绝大多数的沉浸在赚快钱幻象中的企业大概率会伴随着泡沫破裂而退出市场。

（1）要避免被淘汰，企业首先要有泡沫随时会破裂的底线思维。泡沫引发的行业上升期红利，部分掩盖了刺刀见红的纯粹市场化竞争的残酷性。如果绝大部分外贸企业都醉心于眼前的繁荣，于行业整体而言，则相当于主动将长期竞争力掏空。因为此轮外贸增长的品类当中依然有大量劳动密集型、低技术附加值产品，凭借“薄利多销”看似活得还不错，但在原材料价格承压，自身又缺乏定价权，继续下去只能随着泡沫的破裂而消失。因此，底线思维就显得尤为可贵。

（2）底线思维驱动下，外贸企业主动拥抱内循环可以找到企业长期发展的持续动力。就外贸企业而言，虽然同品类国内市场的竞争激烈程度往往高出海外市场几个量级，但绝不等同于国内市场就毫无机会，着眼于双循环，尤其是内循环的“定海神针”属性才是外贸企业的真正价值所在。

首先，开拓内贸业务显而易见的好处是可以立刻规避掉外贸物流（如海运）高企的运输成本和走货风险，从而跳出被原材料价格和物流成本前后夹击的窘境。其次，经营国内市场、努力打造稳固的“定海神针”业务基本盘，既能受益于国内巨大的消费市场所具备的相对可预期的稳定前景，又可以随时兼顾海外市场的风吹草动，做到内外贸兼顾。

当然，出口转内销注定不易，甚至会付出高昂的代价也不一定成功，却是外贸企业在面对需求泡沫大行其道、出海物流通路动荡不安行情下避免被市场淘汰所必须做出的战略抉择。

三　跨境电商物流企业的发展终局判断

自 2020 年疫情开始在全球范围内流行以来，得益于固有的供应链优势和有效的防疫成果，我国外贸数据历史性强势增长，尤以跨境电商业态的亮眼表现让人最为印象深刻，为稳外贸的大局注入了强心剂。在我们见证并真诚期待跨境电商能继续蓬勃发展的同时，其实非常有必要以冷静的眼光，去剖析跨境电商此轮增长的原初动力结构。

从对跨境电商消费品出口（间接讨论宏观外贸出口）在同一时间段内的上行行情入手，不拘泥于任何经济理论框架，简要分析疫情期间跨境电商消费品出口增长背后的主要矛盾，进而对该主要矛盾进一步拆解，梳理出其主要驱动因素，为新的一年里跨境电商出口的大趋势做一个大胆预测，希望能够基于预测结果为包含跨境电商物流服务商在内的跨境电商生态企业提供制定下一步战略举措的部分参考。

（一）运用逆向思维，挖掘变化背后“不变”的支配规律——供需矛盾

一个充斥着“变化”“不确定”“VUCA”等词语的大环境总是容易让人为适应变化、跟上趋势而疲于奔命，甚至倍感焦虑和不安。疫情以来的国际贸易则是这种大环境的生动写照。作为外贸新业态的跨境电商自然也难逃各类不确定性因素带来的阵痛和种种变化。

但在跨境电商行业的所有变化中最为显著且持续的变化则是伴随着疫情的起伏跌宕而陡然走高的交易额和日趋乐观的市场预期。如何看待行业经历过的及正在经历的各类变化？如何把握住跨境电商爆发式增长的根本属性？这需要从变化入手，一步步靠近躲在现象背后的核心驱动因素。只有这样才能避免被表层的现象牵着鼻子走，化被动为主动。

1. 哪些在变：似乎海外有更多人开始网购，跨国货物流通领域新闻不断，央地新政策此起彼伏，生态内各类玩家融资、IPO 消息不断，外贸订单开始回流……

疫情全球大流行以来，海外对 PPE（个人防护设备）的需求激增。在海外消费者本地购买无果的背景下，纷纷转战电商平台，试图尽快抢购，以图自保或投入抗疫。随后，各国开始执行不同程度的隔离及封城措施，线下购物渠道中断的同时，各类消费品的网络销售随即迎来了空前繁荣，并几乎持续至今。

紧接着，海外网购的爆发式增长进一步向下传导的结果，就是在疫情及货量激增的双重钳制下国际货物流通的阻塞和运价的飞涨，其负面影响一直延续到今天。几乎与此同时，我们也看到了国内外跨境电商生态体系内外的各类企业“吸金”能力的迅猛提高和收并购整合的加速……

2. 什么没变：总的供需矛盾及次生供需矛盾一直都在且尚未发生质变

能够解释疫情期间跨境电商消费品出口快速增长的理由有很多，诸如居家办公政策导致了办公设备网购需求的激增、宅经济大潮下的家居品类的爆发；同理，物流痛点则可以由港口等节点因疫情而采取的隔离政策导

致的人手不足及塞港、航班熔断、货量激增导致空柜周转效率急剧降低等理由来解释。

但以上解释难以摆脱“头痛医头，脚痛医脚”的窠臼，对痛点也无法直接导出切实可行、有效的解决方法。因此我们需要继续多问几个为什么，而问到最后就会发现，所有以上变化所共同根植的基础是供需矛盾，也只有供需矛盾能够作为所有变化的通用解释。

因此，就导致以上所有变化的林林总总的各种原因当中的主要原因而言，是供需矛盾从根源上导致了：跨境电商消费品出口的逆势爆发及跨国货物运输、交付的诸多困难……而就供需矛盾本身的逻辑起点而言，需求的突变是导致供需矛盾产生的肇因和第一推动力。

（二）需求变动的解释及拆解：目前找不到支撑跨境电商出口持续高速增长的动力

既然导致种种乱象的总根源在于供需不平衡且需求突变是其“始作俑者”，那么需求究竟发生了哪些变化，即究竟是在总需求基本不变的情况下需求释放的结构变化（如购物渠道线上化，无论是出于主动还是被动）推动了跨境电商消费品出口的上行，还是总需求本身的急剧扩张导致了跨境电商消费品出口的水涨船高，抑或兼而有之？如果总需求出现了扩张，那需求增量是否可持续？这直接关系到对跨境电商消费品出口未来增长行情的判断。

1. 本轮景气行情由总需求在短时间内的投机性、恐慌性增长叠加网购渠道扩容共同造就

恐慌性、投机性的需求增长是指消费者（进口商）基于对未来的悲观预期（无论是价格还是疫情延续时间等）做出的超常规、远超正常货量的采购决策。如疫情全球大流行初期出现的海外消费者（进口商）对 PPE 的疯狂采购，以及进口商为抵御或平抑未来采购价格、运费的多头预期而加大单笔采购量的情况等。

网购渠道的扩容无须过多解释，但其中的网购群体增量中有多少会相对

长期地留在网上，有多少会随着本国疫情防控政策的变化而回流线下，以及网购增量中除了恐慌性采购、囤积性采购、正常需求采购之外，有没有其他性质的增量，都值得认真探讨。

就网购黏性而言，讨论的切入维度有很多，从环境影响因素出发进行讨论，就跨境电商消费品出口大头的欧美发达国家和地区的购物基础设施和环境、物流环境、交通环境、居住环境来说，消费者普遍居住在由“平铺式”的独门独院抑或联排别墅组成的社区中，这种居民社区附近往往有着品类齐全、环境舒适、交通便捷的购物中心和市场，可以满足附近居民绝大多数消费品的购物需求。而且，由于地域分布较广、路线距离更长，其物流派送也往往无法在时效、安全性等层面和我国国内快递相提并论（近年来欧美的自提设施也在快速发展，不失为以上物流环境特点的反面例证）。因此，其社区性质的线下购物吸引力之强，是没在此类国家和地区长期生活过的朋友难以完全理解的（和国内城市市区大型购物中心的吸引力不是同一性质）。

2. 无论是哪种增长驱动力，都含有对未来需求的透支且部分需求不可避免地退回线下

说到底，上文所述的囤积式的采购行为是通过对未来采购需求的透支暂时做大需求蛋糕的，因此是不可持续的。同样的道理，网购渠道的扩容带来的增量中也不可避免地有透支未来需求的成分，如疫情补贴驱动的家居耐用品的提前置换。此外，基于对欧美线下购物环境的分析，被动地、不得已而为之的购物需求回流线下也几乎是不可避免的现象。对于东南亚等新兴经济体可能面临非常不同的趋势和环境，但由于中东、非洲、东南亚国家等新兴经济体目的国不占跨境电商出口消费品交易额主流，本文不展开讨论。

因此，我们可以初步得出结论，需求变动驱动的跨境电商消费品出口行情很有可能会随着疫情防控进入“共存”阶段而过渡到理性增长，甚至微增长的竞争环境。如果将普遍偏悲观的经济增长预期纳入考量，如海外正常需求基本盘出现收缩，也不排除在未来几年内会出现跨境电商消费品出口市场萎缩的寒冬。

（三）供给滞后：本着需求第一性原则，本轮上行行情其实是供需失衡的动态过程

由疫情下各类需求所牵引出的供给抬升，是本轮跨境电商消费品出口的景气行情，也是供给不断满足增长的需求并趋于供需平衡的过程。这个失衡的过程一旦结束，随之而来的就很可能是市场出清。

1. 需求的快速增长也许会助长对低附加值产品的路径依赖

被死死地压制在国际产业分工价值链低端，绝不是我们想要的；而在消费品领域的低附加值产品的大量出口、OEM 模式的路径依赖，在跨境电商此轮上行行情中似乎显现出类似毒品一样的“上瘾”特征，再加上各类大宗基础原材料价格的一路高歌猛进，企业利润空间承压、增量不增利等背景，也就可以解释为什么我们看到对 DTC 品牌出海的呼吁和实践越来越迫切和频繁，为什么对高质量发展的引导和鼓励越来越坚定和热忱。

2. 优化供给正当其时：跨境生态内各类企业应抓住品牌塑造的大好时机

众所周知的升级道路或许并不适合所有主体，却可以在景气行情中让更多企业去大胆尝试。在上述需求剖析结论的基础上，企业如何尽快更好地满足现有需求是所有出口企业必须面对的课题。从优先级的角度来说，供应链管理能力越强的企业往往越适合走品牌化的道路，而对于绝大多数中小企业来说，趁着此轮上涨行情收割一波红利可能是更现实的选择。

（四）市场趋势判断：三大体系或构成行业终局

1. 根本原因分析：关键资源的组织效率和使用效率先天不足

分析完上述直接原因，再进一步洞察造成跨境电商物流市场极度分散的根本原因。话语权偏弱的背后是跨境电商物流服务商对关键资源的组织效率和使用效率的低下。所谓资源使用效率是指站在资源本身的角度，单位时间内跨境电商物流服务商能够利用的资源的产能占该项资源在相同的时间段内全部产能的比重；而资源组织效率是指，站在服务商的角度，单位时间内能够组织起来的可用资源数量占理论上相同时间段内可组织的资源数量的比重。

梳理清楚关键概念后，我们可以看到，无论是面对上游的港口、机场、各类庄家等关键资源，还是面对下游的大卖家直客、电商平台等主体，服务商们普遍忍受着较低的关键资源的组织效率和使用效率，这就从根本上决定了跨境电商物流服务商在整个跨境电商物流产业链中的弱势地位，这是跨境电商物流市场极度分散的根本原因。

2. 整合方向一：电商平台亲自下场直控所有物流节点及服务

亚马逊在义乌自建仓库的新动作是否预示着集聚了大量流量的主流电商平台亲自下场直控物流交付闭环体系的大趋势，也就引发了关于各大电商平台是否会大概率在平台流量足够大之后，为充分保障交付体验和供应链安全，亲自直控全流程端到端的物流业务的预判。

试想，如果未来有以亚马逊为代表的越来越多的电商平台开始着力构建直控物流体系，直至形成完全的自建物流交付能力，目前市场上的各类跨境电商物流服务商会面对什么命运？是否会出现平台出面直接对接上下游关键资源的情况？

3. 整合方向二：跨境物流行业内的自发整合交相辉映

以马士基为代表的干线运力资源对上下游的整合以及直接触客的动作是否意味着未来更多的干线运力资源（以及各类关键资源）也会越过目前的跨境电商物流服务商，打造出自己主导的端到端国际物流交付体系？如果此类现象普遍发生，现有的跨境电商物流服务商将何去何从？

4. 终局判断：被整合或出清

基于对以上整合方向的探索，我们可以初步得出一个结论：目前的大多数跨境电商物流服务商（包含各种类型）会面对要么被整合、要么被迫退出市场的结局。当然，这将是一个相对长期的过程，其间大概率会有逆势现象的出现和阶段性自发的调整动作。

从终局的角度来看，当市场发育成熟以后，我们可能会看到三大类服务商活跃在跨境电商物流市场：平台自建或直控的物流体系、强势资源整合而成的物流体系、中小垂直配套物流服务商。分别对应以上平台整合、关键资源整合以及特殊货物的垂直服务体系。

B.7

跨境电商海外仓发展策略研究*

梅冠群　何欣如**

摘　要： 海外仓作为跨境电商出海的“桥头堡”，伴随着跨境电商的快速发展，取得了积极的建设成效。在新发展阶段，如何进一步发挥海外仓对跨境电商的带动作用，助力外贸保稳提质，并将海外仓作为重要节点，打造安全可靠、自主可控的全球供应链成为发展重点。本文通过阐述构建海外仓的重要意义，概括海外仓发展的重要趋势，针对发展海外仓体系存在的问题提出相应建议，包括完善高质量发展的顶层设计、推动全球规划布局和大力推进数字化建设等。

关键词： 海外仓　跨境电商　全球供应链

近十年来，跨境电商是我国发展最快的领域之一，也是支撑外贸提质增效的新引擎，成为我国发展速度最快、潜力最大、带动作用最强的外贸新业态。海外仓作为跨境电商出海的“桥头堡”，伴随着跨境电商的快速发展，取得了积极的建设成效。党的二十大报告指出，“推进高水平对外开放，稳步扩大规则、规制、管理、标准等制度型开放，加快建设贸易强国”。国务院办公厅《关于加快发展外贸新业态新模式的意见》《关于推动外贸保稳提质的意见》等文件中也明确提出，完善跨境电商发展支持政策，支持跨境电商海外仓发展，

---

* 本研究得到中国国际经济交流中心副理事长、河南省原副省长张大卫的悉心指导。

** 梅冠群，经济学博士，中国国际经济交流中心数字经济处处长、研究员，主要研究方向为区域经济、产业经济、数字经济、国际经济、宏观经济等；何欣如，中国国际经济交流中心数字经济处主任科员、助理研究员。

提升专业化、规模化、智能化水平，进一步发挥对跨境电商的带动作用，助力外贸保稳提质。进入新的发展阶段，应进一步推动跨境电商海外仓加快建设，充分发挥服务外贸企业特别是中小微企业的积极作用，打造安全可靠、自主可控的全球供应链，构建起以海外仓为重要节点的国际物流体系。

一　构建我国海外仓体系的重要意义

（一）“跨境电商+海外仓”的贸易新模式有利于推动我国对外贸易高质量发展

近年来，海外仓作为跨境电商出海的“桥头堡”，伴随着跨境电商而快速发展起来。根据房地产投资信托公司 Prologis 数据，电子商务销售额每增加 10 亿美元，就需要增加 100 万平方英尺的仓储和配送空间。[①] 相比直邮模式，海外仓可大幅降低跨境电商国际物流成本、提高物流效率，据中国仓储与配送协会统计，海外仓物流环节较零售直邮方式成本可降低 20%～50%，货运时间从 20 天左右缩短到 3～5 天。[②] 海外仓通过提供快速响应的配送、退换货和展览展示等服务，还可极大提升消费者体验感和满意度，根据调研数据，相比零售直邮模式，使用海外仓的商家好评率提升了 30%。我国是跨境电商大国，跨境电商规模排名全球第一并遥遥领先于其他国家，业态创新走在世界前列，通过海外仓，可推动我国跨境电商外贸新业态继续创新发展，延展跨境电商服务网络、创新服务模式、提升服务能力，推动我国实现由跨境电商大国向跨境电商强国的转变。

（二）海外仓作为国际贸易和生产制造的重要组织平台可引领和推动我国国际产业链供应链重塑

中国是世界第一制造业大国，是全球工业体系和行业门类最完整、产业

① Prologis Research，E-Commerce and Logistics Real Estate，Inside the Global Supply Chain：E-Commerce and a New Demand Model for Logistics Real Estate，July 2014.

② 郭露瞳、周武秀：《跨境电商及海外仓发展现状与未来展望（2020）》，载中国仓储与配送协会编著《2020 中国仓储配送行业发展报告（蓝皮书）》，中国商业出版社，2020。

链条最长的国家，“中国制造”行销全球。在全球经贸摩擦和新冠疫情背景下，国际产业链供应链格局正在面临重塑，我国正从过去积极参与全球产业链供应链，向主动引导构建国际产业链供应链格局转变。海外仓既可服务于制成品贸易，成为中国商品、中国服务、中国品牌“走出去”和国外优质产品“引进来”的重要平台，也可服务于中间品贸易和本地化生产，这就使海外仓不仅是重要的国际贸易平台，更可成为我国国际供应链的重要组织平台。海外仓可成为我国深度参与、引领和重塑全球产业链、价值链的重要枢纽，可成为衔接国内国际两个市场、畅通内外两个循环的战略支点，服务构建“双循环”新发展格局。

（三）海外仓作为国际物流的枢纽节点可成为当前我国国际物流体系建设的重要抓手

我国已成为全球物流大国，但还不是全球物流强国，其中最重要的一个表现是我国国际物流的服务能力不强。多年来，我国物流体系建设主要集中于国内，海外重要的物流通道、平台、节点、渠道还不在我国自己手中，受制于人现象较为突出，一旦出现国际形势重大变化或特殊情况，我国国际物流体系可能不畅，直接威胁我国国际产业链供应链安全稳定。2019 年，中美经贸摩擦期间，出现了美国联邦快递（Fedex）将华为国际包裹在华为不知情情况下转运美国的事件。[①] 2021 年以来，全球物流成本上升、集装箱一“箱”难求、海外港口拥堵，全球物流体系遭遇挑战，大量中国制造商品无法运出国内。这些事件都凸显我国国际物流体系建设不足的短板。与发达国家已经形成的从揽货到终端配送的全流程国际物流服务相比，我国海外物流服务网络布局滞后。海外仓作为重要的物流枢纽节点，可以将我国国际干线物流和海外终端配送体系衔接起来，构建起以海外仓为节点、以海陆空跨境

① 2019 年 5 月，美国商务部声明中将华为及其 70 个关联企业列入美方“实体清单”，并禁止华为在未经美国政府批准的情况下从美国企业获得元器件和相关技术。随后，联邦快递在未经授权的情况下，将从日本寄往中国的两件华为包裹转移到美国，并试图将另外两件从越南寄往华为亚洲其他地区办事处的包裹也转运到美国。

运输为干线、以境外终端配送为支线、以国际主要地区为市场辐射面的“点线面”结合的国际物流体系。

（四）海外仓将成为“一带一路”高质量发展的重要战略支点

“一带一路”从2013年提出至今已经历九年多时间，“一带一路”建设从无到有、由点及面，从加强与重点国家地区合作到成为全球重要公共产品，已经从过去谋篇布局阶段转向高质量发展阶段。近些年全球新冠疫情反复、国际物流成本高企、国际经贸摩擦加剧等不可避免对“一带一路”建设造成一定冲击，未来“一带一路”建设应有更多的方式与内涵。海外仓是我国国际贸易网络、国际物流体系、国际产业链供应链的重要组成部分，是“一带一路”政策沟通、设施联通、贸易畅通、资金融通、民心相通的重要推进载体，与中欧班列、“空中丝绸之路”、“21世纪海上丝绸之路”、“数字丝绸之路”等建设均可有机结合，成为中国与共建“一带一路”国家经贸往来的重要平台和窗口，成为“一带一路”建设新的增量领域。

（五）我国在海外仓领域的贸易模式与制度创新可以成为向全球经贸规则改革所贡献的“中国方案”

当前以WTO规则为核心的传统国际经贸规则正在面临调整和改革，发达经济体主导制定了《跨太平洋伙伴关系协定》（TPP）、《全面与进步跨太平洋伙伴关系协定》（CPTPP）、《美国—墨西哥—加拿大协定》（USMCA）等区域经贸合作协定，以寻求倒逼WTO规则升级甚至对WTO进行一定程度的替代。一些WTO中未涉及议题或WTO中仅初步涉及的议题在这些区域经贸协定被大大深化和拓展，比如数字贸易、公平竞争、环境保护、国有企业等，其中不少议题规则对我国发展不利。中国在国际经贸领域有着丰富的实践，一些创新的商业模式、制度可以总结提升为国际规则，为WTO等国际规则的改革创新提供新鲜内容。比如，目前WTO框架下的电子商务议题是相对比较初步的，缺少大量实践类规则，而我国在跨境电商模式方面已开展了大量创新。我国已创新性地探索出跨境电商保税备货进口模式，目前已复制到美国、俄罗斯、卢森堡等国家的一些城市中，通过海外仓平台，可以将该模式进一步向全球范围推广，并可总结形成“跨境电商+海外仓+海关特殊监管区域”的国际贸易新规则，丰富 WTO 电子商务议题的内涵。在当前国际经贸规则面临重塑的形势下，我国具有基于实践贡献国际经贸新规则的能力。

二　海外仓伴随跨境电商业态发展而蓬勃兴起

海外仓是指在境外专门服务我国进出口企业开展国际贸易的仓储设施，是我国海外商品集货、分拨、转运的枢纽和实现商品交易与价值交换活动的重要物流平台。近年来，随着国际贸易业态不断丰富、我国融入国际产业链供应链的程度不断加深，海外仓在原本商品存储、集货备货、分拨配送等基本功能的基础上，逐步发展出包括生产加工、展览展示、售后维修、退货换货、批发零售、清关报关、仓单融资、物流信息、供应链管理等扩展服务功能，并逐渐成为促进进出口的贸易平台和国际产业链供应链的组织平台（见图 1）。

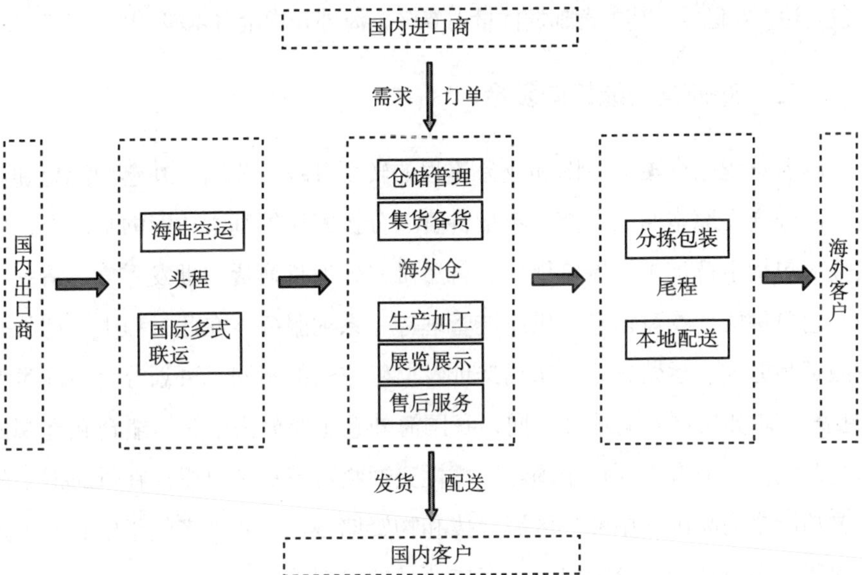

图 1　海外仓在国际物流中的作用

资料来源：笔者绘制。

（一）海外仓规模逐步扩大

在传统一般贸易（海关代码 0110）形态下，海外仓的作用并不突出，伴随跨境电商新业态的兴起和我国政府对海外仓建设的高度重视，特别是“跨境电商出口海外仓”（海关代码 9810）贸易方式的推动，我国海外仓布局迅速展开。据有关部门统计，截至 2022 年第一季度，我国累计建设海外仓 2800 个，仓库面积合计 2900 万平方米。海外仓布局遍布六大洲 98 个国家和地区，服务范围覆盖全球。从分布国家来看，我国海外仓超七成布局于欧美发达国家，主要集中于美国、德国、英国、澳大利亚、日本、俄罗斯等国家。

在疫情冲击全球供应链的背景下，海外仓作为国际贸易新型综合物流解决方案，不仅缩短了商品配送时间，还提高了消费者的购物体验，推动了传统包裹物流向涵盖运输、仓储、分拣、包装、配送的一体化物流服务转型升级。企业通过海外仓提前在海外存储销售货品，解决了货源不足和跨境运输慢等难题，海外仓逐步得到越来越多跨境电商企业的重视。2020 年，中国跨境电商 B2C 出口包裹达 106 亿件，其中直邮发件量占 60%，海外仓货量占 40%。①

（二）海外仓功能趋向复合

随着跨境电商覆盖范围和业务流程的转型升级，我国海外仓功能愈加丰富。海外仓在原本商品存储、集货备货、分拨配送等基本功能的基础上，发展叠加包括生产加工、展览展示、售后维修、退货换货、批发零售、清关报关、仓单融资、物流信息、供应链管理等一系列服务。在此过程中，海外仓按照贸易方式、运营方式、布局选址及监管方式的不同，可划分为不同类型（见表 1）。如按照布局选址不同，我国海外仓主要分为中转枢纽仓和终端配送仓两大类。前者主要位于国际区域性交通物流节点和口岸，在供应链上的主要功能是商品国际中转、区域分拨和物资储备。后者大多位于中心城市近郊地区，主要功能是分拣包装，完成商品的终端配送。

① 中金公司：《跨境电商物流九问九答：后疫情时代的行业趋势和投资看点》，2022 年 1 月。

表 1　按不同分类标准的海外仓主要类型汇总

分类标准	主要类型	具体功能
贸易方式	一般贸易海外仓	跨境卖家以一般贸易方式将货物运送到海外仓，货物贸易通过一般贸易方式完成报清关手续，这类海外仓往往围绕陆海空等交通枢纽或大型城市布局，以贴近需求市场
	加工贸易海外仓	企业将原辅材料、零部件、元器件、包装物料等集聚在海外仓，并进行加工或者装配后再销售至东道国市场，加工贸易型海外仓一般围绕生产加工厂布局，或是设置在生产加工厂之中
	跨境电商海外仓	跨境电商企业为方便开展海外贸易而在境外建立的仓库，服务于跨境电商产品集货、存储、分拣、包装、配送等业务，是跨境电商产品高效率流通的一种跨境物流模式
运营方式	卖家自建仓	卖家自建海外仓库，仅为本企业的产品提供仓储、配送等服务
	第三方海外仓	一般由第三方企业（多数为物流服务商、贸易商或平台企业）建立并运营的海外仓，为商家提供公共仓服务，也可提供报关清关、仓储管理、供应链优化等一站式服务
布局选址	中转枢纽仓	通常依托国际海港、陆港、空港，能够辐射和服务较大的区域市场，提供商品国际中转、大规模物资储备及为其他中小型海外仓提供货物集散、中转、分拨、回运等服务
	终端配送仓	一般位于城郊，通常负责一个或几个城市等相对较小区域的物流分拨与配送，属于物流体系的末端节点
监管方式	境外保税仓	境外保税仓是经东道国海关核准的专门存放保税货物及其他未办结海关手续货物的专用仓库，这些货物如再出口则免缴关税，如进入国内市场则须缴关税，货物进出全程受到海关部门的管理
	境外非保税仓	存储非保税货物，需要缴纳进口关税，目前我国绝大多数海外仓均是境外非保税仓

资料来源：笔者综合整理。

（三）海外仓主体愈加丰富

发达国家以跨国公司为载体，在长期的全球供应链布局中，已形成了包括分拨、仓储等功能在内的较完善的国际物流体系。发达国家开展海外仓体系的建设布局，主要依托三类企业：第一类是大型商贸企业，如沃尔玛、山姆超市、Costco等，凭借全球广泛布局的门店，设立仓储和门店一体化设施，集合仓储、订单、运送、客服完整服务链，并可通过门店为海外仓增设展销、退货等重要功能；第二类是数字平台企业，如亚马逊等，通过高标准、规范化的头程运输、仓储管理和本地配送，成为行业领先标杆；第三类是国际物流企业，如FedEx、UPS、DHL、马士基等，在基础物流仓储布局的基础上进行功能升级，构建全球海外仓网络体系（见表2）。

表2 发达国家海外仓代表企业

主要类型	代表企业	业务流程
大型商贸企业	沃尔玛（Walmart）	沃尔玛的自营物流配送服务WFS（Walmart Fulfillment Services）与亚马逊的FBA类似，服务流程包括：第一，卖家送货至WFS，沃尔玛WFS可接受海运整柜运输、卡板运输、小包裹等多种送货方式，但不包含清关服务；第二，沃尔玛WFS进行收货、存储、分拣和配送，当消费者下单订购后，沃尔玛WFS会根据卖家提供的GTIN/UPC/EAN等商品条形码进行相应分拣、配送工作；第三，免费的两日达覆盖全美，由沃尔玛卡车或沃尔玛认证的第三方公司将包裹送达客户手中；第四，客户服务和客户退货，消费者可以选择在沃尔玛门店退货或者上门取货
数字平台企业	亚马逊（Amazon）	亚马逊FBA仓（Fulfilment by Amazon）是最典型的海外仓范式。主要包括头程物流、仓储管理和尾端派送三个环节。第一，头程物流环节，卖家可以选择亚马逊跨境物流服务（AGL）或其他第三方物流承运商负责头程运输，将商品运至海外的亚马逊仓库；第二，仓储管理环节，配合亚马逊提供的高标准亚马逊物流仓储管理（FBA Inventory）存储商品；第三，尾端派送环节，当商品售出后，由亚马逊物流（FBA）将商品配送给买家，并提供售后服务

续表

主要类型	代表企业	业务流程
数字平台企业	来赞达（Lazada）	LGF（Lazada Global fulfillment）是Lazada平台推出的专门针对跨境商家提供的海外仓服务，共分为中心仓、本地仓、保税仓（本地仓和保税仓统称为海外仓）三大类仓库。商家可提前备货到海外的仓库进行储存，待用户下单后，商品将直接从海外仓进行发货，物流时间大幅缩短，时效更有保障
国际物流企业	马士基（MAERSK）	为满足日益增长的跨境电商需求，马士基推出了两项针对跨境电商的物流和仓储服务，即跨境物流（Maersk E-Delivery）和海外仓服务（Maersk E-Fulfilment）。在海外仓服务中，马士基通过海外仓设施提供直达消费者的履约服务，并提供拣货、包装、库存管理等增值服务
	联邦快递（FedEx）	联邦快递覆盖全球650个机场，服务全球超过220个国家和地区。在全球拥有12大物流枢纽中心；此外，在每个区域还拥有近百个转运中心
	优比速（UPS）	UPS通过大量收购海外本土快递企业，实现全球快速扩张。如2000年，并购拉丁美洲最大的航空货运公司，从而实现整合南北美洲两个大陆一体化物流网络。2004年，通过收购美日合资公司UPS Yamato Express（大和速递）及中国外运合资公司，完成亚洲市场网络布局

资料来源：笔者综合整理。

相比之下，我国海外仓建设还处于起步阶段。近年来，阿里、京东等民企和一些央国企根据自己的国际化经营战略，建设了一批自营仓和公共仓，丰富了海外仓的业态并推动了布局的展开。但总体来看，海外仓市场高度分散，行业集中度较低，纵腾集团、递四方及燕文物流等龙头企业的总市场占有率不足5%。未来随着市场不断发展，海外仓企业通过并购、资本投入、提升技术等多种方式将有望逐步提高自身行业竞争力，重塑行业竞争格局。

三　海外仓建设发展存在的突出问题

（一）未形成规模化经营

我国海外仓发展尚处于初始阶段，表现为大量中小企业分散独立经营，未实现规模化经营，也缺乏国际布局的统筹规划。

一是我国海外仓缺乏总体规划布局。当前我国海外仓规划布局主要依托于当地跨境电商的发展，因此主要集中于发达国家，新兴市场布局不足。我国在欧美日澳等发达国家的海外仓数量占比超过2/3，而在俄、印、波兰等新兴市场国家布局较少，在共建“一带一路”国家仅零星布局。同时，对重要物流节点的海外仓部署缺乏顶层规划，与国际物流体系和基础设施布局缺乏协调组织。目前，我国已布局海外仓大量为贴近消费市场的终端配送仓，在全球重要物流节点缺乏大型中转枢纽仓，中小企业一般不具有建设大型中转枢纽仓的实力，海外仓未与我国国际海运、中欧班列、航空货运航线协同布局。

二是企业“走出去”缺乏统筹协调。我国海外仓行业缺乏组织协调，导致企业在“走出去”过程中形成各自为政的局面。企业往往根据市场信息变化一窝蜂进入某一市场，导致市场短时间内过于饱和，从而导致行业内部出现恶性竞争，不利于行业良性健康发展。比如近期行业普遍看好波兰市场，致使该国海外仓数量快速增加，形成了相互竞争压价的局面。同时，企业间存在信息不对称或缺乏协作。一方面，部分企业在海外建设自营了大规模的海外仓，并在满足自身业务需求之外存在大量闲置仓容；另一方面，部分中小企业在业务增长中存在逐步增长的仓容需求，但尚不具备建设自营海外仓的能力。由于行业内缺乏协调组织，未能实现双赢的机会。

三是我国海外仓布局较晚，整体实力较弱。由于我国国家物流体系发展较晚，在与亚马逊FBA仓，沃尔玛WFS仓，UPS、Fedex、DHL的区域分拨仓，马士基、地中海、达飞等海运公司港口枢纽仓的竞争中，我国海外仓处于弱势。2021 年，亚马逊 FBA 仓以合规运营为名，对我国部分跨境电商产品进行清仓，造成我国跨境电商企业上千亿元损失。

（二）功能水平有待提升

目前我国海外仓总体功能水平有待提升，高标准海外仓数量较少。除京东、菜鸟等大型企业自建有自动化仓储分拨设备外，大部分海外仓智能化水平较低，如部分海外仓分拨分拣等工序还主要依赖人工等，而部分海外仓仅有简易货架和堆场，与亚马逊 FBA 仓等国际一流水平和我国国内高水平数字化仓库差距较大。据有关部门统计，我国近 70% 的海外仓投资额不到 1000 万元。大量海外仓功能较为单一，只有基础的物流仓储功能，后续环节的配送、售后、维修、展示、零售、体验、金融、信息、退换货、数字贸易等配套服务尚未跟上，多元一体的服务“生态”未建立起来。

这一现象产生的原因与对海外仓的认识及跨境电商行业发展阶段密切相关。一方面，近些年在海外仓逐步发展的过程中，各界对其认识不足，仅将海外仓作为国际物流的一个环节，其在报关清关服务、供应链金融、物流信息中转等方面的作用均未能得到重视；另一方面，由于当前我国跨境电商产品客单价低、附加值不高，大部分企业对海外仓的成本需求高于服务需求，但随着我国跨境电商行业的高质量发展，未来对高标准海外仓的需求将逐步攀升。

（三）建设融资难问题突出

海外仓是重资产行业，但作为建设运营主角的民营企业普遍存在融资难问题。目前我国企业海外仓建设融资主要采取三种方式。一是如京东、菜鸟等在国外上市的大企业，其海外仓建设主要利用国外资本市场直接融资，较少利用国内资金；二是利用国外经营的利润留存，有的海外仓企业有分公司在国外运营很多年，利用利润积累来建设海外仓，比如中建材集团利用多年来在海外的经营收入建设迪拜等地的海外仓；三是部分体量小的民营企业，国外资产量小，经营时间短，难以在海外获得抵押融资和信用融资，海外仓建设只能依赖国内资金换汇“走出去”。据统计，目前我国“走出去”建设海外仓的民营企业占87.1%，海外仓建设主要靠境外子公司经营收入和利润留存，融资难问题普遍存在，严重影响海外仓建设发展速度。

目前我国银行业海外网点较少，难以为海外仓提供充足的金融服务。企业国内资金换汇“走出去”困难，“内保外贷”难以做大规模，境外投资备案手续流程烦琐。海外仓企业一般成立时间短、固定资产有限，国外银行信用贷款、抵押贷款额度也较小。一些省份对海外仓予以补贴，但企业反映实际作用有限，且补贴申请手续繁杂，是“锦上添花”，而非“雪中送炭”。

（四）贸易管理方式还不成熟

企业普遍反映，虽然我国已增设“9810”（跨境电商B2B出口海外仓）通关方式，但由于尚未出台征退税、结汇等方面的具体实施细则，部分企业在业务实践过程中，由于担心合规问题，仍会选择“0110”（一般贸易模式）方式通关。海外仓贸易有别于传统贸易方式，货物出境至海外仓后，并未实际完成销售过程，货物最终售价无法确定，结汇、退税等无据可依。目前我国尚无权威的海外仓数据平台，将与贸易相关的商流、物流、资金流等数据集中起来，我国海关、税务、外汇等部门的监管创新均依赖贸易真实性审核，没有这些数据，其无法在通关、退税、结汇等方面给予便利性支持。

四 从国家战略高度统筹谋划和推进海外仓建设

海外仓对完善我国国际物流体系、推动中国制造“走出去”、深耕和拓展国际市场、维护我国产业链供应链安全稳定、推动共建“一带一路”具有重大意义。应将海外仓建设提升至国家战略层面，统筹谋划、因国施策、分步推动，形成服务我国全球供应链和大量中小微外贸企业的海外仓网络体系，完善海外仓服务与监管的体制机制。

（一）完善海外仓高质量发展的顶层制度设计

海外仓建设发展涉及商务、海关、金融、外汇、财政、税务、统计、市场监管等多个部门，涉及大量体制机制与监管方式创新，需要加强统筹协调，应联合各相关部门，组织编制海外仓高质量发展指导意见，加强对海外仓发展政策制度的顶层设计，形成政策制定的跨部门磋商和协调机制，改变当前政策源出多门、相互不衔接不配套的现象。

（二）抓紧推动我国海外仓全球规划布局

新冠疫情后，全球特别是欧美国家仓储费用大幅上涨，国际商贸物流巨头大量对仓储设施“跑马圈地”。我国在融入经济全球化过程中，长期未重视物流企业对等进入对方市场问题。国际交通物流重要节点的货场、仓储设施是稀缺资源，必须抓紧谋划海外仓布局，抢占市场。应根据我国全球供应链需要，分层次分类别布局建设一批海外仓，形成支撑我国国际物流体系的重要支点。在全球重要自贸港、航空港、海港、中欧班列沿线集中布局一批中转枢纽仓、公共仓和 EWTP 数字平台，引导支持跨境电商和中小微外贸企业在国外中心城市广泛布局一批终端配送仓，同时配套终端配送体系，打造门到门、户到户、仓到仓的全链路一体化国际物流服务网络。

（三）大力推进数字海外仓建设

海外仓监管和内外联通便利化均依赖数据，可建设综合性数字海外仓平台，与国家海关、外汇、税务、商务等系统实现数字化连接，通过数字海外仓平台开展贸易真实性审核，为跨境、离岸贸易和结算、退税、结汇等提供便利化监管与服务，使“9810”贸易走向“阳光清关”。企业间也可通过该平台开展仓容租赁和转售等交易业务。要注意研究有关国家数据政策，通过各国海关信息互换协议方式实现海外仓数据共享。

（四）加强对海外仓的金融支持

可从中央层面统筹“一带一路”等相关国际合作资金，鼓励政策性金融机构给予海外仓融资和保险支持。鼓励国有企业、地方政府等牵头社会资金共同建立海外仓产业基金，在授信规模、利率、还款周期等方面对海外仓予以支持。规范地方政府海外仓补贴，引导其将补贴转至海外仓产业基金上来。推动金融配套服务跟随“海外仓”走出去，增加金融服务网点，创新海外仓专属金融产品。

（五）发挥好贸易物流企业主体作用

要发挥好央国企、民营企业等各类市场主体作用，对于排斥我国国有企业进入其物流市场的部分国家，可主要倚重民营企业。要发挥好中远海运、招商局、各大航空公司及新组建的中国物流集团等大型央国企作用，重点建设枢纽型、公共型第三方海外仓。支持大型平台企业和民营贸易物流企业以租用、并购、新建等方式大量布局海外仓，推动海外仓规模化经营。深入推进央国企与民营企业合作，形成策略灵活的海外仓建设运营方式，搭建服务功能配套的 EWTP 平台。可组建中国跨境电商和海外仓协会等行业组织，鼓励企业以联盟形式发展海外仓，完善海外仓建设服务标准。

（六）积极推动我国成熟商业模式形成国际规则

目前我国跨境电商已形成“1210”（保税备货）等成熟模式，该模式主要依赖海关特殊监管区和监管创新，实现物流、资金流和信息流的统一，有完善的信保、征税、结汇和信息追溯保障，得到国际海关组织（WCO）高度认可。可探索将“1210”模式通过国际经贸多双边谈判进行反向复制，亦可通过 WTO、WCO 等国际组织将其逐渐形成国际规则。特别是，我国与西方主要发达国家都是海关《京都公约》（《关于简化和协调海关业务制度的公约》）签署国，可依其附则 4 中关于海关仓库、自由区的规定，进行对等谈判，共创共商共享通关便利化成果。在反向复制“1210”模式时，可在共建“一带一路”国家和对我国友好国家先行展开，将海外仓逐步建成支撑我国全球供应链的枢纽和网络节点。

参考文献

罗兰贝格：《疫情背景下中国跨境物流新机遇白皮书》，2021 年 8 月。

梅冠群：《统筹谋划海外仓建设，维护产业链供应链安全稳定》，《中国发展观察》2022 年第 1 期。

头豹研究院：《2021 年中国跨境电商物流行业概览》，2021 年 10 月。

张大卫、喻新安：《中国跨境电商发展报告（2020）》，社会科学文献出版社，2020。

中国仓储与配送协会：《2020 中国仓储配送行业发展报告（蓝皮书）》，中国商业出版社，2021。

案例篇[*]

Cases Reports

B.8 无锡综试区：聚力培育外贸新业态新模式，推进跨境电商高质量发展[**]

吴 栋 许晓晨 杨 杰[***]

摘 要： 自2018年7月获批跨境电商综试区以来，无锡充分依托区位优势和产业禀赋，凝心聚力加快培育外贸新业态新模式，高质量推进跨境电商综试区建设，多项创新工作走在全省乃至全国前列。本文基于无锡综试区的发展现状，总结梳理无锡在建平台、强载体、促创新、育人才等方面形成的一系列创新经验举措。下一步，无锡将聚焦完善顶层设计、加强政策创新、培育标杆企业、强化平台赋能、优化海外仓布局、加速人才培养、创新融合发展等方面，积极探索具有无锡特色的跨境电商发展路径和模式，为助推外贸保稳提质、构建新发展格局提供有力支撑。

---

* 本部分跨境电商综试区的顺序以国务院批复文件的批次和顺序为准，无先后之分。

** 本文中的数据均来自无锡市商务局关于跨境电商的相关统计数据。

*** 吴栋，无锡市商务局电子商务和信息化处处长；许晓晨，无锡市商务局跨境电商处科员；杨杰，江苏省电子商务协会秘书长、南京电子商务研究院有限公司总经理。

关键词： 无锡综试区　外贸新业态　高质量发展

无锡地处长江下游沪宁杭地区的几何中心，开放广度和深度居于全国前列，既有"一带一路"与长江经济带重要交汇地的广阔市场发展空间，又有长三角地区人才富集、科技水平高、制造业发达、产业链供应链相对完备和市场潜力大等诸多优势。近年来，无锡充分发挥区位优势和产业禀赋优势，高质量推进跨境电商综试区建设，持续带动特色产业带转型升级，结合长三角制造业和跨境电商产业优势，精准链接中国制造与全球消费，全力打造跨境电商产业特色生态圈。

无锡综试区始终坚持外贸业态融合和贸易产业融合创新，多项创新工作走在全省乃至全国前列。自 2018 年 7 月获批跨境电商综试区以来，无锡在江苏省率先开展 1210 特殊区域出口业务，走通江苏省"市场采购+跨境电商"模式联动第一单，设立江苏省首家跨境电商保税进口 O2O 线下体验中心，成立全省首家跨境电商学院、跨境电商综试区研究院、跨境电商 RCEP 公共服务平台，省级公共海外仓数量居全省第一位。

一　无锡综试区基本情况

无锡市以获批国家跨境电商综试区为契机，在借鉴先行综试区及自贸区成熟经验做法的基础上，立足无锡本地特色和产业优势，积极发挥职能作用，促成政策高效集成，强化企业服务保障，营造优良发展环境，凝心聚力加快培育外贸新业态新模式，打造跨境电商产业链生态圈，持续增强外贸发展新动能，高质量推进跨境电商综试区建设，不断助推对外贸易保稳提质、跨境电商产业增量提质。

无锡立足产业链科学谋划"两核、五圈、多元化"整体布局，截至 2022 年底，共建设跨境电商产业园 13 个（省级 4 家），16 家企业在境外设立 26 个公共海外仓（省级 8 家），备案跨境电商企业超 1000 家，逐步构建起跨境电商发展的产业链和生态圈，走出一条具有无锡特色的跨境电商发展新路径。无锡综试区积极探索外贸新业态、贸易新模式、跨境新生态，加快推动传统企业数智化升级、网络化提升、平台化发展，充分发挥跨境电商在稳外贸中的“火车头”作用，综试区建设和创新发展呈现一年一台阶、一年一跨越的发展态势。据统计，无锡市跨境电商进出口交易额从2019年的20亿美元发展到2022年超40亿美元，年均增长率均在20%以上。

二　综试区工作整体进展

（一）强化政策保障，提升服务效能

一是加快完善政策配套。先后出台了《中国（无锡）跨境电子商务综合试验区实施方案》《中国（无锡）跨境电商综试区高质量发展三年行动计划（2022~2024年）》《促进外贸保稳提质十项措施》等文件，大力实施跨境电商载体提升工程、市场主体强化工程、智慧供应链工程、新业态融合工程、监管服务提升工程、品牌培育工程、人才引育工程、生态体系优化工程等“八大工程”，对传统企业转型跨境电商，布局海外仓、公共服务平台、网购保税新零售O2O线下体验店等方面给予政策奖励支持，持续扩大B2B出口份额，推动跨境电商发展量质齐升。二是推动便利化措施创新。无锡海关研究出台了《跨境电商进口监管长效机制工作方案》。市税务局全面推广“非接触办、容缺办、延期办”等创新服务举措，确保全市出口退税速度领跑全省、全国，2022年累计开展跨境电商业务出口退（免）税额达9000万元，较2021年实现大幅增长。三是加大财税信贷支持力度。中国人民银行无锡中心支行进一步放开个人账户管理，实施总行系统改造，跨境资金到账时间平均缩减至3~5个工作日。市税务局联合中国银行无锡分行加大“退税贷”项目扩围增量力度，累计提供12.8亿元信贷支持。中信保发挥出口信用保险支持作用，优化承保条件，利用中长期出口信用保险支持自建海外仓的项目融资，利用短期出口信用保险等支持出口企业在海外仓备货，进一

步帮助企业减负增效。四是强化服务保障能力。综试区各成员单位积极走访企业，送服务上门，2022 年共走访企业 20 余家，为企业答疑 70 余条，为企业解决实际困难 130 余项。市商务局、市税务局、中信保等部门精准对接、“点对点”服务受俄乌冲突影响的跨境电商企业，倾心帮扶受损企业享受信保赔款与出口退税“双保险”，精准服务好“最先一公里”。

（二）聚焦载体建设，强化基础支撑

一是高标准建设跨境电商公共服务体系。围绕“一系统、两中心、N 平台”建设，持续优化全市跨境电商数据通关统计系统，完善跨境电商展示中心、综合服务中心“两中心”建设，不断提升跨境电商公共服务平台服务质量。2023 年初，新合作 7 家跨境电商公共服务平台，涵盖转型备案、通关物流、独立站建设、海外仓对接、人才培育、品牌营销、合规化辅导、财税服务、RCEP 方向专业指导、高端智库等多个方面，实施“解难题、促转型、育人才、拓市场、增动能”专项服务行动，为跨境电商企业提供一站式全流程服务。2021 年以来，公共服务平台已服务全市超 300 家企业，帮助 150 余家企业成功转型，培训各类人才超千人。二是高起点推进跨境电商产业园建设。全市 13 个跨境电商产业园入驻企业超 300 家，先后招引了大龙网、前海数科、别样海外购等多家知名电商企业平台落户。2022 年开展各类辅导讲座、论坛沙龙、案例分享等活动 50 余场，参与人员近 700 人次。江阴综保区跨境电商产业园、云蝠跨境电商产业园等 4 家产业园跨境电商进出口额超 1 亿美元。三是高质量推动公共海外仓建设。截至 2022 年底，全市共有 16 家企业在境外布局 26 个公共海外仓，面积近 30.6 万平方米，其中，省级公共海外仓 8 家，总数位居全省第一，8 家企业在共建“一带一路”国家设立 13 个海外仓。出台无锡市首个公共海外仓综合考评办法，对服务无锡市跨境电商和外贸企业成绩显著的海外仓，根据考核结果给予最高不超过 100 万元的分档奖励，对特色鲜明和带动力强的公共海外仓，优先推荐为省级公共海外仓。四是高水平推进国际物流枢纽建设。大力引进 DHL 快递，目前快件运营企业已达 8 家。积极拓展国际航线，新增“无锡—大

阪”定期货运航线。全力推动无锡国际邮件互换局建设。加快无锡中欧班列发展，中欧班列“江苏号”无锡—连云港—乌兹别克斯坦班列首发启航。进一步拓展中亚和东盟线路，以满足本地企业重点货源进出口运输需求。

（三）加快人才引培，增强创新活力

一是积极引导传统企业转型升级。依托跨境电商产业园、公共服务平台、商协会，为企业提供免费指导服务，手把手助力企业跨境转型。举办“锡品卖全球”系列活动、跨境电商合规与金融服务论坛、“后疫情时代跨境新机遇”沙龙等活动，推动传统外贸企业数字化转型。二是推进跨境电商人才体系建设。推动电子商务师、互联网营销师纳入无锡市紧缺型高技能人才培训职业（工种）目录，截至2022年底，全市电子商务师、互联网营销师培训评价发证1296人，电商直播专项职业能力证书培训71人。在15所院校开设跨境电商专业及相关课程，根据无锡市产业结构特点实施专业化教学模式，建立开放式、立体式、理实一体化课程体系，截至2022年底，已累计招生人数达612人。三是加快培养跨境电商专业人才。依托无锡跨境电商人才培养产教联盟，到2022年，无锡已连续举办七届“跨境电商创新创业大赛”，开设亚马逊、eBay、阿里巴巴国际站等培训班次，优选企业骨干参加，七届大赛累计参训企业近320家，参训2360人次，指导106家中小企业注册跨境店铺，顺利开启跨境电商业务。四是不断浓厚业态氛围。成功举办2022首届长三角跨境电商行业发展峰会及交易会。峰会现场共约300人参加（在线预报名超800人），线上直播观看人数20.5万；交易会共吸引了近400家参展商、14家国内外知名跨境电商平台设立展台，2000余家跨境电商卖家、采购商到场洽谈对接；全市各板块共组织近800家本地企业观展学习、洽谈对接、采购产品，意向交易金额近10亿元。

（四）创新业务模式，探索发展路径

一是拓展1210出口海外仓业务。发挥邮政物流优势，通过“自主拼柜+保税通关”（1210）模式，突破性地为中小企业提供仓储、集货、拼柜、

报关、发运一站式解决方案。支持无锡佳利达电子科技有限公司积极开展跨境电商 1210 出口海外仓业务，2021 年、2022 年 1210 保税出口均超 1 亿美元。二是深入推进“产业带+跨境电商”融合发展。聚焦锡山“两车”产业带跨境出海，通过召开专题座谈、平台对接、部门联动、园区建设、组团参展等系列措施，加强阿里巴巴知名平台赋能转型，共同助力跨境电商产业带融合发展。三是积极推进“丝路电商”合作共建。抓好中柬自贸协定及 RCEP 正式生效的发展契机，促成中国（江苏）—柬埔寨“丝路电商”合作项目，“柬埔寨国家馆”已在京东平台正式上线。四是探索推进“网购保税进口+实体新零售”业态融合新模式。积极推动跨境电商零售进口监管政策落地，鼓励支持海关特殊监管区域联动本地商业楼宇中心和载体，探索创新“现场体验、线上下单、极速配送”的跨境电商国际消费新模式，加快推进宜兴市融达商管及斑马西西跨境购合作签约项目落地见效。

三　创新经验举措与做法

无锡不断提升跨境电商综试区建设水平，持续优化跨境电商营商环境，鼓励企业转型升级，推动“跨境电商+产业带”融合发展，在建平台、强载体、促创新、育人才等方面形成了一系列创新经验举措与做法。

（一）搭建跨境电商综合服务平台，为企业提供一站式服务

线上开通中国（无锡）跨境电商综试区网站，搭建线上综合服务平台，公共服务和疑难问题咨询解答“一网通办”。线下开设综合服务中心，为跨境电商企业提供境内外政策法规咨询、电商平台应用规范、供应链平台搭建、海外品牌营销等一站式服务。高标准搭建全生命周期公共服务平台，包括产业转型跨境电商全流程辅导平台、全球贸易精准营销大数据平台、跨境电商品牌出海一站式服务平台、国际商标知识产权服务平台、国际互联网广告服务平台、跨境电商供应链服务平台、跨境电商人才培育平台、跨境电商 REEP 服务平台等，提供跨境通关、企业转型、海外商标注册、独立站应

用、品牌营销、人才培育等全方位一站式服务，截至2022年底已服务全市300余家企业。建设跨境电商信用评价和商品追溯系统，为企业提供实时信用查询、进口商品溯源等功能，进一步提升企业公信度。

（二）加强跨境电商载体建设，高起点推动产业集聚

围绕家纺、电动车、汽摩配、陶瓷、服装等跨境电商优势产业，重点实施“一板块一特色”跨境电商品牌出海行动，打造各具特色跨境电商产业集聚区，引入专业化、高质量配套服务商，构建起一套完整的、具有生命力的跨境电商生态资源。组织开展首轮江苏省跨境电商知名品牌评选工作，鼓励企业拓展海外品牌营销渠道，利用互联网优势加快品牌推广。发挥跨境电商独立站海外品牌推广作用，引导企业应用平台引流、搜索引擎、社交媒体和独立站等多元化渠道提升品牌曝光度。

（三）加快体制机制创新，积极探索跨境电商新模式

一是推进监管模式智能化升级。无锡高新区综保区依托海关智能图像识别和企业大数据研判等新的监管模式，对进入保税区的运输车辆可直接在区内报关卸货，日均车流量达800多辆，比传统的通关时间减少30%以上。二是推进1210保税出口业务。鼓励企业通过1210保税模式开展出口海外仓业务，解决9810退税难的问题，截至2022年底出口额已超2.5亿美元。三是推进跨境保税进口商品O2O线下体验店建设。支持江苏日淘、江阴辉采等开设保税进口商品O2O线下体验店，分一般贸易区、保税体验区、保税直邮综合区，展销上千个品牌、1500余种优质精选进口商品，涵盖美妆个护、家居日化、轻奢箱包、母婴用品等品类。

（四）设立人才培养产教联盟，加速跨境电商人才培养

无锡学院成立省内首家跨境电商综试区研究院，在典型城市跨境电商综试区成功经验、无锡跨境电商产业带融合发展等方面开展理论与政策研究，为无锡市跨境电商发展提供智力支持。无锡太湖学院建成全省首家跨境电商

学院，打造“政行校企协”“共建共管共享”新机制的产业学院。无锡科技职业学院牵头无锡 14 所高职院校成立全省首个跨境电商人才培养产教联盟，搭建校企合作平台，截至 2022 年 11 月已促成 12 项校企合作项目。同时努力构建“课、证、赛”融合体系，积极孵化学生团队参与跨境电商双创赛，为无锡跨境电商产业高质量发展提供智力支持和人才支撑。

四　跨境电商发展思路与对策建议

下一步，无锡将充分依托坚实的产业基础、天然的区位优势和优良的营商环境，以打造跨境电商特色产业带为重点，以做大做强 B2B 为主攻方向，以培育产业园、海外仓为支撑，不断构建适应行业发展的跨境电商产业链、生态圈，积极探索具有无锡特色的跨境电商发展路径和模式，为助推外贸保稳提质、构建新发展格局提供有力支撑。

（一）凝聚发展共识，优化完善顶层设计

充分利用好成功举办首届长三角跨境电商行业发展峰会及交易会的有利契机，大力宣传加快跨境电商发展的重要性、紧迫性，积极营造全市上下高度重视、自觉学习、抢抓机遇、聚力攻坚跨境电商新业态的浓厚氛围。突出高位统筹，充分发挥跨境电商综试区领导小组作用，加大统筹协调、督促指导、强化协作，进一步细化年度任务时间表、路线图和责任单位，持续推进跨境电商综试区高质量发展三年行动计划落地落细落实。针对跨境电商发展过程中出现的一些制约因素和薄弱环节，如 9810 认定标准和税务外管相关配套政策、跨境电商数据统计规范、相关部门协作配合机制等，从制度政策和体制机制层面“双管齐下”，扫除跨境电商发展中的堵点，促进跨境电商长远健康发展。

（二）加强政策创新，提升业态发展后劲

强化跨境电商专项资金激励引导，出台跨境电商相关针对性扶持政策，

在独立站、海外仓建设上持续发力。强化政策高效集成，进一步完善与海关更具效率的数据共享联通机制，深入推进“提前申报”“两步申报”等便捷通关模式改革。积极借鉴杭州经验，落实国家政策，推进符合条件的跨境电商相关企业享受高新技术企业优惠政策。加强数据信息共享，加快构建跨部门、跨领域的数据共享体系，实现政务数据以及贸易、物流等市场数据的归集共享，提高协同监管水平，助力跨境业务合法合规、长远可持续发展。

（三）培育标杆企业，突出示范带动引领

做大做强市场主体，加强与亚马逊、eBay、阿里巴巴、Shoppe 等国内外知名跨境电商平台合作，吸引更多头部跨境电商企业在无锡设立区域总部（中心）以及研发、结算、贸易中心等功能性机构，赋能产业发展，并根据头部企业的投资规模、经济效益、品牌效应、预期贡献等给予“一企一策”“一平台一策”支持。聚焦上下游产业链、供应链、服务链等重要环节，分门别类建立重点企业培育库，通过政策引导、市场推广、产业对接、基金投资、兼并重组等方式，培育具有核心竞争力、综合服务力和转型带动力强的龙头骨干示范企业。

（四）强化平台赋能，促进产业转型升级

实施跨境电商综合服务平台提质增效工程，充分发挥现有公共服务平台的专业化、多元化、特色化功效，加快形成优势互补、协同发力的公共服务体系，为推动传统外贸企业跨境贸易数字化转型提供政策解读、信息共享、数据分析、海外推广、仓储物流、支付结汇、税收保险、售后维修等全方位精准服务。推动跨境电商产业带融合发展，以 12 个省级以上外贸转型升级基地为抓手，启动实施“产业带+跨境电商”培育计划，加快形成“一板块一特色”跨境电商品牌优势，重点以锡山“两车”产业带为试点，打造全市标杆产业，积极带动引领江阴纺织服装、宜兴紫砂陶瓷、惠山汽车零配件等特色产业带发展。研究出台全市首个跨境电商产业园综合考评指标体系，因地制宜推进差异化、特色化、多元化发展。加强金融资本加持，研究推动

无锡尚贤湖基金PARK与全市13个跨境电商产业园对接合作，探索设立跨境电商专项发展基金，进一步做精做优产业园区。

（五）完善培育机制，优化海外仓全球布局

推进无锡市首个公共海外仓综合考评机制，进一步完善省、市两级公共海外仓培育库，对符合条件的给予分档奖励支持。依托全市综保区优势，积极推广通过1210模式出口至海外仓模式，有效解决9810模式下退税难的问题。完善无锡公共海外仓名录地图，举办全市公共海外仓供需对接系列活动，加强业务培训与宣传推介。联合出口信用保险机构加大对海外仓支持力度，创新险种服务范围，推动企业通过海外仓增加出口订单、拓展国际业务。依托中欧班列途经的主要节点城市、货源地城市加快布局海外仓，进一步支持完善分拨配送、货源集结等仓储功能。

（六）加速人才培养，增强创业创新活力

深化“政校企行”联合培育人才机制，充分发挥本地应用型本科院校、职业技术学院和职业学校的资源优势，依托中国（无锡）跨境电商学院、无锡跨境电商人才培养产教联盟平台，围绕跨境电商生态体系建设开展政策研究和人才培育，有计划、分层次培养跨境电商中高级专门人才和技能型人才，打造成国内有知名度、省内有品牌影响力的无锡本地跨境电商专业人才培养基地。

（七）创新融合发展，探索打造“无锡模式”

研究推动“市场采购+跨境电商”“口岸枢纽+跨境电商”“网购保税进口+实体新零售”等新业态融合发展。推进“跨境电商+直播电商”数字化转型场景应用建设。依托常熟市场采购贸易试点有效叠加无锡跨境电商综试区相关政策，高质量推动新吴区“一带一路”跨境电商产业园发展。嫁接无锡国家数字电影产业园影视IP资源，借助“直播产业服务示范基地”优势，加快推进滨湖区跨境电商产业园规划布局、项目建设。

参考文献

《擦亮长三角跨境电商的“金字招牌”2022长三角跨境电商行业发展峰会于无锡开幕》，《新民晚报》2022年11月12日。

《无锡跨境电商综试区升级：2022年以来跨境电商进出口额增长65.4%，推动产品数字出海》，《21世纪经济报道》2022年11月16日。

《全省最多，无锡省级公共海外仓总数达8家》，《无锡日报》2023年1月31日。

B.9

义乌综试区：构筑跨境电商强大“引力场”*

董华英　喻中华**

摘　要： 义乌作为全球最大的小商品批发市场和国际贸易综合改革试点城市，自获批跨境电商综试区以来，认真贯彻落实省委省政府“大力发展跨境电商”的决策部署，围绕“全国网商集聚中心、全球网货营销中心、跨境电子商务高地”的目标，重点在主体引育、优势叠加、通道扩展、创新驱动等方面发力，形成了中小微跨境电商企业集聚发展的良好环境。本文基于义乌跨境电商发展现状，总结梳理了义乌跨境电商的工作亮点、创新举措及存在的问题，并立足义乌电子商务“十四五”发展规划关于跨境电商发展的目标，提出义乌要在强化人才培育、拓宽物流通道、优化主体结构、提升服务体系、支持品牌培育、做大进口业务等方面发力，推动义乌跨境电商高质量发展。

关键词： 义乌　跨境电商　高质量发展

义乌地处浙江中部，是一个面积1105平方公里的县级市。改革开放以来，义乌坚持和深化“兴商建市”发展战略，以培育、发展、提升市场为核心，大力推进工业化、国际化和城乡一体化，走出了一条富有自身特色的

---

* 本文中的数据均来自义乌市市场发展委员会关于跨境电商的相关统计数据。

** 董华英，浙江外国语学院跨境电商浦江研究院副院长，主要研究方向为跨境电商、中欧班列；喻中华，义乌市市场发展委员会电商科科长，主要负责全市电子商务业务推动。

区域发展道路，成为改革开放全国18个典型地区之一。特别是2018年获批跨境电商综试区以来，义乌市委市政府坚持将跨境电商定位为战略性、先导性产业进行重点培育，推动跨境电商与实体市场融合发展，加快跨境电商自由化、便利化、规范化发展，取得了良好效果。在2021年商务部首次跨境电商综试区评估中，义乌跨境电商综试区处于第一档，列为全国十大优秀综试区。

一　义乌综试区工作亮点和创新举措

（一）工作亮点

1. 业务规模高速增长

依托义乌小商品实体市场的货源、外贸等优势，义乌跨境电商规模高速增长。2021年，义乌跨境电商交易额突破千亿元大关，连续五年增长率超过15%，持续推动义乌外贸提质增效。2022年，全市实现跨境电商交易额1083.5亿元，同比增长6.9%，跨境电商成为义乌稳外贸、促消费的重要引擎。目前，义乌跨境电商第三方平台账户超17.2万个，外贸网商密度居全国第二，跨境电商企业海外商标注册数量超4000个，全市跨境电商出口包裹日均已超200万票。

2. 跨境监管平台日益完善

义乌加快通关便利化改革，跨境电商监管平台日益完善，已具备跨境电商发展所需的“全口岸”。2015年12月31日，义乌国际邮件互换局正式投入运营，义乌具备了进出境邮件收寄处理和跨境电商出口监管等主要功能，截至2022年11月已出口跨境电商包裹超过2.67亿票，为义乌跨境电商出口货物提高了至少1.5天的物流时效，并为义乌跨境电商提供了个人物品进口通道。2018年投用快件（跨境）监管中心，实现跨境电商9610出口业务与数字清关进口业务在同一场地作业、同一时间清关，截至2022年12月底共处理跨境电商9610出口业务2300万票，出口金额超8000万美元，数字清关业务完成票件量60万票，进口金额4亿元。义乌保税物流中心、综合保税区分别于2018年、2021年投用，相继开通跨境电商保税进口（1210）

业务，义乌综合保税区在2022年“双十一”大促活动期间，跨境电商小包出区量达316万单，占杭州关区总发货量的近三成。

3. 多元物流联通世界

响应“一带一路”号召，义乌成功入选首批国家物流枢纽建设名单，积极建设“四港”联动示范城市，推动跨境物流方式多元化。2020年4月首趟“义新欧”（义乌—马拉舍维奇）中国邮政号专列开通，发挥“义新欧”班列“大动脉”功能，不断扩大义新欧运邮规模。常态化开行义乌—日本大阪货运航班，成为全国首个开通海外进口邮件的县级口岸局。创新“市场采购+跨境电商+国际快船”物流服务，2021年7月“义乌—宁波舟山港”以星跨境电商海铁专列成功首发，实现电商海铁联运专列与船公司电商航运快线的无缝衔接。加快海外仓建设，全球布局海外仓180个，面积122.9万平方米，覆盖俄罗斯、菲律宾、西班牙等47个国家和地区。

4. 制度创新成果丰硕

叠加国际综合贸易改革试验区、自贸试验区等优势，义乌持续深化跨境电商领域改革。市委深化改革领导小组39次听取跨境电商议题汇报，谋划改革创新，协调各部门共同推进。跨境电商零售出口所得税核定征收形成义乌方案，国家税务总局以此为基础出台全国跨境电商零售出口所得税核定征收政策。全国首创“跨境电商+市场采购”新业态，有力破解跨境电商碎片化订单的通关、税务、结汇难题。出台《跨境电子商务进出口数据认证与管理办法》《跨境电商零售出口企业认定管理办法（试行）》《跨境电子商务代理申报业务管理办法（试行）》等文件，为中小微跨境电商主体的收结汇、税收、金融服务、政策扶持等提供依据。自获批综试区以来，义乌累计获得12项重大制度创新成果。

（二）创新举措

1. 强化平台创新，夯实跨境电商发展基石

一是打造跨境电商线上综合服务平台。实现在线出口申报、在线备案、贸易数据认证、在线结汇等一体化服务，践行“通关+物流”数字

化改革，实现跨境出口"一单报全国"，构建跨境电商规范发展服务体系。2022 年底，平台已服务 1231 家跨境主体。2022 年 1 月至 12 月 15 日，平台数据认证单量 5412 笔，结汇总金额 1.5 亿美元。二是打造网货供应平台。依托义乌小商品实体市场和传统产业集群优势，上线全场景全链路数字化贸易综合服务平台——"义乌小商品城" Chinagoods 平台，运营英文站、阿拉伯语站及西班牙国家站等 50 多个独立站，注册采购商累计达 320 万，上线商品数超 600 万个。义乌小商品数字自贸应用作为优秀应用在全省数字化改革推进会作现场演示。三是打造产业园区平台。以 32 个电子商务园区、222 个电商村为载体，强化跨境电商服务功能，引入跨境电商公共服务资源，推动 40 多家销售额过亿元、200 多家销售额 2000 万元以上的跨境电商企业集聚发展。着眼于跨境电商发展趋势，积极打造总面积为 1200 亩的跨境电商产业园、物流园两大项目，总投资均为 100 亿元，2024 年投用后将集聚头部企业 50 家以上，成为全国最大的跨境电商产业集聚区。

2. 强化制度创新，加快形成跨境电商集聚效应

一是培育中小微创业主体。持续开展商事登记制度改革，通过集群虚拟注册等便利化举措，解决跨境电商企业多店铺运营问题。截至 2022 年底，全市经工商登记注册的电商主体累计达 46.5 万户，40%以上开展跨境电商业务，同比增长 25.6%。二是推动标杆企业做大做强。面向杭州、深圳等地积极奔跑招商，外引内培，累计招引亿元规模以上龙头跨境电商企业 32 家，不断优化跨境电商企业结构。三是支持外综服企业发展壮大。阿里国际站针对义乌产业带特色上线义乌小商品产业带专区，年在线交易额超 13 亿美元，撮合交易超 120 亿美元。亚马逊全球物流团队义乌服务中心启用，成立国内首个产业带集货运营中心，Shopee、速卖通义乌运营中心实现常态化运行，定期举办招商活动，构建了"店开全球"对接机制。四是引导企业形成集聚效应。在义乌市跨境电商服务中心设立跨境电商综合服务大厅、跨境电商平台客服中心、创新创业孵化中心、行业招商中心、行业会议中心等功能区块，集聚了一批人才培育、软件开发、营销拓展等优质服务企业，提供包括跨境平台动态资讯、创业指导、供应链金融、培训孵化、智慧物流、大卖家经验分享等全方位服务。引导企业建设各类独立站20多个，有效拓展了跨境电商营销渠道，在总部经济区、金融商务区等区域形成了跨境电商产业集群。

3. 强化模式创新，增强发展跨境电商内生动能

一是推动线下市场和线上市场深度融合，全国首创“跨境电商+市场采购”新业态，有力破解跨境电商中小碎单通关、税务、结汇难题。2022年“市场采购+跨境电商”业务量超45亿美元，同比增长83.81%。二是依托义乌保税物流中心（B型）和综合保税区，创新“保税+直播”新模式，推动菜鸟全国首个“保税仓直播样板间”落户义乌，抖音跨境仓开通，淘宝全球购与菜鸟国际启动“一城一仓”直播计划，积极创新跨境电商进口新模式。三是积极开展省级产业集群跨境电商发展试点，拓展“产业集群+跨境电商”发展模式，连续三年获评省级考核第一档，2022年新增销售额超10万美元的海外注册商标55个，洛克体育ROCKBROS等4个品牌入选2021年度浙江跨境电商出口知名品牌。四是创新跨境供应链新模式，探索“小额混批+跨境电商”新模式，推动义乌促佳贸易公司建设“大数据选品+一键刊登+一件代发”跨境电商供应链平台，平台注册用户超60万，能为Shopify、Shopee、eBay、Amazon等国外电商卖家提供一站式、零成本跨境电商供应链服务。

4. 强化服务创新，健全跨境电商发展生态

一是开行“义新欧”跨境电商班列，实现“义乌—大阪”航线常态化运行，开通“跨境电商+美森快船”海运通道，实现海铁联运“一次申报、一次查验、一次放行”。建成境外枢纽站点5个，布局海外仓超180个，构建“集散义乌、货通全球”的跨境电商物流网络。二是针对跨境电商企业轻资产、无抵押的特点，出台白名单制度，拓展政策性融资担保范围，累计为12家跨境电商企业解决银行贷款共计1.4亿元，有效缓解企业的资金压力。三是强化跨境电商人才培育，每年举办各类线上线下跨境电商培训讲座320多场次，培训1.3万人次以上。2022年针对俄乌冲突、亚马逊封号等事件，组织召开各类沙龙 22 场，营造了跨境电商沟通交流的良好氛围。

5. 强化保障创新，完善综试区工作推进机制

一是建立组织协调体系。成立了由市委书记、市长担任组长的综试区领导小组，在机构改革中进一步理顺工作职责，形成跨境电商综试区建设发展合力。二是细化工作清单体系。在《中国（义乌）跨境电子商务综合试验区建设方案》的基础上，分年度制订工作计划，明确重点任务的工作分工和时序安排，并纳入全市电子商务考核管理体系。三是强化政策扶持体系。出台《关于促进商贸业高质量发展的若干意见》《关于促进市场高质量发展的若干意见》等政策，每年安排不少于 5000 万元的资金在企业招引、海外仓应用、海外商标注册、独立站建设等方面给予跨境电商企业全方位支持。2022 年出台跨境电商进出口发展方面的政策 6 条，开展跨境电商扶持政策宣传活动 12 次，共计为 230 余家跨境电商企业兑现政策扶持资金 6700 余万元。

二　义乌综试区建设面临的形势和存在的问题

（一）面临的形势

1. 国家高度重视跨境电商发展

党的二十大报告提出，推动货物贸易优化升级，创新服务贸易发展机制，发展数字贸易，加快建设贸易强国。跨境电商是数字贸易的关键组成部分，更是贸易强国建设的新动能。为充分发挥跨境电商的外贸发展新动能、转型升级新渠道和高质量发展新抓手的作用，我国前后分 7 批设立了 165 个跨境电商综试区城市，形成覆盖全国、全面开花的发展格局。同时，在政策层面，国家不断出台跨境电商进出口减税降费政策，优化跨境电商进出口监管流程，全力支持跨境电商综试区、产业园、市场主体积极参与跨境电商标准和规则体系建设，持续完善跨境电商政策

保障体系。仅 2022 全年密集出台跨境电商相关政策超 50 项，优化进口商品关税 954 项。

2. “一带一路”倡议和 RCEP 协定拓展新市场

自从 2013 年提出“一带一路”倡议以来，我国利用跨境电商等外贸新业态新模式起步早、发展快等优势，积极主动深化国际经贸交流与合作，不断加强“丝路”伙伴国经贸往来。2013~2022 年，我国与共建“一带一路”国家的货物进出口贸易额由 1.04 万亿美元增长至 2.07 万亿美元，年复合增长率为 8%，贸易规模持续扩大。此外，我国已与 151 个国家和 32 个组织签署“一带一路”合作文件，合作成果丰富，大大拓展了中国与世界经贸往来的发展空间，促进了跨境电商新兴市场的开拓。同时，RCEP 协定的生效，有助于降低进出口成本、完善海外仓等物流基础设施，为我国跨境电商发展带来了更广阔的市场空间。

3. 行业发展不确定性增加

后疫情时代，海外线下零售逐步恢复，线上消费需求减少，跨境电商市场逐渐回调至原本的增长曲线。同时，跨境电商还存在国际物流价格波动、俄乌冲突、欧元汇率下跌、中美贸易摩擦、VAT 政策变化、平台合规监管等一系列不确定因素，导致跨境电商发展受到挑战，甚至深圳的一批老牌跨境电商企业纷纷倒闭。跨境电商跨越时空、交易链条长的特点，使跨境电商更易受到国际经贸走势、各国贸易政策、世界经济形势等因素影响，加剧了跨境电商发展的不确定性。此外，我国经济面临需求收缩、供给冲击、预期转弱三重压力，国内需求低迷的现状亟待改善，进一步加剧了国内跨境电商的不稳定性。

4. 区域竞争不断加剧

随着跨境电商综试区持续扩容、综试区评估考核及退出机制优化完善，区域间及综试区间竞争日益激烈，资源竞逐现象愈发严重。尤其是 2020 年疫情以来，跨境电商凭借线上化交易、无接触交付特点逆势增长，成为抵御外贸颓势的重要抓手，因此各地政府都非常重视跨境电商发展，如广州、杭州等地纷纷出台产业发展扶持办法，全力推动跨境电商发展。此外，跨境电商经过近十年发展，已由初期野蛮生长阶段向品牌精品出海的合规发展阶段转变，已经成为完全竞争的“红海”市场，从而使企业面临的竞争更加激烈，导致新卖家进入的门槛越来越高、中小卖家的成长空间越来越小。

（二）存在的问题

1. 产业结构“大而不优”

义乌跨境电商主体以中小卖家、草根创业为主，生存周期短，抗风险能力差，受第三方平台的制约较大。义乌跨境电商企业的运营管理、资本运作等能力不足，与深圳等一线城市相比，缺乏大型电商平台和标杆电商卖家，也缺乏独立站等新模式生长的生态环境。

2. 电商人才“少而不专”

义乌市高校资源不足，人才集聚优势不明显。目前全市跨境电商人才缺口超 1.2 万人。特别是产品设计、系统开发、品牌运营、内容策划等中高端专业人才更是短缺，导致一半以上销售额过亿元的头部跨境电商企业都在杭州、深圳等地设立运营中心或将总部外迁。

3. 出口数据难以体现

义乌大部分跨境电商出口商品是从市场采购的，由于没有进项发票，且担心后续税收风险，再加上纳入 9610 的物流转换成本高、9710 和 9810 出口报关复杂等原因，义乌跨境电商企业更愿意通过行邮或者市场采购贸易等方式报关出口，跨境电商出口数据体现较少。2022 年，跨境电商出口申报总额仅为 5.4 亿元，不到销售额的 5‰。

4. 供应链优势不断弱化

义乌跨境电商以欧美地区为目标市场，对货源的要求比较高，亚马逊等平台尤其注重产品质量和价格优势，要求企业以自身产品品牌稳定客户群和获取利润回报。由于义乌实体市场构成以中间商为主，生产企业比例不高，电商企业向市场采购的比例正在下降，转向工厂直采或在 1688 线上采购，义乌的货源优势在不断弱化。

三　跨境电商发展目标和未来发展建议

义乌电子商务“十四五”发展规划提出，围绕高质量高水平建设“世界小商品之都”的目标，坚持和深化“兴商建市”发展战略，以数字化改革为牵引，推动义乌跨境电商出口结构由产品出海向产品与品牌同步出海转换，到2025年跨境电商交易额突破1800亿元，初步建成全球电商创新创业中心、全球电商直播经济中心和全球小商品数字供应链中心。目标与现状还存在较大的差距，需要义乌综试区在以下方面加大努力。

（一）强化跨境电商人才培育

人才是义乌跨境电商发展中最短的“木板”，人才的厚度和高度决定了义乌跨境电商产业能走多远，义乌必须以超常规举措推动跨境电商人才集聚。一是双江湖区块积极争取落地一批外语类高等职业院校，同步推动义乌工商职业技术学院等本地院校扩大电子商务相关专业招生规模，千方百计做大义乌自身电商人才基数。二是大力发展校企合作模式，引进各类人才培训和服务机构，规划建设一批“零成本”的人才孵化中心，与全国高校建立人才输送机制，联合电商企业、第三方平台、培训机构创新培训模式，打造产教融合的实训基地，为学生提供更为真实的实践平台，每年培训跨境电商人才不少于1万人次。三是在杭州等地积极谋划建设一批“人才飞地”，构建完善的人才扶持政策，努力为跨境电商企业解决人才招引问题。

（二）拓宽跨境电商物流通道

跨境电商对物流时效的要求较高，要强化海、陆、空、铁、邮、义新欧、义甬舟物流支撑，充分利用“义新欧”跨境电商精品班列、海运物流服务丰富的优势，构建形成服务高效、信息通畅的全球跨境电商物流服务网络。一是全力推进中欧（义新欧）班列高质量发展，以数字化、特色化、精品化为突破口，打造高质量、市场化发展的示范班列，提升义乌至“一带一路”重要节点城市的电商物流运力和时效。二是完善国际邮件互换局和国际快件监管中心服务功能，加快在全球贸易重要节点城市布局建设海外仓，积极创建省级跨境电商公共海外仓。三是加密国际航空货运航线，常态化开通义乌—马尼拉等货运航空，加强与上海、广州国际货运资源丰富城市的对接，实现便利化的转关，争取把数据留在义乌。

（三）优化跨境电商主体结构

一是以综保区、国际陆港电商城二期、跨境电商产业园及物流园等载体为核心，加大招引大平台、大卖家、大服务商力度，面向深圳等地积极招引一批跨境电商大卖家，加大政策、土地、资金等要素支撑，争取招引培育一批标杆性上市跨境电商企业。二是强化政策扶持，鼓励义乌传统外贸企业和制造工厂通过第三方平台开展跨境电商出口业务，重点针对东南亚、南美、中东等新兴国家市场扩大跨境电商出口规模。三是加强与阿里国际站、亚马逊等平台合作，争取落地线下服务中心和区域仓储中心等项目，实施新一轮电商主体培育计划，推动中小微电商企业品牌化、规模化发展，不断提升义乌跨境电商的主体能级。

（四）提升跨境电商服务体系

一是提升电商园区运营服务能力，坚持特色化运营，推动跨境电商卖家、服务商、产业链上下游企业集聚发展，积极争取省级跨境电商产业园。二是丰富线上综合服务平台功能，拓展在线结汇业务，做大跨境电商 B2B 出口试点业务，引导企业开展无票免税和核定征收，探索中小微跨境电商企业合规化发展路径。三是结合自贸试验区、综保区建设，深化跨境电商领域改革，着力在跨境电商注册、交易、支付、物流、通关、退税、结汇等方面的改革创新，积极探索跨境电商境外数据合规化访问通道。

（五）支持跨境电商品牌培育

一是完善全场景全链路数字化贸易综合服务平台——“义乌小商品城”Chinagoods 平台，利用义乌小商品实体市场和传统产业集群优势，上线更多具备自主知识产权、品牌影响力大的产品，强化供应链服务能力。二是实施“异地产业带+义乌市场”源头货计划，招引集聚更多优势行业，不断强化跨境网货供应链。三是抢抓跨境电商独立站发展机遇，支持有能力的商家依托独立站培育自主品牌，推动义乌出口结构由产品出海向产品与品牌同步出海转换，打造跨境电商出口品牌50个以上。四是探索“海外仓+直播电商”“独立站+TikTok”等跨境电商新模式，支持企业通过短视频、直播、社交等方式开展海外营销，用好私域流量，提升出海品牌效应，推动“义乌制造”向“义乌智造”转变。

（六）做大跨境电商进口业务

跨境电商保税进口业务发展对进口市场培育、产品品类丰富、进出口平衡等具有重要意义。一是要扎实推进进口市场建设。完成新型进口市场顶层设计、业态布局与行业规划。针对RCEP区域稳步开展跨境电商保税进口重点运营企业、品牌供应链的招引培育，推动日韩的日用品、小家电通过跨境电商1210进口，集聚更多跨境电商进口上下游企业，完善跨境电商保税进口生态圈。二是积极探索“保税+直播”业态模式。完善数字直播产业孵化中心服务功能，积极对接各类MCN机构和达人，以供应链或其他形式开展合作，努力开展各类直播带货活动，不断提高行业影响力。三是拓展跨境新零售模式。依托数字监管模式，借助区块链、IOT、天眼等技术手段，推动通关便利化，拓展跨境电商新零售的试点范围，实现监管透明、全程可追溯，降低订单造假和走私风险。

参考文献

张晋芳：《我国跨境电商的发展现状、问题及对策》，《商讯》2020年第18期。

桑国荣：《中国小微外贸企业跨境电商的发展研究》，吉林财经大学硕士学位论文，2019。

魏晖荣：《中小型跨境电商企业的人才困境分析》，《泉州师范学院学报》2022年第3期。

《中国（义乌）跨境电子商务综合试验区实施方案》，http：//www.100ec.cn/index.php/detail--6495483.html。

B.10

温州综试区：全市域联动推进跨境电商产业集群提档升级*

周怀中　钱 俊　龙佳丽　赵靓雯**

摘　要： 温州区位优势突出，拥有发达的华商网络、扎实的制造业基础和完善的产业配套体系，在发展跨境电商方面优势明显。本文总结了温州自2019年获批跨境电商综试区以来，在跨境电商产业发展方面取得的成绩和创新经验做法，分析了温州综试区在产业结构、跨境电商人才、跨境物流等方面存在的短板，并建议温州综试区在挖掘进出口新潜力、培育行业增长新动力、锻造物流仓储新韧力等方面发力，加快打造跨境电商一流产业生态圈。

关键词： 温州综试区　跨境电商　产业链

温州市传统产业集群效应明显，海外仓建设从量增迈向质升，在发展跨境电商方面优势明显。经国务院审批通过，中国（温州）跨境电子商务综合试验区（以下简称温州综试区）于2019年12月正式设立，其对温州深度融入“一带一路”建设、构建对外开放新格局意义重大。

一　温州综试区发展情况

温州综试区以“一区一核多园”为重点，着力于构建完善的中小微企

* 本文中的数据均来自温州市商务局关于跨境电商的相关统计数据。

** 周怀中，温州市商务局副局长；钱俊，温州市商务局跨境电商综试区处处长；龙佳丽，温州市商务发展促进中心主任；赵靓雯，城云科技（中国）有限公司项目总监。

业跨境电子商务生态系统，坚持“特色凸显、优势互补、错位发展”原则，构建跨境电商、保税仓储、智能物流、快递通关、金融支付等综合服务体系，通过促进“关”“税”“汇”“商”“物”“融”一体化，线上“单一窗口”平台和线下“产业园区”平台相结合，形成“闭环式”生产、贸易、集货、支付、物流、结算、结汇等全链条生态系统，打造“跨境电商+传统制造”创新发展、全球华商回归创新创业、跨境电商全球供应链创新、进口商品全渠道销售“四大示范区”，通过对前三批跨境电商综合试验区改革创新实践的总结和借鉴，聚焦四大特色、重点构建六体系、加快搭建四平台，推动跨境电商成为温州对外开放的新平台、新高地，使温州在全国范围内实现“区域经济中心”和“区域消费中心”的目标。

（一）进出口裂变式增长

温州综试区自设立以来，综试区项下进出口额增长十余倍，呈现裂变式增长态势。2022 年 1~10 月，综试区实现海关跨境电商管理平台跨境电商进出口额 220.65 亿元，其中出口 183.24 亿元，进口 37.41 亿元，同比增长 166%。1~9 月，综试区交易额 327.3 亿元，其中出口 275.6 亿元，进口 51.7 亿元，占全省比重 12.9%，居全省第 4 位。[①] 在商务部发布的“2021 年跨境电子商务综合试验区评估”结果中，温州综试区综合排名处于第二档“成效较好”，总体表现位列全国中上水平。

（二）市场主体稳步扩大

主体培育方面，全市现有跨境电商企业 4566 家，其中海关备案企业 1001 家，规模以上企业 115 家，外贸转型基地、产业基地等加快应用跨境电商新业态。行云、汇侨、海蛛等知名跨境电商企业相继落户，与拼多多、淘分销等 100 多家电商平台建立合作关系。人才培育方面，由省商务厅、省

① 浙江省商务厅：《全域推进，风采跨境：全力打造跨境电商强市，谱写温州综试区精彩蝶变新篇章》，2022 年 11 月 25 日。

委组织部、省委宣传部等单位牵头共同主办了粤港澳赛区“之江创客”总决赛、浙江（温州）招商推介活动，并在30多个主流媒体上进行了报道。两年来，温州市共组织了500多场跨境电商活动，培训了2万多名专业技术人员，浙江省商务厅“综合试验区”建设情况的评估报告显示，温州市的人才培养评价成绩位居全省第一。①

（三）产业集聚加快形成

经多年培育，温州市已建成10个各具特色的跨境电商园，其中瓯海眼镜跨境电商园、龙湾红连跨贸园、鹿城跨境电商园等3个园区获评省级跨境电商产业园。产业集群方面，温州市现有10个县（市、区）15个产业集群获批省级产业集群跨境电子商务发展试点，其中5个试点县（市、区）绩效评价等级A级，乐清电气、苍南针织内衣、龙港礼品、经开区五金卫浴4个产业集群成功获批第三批浙江省省级产业集群跨境电商发展试点。建成浙江第一个跨境物流公共集拼中心、综保区国际贸易中心、1210进口退货中心等，跨境电商产业生态圈加速形成。

（四）业态融合不断深化

借助“温贸通”外综服平台，为轻工业产品量身打造跨境电商品牌化出口模式。创新“体验店+直播”“保税仓+直播”等带货模式，帮助企业“引流带货”，提高商品流转速度。依托温州口岸及海外仓资源，推出跨境电商+市场采购/中欧班列/货运包机/海运直航/海外仓等多场景组合服务，助力企业降本增效。充分挖掘本地丰富的华商华侨资源，首创性提出“公共海外华侨仓”概念，开展市级公共海外华侨仓评审，引导华商华侨积极参与全市海外仓建设。在同批次获批综试区中，温州率先实现9610、9710、9810、1210全业务覆盖、全模式运行。

---

① 浙江省商务厅：《全域推进，风采跨境：全力打造跨境电商强市，谱写温州综试区精彩蝶变新篇章》，2022年11月25日。

（五）保障机制日趋完善

制定出台专项扶持政策，建立指标、工作、政策、评价“四大体系”和信息通报、评估推广、项目推进“三大机制”。与在温各高校合作建设7所市级跨境电商学院，以“跨境专业+直播学院+实训基地”为模式创新培育专业人才。建成跨境电商“一网通”线上服务系统，加快打造城市“跨境电商大脑”，在杭州海关关区率先开展跨境电商数据统计和跨境电商企业动态管理试点，有力促进了跨境电商健康快速发展。

二　温州各县（市、区）跨境电商产业集群发展情况①

浙江商务厅发布的《关于公布2021年度产业集群跨境电商发展试点绩效评价结果的通知》中提到，温州市龙湾区、瓯海区、瑞安市、永嘉县和平阳县五个县（市、区）跨境电商试点绩效评价等级为A，在全省范围内排名首位。另外，鹿城区、乐清市和龙港市的三个县（市、区）评级为B。目前，温州市10个县（市、区）15个工业集群获批省级跨境电子商务试点（见表1），试点城市的数量居全省首位。

表1　温州15个省级产业集群跨境电商发展试点

县(市、区)	产业集群	县(市、区)	产业集群
鹿城区	制鞋业	平阳县	宠物用品、皮革皮件、按摩器具
龙湾区	制笔业	乐清市	工业电气、电子元器件
瓯海区	眼镜、制鞋业	苍南县	针棉产业
永嘉县	教玩具	龙港市	印刷礼品产业
瑞安市	汽摩配、鞋类、箱包	经开区	卫浴产业

资料来源：笔者综合整理。

① 各区县发展情况参考《中国（温州）跨境电子商务综合试验区综合宣传手册》。

（一）鹿城区

鹿城区在应对全球贸易萎缩、跨境物流受阻等出口难题方面，以新市场、新路径、新模式为主要破题思路，围绕温州综试区建设省级产业集群跨境电商发展试点的有关要求，抓政策落地、抓制度创新、抓多元融合，率先突破跨境电商三大出口新模式，助推鞋类产业集群通过跨境电商拓展国际市场，提高自主渠道和自主品牌影响力。

（二）龙湾区

制笔产业为龙湾第四大支柱传统产业，拥有“中国制笔之都”“浙江省制笔专业商标品牌基地”“浙江省区域名牌”“温州市优质产品生产示范区”等荣誉称号，是全国首家国家级制笔基地，同时也是国内产量最大、品类最齐全、品牌最集中的制笔产地。

（三）瓯海区

自 2016 年起，瓯海区大力推进产业集群跨境电商发展，先后培育了眼镜、鞋类省级产业集群跨境电商发展试点，连续三年工作考核获评 A 类，眼镜、鞋产业开设跨境电商店铺 878 家，形成了一定的产业集群规模，在探索跨境电商发展路子上形成了瓯海特色。

（四）永嘉县

永嘉县教玩具产业始于 20 世纪 70 年代，行业发展初期以技术含量不高的“低、小、散”家庭作坊为主，经过 40 余年的发展，目前已成为永嘉县四大支柱产业之一，并获“中国教玩具之都”“中国教玩具流通中心”等多张金名片，产业的知名度和美誉度大幅提升。

（五）瑞安市

近年来，在省商务厅、财政厅的大力支持下，瑞安市汽摩配、鞋类、箱包相继列入省级产业集群跨境电商发展试点，其中，瑞安箱包产业已经形成了从皮革到扣、锁、链、轮等配件的生产流水线，从原材料供应到物流配套一条龙的产业集群，产品涉及四大类、几十个系列、上千个品种，在国内外市场上所占份额较大。鞋革是瑞安的传统工业，历史悠久，20 世纪 20 年代以来，形成了完整的鞋革供应链体系；以瑞安为核心，周围聚集着鞋机、鞋饰、鞋床和制革企业 1000 多家，并形成特色明显、分工明确的制鞋市场。

（六）平阳县

平阳县宠物用品、皮革皮件、按摩器具相继列入省级产业集群跨境电商发展试点。宠物用品主要出口美国、欧盟等地，平阳宠物咬胶食品出口额占全国同类产品出口总额的 60%，获得“中国宠物用品出口基地”“国家级出口宠物食品质量安全示范区”“国家级宠物用品外贸转型升级基地”三张国字号金名片。平阳的皮革、皮带占全国市场份额的 60%以上，获得了“中国皮都”“中国鞋料加工生产基地”等荣誉称号。平阳按摩器具行业共有著名品牌 12 个、省级著名品牌 9 个，省著名商标 1 个，有 14 个产品在国外注册，5 家企业获 9 个体系认证，获国家 3C 认证产品 46 个，获国家外观专利 106 个、实用新型专利 78 个、发明专利 15 个。2017 年，平阳县被确定为“国家级家用保健电器具产品质量提升示范区”。

（七）乐清市

近年来，乐清市已初步形成工业电气、电子元器件、精密模具、建工钻头（工具）、煤矿、机械、头盔、节日灯等产业集群。其中，电力产业集群是乐清经济核心支柱产业，该集群规模较大，产业链较深，与全国工业发展总体趋势相一致。三年来，凭借着自身的工业基础和平台优势，乐清市以“总量扩大、结构优化、品质提升”为抓手，构建完善的跨境电商生态系统，培养一批领军企业，引导乐清电力公司发展跨境电商，实现产业升级，使其成为电气产业持续发展和经济增长的新动力。

（八）苍南县

苍南县出台了产业转型升级的实施计划，并将针棉产业列为经济转型升级中的重点产业。宜山镇依托“中国内衣品牌”网络直播基地，制定了一系列政策措施，鼓励纺织企业通过引进先进的技术和设备，整合产业链，不断推进资源优化配置。宜山镇的主要经济支柱产业是针棉纺织工业，现有纺织企业和个体工商户 1000 多家，职工 2 万多名。近年来，舒尔丹、追鹿、宝派、绅门等一批知名品牌相继诞生，带动了附近几个乡镇数万人就业。

（九）龙港市

龙港市拥有“中国礼品城”、“中国印刷城”、“中国台挂历集散中心”、“中国非织造材料产业集聚示范基地”和“中国印刷材料集散中心”5 张国字号金名片。作为龙港市的支柱产业，印刷礼品产业具有悠久的历史、扎实的工业基础、完善的配套设施，在产品的生产方面优势明显，尤其是纸、布、PVC 包装产品、工艺商务礼品等产业，具有规模化、专业化的特点，生产能力强、产品创新度高、质量好、价格优，在新技术、新工艺、新材料、新产品等方面均涌现一批创新成果，目前龙港已具备商务礼品、个性化礼品、办公礼品、宣传礼品等产业链。

（十）经开区

温州经济技术开发区通过“人工智能”“腾笼换鸟”“机器换人”等方式，大力推动卫浴产业从传统制造向智能化制造转型，依托“互联网”和“大数据”等时下流行的手段和渠道，加强行业分析，通过亚马逊、速卖通、企业独立站等跨境电商平台拓展销售渠道，逐步形成创新驱动、上下游产业链完善的现代化产业集群。此外，依托哈尔滨工业大学产学研技术平台、产业协会与温州大学联合打造的技术服务平台，开发出真空节能抽水马桶、智能水嘴、即热型水嘴、恒温龙头等一系列新型特色产品，把握先机抢占市场份额。

温州拥有着良好的产业集群基础，下一步，需持续推动产业集群跨境电商发展试点实现提档升级，巩固产业集群跨境电商发展试点优势地位。推动外贸转型基地、产业基地等集群应用跨境电商，探索建立海外跨境电商展厅等新模式，提高跨境电商产业链供应链集群发展水平。

三 海外仓建设情况

温州综试区重点围绕“华侨+海外仓”的模式探索，鼓励有能力有条件的企业、华侨建仓设仓，打造共建、共促、共享的产业发展氛围。

2022 年省级公共海外仓：温州紫讯信息科技有限公司（美国纽约康梅克仓）。该海外仓仓储面积达 23450 平方米，日处理量在 3000 份订单以上，日常仓库使用率为 80%、流转率超 50%。目前该仓提供头程运输及到货清关、一件代发、退货换标、退货检测、大货中转、多渠道批量清库存等国际化仓储物流服务。

2020 年省级公共海外仓：温州外贸工业品股份有限公司（塞尔维亚泽蒙仓）。该海外仓是塞尔维亚 A 类保税仓（最高等级），入仓货物均从中转港完成海路、海铁联运，不经停塞尔维亚海关指定报关场地，直接入仓。海外仓使用率为 90. 7%，库存率为 1. 13%，实现了驻仓周期短、周转率高的目的，近几年的业务量实现稳步增长。

2018 年省级公共海外仓：温州强邦国际贸易有限公司（印度新德里仓）。该海外仓主要针对省内企业涉印跨境业务和项目落地服务功能，共为 50 多家国内企业提供服务，产品以电子电器类、鞋类、饰品类、交通器材、游乐设施等为主，仓储面积约为 3000 平方米，共 4 层。

四 多方共促跨境电商新发展

（一）联手速卖通开展“暖心助企·产业共富”活动

为进一步做好稳市场主体保就业，让纾困政策直达市场主体，温州综试区开启“暖心助企·产业共富”活动，联手国内跨境电商平台速卖通出台多项支持措施，涵盖现金补贴、流量扶持、物流升级、疫情免责等跨境电商各个环节，帮助温州跨境商家降本增效，抓住商机，迈向全球。

1. 平台直接补贴，提升商家生意

借助海外消费旺季，通过发放优惠券、优惠码等多种方式直接进行价格补贴。除了价格补贴，速卖通还加大流量补贴，让商家获得更多流量，接到更多订单，提升生意机会。

2. 物流降本增效，减轻商家负担

速卖通在物流方面全面升级，包括参与合单，物流免费升级；海外仓服务升级；海外仓热门物流路线降价；优选仓降价+流量扶持等。

3. 提前放款，缓解商家资金压力

为缓解跨境商家经营压力、加速资金周转，大促期间，速卖通在原有授信基础上提额50亿元，保障尽可能多的资金能在商家发货后5~7天内快速到账。

温州综试区自2022年5月20日启动“暖心助企·产业共富”首场活动以来，利用确定性商机保障、确定性物流保障、确定性资金金融保障、确定性服务保障、确定性人才保障等五方面十项举措，助力中小微跨境外贸企业复苏。接下来，温州综试区将继续加强县市联动，通过联合优质服务商、举办资源对接会、强化物流支撑、推出助企纾困系列举措、做响“跨境电商服务六进”品牌、开展“一店一品一站”行动等，帮助企业优线上、拓市场，实现品牌出海。

（二）全方位深化丝路电商合作

2022年12月10日，首届全球数字贸易博览会·丝路电商合作论坛在温州拉开帷幕，作为我国改革开放先行区和民营经济重要发祥地，温州是“海上丝绸之路”的重要枢纽，具有产业基础雄厚、交通条件便利、配套设施完善的独特优势。论坛现场公布了浙江省跨境电商品牌成果，温州iRest、VLAND等本土品牌榜上有名，涉及机械配件、保健器材等不同类别，温州市跨境电商品牌化发展水平显著提升，跨境电商企业核心竞争力进一步增强。

（三）“一网通”系统上线运行

温州综试区获批近三年，成果丰硕、亮点纷呈，跻身全国优势梯队，但在数据监测、主体培育、体系建设等方面仍存在短板，“一网通”系统由此“诞生”。“一网通”系统精准回应政府、企业、群众的“急难愁盼”，创新打造e库智图、e图智览、e链智环，构建以数据驾驶舱为中枢的温州跨境电商智慧大脑、智能服务大厅，已于2022年11月完成建设并正式上线运行。

（四）海关全力保障跨境电商货物通关流畅

2022年10月31日至11月11日“双十一”期间，温州海关累计验放跨境电商包裹179.05万个，货值5.20亿元；其中，进口商品以保健品、化妆品、母婴用品为主，占比近九成。为确保“双十一”电商大促活动期间通关顺畅和高效监管，温州海关组建党员突击队，提前一个多月准备并及时启动“双十一”通关应急响应机制。通过统筹人力资源，实行高峰期“24小时”值守通关，对布控查验的货物和出区邮包开展即到即查、即查即放；组织压力测试，不断优化分流分压措施、系统数据交换方式和商品申报路径，确保监管高峰运行流畅、响应及时；加强监管监督，在落实疫情防控要求的基础上，保障入区货物零等待、出区包裹零积压、全程通关零延时。

五　温州综试区发展创新经验

（一）大力推进跨境电商产业集群

温州在全域范围内积极推动产业集群跨境电商发展试点工作，并充分发挥省级专项激励作用，打造“产业集群+产业园区+公共服务中心”发展模式，推动外贸转型基地、产业基地等集群应用跨境电商，提升跨境电商产业链、供应链集群发展水平。

（二）做精做优跨境电商产业园

温州市聚焦特色主导产业招引大型平台，建设一批线下跨境电商产业园区。同时，加大对跨境电商集聚化发展的政策支持，推动园区与海关监管、快递物流、产业集群、海外仓等跨境电商供需资源高效整合衔接，优化园区空间布局，凸显产业园区集聚效应。建立省级跨境电商园区评价指标体系，推进标准化管理，筛选出省级、国家级跨境电商示范项目。

（三）招引跨境电商服务商

招引提供专业或综合服务的跨境电商服务商，为企业提供中介代理、金融、人才培训、物流仓储等配套服务，促进传统外贸企业向跨境电商转型。支持各类社会力量参与服务体系建设，为跨境电商企业提供创业创新的孵化平台和服务。

（四）打造专业人才队伍

打造多层次跨境电商专业人才队伍，激发行业发展原动力。建立市级跨境电商学院，在全市 7 所院校设立分校区，培养适应和引领跨境电商发展的高素质应用型、复合型、创新型人才。同时，构建政府、高校、社会、企业多方联动的跨境电商人才培养体系，为行业发展提供人才支撑。

六　温州跨境电商发展过程中存在的问题

（一）传统产业仍居主导地位

温州大部分是私营经济，大部分企业由小作坊个体发展而来，传统的工业基础导致温州对外贸易发展中存在两大突出问题：一是产业结构中，传统行业处于主导地位，附加值较低，行业的转型难度较大；二是企业品牌意识不强、创设动力不足，管理者对品牌作用缺乏认识。

（二）跨境电商人才短缺

整体来看，当前温州跨境电商企业“懂理论、会实操、有经验、能交流”的复合型人才缺口较大，从事跨境电商的人员外语基础相对较弱，日常沟通、商务谈判、外语写作以及阅读能力尚欠缺。高校人才培养方面，缺少有经验的教师及实际操作场景，跨境电商培训课程尚未落实，所培养的人才与企业实际用人需求存在一定差距。

（三）物流发展仍需加强

从目前来看，温州跨境电商物流存在配送时间长、难以全程追踪包裹信息、包裹丢失损坏和快递成本高等问题。从温州发往国外的包裹派件一般需要 20~30 天，过长的配送时间制约海外用户的购买；此外，包裹出境后难以全程追踪递送信息，且在以邮政包裹为主的跨境物流模式中，从收件到最终交付给客户，往往需要经过四五次甚至更多次的转运，容易造成货物损坏；而自疫情以来，海运、空运班次的减少导致跨境物流费用上升，增加了跨境电商企业的成本。

七　温州跨境电商发展建议

（一）挖掘进出口新潜力

持续推进跨境电商“一网通”线上服务系统和海外智慧物流平台（海外仓服务在线）的推广应用，确保海外仓平台上线率达 100%，将跨境电商龙头企业招引纳入“招商引智”重点任务，推动传统外贸、制造和流通企业“触网升级”开展跨境电商业务。支持企业加入 eWTP 平台，创新数字化营销手段，推广跨境直播新模式，鼓励企业参加国内外各类线上交易会等。

在出口方面，优化 9710 出口，大力推广 9810 和 1210 出口，稳步做大 9610 出口，推进跨境电商 B2C 和 B2B 业态同步高质量增长。引导企业完善业务国际布局，探索“跨境电商+一般贸易/市场采购/海外仓”等多模式联动，并鼓励企业申报高新技术企业认证、注册境外商标。进口方面，推动跨境电商1210保税进口和9610直购进口协同发展，探索发展保税仓直播销售等模式，打造跨境电商进口新零售首店。

（二）培育行业增长新动力

强化与本地高校联动对接，鼓励高校开设跨境电商专业课程，支持学校与企业合办“就业订单班”，持续举办开放型经济培训班，支持院校和各类社会培训机构开展跨境电商相关职业技能培训。加大力度培育引进龙头企业，加大细分类目销售冠军的培育扶持力度。同时，推进“店开全球”专项行动，鼓励应届毕业生、创业青年、个体户投身跨境电商创业创新，建设跨境电商“青年创业高地”。

着力招引提供专项或综合性服务的跨境电商服务商，提供中介代理、金融、人才培训、物流仓储等配套服务，发展营销推广、数据分析、多语种翻译、技术支持、涉外法律等多样化、个性化服务，推动广大外贸企业向跨境电商转型发展，做大做强产业生态。同时，做精做优线下跨境电商产业园区，并鼓励各县（市、区）建设一批线下特色跨境电商产业园区，探索以产业园区为单位指导精准制定跨境电商扶持政策。

（三）锻造物流仓储新韧力

海外仓是做大跨境电商出口业务的重要一环。未来需持续优化市级公共海外仓标准，制定市级华侨仓标准，同时加大华商华侨海外仓摸排力度，引导龙头企业与华商华侨合作建立海外仓联盟，链接国内优质供应链企业与海外华商华侨资源，培育一批优秀公共海外仓。

大力提升口岸发展能级，一是海运方面，稳定温甬内支线航运排期，鼓励和引导企业通过温甬内支线出口，加强集装箱空箱供给，争取新开通更多班轮航线；二是陆运方面，常态化运行中欧（义新欧）班列温州号，增加中欧（义新欧）班列温州号班列计划和线路数量，提高跨境电商货物占比，畅通铁路短驳奖补申报渠道；三是空运方面，加密温州直航的货机航线班次，力争开通更多专业货机航线，完善提升回程带货业务。通过深化政府、口岸、货代、企业、船公司五方合作机制，推动海港、陆港、空港、信息港“四港”高效联动，不断完善物流配套设施。

参考文献

柯哲人、赖艺文：《跨境电商综试区两周年交出亮眼成绩单》，《温州日报》2021 年 12 月 28 日。

柯哲人：《我市 3 家跨境电商园获评“省级”》，《温州日报》2022 年 10 月 30 日。

柯哲人：《温州拿下产业集群跨境电商“双冠王”》，《温州日报》2022 年 7 月 20 日。

B.11

绍兴纺织产业带：以集群优势带动跨境电商新发展

周威威　陈　佳*

摘　要： 绍兴柯桥拥有全国最大的纺织产业集群，占据全球纺织面料1/4的市场份额。近些年，绍兴柯桥纺织产业加快发展外贸新业态新模式，深化跨境电商综试区和市场采购贸易两大国字号试点，纺织业跨境电商发展成效显著。本文在介绍绍兴纺织业发展和跨境电商综试区建设的基础上，分析了柯桥纺织业跨境电商集聚发展和线上线下融合发展情况，并聚焦主体培育、配套建设、项目引育、产教融合，提出柯桥纺织产业带跨境电商高质量发展建议。

关键词： 绍兴　纺织产业带　跨境电商

一　绍兴柯桥纺织业基本情况

绍兴柯桥因布而兴、因布而名，拥有七大纺织名镇——杨汛桥、齐贤、马鞍、钱清、夏履、兰亭、漓渚以及世界最大的轻纺产品集散地——中国轻纺城，是中国最大的纺织产业集群。2022 年前三季度，浙江省纺织纱线、织物及其制品出口额 2776 亿元，同比增长 15.25%；服装及衣着附件出口额

* 周威威，绍兴市电商公共服务中心负责人，主要负责全市跨境电商和传统电商公共服务体系建设和业务推进工作；陈佳，绍兴市电商公共服务中心工作人员。

1802亿元，同比增长23.84%。绍兴市纺织纱线、织物及其制品出口额1067亿元，占全省比重38.43%，同比增长24.63%；服装及衣着附件出口额226亿元，同比增长22.40%。[①]

2022年1~10月，柯桥区纺织业产值1050亿元，轻纺城市场群成交额2777亿元，分别增长11.3%、11.5%，[②] 已成为全球规模最大的纺织品集散中心，销售遍布190余个国家和地区，全球有近1/4的纺织面料在此交易。截至2022年8月，通关平台申报的全区跨境电商出口商品共298.7万单5728万美元，整体趋势稳中向好。[③]

中国作为最大的纺织品服装生产国和出口国，纺织业对外依存度较高，纺织出口额的持续稳定增长对平衡国际收支、解决社会就业及纺织业可持续发展至关重要。跨境电商作为一种新兴的贸易方式，为纺织品服装外贸企业进行渠道创新提供了新路径，节约了货物流转的成本，创造了更大的盈利空间，也为消费者提供了更优惠的价格。

进入后疫情时代，跨境电商逐渐成为我国外贸发展的新引擎、新动能，将推动纺织产业链的持续整合和扩展，将纺织产业链提升到高端，延伸到终端，从而更好地参与国际贸易，享受跨境电商带来的便利和红利。2019年，国务院正式批准绍兴为跨境电商综试区，柯桥纺织被评为浙江省产业集群跨境电商试点。在浙江省全面铺开跨境电商综试区的大背景下，绍兴打通跨境电商9610、9710、9810三条出口通路，高效推动绍兴柯桥中国轻纺城市场采购贸易试点发展。2021年，柯桥区新增跨境电商业务企业296家，累计达到1800家，亚马逊平台上柯桥活跃卖家376个，在线交易额4.79亿美元，其中窗帘类目品牌前10名中占6席，柯桥已成为线上窗帘始发地。市场采购贸易成效显著，联网平台备案区内市场主体1738家，其中供货商1589家，外贸企业132家，报关行17家，累计申报

① 来源于杭州海关统计数据。

② 《2022世界布商大会盛大启幕：以“布”为马、点“布”成金、“布”满天下》，新华每日电讯，2022年11月17日。

③ 绍兴柯桥区商务局：《2022年1~8月柯桥区商务运行简况》，2022年10月17日。

19957 票，货值 181450.35 万美元，累计结关 19557 票，货值 178025.81 万美元。①

二　中国轻纺城现状和优势

中国轻纺城建于 20 世纪 80 年代，是全国首个冠以“中国”的专业市场。近年来，柯桥区坚持产业、市场与城建联动发展，大力推动中国轻纺城“二次创业”，市场集群化、国际化水平提升显著。目前，中国轻纺城已形成“南部传统交易区、北部市场创新区、中部国际贸易区、西部原料龙头区和东部物流配套区”业态格局。当前，中国轻纺城已成为亚洲最大的专业型轻纺市场，纺织产品总销售额占全国 1/3。中国轻纺城以区域位置优越、市场实力雄厚、产业基础扎实、经营配套完善等优势成为柯桥跨境电商发展的重要一环，同时持续优化市场服务生态，率先形成知识产权保护体系，积极开展线上金融服务，引育技术创新、品牌自建、产业链完整的公司经营模式，成效颇丰。

（一）区域位置优越

中国轻纺城地处长江三角洲“金南翼”，依托全国经济强区辐射以及长三角经济一体化进程加速的双重优势，使中国轻纺城在长三角城市群发展过程中受益颇丰。优越的地理条件和经济环境使中国轻纺城从区域市场向全球性市场迈进。

（二）市场实力雄厚

经过多年发展，中国轻纺城规模不断扩大，市场现有面积 365 万平方米，拥有 26000 多间营业房和 24000 多家注册公司。同时，中国轻纺城销售

---

① 绍兴市柯桥区统计局：《2021 年绍兴市柯桥区国民经济和社会发展统计公报》，2022 年 3 月 16 日。

网络遍布全球，常驻海外采购商5500余人，海外机构近千家，拥有自营出口企业1459家。①

（三）产业基础扎实

柯桥区合力打造现代纺织产业集群，积极推进纺织产业数字化转型，在生产规模、销量、产业链完整性和机器设备先进性上均处于全国领先水平。同时，在市场开拓、设备升级、产品开发、人才引育等方面成效显著，竞争优势明显。

（四）经营配套完善

中国轻纺城打造商贸服务、休闲、物流等全方位的服务配套体系，以金柯桥大厦为中心，形成辐射全区经济的商贸服务体系，涵盖商业金融、会展资讯、餐饮住宿；以及以瓜渚湖为核心的商务休闲区，以中国轻纺城国际物流中心为基础的纺织品物流中心，以全球纺织网为主的信息平台，以中国轻纺人才市场为主的纺织行业专业人才交流平台。

三　柯桥纺织产业链概况

以柯桥为中心延伸，浙江纺织产业链分工合作体系较为清晰：湖州织造，杭州丝绸，宁波服装，嘉兴经编和毛衫，绍兴印染，台州布料，金华无缝针织各具特色。近年来，依托“产业+市场”双重优势，柯桥成为全国纺织市场产业链最齐全、产能最大、专业性最强的纺织产业集群。从上游的化纤原料，到中游的印染、织造，再到下游的服装、家纺等，柯桥纺织业已形成完整的产业链条。

在成本上涨、环境要求提高和国际贸易标准变化的压力下，柯桥大力推动印染聚合、设备更新和生产迭代，从数量积累转向质量飞跃，加速沉淀

① 数据来源于柯桥区人民政府网站，http：//www.kq.gov.cn/art/2018/10/30/art_1562161_22685108.html。

“印染+市场”的比较优势。围绕产业升级、品牌创建、创新驱动、绿色低碳，重点推进化纤产品差别化、印染绿色化、面料时尚化升级，拓展延伸产业链条，培育一批龙头企业和标杆企业。按照现代纺织产业链“补链强链”的原则，加快招引培育绿色、可再生纤维、新材料等项目；以印染产业腾笼换鸟、跨域整合，加大引进知名织造企业，推动中游印染、织造迈向“绿色高端、世界领先”；以做强特色家纺品牌为依托，提升百思、中慧、左拉等服装家纺品牌知名度，引领柯桥区纺织产业高端化发展，实现柯桥从世界纺织品集散中心向全球时尚创意策源地的跨越。

四　绍兴跨境电商综试区基本情况

绍兴跨境电商综试区于2019年12月正式获批，聚焦“集群制造+跨境电商”“专业市场+跨境电商”两大特色，围绕“一网双核六结点”功能布局，通过政策扶持、机制创新、主体培育、服务赋能等方式，构建线上综合服务平台（六体系）和线下“1+6”公共服务中心，形成以越城休闲纺织、柯桥纺织、上虞伞业、诸暨珍珠、嵊州领带等产业集群为基础的绍兴特色跨境电商新模式，不断推动绍兴开放型经济高质量发展。

（一）强化顶层设计，绘好创新发展蓝图

1. 聚焦“集群制造+跨境电商”

发挥绍兴产业集群发达优势，深入实施“双十双百”集群制造培育行动，抓重点、补短板，以产业集群为基础，以主体培育、品牌创造、产业链构建、服务体系建设为抓手，引进和培育一批具有较强国际竞争力的跨境电商企业，深化柯桥纺织、诸暨珍珠、嵊州领带、上虞伞业、越城休闲纺织等省级产业集群跨境电商发展试点。

2. 聚焦“专业市场+跨境电商”

充分发挥绍兴专业市场发达优势，整合中国轻纺城、服装市场、大唐袜城等专业市场的交易资源、线上线下服务资源，以线上跨境电商交易模式打

破线下市场的时空限制，支持跨境商品在实体市场的分销和展示；为企业提供跨境贸易解决方案，促进专业市场向线上线下互联互通和内外贸易一体化的转型和扩展。

（二）锚定发展目标，打造多方联动跨境电商生态图

聚焦线上线下互动、内外贸结合两大特色，形成完整的制造、贸易、物流、支付、结算、收付汇等产业链，打造具有鲜明绍兴特色的跨境电商发展新模式，建成立足绍兴、聚合周边的跨境电商中心，打造线上智慧服务平台与线下综合电商园区联动的跨境电商生态圈，把绍兴跨境电商综试区建设成为全国跨境电商和制造业集群融合发展样板。

（三）创新服务路径，做好“筑巢引凤”文章

绍兴跨境电商综试区围绕人才引育、服务升级两大重点工程，打造人才集聚“强磁场”，构建创新服务“生态圈”。

1. 打造最优人才生态

2020 年启动“绍兴跨境电商基础培育工程”，认定 13 家跨境电商人才培训基地。2021 年 5 月，成立绍兴市跨境电商学院，将绍兴文理学院等 5 所高校设为分校区，组建包括 36 名专家学者的“智囊团”。2022 年 6 月，举办“绍兴市首届跨境电商仿真技能竞赛”，通过实战模拟，高效实现校企对接。

2. 营造最强发展氛围

组织企业抱团参展拓市场，以“越时尚越世界”专区形式集中亮相首届中国跨境电商交易会。举办 2021 跨境电商直采大会，签约跨境电商相关项目 14 个，帮助 50 余家本地供应商与杭州、深圳等地 20 余家优质采购商及服务商对接。举办 2022 绍兴市跨境电商服务季，涵盖业务培训、人才招聘、企业孵化、品牌出海、宣传引流五大主题，服务赋能全市跨境电商企业无忧出海。

五　柯桥纺织业跨境电商集聚发展

在数字化和智能制造深度升级发展的大潮下，柯桥跨境电商产业逐步从“零星散落”升级为“聚集发展”，使跨境电商企业有了一个聚拢的“场”，一条集结的“链”。一方面，依托浙江省纺织产业集群跨境电商试点，推动外贸新业态新模式应用推广，从平台打造、企业培育、人才培养、政策激励等多个维度，通过跨境电商推动外贸转型升级。另一方面，依托“产业集群+跨境电商”核心属性，有效集聚跨境电商资源要素，搭建一个全方位、全要素、全产业链支撑的跨境电商生态体系，加快引育一批跨境电商领域龙头企业、标杆企业，打造一批走出国门的“品质柯桥”跨境品牌。

（一）中国轻纺城跨境电商产业园

中国轻纺城跨境电商产业园被评为浙江省电子商务创业创新基地、2022~2024年度省级跨境电商产业园，是柯桥区“双百亿”重大项目。园区以轻纺产业为核心，借助跨境电商整合升级纺织产业，构建以轻纺技术创新、轻纺产业创业培训为重点，集资本、人才、技术及政府帮扶服务等企业上下游服务于一体的综合服务平台生态系统。

中国轻纺城跨境电商产业园位于中纺CBD核心区，园区总占地约105亩，总建筑面积19万平方米，地理环境优越，交通极为便利。园区自2019年2月交付后，致力打造成一流的集跨境电商、传统电商、电商配套于一体的综合性跨境电商园区。目前，园区已入驻跨境企业100余家，阿里巴巴国际站、亚马逊、eBay等一批跨境电商平台均已落地，培育B2B、B2C跨境企业超1000家，在亚马逊平台上窗帘品类销售榜单前十大企业中柯桥企业比重超半，阿里巴巴国际站“品质浙商”企业主体占全市比重达八成。[①] 其

① 邬莹颖：《打造开放平台，创新外贸业态，绍兴跨境电商“9610”出口通道开通，为柯桥纺织注入新活力》，《纺织服装周刊》2020年7月13日。

中，绍兴沐家家居科技股份有限公司（新三板跨境电商上市企业）、蒲公英集团（阿里巴巴第三方服务商）、浙江天玺网络技术有限公司（阿里巴巴国际站服务商）、绍兴通纺云电子商务有限公司（eBay 浙江省第三方服务商）等知名电商企业公司总部都已迁入园区。同时，中国轻纺城纺织产业创新综合体也已经落户园区，为轻纺产业的跨境电商升级提供了科技及技术支持。

（二）中国轻纺城跨境电商公共服务中心

2020 年，柯桥区建成并运行中国轻纺城跨境电商公共服务中心。该跨境电商公共服务中心由柯桥商务局、中国轻纺城集团、中国轻纺城跨境电商产业园等企业共同发起，以线上线下共享服务资源，链接地方政府、电商平台、产业园区、传统企业、行业协会、高等院校、投融机构、科研院所等机构。定位为全省跨境电商服务产业集群空间，为全省各地电子商务产业发展提供一站式综合解决方案。

（三）中国轻纺城跨境电商监管中心

中国轻纺城跨境电商监管中心在原有海关内陆监管点基础上投资 3000 多万元改造提升，促进 9610 模式跨境出口。2022 年 6 月 29 日，其在柯桥区顺利举行绍兴跨境电商综试区首单业务（9610 出口）开通仪式，金蝉布艺通过出口通关服务平台完成 9610 首单，出口 976 票 6.6 万余元。目前监管中心内场站面积 1.2 万平方米，监管仓 1680 平方米，设立有智能卡口系统、带 CT 功能检测的快件分拣线系统、无死角全覆盖的视频监控系统以及全区域的无线上网系统等，同时还配备有三个信息化软件系统（跨境电商 9610 出口通关服务系统、跨境电商出口代理申报系统、跨境场站管理系统）以及跨境 9610 出口协同支撑平台。中国轻纺城跨境电商监管中心的设立，有利于场站管理、运营维护、数据代理申报等一体化发展，推动跨境企业通关便利化，促进与国际贸易“单一窗口”无缝对接，更便捷实现信息互换、数据共享和监管互认。

（四）中国轻纺跨境数智服贸产业园

2021 年 3 月，位于绍兴柯桥滨海工业区、紧邻杭州大江东的“泛鼎鼎乘·中国轻纺跨境数智服贸产业园”正式启动运营。产业园由“轻纺+跨境数智服贸（仓播）”“轻纺+国际会展经济”“跨境轻纺数据研究中心”组成，是集跨境数智服贸，国际会展经济，跨境轻纺数据研究中心，展、销、研于一体的产融结合的跨境数智服贸产业园。

六　柯桥纺织业跨境电商线上线下融合发展

柯桥区通过高质量举办世界布商大会、海外市场促进会、外商集市三大盛会及其他大型活动，并充分发挥独立站和直播平台加速跨境电商发展的作用，深化市场采购贸易和跨境电商综试区融合发展，引导市场采购经营者线上通过跨境电商平台获取订单，线下使用市场采购贸易方式出口商品，拓宽新业态出口渠道，全力提升国际化营商环境，打造外贸高质量发展新动能。

（一）世界布商大会

在 2018 年举办的首届世界布商大会上，柯桥发布“丝路柯桥、布满全球”行动计划。多年来，该项行动计划扎实推进：面向国际，一方面，陆续在缅甸、越南等共建“一带一路”国家开展自办展、展中展，成立中国轻纺城商会，加强柯桥纺织业与共建“一带一路”国家的深度合作；另一方面，丝路柯桥·米兰馆和米兰·柯桥馆相继成立，共同促进两地产业互通。面向国内，在“杭州·绍兴周”“成都·绍兴周”“深圳·绍兴周”等活动现场开设“丝路柯桥、布满全球”对接会，推动跨区域协同发展。

（二）海外市场促进会

2020 年，受新冠疫情影响，众多柯桥企业出口受阻，为解决企业痛点和难点，轻纺城建管委成立了柯桥轻纺城海外市场促进会，作为“丝路柯桥·布满全球”面向海外推介的外贸纺织企业平台之一，目前已经在美国、英国、德国、意大利、巴西等10余个国家设有办事处，并开展多场线上展会，助力柯桥企业跨境出海。

（三）外商集市

“外商集市”将“集市+纺织”“外贸+订单”“古镇+外贸”多元素叠加，进一步彰显了其吸引力、承载力，促使柯桥纺织品走向世界，也将世界纺织品需求信息带回柯桥。来自韩国、印度、巴基斯坦等20个国家的采供双方通过外商直接展示采购需求的方式，实现精准高效的业务对接。目前以“外商摆摊、企业赶集”的形式连续举办了两届，“外商集市”模式已日臻成熟，成为柯桥常驻外商和本地中小微外贸企业交流与贸易的重要品牌。

（四）独立站助力纺织企业出海

独立站的培育建设是跨境电商转型升级和实现贸易高质量发展迫在眉睫的一条重要路径。目前柯桥企业主要通过Shopify、Shoplazza、Shopline等SaaS建站工具搭建自有外贸平台，通过独立网站优化、谷歌搜索引擎推广和TikTok、Facebook等社交媒体引流的方式，提升产品关注度从而使企业更易获得订单。

绍兴市政府积极贯彻落实国家和省关于独立站建设相关要求，积极开展独立站领航行动，鼓励金融机构在跨境支付方面为企业提供相应指导，帮助企业拓宽支付渠道。中国轻纺城跨境电商公共服务中心相继与杭州银行、泰隆银行、连连支付等机构对接，点对点解决本地独立站卖家在跨境支付、收款结汇等方面的问题，降低跨境支付风险，助力卖家无忧出海。同时，邀请谷歌官方专家团队开展谷歌免费建站和SEO、SEM广告投流方式的线下培训课程。合规化出海培训方面，联合市场监管局等部门开展海外知识产权保护培训，邀请专家从境外产品认证、境外商标注册、境外专利申请等方面开展专业化解读，并在“e企跨”平台的“云课堂”模块上线5堂跨境电商合规化经营课程，帮助企业有效应对海外的版权和专利纠纷，助力企业加快海外知识产权布局、预警和维权，提升海外知识产权风险防控和应对能力。

（五）直播助推稳外贸

互联网+时代，线上渠道已经成为众多行业营销的主流渠道，主流社交媒体迭代更新也决定了电商的发展走向。当下，抖音类视频平台的渠道优势更加显著，平台大数据的推送方式可以更精准、高效地触达更广泛的客户群。中国轻纺城产业基础雄厚，纺织配套完善，直播电商环境相对成熟，在纺织服装行业直播电商涌起的浪潮中，一批敢于突破的优质面料企业积极布局电商营销新赛道。作为中国轻纺城纺织企业群体电商直播的先行者，“柯桥纺织抖音团”以全新的企业营销思维，助力柯桥中国轻纺城及纺织从业者商业模式的升级与发展。该团队围绕当前企业关注度较高的纺织产品营销，除邀请浙江中布数字传媒有限公司资深讲师和技术团队为市场经营者、纺织加工厂、面料品牌企业等提供多场短视频指导、直播培训等线下服务外，还积极邀请优质企业举办一系列经验分享线下服务。

七　柯桥纺织产业带跨境电商高质量发展建议

在做好柯桥轻纺城等跨境电商产业园建设的基础上，充分发挥当地产业带优势，扩大海外营销渠道，提升外贸竞争力，促进生产型企业和传统贸易型企业实现转型升级，使更多中小微企业通过完善的跨境电商体系，实现全球买、全球卖、全球链接、全球联动的战略目标，为企业转型升级、开拓跨境电商新通路奠定坚实基础，为有效带动区域产业结构优化、拉动经济增长探索变革方向。

（一）聚集主体培育，做实“品牌聚势”工程

在国家鼓励支持发展跨境电商的良好政策下，纺织企业与跨境电商企业寻求全方位合作与交流。开展“店开全球”“品牌出海”“独立站领航”三

大行动，培育壮大跨境电商主体。加快推动品牌建设，借助绍兴“好货中心”等平台打造区域性跨境电商品牌，支持跨境电商企业注册海外商标，创建自主品牌。

（二）聚集配套建设，做实“服务聚心”工程

加快推进越城（滨海）、柯桥轻纺城等跨境电商产业园建设，完善园区配套服务功能，鼓励跨境电商企业入驻园区。推进数字化纺织贸易建设，助力传统纺织产业线上线下深度融合，加快绍兴跨境电商线上综合服务平台（六体系）功能迭代升级，为企业提供跨境电商出海一站式服务；健全线下“1+6”公共服务体系，优化跨境电商产业生态，提升跨境电商服务效能。

（三）聚集项目引育，做实“产业聚能”工程

积极打造中国纺织业国际品牌，营造企业高质量、高精度、高标准的国际品牌形象，提高企业品牌产品的附加值，以获得更多的品牌效益和经济效益。创新纺织贸易方式，建立数字化纺织贸易，持续开展定向招商、精准招商，着力引进一批优质服务商和物流公司入驻跨境电商产业园。

（四）聚集产教融合，做实“人才聚智”工程

大力支持纺织业外贸企业培养企业内部优秀电商人才，积极打造企业自己的跨境电商平台。加快推进绍兴市跨境电商学院建设，吸纳更多在绍高校和跨境电商人才入驻学院，形成跨境电商人才集聚效应。充分发挥“政校企协”协同效应，搭建“产学研”融合的人才实训平台，通过以赛促学、以训促教等方式，为绍兴企业输送更多跨境电商优质人才。

参考文献

陈婕、陈以军：《发挥产业带优势，柯桥有了跨境电商创业园》，《钱江晚报》2022

年 7 月 1 日。

石慧、陈钟、姚陶祎:《柯桥纺织：做好跨境电商和市场采购贸易方式两大试点》,《杭州日报》2022 年 10 月 27 日。

绍兴市市场监督管理局:《柯桥区纺织（印染）产业质量基础设施一站式服务平台》, 2022 年 9 月 9 日。

王利:《绍兴柯桥：共富路上一“布”领先，迈向世界级现代纺织产业集群》,《纺织服装周刊》2022 年 5 月 18 日。

邬莹颖:《打造开放平台，创新外贸业态，绍兴跨境电商“9610”出口通道开通，为柯桥纺织注入新活力》,《纺织服装周刊》2020 年 7 月 13 日。

B.12

平度睫毛产业带：山东假睫毛“翘”动全球，10对有7对来自平度

苏　静*

摘　要： 青岛平度睫毛产业基础雄厚，历史悠久，20 世纪 70 年代就已在平度市大泽山镇长乐地区出现，经过多年发展，睫毛产业已经在整个平度市范围内壮大成势。本文通过梳理平度睫毛产业与跨境电商产业融合发展现状，分析假睫毛跨境出口面临的问题，并从制定专项扶持政策、树立地域假睫毛品牌、推动出海模式创新发展、加强知识产权合规管理、加大跨境电商人才培养等方面提出对策建议。

关键词： 平度　跨境电商　美妆　睫毛产业带

一　睫毛产业概况

假睫毛是一种美容用品，通过艺术设计来表现眼睛和睫毛之间精灵般的气质。假睫毛作为女性特有的装饰，在历史上可谓源远流长。早在公元前 100 年，古罗马就有假睫毛的记载。当时，古罗马的妇女用烧焦的玫瑰花瓣和枣，与煤灰和锑粉混合，涂抹在睫毛上以示忠诚。直到 1916 年，一位名叫大卫·格里菲斯的美国导演发明了人工假睫毛。1950 年，玛丽莲·梦露

* 苏静，青岛市跨境电子商务协会创始秘书长兼常务副会长，乐盈电商学院创始人，日本电商市场山东服务联盟主席，乐盈汇卖家俱乐部创始人，主要研究方向为跨境电商发展及人才培养。

在《夜阑人未静》里首次亮相，珊瑚色的脸颊、水润的唇彩、长翘的假睫毛和轻盈的粉底，让她成了女性魅力的典范。

现在，很多时髦的女士喜欢用假睫毛来美化自己的眼睛，让眼睛变得灵动可爱。正如流行歌曲所说，“长睫毛”是每个精致女孩都想要拥有的“最美符号”。但是现实中，并不是所有的女生都能长出一双自然卷曲的长睫毛，所以一副别致精美的假睫毛就成了很多精致女生追捧的对象。

假睫毛的种类有很多，按做工可分为手工睫毛、半手工睫毛和机制睫毛。手工睫毛是纯手工制作，一根一根地把睫毛丝勒起来，做工精细，方便实用，但工艺复杂，出产量受人工限制。半手工睫毛的前几道工序是用机器完成的，后两道工序是人工制作，睫毛成品相对平整好看。机制睫毛主要是机器制作，但也有一小部分需要人工参与，这种睫毛外形漂亮，成本较低，产量也较大。

假睫毛按用途分类，可分为娃娃睫毛、影视睫毛、仿真睫毛和个性睫毛。娃娃睫毛是给洋娃娃等玩具娃娃用的睫毛，粗长可爱。影视睫毛佩戴后，眼睛的立体感非常明显，适合于摄影妆、舞台妆等。个性睫毛是一种设计独特、彰显个性的睫毛，比其他几种睫毛更长更密，适用于戏剧、舞台表演或特殊妆容。

在疫情背景下，“口红经济”罕见地失效了，“眼妆经济”反倒乘势崛起成新的现象。麦肯锡研究人员发现，2020 年高端彩妆下降了 75%，眼部化妆品却逆势增长了 150%。[①] 眼睫毛作为眼妆的重要部分，市场销量自然也是水涨船高。

在阿里巴巴国际站发布的 2022 年度十大商品中，假睫毛榜上有名（见图 1）。阿里巴巴国际站数据显示，假睫毛行业年复合增长率保持在 7%，预计到 2023 年，全球市场份额将达到 17. 5 亿美元。北美、欧洲和亚太地区是最主要的假睫毛消费市场，其中北美洲的市场份额占比 36. 7%。假睫毛行业的买家主要集中在美国、英国和加拿大，其中美国占比 64%。墨西哥、

① 麦肯锡：《疫情对全球美妆业影响报告》，2020 年 5 月。

巴西和南非是机会市场，年商机同比增速超过100%。对装睫毛依旧是假睫毛中流量、商机、买家数最多的细分品类，但增幅有所放缓；增幅较大的品类为密排睫毛，目前线下门店逐渐开始营业，预测该品类流量将会持续走高。①

图1　阿里巴巴国际站2022年度十大商品

资料来源：阿里巴巴国际站。

青岛平度是“中国睫毛第一县”，近年来得益于跨境电商的发展，一副副产自山东的假睫毛正被销往世界各地，经历一次次全球环游。青岛平度政务网数据显示，平度市的户籍人口是136.8万。2021年平度市假睫毛产品年产值约70亿元，经营范围含眼睫毛的市场主体2165户，带动就业5万余人。② 2022年平度假睫毛年产值已达100亿元。③ 简单算笔账，每27个平度人中就有1个在做假睫毛生意，每个从事假睫毛生意的平度人年均创造收入20万元。

---

① 阿里巴巴国际站：《2021假睫毛行业趋势分析及商机解读》，2021年7月。

② 数据来源于平度市发展和改革局2022年4月发布的《发展改革工作简报》。

③ 数据来源于2022年11月16日CCTV-17农业农村频道“振兴路上”栏目《假睫毛真下单》的新闻报道。

二　平度假睫毛跨境电商发展现状

（一）行业发展势头迅猛

作为全球假睫毛产品最主要的集散地，全球女性所使用的假睫毛中每10对至少有7对来自平度。截至2021年，平度市假睫毛产品生产份额约占全球70%，生产加工1000余种不同样式、品类的假睫毛成品。[①] 平度每年大约生产1.2亿副假睫毛，卖出的假睫毛可绕青岛市5圈。

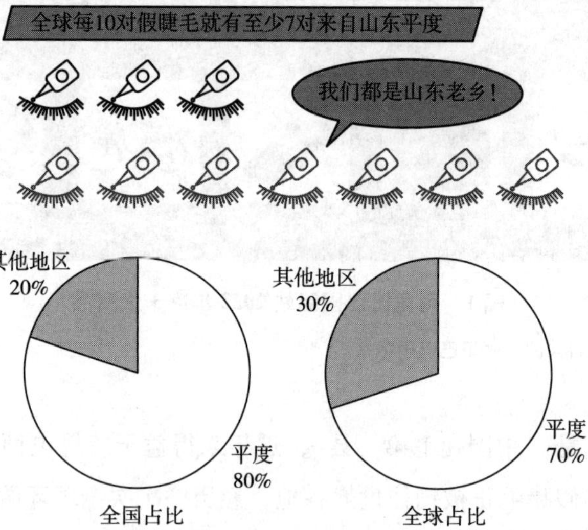

图2　山东省青岛平度假睫毛市场占比

资料来源：公开新闻报道、平度市发展和改革局。

从海关总署数据在线查询平台得知，假睫毛有三个HS编码，分别是67041900：合成纺织材料制假发、胡须、眉毛及睫毛等；67042000：人发制假发、胡须、眉毛、睫毛及其他人发制品；67049000：其他材料制假胡须、假眉毛、假睫毛等。如今，山东的假睫毛正“翘”动全球，海关总署数据

① 数据来源于平度市发展和改革局2022年4月发布的《发展改革工作简报》。

显示，2017 年山东企业生产的假发、胡须、眉毛、睫毛等出口额达 3.7 亿美元，2018~2020 年分别达到 6.1 亿美元、7.4 亿美元、6.9 亿美元，山东假睫毛的出口规模不断壮大且保持良好态势（见图 3）。

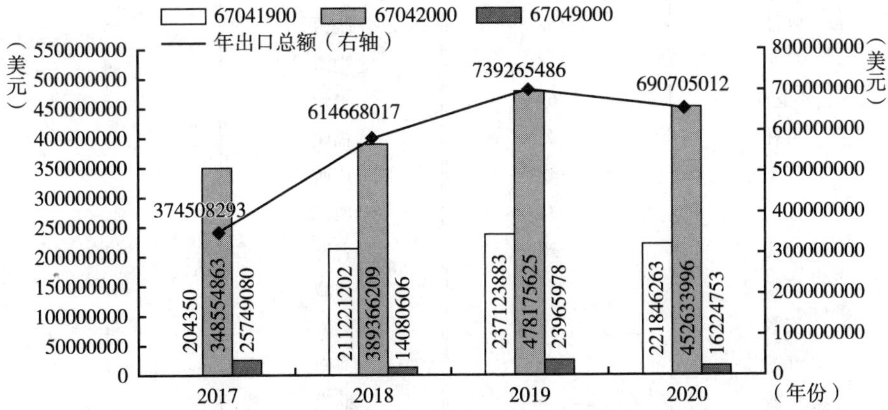

图 3　2017~2020 年山东企业生产的假发、睫毛类产品出口额

资料来源：海关总署。

平度市睫毛产业基础雄厚，历史悠久，20 世纪 70 年代就已在平度市大泽山镇长乐地区出现，经过多年发展，睫毛产业已经在整个平度市范围内壮大成势。平度市市场监管部门数据显示，截至 2021 年 9 月，该地区经营范围含眼睫毛的市场主体共有 2165 户，其中企业 581 户，个体工商户 1584 户；制造业 1288 户，批发零售业 814 户。

企查查数据显示，截至 2022 年 11 月，山东拥有 3343 家假睫毛相关企业，全国 85%的假睫毛企业集中在山东（见表 1）。2018~2022 年，山东平均每年约有 480 家假睫毛相关企业注册登记，这些企业又绝大多数坐落在青岛市（见图 4）。得益于青岛平度睫毛产业拥有的产业集聚优势、生产能力优势、工艺品质优势等，2019 年平度市收到了阿里巴巴给予的一张“烫金”名片——假睫毛源头产地，2021 年平度市获得了一项国字号荣誉，被中国轻工业联合会、中国香料香精化妆品工业协会正式授予“中国美妆用品（睫毛）产业之都”称号。

表 1　全国假睫毛企业分布情况

单位：家

省(区、市)	企业数量	省(区、市)	企业数量
山东	3343	湖北	6
浙江	152	陕西	5
广东	128	湖南	4
黑龙江	67	贵州	3
吉林	43	福建	3
辽宁	43	广西	3
河南	34	四川	2
河北	28	青海	1
新疆	13	西藏	1
安徽	13	云南	1
江苏	10	海南	1
山西	9	北京	1
江西	8	天津	1
内蒙古	6	重庆	1
合计		3930	

注：数据截至 2022 年 11 月。
资料来源：企查查。

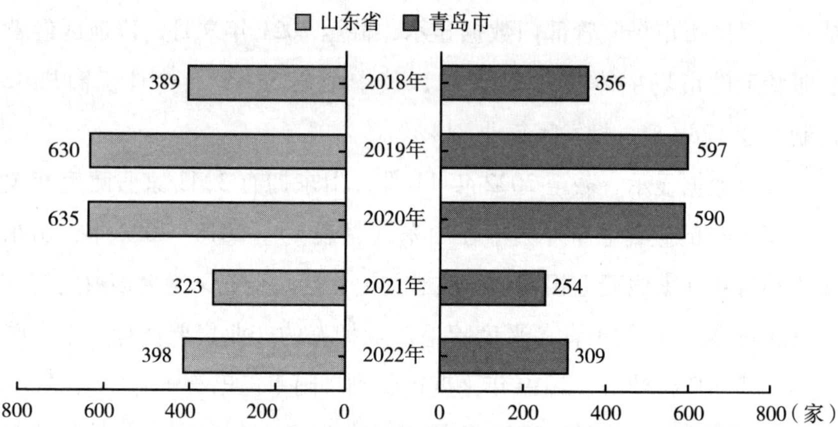

图 4　2018~2022 年山东省及青岛市假睫毛企业注册数量情况

数据说明：2022 年数据截至 2022 年 11 月。
资料来源：企查查。

青岛平度90%以上的假睫毛企业利用阿里巴巴国际站、全球速卖通、Amazon、eBay、Wish、TikTok等国内外知名跨境电商平台开拓海外市场。在亚马逊全球开店2023年招商启动会上，假睫毛成为官方推荐重点选品方向，在美国市场，以及欧洲、日本、中东等新兴市场，假睫毛都呈现逐年上升趋势。跨境电商已成为助推青岛产业升级发展、打造外贸新优势的重要抓手。

（二）告别无序作坊，走上标准化、品牌化路线

假睫毛行业虽然市场庞大、消费潜力巨大，但已走过无序竞争期，产品过硬是打出品牌、开拓市场的前提。平度假睫毛企业摒弃贴牌生产的老路，积极开展新技术、新工艺、新材料、新设备的研究，推进企业数字化转型，蹚出了一条自主创新、自主研发、品牌发展的新路子和标准化管理之路。越来越多的企业在建立完善的质量体系的基础上加大产业品牌打造力度，实施“品牌战略”，培育自主品牌。

（三）引领行业标准

作为全国假睫毛的重要产地，青岛平度多家假睫毛企业参与企业标准、行业标准制定，抢占行业发展制高点，进一步夯实平度在全国美睫行业的知名度与影响力。2019年平度某睫毛厂就已经成功申报并现行实施企业标准，如Q/PDSTM001-2019，为行业标准的制定提供了更多实践性的验证。更为重要的是，青岛平度假睫毛企业积极参与中国《发制品　假睫毛》标准制定，为标准的制定和执行提供了重要的生产执行标准参考，为中国美睫行业的标准化发展做出了较大贡献。

2022年10月工信部发布公告，正式批准《发制品　假睫毛》行业标准，并于2023年4月1日正式实施。中国《发制品　假睫毛》产品质量行业标准，历时六年，在全国发制品标准化委员会和中华全国工商业联合会美睫专委会组织协调下，几十位专家、业界精英数易其稿而成，是中国美睫行业的第一部标准，对中国美睫行业的国际声誉、生产规模、行业发展都有极

其重要的意义和影响。

中国《发制品　假睫毛》产品质量行业标准的出台，标志着睫毛产业将实现规范化标准化生产和管理，对优良品牌商、生产商和消费者起到指导、保护作用，对行业市场起到净化规范作用，对中国美睫市场的国际化也会有很大的提升。

（四）优化行业发展环境

2021年以来，平度制定了一系列补链、强链的政策机制，通过重新落地原材料化纤工厂、促进半成品加工环节回流、打造区域品牌与质量体系、构建产业互联网平台等措施实现终端市场突破。

为了抓住线上销售的红利期，提高平度睫毛产业在销售环节中的占比，平度“美丽在线新经济产业园”已在筹建中，规划占地约300亩，总投资约30亿元，将按照“定制化”厂区建设，有效解决企业在生产过程中的消防、环保、安全等问题。同时，园区还将设立孵化中心、展示中心、物流中心、品牌中心、科研中心，为入园企业打造原材料采购、人才培训、品牌塑造、产品研发、物流仓储、展示展览等全产业链一条龙服务平台，助力企业集聚发展、转型升级。

（五）持续完善服务体系

青岛平度跨境电商发展“软环境”持续优化。一是打造市、区两级政策体系，全域推动跨境电商发展。市级层面出台《青岛市人民政府办公厅关于印发青岛市加快推进跨境电商高质量发展若干政策措施的通知》（青政办字〔2022〕56号），从推动跨境电商平台高水平发展、引导跨境电商主体做优做强、建立高效跨境电商供应链体系、提升全市跨境电商集聚发展效应等方面加大跨境电商支持力度。各区县结合各自业务特点，相继出台支持跨境电商发展的扶持政策，业已形成市、区两级政策全域推动青岛跨境电商高质量发展的格局。二是监管部门政策创新协同推进。海关方面，优化跨境电商监管流程，支持出口商品与退货复出口商品“合包”运输到境外。山东自贸区青岛片区创新跨境电商海外仓出口退税新模式，建立出口退税“白名单”和“资金池”，有效提升出口退税效率，缓解企业资金压力。税务方面，积极探索扩大“无票免税”和企业所得税核定征收政策覆盖面。建立跨境电商出口海外仓（9810 模式）出口退税沟通联系机制。联合国家外汇管理局落实跨境电商出口企业货款轧差结算和个人外汇账户办理跨境电商外汇结算等便利化措施，简化跨境电商企业收结汇流程。

（六）优化跨境物流基础设施建设

青岛市毗邻日韩、连通全球，逐渐形成了集海、陆、空、铁、邮于一体的综合物流枢纽，为跨境电商发展保驾护航，为平度睫毛产业降低国际物流成本、提高跨境配送时效、提升国际竞争力夯实了物流保障。一是畅通海上高速通道。依托对日韩区位优势发展海运跨境电商，在全国率先设立海运快件监管中心，实现“夕发朝至”。2022 年 6 月 18 日，青岛—大阪点对点滚装班轮直航快线正式开通，填补了近年来青岛港无中日滚装集装箱服务的空白，形成中日韩海上快速物流黄金大通道。二是增开空运专线。青岛机场已开通至仁川、大阪、东京、多伦多、芝加哥、列日、莫斯科、河内 8 条国际货运航线，其中全货机 6 条。全省首个航空物流超级货站获批，建成后空运物流地面转运时效可提高 50%以上，物流成本下降 30%左右。三是加密多式联运班列。青岛有目前国内沿海地区最早的多式联运海关监管中心，陆续开通“中亚班列”“中韩快线”“东盟快线”“青俄满国际班列”“中欧白俄罗斯”“青新欧国际班列”等 11 条国际班列。山东省首班跨境电商货物专列“中欧班列（齐鲁号）跨境电商专列”已开行，上合示范区跨境电商海关监管中心和国际道路运输（TIR）集结中心正式启用。

（七）大力推进特色产业带集聚发展

青岛结合国家外贸转型升级专业型示范基地，提出“产业带+跨境电商”发展模式，不断推动各区县优势产业带形成集聚，推动企业品牌出海。目前已形成胶州、即墨、西海岸、平度、城阳等特色产业带集聚区，其中尤以平度睫毛产业带集聚度程度最为突出。除阿里巴巴国际站、全球速卖通、敦煌网、亚马逊等第三方平台外，30%以上假睫毛企业通过自建网站、TikTok等新媒体进行跨境出口销售。

为进一步加大睫毛产业转型升级力度，扶持产业做大做强，加快“一园两基地”（平度市美妆在线新经济产业园、大泽山镇生产加工基地、旧店镇生产加工基地）睫毛加工企业、产业链配套加工企业、电商企业、贸易企业、电商与贸易配套服务企业的发展，结合平度实际，2021年6月7日，平度市委、市政府出台《平度市支持睫毛产业发展若干政策》，推动睫毛产业集聚、集约、集群发展。

三　平度跨境电商发展面临的问题

（一）市场竞争压力加剧

基于本地劳动力和原材料成本优势，平度睫毛产业得以快速迅猛发展。随着人口红利逐步减弱和审美观念的转变，睫毛产业向新型设计工艺升级发展的新阶段迈进，以消费者为中心的跨境电商模式正在构建。但平度以质量品牌取胜的商业模式尚未形成，同质化严重，产业升级转型压力很大。部分以家庭为单位的“小作坊”，因其生产成本大大低于企业，以次充好、低价倾销等恶性竞争现象层出不穷，不利于行业健康有序发展。此外，出口企业自主品牌建设滞后，虽然平度拥有美妆（假发、假睫毛）、服装家纺、户外用品、家居家具等优势产业带，但只有部分企业建立了海外品牌，很多企业以传统贸易OEM、ODM出口模式为主，多以“量”或“价”抢占市场份额，对产品创新研发投入不够，自主品牌建设能力不足。

（二）多重因素叠加导致经营成本加大

在多重因素叠加之下，全球经济复苏风险增大。首先，受全球疫情反复的影响，全球经济复苏再度承压；其次，俄乌冲突对全球金融市场带来巨大冲击，也引发海外能源价格上涨，加剧全球通胀上行压力；最后，美国等经济体物价上涨仍然没有缓和迹象，货币政策紧缩对全球经济影响尚待观察，美国经济走弱或是大概率事件。在国际环境不确定性风险加剧的背景下，假睫毛原材料渠道受阻，国际形势导致物流不畅，使假睫毛企业的经营成本上涨，挤压企业利润空间，也制约了平度睫毛产业的快速发展。

（三）跨境电商出口数据统计存在一定难度

随着跨境电商零售业态及新媒体的兴起，大量假睫毛工厂通过第三方平台开展跨境电商 B2C 出口业务或通过短视频直播进行海外营销，由于个人用户对物流时效性要求较高，多采用邮政或国际快递渠道出口，无法纳入海关统计。此外，部分工厂没有进出口资质，通常采用买单出口，申报数据无法准确地归类到跨境电商海关数据中。假睫毛跨境电商出口统计数据的不准确，一定程度上导致政府在制定产业发展规划、出台跨境电商支持政策时存在偏差。

（四）跨境物流发展有待提高

新冠疫情大流行以来，国际物流运费大幅上涨，各国海关加大检疫力度，运输中转期限变长，物流时效受到严重影响。假睫毛客单价较低，又直接面对消费者，既要运费便宜又要保证小体积货品时效，对跨境物流的要求较高。作为北方的国际交通枢纽城市，青岛拥有海运优势的青岛港和空运优势的胶东机场双线路保障，希望能在较短时间内在轻小件物流上突破更优惠的价格，降低假睫毛企业的物流成本。

（五）跨境电商知识产权涉诉风险大

2020 年底以来，涉及发制品、假睫毛卖家的知识产权诉讼事件频发，不仅包括外观专利，还涉及制造工艺。Amazon、Wish、阿里巴巴国际站等多个平台都面临产品下架、账户冻结和巨额罚款的风险。由于各国跨境电商发展程度不同，商品的知识产权侵权和保护意识差异，以及法律法规体系建设水平不一等原因，部分国家为支持自身电商发展，对于跨境电商监管愈加严格，甚至设置一些贸易壁垒措施。出于地域保护目的，国外部分平台没有给予中国出口商品有效的抗辩渠道和知识产权保护措施，使知识产权变成了恶性竞争手段。除上述客观原因之外，个别假睫毛卖家不重视知识产权保护，特别是部分低端产品因较低的产品附加值，在竞争力上不具优势，部分中小型企业为了提高销量，会以国外知名品牌的产品为样本进行模仿和设计，从而频繁出现侵犯知识产权事件，甚至产生大量的诉讼以及高额司法赔偿。

四　发展对策及建议

（一）制定专项扶持政策，打造优势产业带

以平度睫毛产业特点及企业需求为主导，制定五年专项扶持政策，助力“一园两基地”睫毛加工企业、产业链配套加工企业、电商企业、贸易企业、电商与贸易配套服务企业实现高质量发展，提高企业转型升级动力，推动资源整合、项目组合、产业融合，构建完整的睫毛产业链闭环，打造具有区域特色的“平度睫毛产业互联网”。

通过政策扶持，鼓励企业开票纳税，促进企业实现规模与效益快速倍增，形成完善的企业财税体系。同时，以政策推动企业转型升级，着力培育依法依规、健康有序的睫毛市场，向集聚化、专业化、现代化、市场化、规范化、个性化方向发展。在政策的扶持和推动下，力争实现将整个睫毛产业链的税收、GDP 等留存在平度当地，形成良好的社会效益。

（二）树立地域假睫毛品牌，打造“睫毛之乡”出海生态体系

积极打造区域化睫毛品牌，推动平度睫毛产业强化标准、提升品质、打造品牌，向全国和全球推广“好睫毛·平度造”的城市标签。鼓励行业协会等社会机构和单位宣传推广地理标志证明商标或集体商标；鼓励睫毛生

产、销售等企业使用地理标志证明商标或集体商标。积极鼓励和支持“一园两基地”睫毛生产及关联企业举办国内或国际睫毛展销（览）会和产业发展（论坛）研讨会议，帮助企业拓展本土和国际市场，持续提升行业的知名度和影响力。

（三）推动出海模式创新发展

加快引进和培育一批服务功能完善、辐射带动能力强的外贸综合服务企业，为中小企业提供通关、物流、金融、退税等专业集成服务。一是全面提升市级跨境电商公共服务平台效能。完善平台政务、金融、物流、海外仓等公共服务功能，进一步扩大平台周知面和影响力。二是出台加快跨境电商高质量发展的政策措施。以推动跨境电商出口规模为政策着力点，务实解决企业发展中的困难和堵点。三是着力推动优势产业数字化转型。立足优势产业，联合第三方平台、行业组织、省级孵化机构等与优势产业带合作，实现精准海外营销和供需匹配。

（四）提高跨境电商知识产权合规意识

加强假睫毛企业的知识产权、合规发展的宣讲和培训，不断提高企业知识产权保护意识。支持企业加大产品知识产权、资质认证、商标注册等方面的投入，全面排查和梳理企业合规化发展的风险点。在企业开展进出口业务前，应对目标市场的知识产权保护环境做充分调查，以安排知识产权风险防范的相关计划与措施。加大对假睫毛企业在专利申请和品牌建设等方面投入的支持力度，积极支持企业科技创新、开展商标品牌建设，构建自主知识产权体系。

（五）创新开展人才培育

加强政、校、企合作，探索出一条青岛跨境电商人才培养的路子，打造以“人才”为核心的行业生态。支持市内高校、高职院校开设跨境电商专业，培育跨境电商专业人才。鼓励假睫毛龙头企业与高校合作，创建跨境电商产业学院，共同建立实训基地，推进新型教学模式，着重培养兼具外语基础、跨境电商专业知识与行业实操经验的复合型跨境电商人才。支持电商、直播等相关专业人才进入“一园两基地”就业创业。对进入“一园两基地”内睫毛生产及关联企业正规就业并缴纳职工社会保险的各类人才进行补贴。

参考文献

商务部电子商务司：《“十四五”电子商务发展规划》，2021 年 10 月 26 日。

《全球假睫毛七成这里造——平度市大泽山镇：小小假睫毛，年产值做到 70 亿元》，《大众日报》2021 年 6 月 11 日。

《山东假睫毛“翘”动全球，10 对有 7 对来自平度》，《大众日报》2022 年 11 月 30 日。

《中共平度市委办公室　平度市人民政府办公室关于印发〈平度市支持睫毛产业发展若干政策〉的通知》，2021 年 6 月 7 日。

B.13

乐歌股份：从外贸转型发展的探索者，到赋能跨境电商行业生态服务的领军者

谢尚伟　虞浩英　王 凉*

摘　要： 乐歌股份经过多年的发展，已经形成智能升降家居和公共海外仓两大成熟产业，是国内跨境电商行业的创新型、平台型知名标杆企业。在历经贴牌代工、工贸一体、造船建仓、品牌出海后，乐歌的身份开始多元化，从卖货人到服务商，乐歌正在解锁更多角色，其全球化基因也越发浓厚，并找到了外贸高质量发展道路——"跨境电商+跨国海运+海外仓"的全价值链模式。本文以乐歌股份为案例进行探讨，分析其建立自主品牌、打造私域流量的转型发展之路，以期给跨境电商行业可持续发展和跨境电商企业高质量成长提供一定的借鉴和思考。

关键词： 乐歌股份　跨境电商　生态服务

2020年6月，在第127届广交会"云巡展"中，乐歌向李克强总理进行视频连线汇报，得到总理"创新型企业""平台型企业"双重肯定。2021年5月，李克强总理亲自莅临乐歌，肯定乐歌在新动能、新业态上取得的成就，鼓励乐歌继续做大做强，带动更多中小企业转型升级。12个月内，两次得到李克强总理关心和关注的乐歌，是如何从外贸转型发展的探索者成长

* 谢尚伟，宁波市跨境电子商务协会秘书长、长三角跨境电商联盟执行理事长兼办公室主任；虞浩英，乐歌股份战略公关总监；王凉，宁波市商务局跨境电商处一级主任科员。

为赋能跨境电商行业生态服务的领军者，又是如何在国际国内经济双循环格局下谋取高质量快速发展的呢？乐歌的措施及经验，值得更多跨境电商出海企业学习借鉴。

一　乐歌基本情况

从创业初期名不见经传的外贸公司，到中国出海企业第一梯队，一路走来，乐歌的脚步不算快，但每一步都铿锵有力。在历经贴牌代工、工贸一体、造船建仓、品牌出海后，乐歌的身份开始多元化，从卖货人到服务商，乐歌正在解锁更多角色，其全球化基因也越发浓厚。

乐歌围绕智能升降核心技术，结合物联网和传感技术为用户构建智慧办公场景和智能家居场景下的各类创新应用，为全球用户提供更加健康、舒适、安全、高效的整体智能解决方案。主营产品包括智能升降桌、智能升降学习桌、智能电动床、智能升降床等，国内主要电商平台每卖出三张升降桌，其中两张是乐歌品牌。经过多年的发展，乐歌已经形成了智能升降家居和公共海外仓两大成熟产业，是国内跨境电商行业的创新型、平台型知名标杆企业。旗下拥有3家高新技术企业，在宁波、广西、越南等设立了制造基地，实现全球化生产、营销和运营，拥有3000多名员工，被评为国家制造业单项冠军示范企业、国家服务型制造示范企业、国家绿色工厂。

从2011年开始转型涉足跨境电商，发展自主品牌，经过多年品牌沉淀，到2022年，乐歌海外品牌FlexiSpot首次入选“2022凯度BrandZ中国全球化品牌50强”，和华为等知名品牌一同出现在榜单上，同时乐歌不断建设自主渠道，现已形成境内境外、线上线下全方位销售渠道，其中境外线上销售规模领先同行业公司，在亚马逊等电商平台销量保持优势地位。乐歌2013年在美国租赁建造了一个5000平方米的海外仓来提高物流效率，现已形成了覆盖美西、美南、美东的三地布局，利用多年的海外仓运营经验积累及仓库规模、布局优势，2020年投资1亿多美元，在美购置了多个海外仓，顺利从跨境电商延伸出跨境物流服务。从2016年开始设立独立站，现已运营 11 个独立站，业务规模不断攀升，2022 年独立站销售额占跨境电商销售额超四成。目前，乐歌跨境电商已经形成五大优势，包括强大的研发设计能力、良好的品牌知晓度、全球化制造布局、独立站与第三方电商平台并重、规模化运营的海外仓仓储物流能力。

为更好地了解乐歌、学习乐歌、借鉴乐歌，本文通过时间轴形式汇总乐歌发展历程中的重大事件，以期从乐歌的成长之路看企业的经营之道。

1998 年，曾任中国电子进出口宁波公司国际合作部副经理的项乐宏决定自主创业。

2002 年，乐歌人体工学科技股份有限公司前身丽晶电子成立，主要从事话筒、音响支架等配件的代工生产和出口。

2005 年，公司注册“乐歌”商标。

2008 年，获得授权成立亚洲首家 GS 目击实验室，同年获评国家级高新技术企业。

2010 年，乐歌开创自主品牌的 M2C 直营销售模式，建立 5000 平方米的数控模具中心。同年，递交了上市申请，一年后未能成功上市。

2011 年，参与制定《平板电视机支架技术规范》中国行业标准。跨境电商业务起步。

2013 年，乐歌开始转型，主营业务逐步转变为人体工学产品及线性驱动部件的研发、生产及销售。在美国硅谷成立分公司，开启全球布局。首个海外仓开始运营。

2014 年，天猫“双十一”乐歌显示器支架和电视挂架销量全网第一，当天市场占有率达 50.5%。人体工学产品 D5 显示器支架获得业内唯一的红星设计奖。

2016 年，越南工厂投产，开启全球化制造。独立站 FlexiSopt 开始运营。

2017 年 12 月 1 日，乐歌股份在深交所创业板挂牌上市（证券代码 300729），成为大健康人体工学行业首家 A 股上市公司。

2018 年，乐歌 V9 乐小白以其独特的外形设计和产品理念，荣获被誉为“科技界诺贝尔奖”的 2018CES 创新奖。

2020 年，与李克强总理连线荣登央视新闻联播。建立智慧大健康装备产业技术研究院。成立 LECANG LLC，公共海外仓业务开始独立运营。获评国家制造业单项冠军企业。

2021 年，李克强总理亲临公司视察；乐仓被评为省级公共海外仓，入选商务部“业态创新服务示范案例”；与科技视频博主“何同学”的合作视频出圈。

2022 年，荣获国家级绿色供应链管理企业、宁波市人民政府质量奖、年度新消费品牌奖，FlexiSpot 首次入选“2022 凯度 BrandZ 中国全球化品牌 50 强”。投资 2 亿元建造 1800teu 集装箱快船，进一步完善境外仓储物流体系，提高乐歌海外仓创新服务综合体项目的运营能力。《乐歌项董说营销》抖音号启动，粉丝过百万。

二　乐歌的跨境之路

乐歌、安克、SHEIN 等跨境电商企业一直作为典型案例被人们所关注。本文通过乐歌不同阶段和跨境电商间的互动，从借力转型、沉淀品牌、聚焦品类、内外一体、搭建平台五个方面，全面展现乐歌跨境电商的发展历程和全产业链运营模式。

（一）勇于试水，借力转型

从 2004 年选品开始，2008 年压力下确定转型，到 2011 年勇敢切换到跨境赛道，再到 2016 年启动独立站，乐歌依靠自身智慧勇于试水，不断借力转型。

乐歌早期跟很多宁波外贸企业一样，也以贴牌生产和出口为主，产品技术含量相对较低。经过几年的原始积累后，乐歌认为单纯的贴牌贸易无法建立长久的客户合作关系，贴牌贸易的发展前景不容乐观，于是开始寻找适合 ODM 的产品选择突破。

2004 年的一次展会上，创始人项乐宏将目光投向了电视机支架。当时 LCD 电视刚刚兴起，电视机支架的需求增加，在此风口之下，乐歌成功借力转型，公司出口额从 1000 万美元突破 2 亿元人民币。此后，乐歌又将业务拓展至电脑显示器支架，进军人体工学领域。由于质量好、服务好，乐歌在行业内的口碑也逐渐传开，订单源源不断，支架销量迅速攀升，市场占有率跃居全球第二。

2008 年，金融危机席卷全球，乐歌海外贴牌订单大幅下降，销售额直线下滑，这让乐歌意识到，贴牌代工并不能作为长期的事业，中国依靠廉价劳动力和资源成为“世界工厂”，但只赚取了极少的制造价值，占大头的品牌附加价值和前端的研发设计价值被品牌商拿走，相当于为他人作嫁衣。当这些要素资源优势逐渐消失，伴随环保监管要求的提高，企业发展模式势必向价值链两端转移，比如发展自主品牌，或者提高研发和设计能力，以此来提升产品附加值。于是乐歌做出了“要卖自己的东西，要去美国建立仓库”的决定，从贴牌代工到品牌出海，乐歌的转变意义重大。

2011 年，国内跨境电商初露苗头，乐歌勇敢“试水”，成为较早一批开展跨境电商业务的外贸企业，并切换到发展自主品牌的道路上来。但实际上乐歌早期的跨境电商业务主要是在亚马逊、eBay 等第三方电商平台上铺杂货，不同的品类所用的品牌各不相同，其间注册使用了几百个品牌。

2013 年，为了推进跨境电商业务，公司聘请了一位职业经理人，并在美国租赁建造了一个 5000 平方米的海外仓来提高物流效率。然而理想美好，现实骨感。乐歌的跨境电商业务持续亏损了近 4 年，累计亏损 4000 万元，这让乐歌重新思考公司跨境电商模式，认识到铺杂货并不适合乐歌，需要聚焦产品、品牌、渠道，遂辞退职业经理人，项乐宏亲自挂帅调整业务，将海外多品牌运营模式改为统一品牌运营模式，注册自主品牌 FlexiSpot。凭借强大的供应链以及研发与制造能力，乐歌自主品牌升降桌、升降台等产品在亚马逊等第三方电商平台逐渐打响了名气。

跨境电商相对便捷的方式是从亚马逊等成熟的第三方平台入手，只要付费就能导入现成的公域流量，从而转化成销售。在国内电商平台“竞价排名”等初显威力之时，项乐宏意识到，同样的情况在跨境电商上也一定会出现，甚至更加疯狂，完全依靠第三方平台的弊端将日渐显露。国内电商的演变为跨境电商行业的发展带来了一定的启示，也为乐歌试水独立站提供了一定思路。

2016年，为减少对第三方电商平台的依赖，乐歌在美国建立了第一个独立站，并成立专门的市场部为之引流，即便亏损也坚持找到自身真正的目标受众，逐步将流量和信息掌握在自己手里。经过多年的耕耘，乐歌独立站“flexispot. com”境外线上销售规模领先同行业公司，在全球线性驱动应用产品垂直类独立电商网站中处于第一梯队。2020年疫情期间，乐歌更是逆势上扬，全年实现销售收入19.41亿元，同比增长98.42%；其中跨境电商销售10.33亿元，同比增长192%，公司独立站销售同比增长580.64%。2021年，尽管新冠疫情叠加人民币对美元持续升值，海运费、原材料价格波动，但是乐歌依旧实现业绩增长，全年营业收入28.71亿元，较上年同期增长47.95%，其中跨境电商业务增长38.76%，独立站销售增长89.19%。

（二）洞察需求，沉淀品牌

发展独立站，可以帮助企业更加贴近客户，了解需求，发挥DTC（Direct to Custom）优势，有助于数据化用户画像和应用场景分析，深化用户洞察能力。乐歌逐渐形成了以独立站为主、第三方平台为辅，2C为主、2B为辅的跨境电商模式，不断提升自主品牌销售占比，获取全价值链利润。

优秀的品牌在深刻洞察用户需求方面都特别出色，乐歌也不例外。乐歌通过独立站直接链接到客户，听取他们的心声。疫情期间，海外居家办公非常普遍，很多养了宠物猫的铲屎官在办公时，希望猫咪能陪在身边，于是乐歌在升降桌的下方设计了猫咪睡觉的布兜，广受铲屎官们欢迎。一旦设计灵感来自上百万的独立站用户，那么他们就是品牌的忠实粉丝，据了解，超过90%的用户愿意把FlexiSpot的产品推荐给朋友，同时乐歌“FlexiSpot”独立站也在2020年迎来爆发，从原来每天15万美元的销售额，直接暴涨到45万美元，随后持续以指数级增长攀升至100万美元并进入平稳期。

在乐歌敏锐的洞察力和服务能力支持下，乐歌的海外自主品牌FlexiSpot在亚马逊等第三方平台上同品类的搜索中排列靠前，品牌黏性持续增强，并拥有良好的溢价能力。2022 年全球品牌词搜索量同比 2021 年增长 24%。“黑五”期间，乐歌销售表现抢眼，线上全渠道同比销售增幅 80%以上。而且在亚马逊平台的升降桌类目前 100 名的排名中，乐歌的“FlexiSpot”自主品牌名列第一。乐歌各渠道访问量都在不断增长，据悉“黑五网一”期间全平台用户访问量同比增长 62%，转化率同比提升 23%。

自建海外仓，优化库存管理，降低物流仓储成本，也成为乐歌发展跨境电商自主品牌的又一优势。2013 年，随着乐歌跨境电商业务的快速发展，为了追求更低的物流成本、更快的送货时效，乐歌在旧金山硅谷租赁场地建成首个海外仓，大大提升了海外配送效率和客户满意度，尤其是乐歌的跨境电商业务以中大件产品为主，自建海外仓的作用更加凸显。此外，近年来利用不断强化的 DTC 优势，乐歌海外营销加大了红人、大 V 的种草力度，结合大促时点的优惠，转化率不断提升。

（三）深耕领域，聚焦品类

“精品、精铺、铺货”曾在一段时间内困扰跨境电商运营者，乐歌早年的跨境电商也以铺杂货为主，从 2011 年公司首次 IPO 折戟之后，创始人项乐宏就开始谋划产品转型。当时乐歌的电视支架、电脑支架出口量已经做到世界第二，但是支架产品的技术含量不高，门槛低，亟须转型升级，最终将目光瞄准了同属于人体工学范畴的升降桌相关产品。欧美国家对坐站交替健康办公理念已经广泛接受，丹麦等国家的工会甚至要求企业配备升降桌，以确保员工有健康的办公环境。从市场规模以及品类成熟度等方面考量，升降桌品类比支架更具前景。

作为智能升降（线性驱动）行业的后来者，乐歌从零突破，逐步建立了一支 700 人的研发队伍，与浙江大学、宁波大学等院校开展多元化的产学研合作，成立乐歌智慧大健康研究院，大大提高了技术攻关和创新能力，成功研发了将阻回退、地平自适应等多项全球首创技术。截至 2022 年底，乐歌拥有有效专利 1195 件，其中发明专利 114 件，为知识产权等方面的纠纷提供了非常好的助力，特别是随着中美贸易摩擦的加剧，乐歌曾两次遭遇

337调查①，凭借自身过硬实力，乐歌积极应对，最终取得有利的应诉结果。两次337调查，让乐歌深刻意识到跨境电商品牌出海，与传统的贴牌外贸相比，对专利以及研发的要求大大提升，为此乐歌不断强化自身研发实力，掌握核心技术，并加大了知识产权保护力度，为品牌出海保驾护航。

同时，乐歌启用全球化制造有利于供应链稳定和降低成本。目前已经布局了宁波、广西和越南三地4个制造基地，实现电机、电子等核心部件宁波制造，桌腿、桌板等非核心部件生产及组装在广西、越南，充分利用了地域优势，带来成本优势，也是应对中美贸易摩擦的重要举措。在疫情期间，全球化的生产布局，又为生产的稳定性带来更大的可调控性，确保及时满足海外市场需求。

（四）拥抱创新、内外一体

近年来，在国内国际双循环新发展格局下，外贸企业积极开拓内销市场，乐歌立足国内市场十余载，并深耕渠道多年，形成了线上线下协同营销模式，做到了国内外双品牌开花。2009年，乐歌在继续做大外销规模的同时，也把目光放到了国内。由于产品符合市场需求，乐歌的支架产品很快打开了销路。事实上，在沉淀国内品牌的过程中，背后的产品随着时代的变化而调整。2013年以后，国内的产品逐渐从支架业务转向升降台、升降桌等客单价更高的人体工学产品。乐歌持续在人体工学领域深耕，坚持智能家居长线战略，成为国家制造业的单项冠军。2021年，公司设立营销中心，借助新媒体渠道，建立自营账号矩阵，与红人达成多元合作，全方位吸引流

① 337调查是指美国国际贸易委员会（简称USITC）根据美国《1930年关税法》第337节（简称“337条款”）及相关修正案进行的调查，实践中涉及侵犯美国知识产权的337调查大部分是针对专利或商标侵权行为。2017年初，美国Varidesk公司向USITC申请对乐歌发起337调查，认为乐歌一款升降台产品侵犯其所属公司的产品专利。乐歌聘请了经验丰富的境内外律师团队，还利用自身专利优势，反向提起对方专利无效，最终双方和解，最大限度保障了乐歌的利益。2020年，一家位于美国洛杉矶的公司Versa Products Inc. 向USITC提交申请书，主张乐歌一款升降台产品侵犯其产品专利，在专业律师团队的指导下，乐歌通过举证自身良好的知识产权管理制度，又对产品进行专利导航分析，提前准备了对比文件以及评述该专利创造性的理由和证据，最终及时终结了337调查程序，为公司产品进入美国市场争取了有利时机，扫清了专利壁垒。

量，提升品牌知名度。对于如今愈发火热的社交电商赛道，乐歌也趁势而上，社交领域的多平台布局成为乐歌品牌建设的重要一环。

如果说，当初推出电视机显示屏支架和电脑显示屏支架是为了解决人在不同角度观看屏幕、缓解颈椎压力的诉求，那么升降台、升降桌的推出，是对人体工学的更深理解，通过坐站交替，减轻久坐族长期伏案对腰椎、颈椎的压迫，从而促进新陈代谢，实现“一张桌子治未病”的初衷。每一次产品转型，乐歌始终坚持从人的需求出发，创造新产品，引领新的办公、家居理念。特别是疫情发生以来，“宅经济”催生了对升降桌、升降台等居家办公产品的需求，乐歌 loctek 品牌已经与升降桌产品深度绑定，深入人心。

在产品转型的过程中，乐歌的品牌建设得到了社会和消费者的广泛认可，乐歌 loctek 品牌知名度近年来持续上升，先后获得“宁波市知名商标”“宁波市名牌产品”“浙江省著名商标”“浙江省名牌产品”，以及连续多年获评“宁波市消费者信得过单位”“宁波市文化产业示范单位”。2016 年，乐歌 loctek 被国家工商总局认定为“中国驰名商标”。

2021 年“双十一”前夕，乐歌联合了 B 站科技博主何同学制作了一款科技感十足的桌子，其中升降桌腿由乐歌提供。该视频短短几天点击量上千万，也让乐歌的升降桌瞬间出圈，在提升品牌知晓度的同时，其智能品牌形象深入人心。根据官方统计，“双十一”当日，乐歌在升降桌类目位列天猫/京东榜单第一名。

2021 年下半年，乐歌首家线下体验店在宁波怡丰汇商场开业，这是乐歌线下渠道建设的重要里程碑，也是推进体验营销、撬动线下人体工学市场的全新开端，对顺应体验式消费的大趋势，增强消费者对品牌的评价和信任感，实现线上线下融合发展具有重要意义。随后，乐歌在宁波当地多家商业综合体开设品牌体验店，并为全国招商做好铺垫。

2022 年，乐歌除了在社交媒体广泛种草营销，还与分众传媒以及新潮开展战略合作，在全国主要城市投放广告，广告语“用乐歌升降桌，这辈子值了”，不仅刷屏，还深深植入用户心中。同时，在央视 2023 年主题创新广告产品云发布活动上，也预告了乐歌将冠名央视一档节目。

（五）搭建平台，服务小微

“跨境电商+跨国海运+海外仓”的全价值链模式，是乐歌对“平台型企业”的深入实践，服务好中小企业，不仅要拥有自己生产品牌的能力，还要能够自己造船出海，在海外建设海外仓，带领中小微外贸企业更好地国际化发展。

2013年，乐歌在美国建立的第一个海外仓，是其公共海外仓业务的雏形。彼时的乐歌通过海外仓，有效解决跨境电商物流成本高昂、配送周期漫长问题，提升了消费者购物体验，从而提升了自身竞争力。对于海外仓优势有着深刻直观感受的乐歌，结合本身自营业务基础货量庞大的特点，经过审慎考量，陆续在全球各地增设海外仓。2015年，乐歌以自购的形式在旧金山硅谷建设第二个海外仓；2016年，增加孟菲斯仓库，主要负责美中、美东订单；2017年新增休斯敦仓库，初步形成了覆盖美西、美南、美东的三地布局。2020年疫情大流行，海外线上购物增多，跨境电商遍地开花，而海运的受阻，迫使越来越多的跨境电商企业寻找海外仓。乐歌利用多年的海外仓运营经验积累及仓库规模、布局优势，果断购置了多个海外仓，顺利从跨境电商延伸出跨境物流服务。

乐歌不断摸索更加科学、高效的运营模式，形成了一支300多人的专业仓库运营团队，其中100多人的IT团队有力支撑了乐仓的数字化、信息化建设，打通融合OMS、WMS、ERP等系统，实现仓储关键流程的数字化运营。乐歌将多年来坚持走自主品牌道路所积累的经验转化成公共海外仓的六大特色服务，包括全美一日达服务、开放信息化平台、售后代理托管服务、工业设计服务、国际专利事务服务、产品认证和实验检测服务。

尽管疫情发生后，也有不少企业在海外设立公共海外仓，但是零星布点，造成东西部头程备货不平衡，尾程物流配送费用高企，加上公共海外仓跨境物流环节多、流程复杂，并不能很好满足用户从头程海运到尾程派送的需求。但乐歌拥有多年来发展自主品牌所积累的经验，加上多仓布局，可以提供头程海运到尾程派送一条龙服务，因此快速吸引了一批跨境电商企业入驻。

短短两年多时间，乐歌公共海外仓已经成为华东地区带动性最强的公共海外仓。目前，乐歌已经在全球建成 17 个自主运营的海外仓集群，总面积达 35 万平方米，服务 400 多家中小外贸企业，助力中小企业产品的全球化营销和品牌打造。

乐歌公共海外仓也获得了诸多荣誉，如浙江省级公共海外仓、亚马逊 SPN 官方推荐物流服务商、PingPong 认证服务商等，并在 2021 年中国国际服务贸易交易会上被商务部认定为“业态创新服务示范案例”。

2021 年末，为进一步完善跨境电商物流链，乐歌斥资 2 亿元建造集装箱快船以打通头程海运拥堵瓶颈，并整合尾程派送等资源，提升物流效率，降低成本，在赋能自身跨境电商业务的同时，也为广大跨境电商企业品牌出海提供全流程的服务。对于乐歌来说，造船出海是公共海外仓服务的延伸，仅有海外仓，没有头程服务，对于有出海需求的中国品牌来说只是一条腿走路。

2022 年 9 月，乐歌以 1. 20 亿美元将位于加利福尼亚州的部分海外仓出售。本次出售海外仓主要为后续租赁和自建更大面积的海外仓，进一步完善公司境外仓储物流体系，提高乐歌海外仓创新服务综合体项目的运营能力。

2022 年，乐歌公共海外仓营收逐月加速提升，全年实现营收近 6 亿元，其中第三方收入近八成，并实现持续稳定的盈利增长，这成为乐歌发展的第二增长曲线，公司计划未来实现乐歌公共海外仓分拆上市。

三　乐歌带来的启示

（一）行业启示：转型升级，出口国外贸+目的国新零售

乐歌的成长是我国华东地区跨境电商发展的缩影，从依托亚马逊等第三方平台打造渠道品牌，到产品品牌建设，到企业品牌建设，不断提升品牌建设的广度和深度。同时，乐歌已经在越南完成工厂建设，海外的产品可以从多国共同出货；乐歌已经在国内布置线下直销店，未来也可能布局海外线下直销店铺。从乐歌的发展轨迹不难推测，未来跨境电

商行业是 B2B2C 模式的不断升级和调整，依托前置仓提升效率、海外仓升级售后中心等推动跨境贸易新一轮的发展，真正实现货物贸易的“买全球，卖全球”。

（二）企业启示：守正出奇，拥抱新机遇+不断调整自我

乐歌长期关注自有产品并不断拓展新产品，持续强化自身优势并不断进行产业创新。从产业上看，从纯贸易出口到工贸一体，从 OEM 到 ODM 再到 OBM，再到跨境全业态服务平台建设，乐歌探索和发展自主品牌的道路从未停歇。从产品上看，从人体工学的家居类低频消费产品，不断思考如何升级到低频和高频相结合。从销售渠道看，从外贸到内外贸一体化，从展会到线上线下相互结合。从企业经营看，乐歌实现了产品创新、生产技术迭代创新、媒体事件营销突破创新、人才股权激励、跨境电商与公共海外仓商业模式的闭环升级。乐歌在发展之路上的“守正出奇”给更多跨境电商企业以启示，如果说进入跨境电商行业是抓住了时代新机遇，那么根据市场需求提前主动谋求产品和业务模式的转型，则是对发展趋势的重要把握，确保企业发展顺应时代需要。

四　关于跨境电商企业的发展建议

（一）依托跨境电商快速进入自主品牌建设阶段

结合乐歌案例不难发现，代工企业转型跨境电商的困惑，一边做 B 端产品代工，一边做自有品牌建设，不免存在左右手互搏的情况。更关键的问题在于，原本 B 端代工产品的品牌客户会直接将做自主品牌的工厂视为竞争对手。另外，对于长期服务 B 端的企业客户来说，面向 C 端的个体消费者是截然不同的消费市场，企业一旦发力自主品牌，需要考虑的不仅是产品品质、产能，更要注重品牌力、消费流量、评价反馈、产品竞争力等一系列问题。同时，随着国内人口老龄化，人口红利加速消失，靠劳动

力加工贴牌，企业的利润空间越来越少，而跨境电商有利于企业建立自主品牌，把握定价话语权，获得更高品牌溢价的机会，从而有更多的研发资金，做出更好的产品，赢得更多市场资源，以此形成良性循环，实现企业可持续发展。

（二）渠道和流量是跨境电商的关键

结合乐歌案例发现，通常早期跨境电商企业主要通过亚马逊等第三方电商平台获取流量，快速利用现有流量转化成销售，但是长期来看，流量并不掌握在自己手中，获客成本越来越高，且无法全面了解客户需求，而独立站正好弥补了这一缺陷。这也是乐歌在独立站开始运营时，持续亏损仍然坚持运营的重要因素。独立站不仅能留存用户数据，自己掌握用户信息和网站的每个细节，形成 DTC 优势，而且独立站的毛利利润水平要远高于第三方平台。独立站具有打造品牌、节约成本的优势，是中国企业向品牌化转型、精细化运营的重要途径，但独立站发展是一个长期积累的过程，需要企业前期在各个方面有持续投入及打磨。

参考文献

武亚军、吴俊霞：《乐歌：走向创新和国际化的新征程》，北京大学管理案例研究中心入库案例，2022 年 6 月。

宁波综试办：《乐歌：持续提升企业附加价值　多维发展赋能品牌出海》，载《2022 宁波跨境电商优秀案例汇编》，2022 年 12 月。

B.14 跨境电商助力河南县域经济发展研究

王岳丹　杨　兰*

摘　要： 长期以来，县域经济在我国的国民经济发展中都发挥着重要作用。发展县域经济，不仅是扩大内需战略基点、畅通国民经济循环的重要抓手，也是推动乡村振兴、实现城乡融合发展的关键支撑。近几年，跨境电商作为数字经济的新业态新模式，不仅满足了广大城镇和县域消费者的消费升级需求，同时也为跨境出海企业和县域优势产业架起了供需桥梁，成为促进县域经济发展、推动融入新发展格局的重要路径。本文简要阐述了近年来河南省县域跨境电商发展现状，以及跨境电商对助推河南县域经济发展的意义，重点选取偃师、鹿邑、柘城、平舆等县（市）域跨境电商发展情况进行分析介绍，深入探寻河南省县域跨境电商发展存在的问题，从而提出跨境电商助力河南县域经济发展的建议。

关键词： 跨境电商　县域经济　河南

县域经济指以县级行政区划为地理空间，以县级政权为调控主体，以市场为导向，优化配置资源，具有地域特色和功能完备的区域经济。县域经济是与城市经济空间衔接、相互支撑又相对独立运行的国民经济基本单元。截至 2021 年底，我国共有 1866 个县和县级市，作为乡村与城市的交汇点和中

* 王岳丹，河南国际数字贸易研究院办公室副主任、副研究员，主要研究方向为跨境电商、数字贸易、数字经济；杨兰，郑州职业技术学院教师，全球（郑州）跨境电商研究院研究人员，主要研究方向为跨境电商、国际贸易。

转站，县域经济总量约占全国的40%。[①] 在县域和乡镇的持续挖掘和推动下，“小县城”也孕育出了“大产业”，部分县域的特色产业规模占据全国乃至全球的50%以上，成为助力我国经济发展的超级产业冠军（见表1）。党的十八大以来，我国先后提出推进新型城镇化建设、乡村振兴、脱贫攻坚等重大战略，作为各大战略的重要单元，推动县域经济快速发展为一系列重大决策部署的落实提供有力支撑。但长期以来，我国县域经济发展仍面临产业布局分散、工农衔接不畅，要素集聚、产业承载、人才吸引、创新驱动的内生需求不足等问题。

近年来，跨境电商凭借去中心化、趋终端化、链接供需双方等优势快速发展。跨境电商等新业态以创新为驱动，既推动地方政府监管创新、制度创新，又促进了产业、资金、人才等要素集聚，同时实现一、二产无缝衔接，助力优质产品出海，为县域优势产业和优质产品供需匹配提供了新路径，成为各地争相布局发展的新业态。近几年，河南省坚持以创新为驱动，紧抓以跨境电商为代表的数字经济发展风口，在跨境电商领域取得了丰硕成果，全省跨境电商规模和质量不断提升。同时，河南作为内陆地区的农业大省之一，县域面积大、县域人口多，如何推动县域优势产业与跨境电商融合，利用跨境电商实现优势产业和产品“触网上线”，实现产品出海和产业链升级，助力推动强省富民战略和县域经济高质量发展，应该成为新时代推动全省县域经济发展的重要内容。

表1　中国超级产业冠军小城产品的市场占有率

序号	地点	称号	产品种类	市场份额
1	湖南邵东市	打火机之都	一次性打火机	全球70%
2	深圳市布吉大芬村	中国油画第一村	装饰油画	全球60%
3	浙江嵊州市	中国领带名城	领带	全国90%,全球60%
4	河南商丘市虞城县	中国钢卷尺城	钢卷尺	全国85%

① 芦千文：《把握县域经济高质量发展着力点》，中国经济网，2022年7月6日，https://baijiahao.baidu.com/s?id=1737555594095627449&wfr=spider&for=pc。

续表

序号	地点	称号	产品种类	市场份额
5	浙江诸暨市山下湖镇	中国珍珠之都	淡水珍珠	全国80%,全球70%
6	浙江永嘉县桥头镇	中国纽扣之都	纽扣	全国80%,全球60%
7	广西横州市	中国茉莉之乡	茉莉花	全国80%,全球60%
8	江苏扬州市杭集镇	中国牙刷之都	牙刷	全国80%,全球30%
9	江苏丹阳市	中国眼镜之都	镜片	全国70%,全球50%
10	山东德州市宁津县	中国健身器材生产基地	商用健身器材	全国70%
11	广西荔浦市	中国衣架之都	衣架	全国70%
12	河北邢台市平乡县	中国童车之都	童车	全国70%
13	江苏泰兴市黄桥镇	中国提琴产业之都	小提琴	全国70%
14	浙江诸暨市大唐街道	中国袜业之乡	袜子	全国65%,全球1/3
15	浙江江山市	羽毛球之乡	羽毛球	全国65%
16	山东菏泽市曹县	中国泡桐加工之乡	棺材	全国60%以上,日本90%
17	江苏省灌云县		情趣内衣	全国60%
18	广东中山市古镇镇	中国灯饰之都	灯饰	全国60%
19	河北邢台市南和区	宠物食品之乡	宠物食品	全国60%
20	广东汕头市澄海县	中国玩具礼品之都	塑料玩具	全国50%
21	河南漯河市临颍县	中国休闲食品之都	休闲食品	全国1/3

资料来源：财经十一人。

一　河南省县域跨境电商发展现状

2012年以来，河南省跨境电商发展的成绩有目共睹。从2012年获批首批跨境电商零售进口试点城市以来，河南省持续进行创新探索，在跨境电商领域取得了一系列的创新成果，全省跨境电商发展规模和质量不断提升，成为引领全国跨境电商创新发展的“风向标”。河南省提出以郑州综试区为核心，“立足郑州、梯次推进、带动全省”的分阶段共同发展三步走战略，不断优化完善跨境电商政策制度和配套服务等体系，持续推动全省跨境电商竞合协同发展；同时，河南省大力支持跨境电商综试区、自由贸易试验区、综合保税区等开放平台探索创新，立足郑州经开综合保税区跨境电商核心引领区，谋划建设10.51平方公里的E贸易核心功能集聚区，打造了全球跨境电子商务大会、郑州电子商务大讲堂等会展培训平台，河南国际数字贸易研究院、全球（郑州）跨境电商研究院等理论研究平台，夯实全省跨境电商发展的生态圈。此外，为助力传统产业发展，河南省积极推动“产业带+跨境电商”融合发展，培育和打造了许昌假发、鹿邑化妆刷、洛阳钢制家具、濮阳羽绒服、平舆户外家具等众多跨境电商出口产业集群。

河南省县域经济发展成效显著，截至2020年，全省共有104个县市，数量居全国第4位。[①] 全省69.5%以上的常住人口在县域，2015~2020年全省县域GDP年均增速为6.3%，与全省持平，2020年占全省经济总量的61.3%；2015~2020年全省县域人均GDP年均增速为6.3%，与全省持平，占全省比重为88.1%。[②] 此外，在全省推动县域经济发展中，各地立足自身发展阶段、区域环境、资源禀赋和人力资本等条件，因地制宜选择发展模式，在推动县域经济产业结构调整、产业生态优化，助力全省脱贫攻坚工作推进的同时，也蹚出了一条条县域经济发展的新路子。但在县域跨境电商发展方面，受河南省地缘、产业结构等因素影响，对新业态、新理念的接受度低，适应周期长，导致全省县域跨境电商发展规模仍较小，远落后于江浙等沿海地区。由于并未有官方发布的全国县域跨境电商发展的相关研究报告和数据信息，仅有阿里研究院在2016年发布《2016年中国县域跨境电商发展报告》，其显示我国县域跨境电商高度集聚于沿海地区，在公布的县域跨境电商创业二十五佳县（市）中，并无河南省县（市）上榜。[③] 此外，根据河南国际数字贸易研究院对全省外贸产业调研发现，除鹿邑县、柘城县、平舆县等少数几个县城走上了县域跨境电商发展之路外，整体而言，河南全省

① 王承哲、完世伟：《河南蓝皮书：河南经济发展报告（2022）》，社会科学文献出版社，2022，第300页。

② 王承哲、完世伟：《河南蓝皮书：河南经济发展报告（2022）》，社会科学文献出版社，2022，第300页。

③ 阿里研究院：《2016年中国县域跨境电商发展报告》，2016年9月。

县域跨境电商发展尚处于初级阶段，县域跨境电商发展潜力仍需进一步挖掘和释放。

二　跨境电商助推河南县域经济发展的意义

目前，我国跨境电商零售进口监管流程、商业模式、政策制度日趋规范，跨境电商零售进口试点城市不断扩容，在确保汇税阳光、监管合规的前提下，有效满足了国内消费购买海外优质商品的消费需求，推动了境外消费回流。同时，海量优质进口商品的涌入，也倒逼国内产业的转型提升，涌现出如服饰行业“黑马”SHEIN，消费电子品牌新秀安克创新，美妆品牌完美日记、花西子等一批优质企业。同时，快速发展的跨境电商规模也为更多国内优质商品出海提供了新渠道新路径。

（一）新时代促进县域经济融入新发展格局的重要举措

跨境电商利用数字技术串联了国内国际两个市场、两种资源，通过“一进一出”既满足了国内消费者不断升级的消费需求，促进了国内循环的加速运转；同时，进一步扩大了我国出口贸易规模，为国内外供需匹配架设了新通道，契合了“构建以国内大循环为主体、国内国际双循环相互促进”的新发展格局。全国县域居民消费升级需求的水涨船高，推动河南县域跨境电商发展能够有效释放县域居民的消费潜力，满足县域居民购买海外优质商品的消费需求。此外，跨境电商新业态促使全省县域重点企业和优势产业带能够利用跨境电商平台实现产业升级和产品出海。

（二）贯彻落实“锚定两个确保、实施十大战略”的具体体现

锚定“两个确保”、实施“十大战略”，是河南省第十一次党代会作出的重大战略决策，也是“十四五”时期指引全省发展的重要思路和方向。在全球数字化进程不断加快的背景下，推动县域跨境电商发展不仅是“十四五”时期全面推进乡村振兴战略的有力抓手，同时也是顺应创新驱动和数字化转型战

略的重要举措。跨境电商作为数字经济的核心产业之一，推动县域跨境电商发展，将以创新为驱动，促进数字技术与县域优势产业深度融合，带动县域产业数字化转型，提升县域经济发展规模和质量，助力县域经济高质量发展。

（三）助力农村居民增收创收、实现共同富裕的有效路径

在国家“互联网+”、农村电商等战略的大力推动下，县域电商基础设施不断完善，电商应用意识和渗透率持续提升，加之各地跨境电商服务生态的日益健全，在为县域跨境电商发展奠定基础的同时，也为县域居民增收创收提供了新途径，成为全省实现共同富裕的加速器。县域跨境电商的发展能够为农村电商的发展增添动力，有效避开经济周期影响下国内行业内卷现状，为县域创业居民和企业提供多元化收入渠道，同时进一步缩小城乡居民收入差异，助推县域经济发展。

三　跨境电商带动河南县域经济发展典型案例

得益于全省营造的跨境电商良好发展氛围，省内产业基础条件优、开放发展决心大的县域依托跨境电商开辟了外向型经济发展新赛道，跨境电商逐渐成为县域经济高质量发展的新动能。

（一）洛阳偃师区：加强数字技术应用，助推供应链升级

国际竞争最终是产业链供应链的竞争。近年来，河南持续引导特色出口产业带跨境电商转型，支持利用大数据、人工智能等先进技术改造贯穿生产全流程的数字化供应链平台，提高产品生产时效，满足跨境电商高效快速的供应链反应需求。2021 年河南省新培育 34 个智能工厂和 129 个智能车间，①通过应用新技术及提高自动化水平，改造提升优势产业和传统产业，产品逐

① 《万人助万企纾困解难题丨2021 年度河南省经济体制改革十大案例之三》，《潇湘晨报》2022 年 4 月 16 日，https://baijiahao.baidu.com/s?id=1730213757396933785&wfr=spider&for=pc。

渐向规模化和高质量发展。

偃师区依托钢制家具产业优势，通过实施“绿色化、技术化、智能化”三大改造，围绕“提升整改、关停取缔、整合入园”目标，依法依规开展综合整治，通过加大企业技术工艺和环保等设施设备投入，“鸟枪换炮”利用智能化设备实现“机器换人”，推动企业和产业转型升级，大幅提升生产效率，降低产品综合成本，推动钢制家具产品向健康环保、个性智能方向发展，培育“花都”“花城”等近50个自主品牌，形成了偃师区钢制家具的品牌效应。一是紧抓智能制造风口。鼓励企业通过引进生产车间精细化管理系统和精密机床等进口高端设备，开展智能工厂、无人工厂建设“三年行动”计划，推动企业由“生产制造”向“生产智造”转型升级。二是聚焦生产流程再造和企业管理“现代化”。鼓励龙头企业积极发挥引领作用，依托自身生产管理经验，搭建定制化、体系化的钢制家具智能化生产管理系统，帮助区内钢制家具企业实现生产管理数据的实时共享和全程监控，助力钢制家具企业的规范化发展和钢制家具产业带数字化供应链的协同发展。

（二）商丘柘城县：提升科技研发水平，推动自主品牌建设

品牌是跨境电商高质量发展的核心竞争力。河南省积极引导和推动本地产业“品牌出海”发展，支持传统外贸企业加大科技研发投入，强化产品和品牌的知识产权意识，提高产品技术壁垒，传统产业转型发展效应显著，涌现了一批品牌化发展的产业带典型案例和拥有自主品牌的跨境电商企业，全省跨境电商品牌化水平不断提升。

商丘柘城县积极发挥金刚石超硬材料主导产业优势，围绕“做精微粉、做强单晶、做大制品、做亮钻石”发展思路，高水准规划编制《柘城县超硬材料产业发展规划》，设立5000万元科技创新基金，鼓励企业提升产品质量、创建自主品牌。经过多年来的培育和发展，柘城县金刚石超硬材料产业呈现高质量发展态势，截至2022年，全县金刚石年产量25亿克拉、微粉年产量58亿克拉、金刚石（钻石）制品1500万件（套），年产值达150亿

元，金刚石微粉产量和出口量占全国市场份额分别达到70%和50%，大颗粒单晶产量占全国市场份额60%，[①] 集聚62家金刚石微粉及制品和相关配套企业，培育了华晶金刚石、力量新材料等一批金刚石超硬材料知名企业，形成金刚石三大产业生态。此外，柘城县秉持创新驱动战略，不断加大科技创新扶持力度，持续推进产业、学术和科技深度融合，与16家科研院所建立产学研合作关系，建成投运省级工程技术研究中心、实验室、企业技术中心15家，探索出“政府+科研院所+企业+协会”的产业发展新路径。

（三）周口鹿邑县：拓展外贸出口渠道，构建多元化营销体系

跨境电商作为全省对外开放的亮丽名片，近年来产业发展规模和质量稳步提升，已成为各地推动与传统产业融合发展的重要举措。在百年变局、世纪疫情的影响下，传统外贸行业受阻，跨境电商凭借其“去中间化、趋中心化”等特征，使跨境电商企业绕过中间代理商，直面全球消费者、掌握商品定价权，畅通了企业和产品跨境出海通道。

周口市鹿邑县，靠着一把化妆刷为香奈儿、欧莱雅等国际国内品牌代工，荣膺“中国化妆刷之乡”的美誉。近年来，随着内贸和代加工行业的利润率持续下降，探索跨境电商新模式、批发零售双赛道发展，成为拉开鹿邑化妆刷产业带“蝶变”的有力推手。鹿邑化妆刷产业带通过与阿里国际站、eBay、全球速卖通、亚马逊等跨境电商平台合作，开展跨境电商专题培训，推动跨境电商培训沙龙进园区、进企业，积极渲染跨境电商发展氛围，以区内头部化妆刷用具企业为重点，精准开展培训宣讲和政企交流，引导企业转变贴牌代工的传统营销思维，鼓励企业加强跨境电商团队组建和人才培养，探索构建“贴牌代工、跨境批发、跨境零售”多元化营销体系，正一产业、迪雅斯、亿鑫源等重点企业跨境平台月销售额超200万元。[②] 此外，鹿邑县通过开设电商直播培训班，培养和孵化本土电商直播博主，探索拓展

① 《“中国钻石之都”成长记：河南小城助你实现“克拉自由”》，人民融媒体，2022年8月12日，https：//baijiahao. baidu. com/s？ id=1740910994411890411&wfr=spider&for=pc。

② 鹿邑县商务局：《2020年度商务工作总结报告》。

直播带货新模式，助力鹿邑农特产品、化妆刷、羊绒衫等特色产品内外销售一体化。

（四）驻马店平舆县：夯基筑巢引凤，量身服务促进产业发展

平台载体和人才储备等要素是跨境电商发展的基石，对推动传统产业跨境转型的作用巨大。河南省除综试区外，各地市在推动本地传统优势产业发展的同时，结合本地产业和企业发展实际，不断夯实跨境电商发展的各项载体支撑，“一企一策”精准解决企业转型升级面临的各类问题。

驻马店平舆县，结合产业特点和县区户外产业发展实际，通过重点企业座谈对接，有的放矢出台针对性举措和服务，为企业转型发展奠定扎实基础。一是打造发展平台。针对户外休闲产业厂房需求量大等特点，驻马店市平舆县立足企业经营生产需求，由政府出资高标准规划和建设户外休闲专业园区，满足企业发展所需的展销、办公、仓储、物流等设施需求，并出台专项优惠政策，有效降低企业综合运营成本。二是畅通物流通道。平舆县积极与武汉铁路局、宁波舟山港协调对接，创新开通“平舆至宁波舟山港”海铁联运班列，实现每周两列常态化运行，为企业产品出海搭建了一条经济、安全、便捷的物流通道。三是提升服务水平。平舆县成立由县领导任组长的专项领导小组，通过成立产业发展专业担保融资公司、户外供应链公司，组建“市民之家”、与郑州综试区合作等措施，有效解决企业发展中面临的融资、供应链、行政审批等难题，为传统企业开拓国际市场夯实基础。

（五）南阳镇平县：夯实载体平台建设，促进产业集聚发展

河南省积极开展跨境电商示范园区认定工作，调动园区招商建设的积极性，打造园区标杆，发挥园区载体的示范性、引领性和带动性。截至 2022 年，全省共认定省级跨境电商示范园区和人才孵化平台 40 家。

南阳镇平县积极贯彻落实省市政府精神，按照政府引导、市场化运作的原则，树立“互联网+”发展理念，围绕“电商小镇”目标，全力推进跨境

电商产业园建设，推动玉雕、地摊、苗木花卉、汽车配件等本地特色产业及跨境电商专业人才集聚发展，打造集总部平台、货源信息、平台物流、综合服务于一体的跨境电商生态园区。报道显示，产业园集聚的跨境电商企业、物流服务及相关企业160余家，园区就业人数达1500余人，园区快递包裹日吞吐量2万件，[①] 跨境电商园区集聚效应已初步显现。同时，镇平县以国内国际电商发展为抓手，引导当地农业龙头企业和专业合作社发展电商业务，助力特色农产品上线推广、多渠道销售。此外，充分利用电商模式打破地域限制，通过举办电商培训等活动，帮扶农村贫困户、残疾人创业就业等，大力推进全县电商扶贫工作，已成为镇平县扶贫工作的新抓手和村民奔小康进程中的助推器。

四　河南省县域跨境电商发展面临的问题

（一）渗透率低、规模体量小

与东部沿海地区相比，河南省地处内陆腹地，开放程度不及东部沿海地区。国家开启跨境电商综试区试点以来，已经从初期的少数几个城市先行先试发展到东西双向互济、陆海内外联动格局。但就全国跨境电商综试区分布看，广东、江苏、浙江、山东四省实现全覆盖，但河南仅有5个城市入围，且由于焦作、许昌2个城市起步晚、获批时间短，全省跨境电商发展仍处于郑州引领带动格局。除综试区出台相应的实施方案、行动计划、产业规划等，其余地市及县域对跨境电商认识不足，缺乏统筹规划和系统性推进，同时县域外贸企业对新业态、新模式的认知和接受度较低。整体而言，全省县域跨境电商等外贸新业态发展尚处于初期阶段。

（二）外向型产业和产品不足

河南省作为农业大省，多数县域产业以农业为主，外向型产业和产

① 《河南镇平跨境电商园区集聚效应初显》，《中国县域经济报》2017年4月22日，https：//www. xyshjj. cn/newspaper-2017-7-24-12-4336663. html

品缺乏。一方面，省内县域农副产品如灵宝苹果、原阳县大米等存储和物流运输问题较大，中牟县大蒜、温县铁棍山药、偃师区布鞋、新郑大枣等产品，受国内外饮食、风俗习惯等因素影响，国际市场的接受度不同，导致海外市场规模受限。另一方面，受县域地区技术、人才、资本等因素影响，品牌化发展理念有待提升，部分产业如鹿邑化妆刷、偃师钢制家具、平舆户外家居等，仍处于初级生产或代加工阶段，产品附加值较低。总体而言，河南省既有的外向型产业结构中，不仅产业链条仍需要进一步补齐建强，也缺少国际接受度高的外向型产业和产品。

（三）产业服务生态有待完善

由于县域经济体量有限、物流基础条件薄弱，河南省乃至全国大部分县域跨境电商发展都受此影响。一是县域地区跨境电商线上平台和线下园区缺乏，配套政策体系也尚不健全，没有纳入跨境电商各类市场主体布局的战略考量，导致县域跨境电商产业氛围不强、吸引力有限、集聚度不高。二是缺乏报关报检、运营管理、产品设计、信息技术等优质服务商，导致县域跨境电商从业者只能通过线上渠道或亲赴省会城市或沿海地区进行交流沟通，拉长了沟通时效、增加了综合成本。三是由于县域物流仓储设施滞后、跨境电商货物的规模较小，降低了县域跨境电商从业者的议价权，从而推高了综合物流成本，同时制约了县域跨境电商市场的规模化发展。

（四）人才资金匮乏问题突出

跨境电商具有跨国界、跨产业、贸易环节多的特点，对从业人员的国际化、复合型和专业性提出了更高要求。随着我国跨境电商市场的蓬勃发展，跨境电商专业人才也极度匮乏。根据商务部等部门数据，到“十四五”末，我国跨境电商人才缺口达 985 万人。[①] 河南省县域地区经济发展相对落后，

① 商务部、中央网信办、国家发改委：《“十四五”电子商务发展规划》，澎湃新闻，2021 年 10 月 26 日。

2022 年仅有巩义、新郑、永城、济源、新密、汝州 6 市上榜《全国百强县》,[①] 整体有限的发展空间，使县域对高端、国际、专业人才的吸引力不足。此外，跨境电商的资金周转周期普遍较长，而县域的跨境电商从业者多以中小微企业、创业者、农民户为主，受制于自身实力和不确定风险等因素影响，加大了从业者对资金的需求。县域金融机构受市场等因素影响，产品创新意识不强，缺乏相应的跨境金融服务产品。

五　河南省县域跨境电商发展新机遇及新路径

（一）河南省县域跨境电商发展新机遇

1. 数实融合及县域经济高质量发展机遇

近年来，河南省围绕数字强省建设，全面推进数字基础设施建设，全省数字基础设施建设规模和水平位居全国前列。为创建国家数字经济创新发展试验区，河南省提出“十四五”期间，将持续完善乡村数字设施和数字治理，全面推动数字技术与实体经济的融合应用，推动工业数字化转型，探索构建农业物联网，大力发展数字农业，打造数字乡村和省级数字乡村示范县。数字乡村的建设、县域数字经济的发展，能够有效助推河南县域跨境电商的快速发展，作为数字经济的重要组成，县域跨境电商也将为河南县域经济高质量发展带来重大机遇。

2. 跨境电商等外贸新业态持续增长机遇

河南省委省政府高度重视跨境电商发展，从 2012 年获批跨境电商零售进口试点城市以来，河南省结合自身区位条件、发展定位和产业优势，出台了《关于大力发展电子商务加快培育经济新动力的若干意见》（豫政〔2016〕16 号）等系列政策，印发《河南省电子商务“十四五”发展规划》，加快推动郑州、洛阳、南阳跨境电商综试区和跨境电商零售进口药品

① 迪赛顾问：《2022 全国百强县》，《潇湘晨报》2022 年 7 月 20 日，https：//baijiahao.baidu.com/s？id=1738873842025432545&wfr=spider&for=pc。

试点建设，全力支持许昌、商丘等跨境电商综试区申建，河南省跨境电商发展规模和质量连续多年稳居全国前列。为巩固全省跨境电商的先发优势，河南省提出推动“产业带+跨境电商”发展，多维、多元助推地方特色产业与跨境电商深度融合，积极发挥跨境电商对区域经济的集聚和带动作用，也为拥有特色产业的河南省县域地区带来新的发展机遇。

3. 跨境电商行业洗牌迈入2.0时代机遇

河南跨境电商发展经过了多年的积累沉淀，在探索创新“网购保税进口（1210）”“网购保税+线下自提”“跨境电商进口退货中心仓”“跨境电商零售进口药品试点”等系列成果的同时，也培育形成了装备制造、铝制品加工等十多个跨境电商特色产业带。推动河南县域跨境电商的发展，一方面，能够深入挖掘全省优质产品，为具备实力的“豫企”和“豫品”出海提供路径，助推企业和产品实现跨境转型、品牌发展。另一方面，随着跨境电商综试区城市的不断扩容、综试区评估考核机制的持续完善，河南跨境电商发展将面临更趋激烈的竞争环境，但随着跨境电商行业迈入2.0时代，跨境电商卖家向内陆迁移，拥有良好区位条件和物流优势、靠近供应链端的河南省县域将迎来更大的发展机遇。

（二）河南县域跨境电商发展路径

改革开放以来，河南省县域经济整体实力显著增强，工业化进程明显加快，农业产业化水平有较大提高，县域地区城镇化建设也取得了明显进展。但还是要看到，与浙江、江苏、广东等发达省份相比，河南省县域经济发展仍较为滞后，县域地区对跨境电商的认知度不高，跨境电商规模偏小，产业结构有待优化，外向型产品不足，跨境电商产业生态尚待健全，跨境电商人才短缺、融资难和贵的问题突出。因此，推动河南县域跨境电商发展仍需从解放思想、加强宣传、延长产业链、完善产业生态、健全政策体系等方面进行突破，强基固本，为河南县域跨境电商发展夯实基础。

1. 创新发展理念，加强宣传推广

县域地区政府主管部门应充分解放思想，紧跟国内外数字经济发展趋势，创新县域发展理念，提高政府部门对跨境电商等数字经济新业态、新模式的认识。加强县域产业发展顶层规划设计，充分发挥当地产业、土地、劳动力等要素资源优势。积极招引阿里巴巴、亚马逊等跨境电商平台企业落地设立办事处，引进豫满全球、易赛诺等本土外贸综合服务企业扎根，建设县域跨境电商园区等平台，实现跨境电商企业集聚发展。深化与平台企业、服务商合作模式，通过开展跨境电商政策宣讲等，营造跨境电商发展的良好氛围。用好“万人助万企”活动，通过“一对一”“面对面”开展地毯式企业走访调研活动，全面梳理县域优势产业发展现状，了解企业发展和转型瓶颈，切实发挥送政策、送培训、送服务、送指导、送信息“五送”活动作用，健全县域跨境电商政策服务体系。强化与亿邦动力、亿恩网、雨果跨境等行业知名媒体服务商合作，共建县域地区跨境电商服务商资源库，实现县域企业与跨境服务商资源的精准对接和供需匹配，补齐县域跨境电商发展短板。

2. 推进“一县一品”，延长产业链条

依托县域优势产业，实施“特色产业+跨境电商”，推动本地传统产业与跨境电商融合发展，利用跨境电商实现产业升级和产品出海（见表 2）。深化河南省“链长制”协同发展机制，建立县域特色产业“链长制”制度，进一步明晰发展定位、发展目标和责任分工，推动形成“一县一品”“一镇一品”“一村一品”产业发展格局。挖掘县域产业优势，遴选基础条件好、产业前景广、产品质量优、企业意愿强的企业或产业集群，通过数字化转型、公共品牌建设、标准体系制定、商品质量监管、全流程监控等措施，推动打造 1~2 个县域优势产业集群数字化转型示范。支持特色产业龙头企业发挥示范带动作用，积极主导组建行业协会或产业联盟，整合行业企业资源，搭建行业垂直的国内供应链交易平台和跨境电商交易平台，带动县域中小微企业数字化升级和产品出海。全面梳理绘制县域优势产业图谱，围绕“补链、延链、强链”，总结分析产业链缺失环节，面向全国相关企业精准招商，补齐建强县域产业链条，助力提升县域产业向价值链中高端攀升。

表2　河南省县域优势产业分布

序号	县(区)	特色产业	所属城市	序号	县(区)	特色产业	所属城市
1	新郑市	枣制品	郑州市	29	扶沟县	汽车零部件、装备制造	周口市
2	中牟县	汽车及零部件、农副产品		30	西华县	食用菌、食品加工	
3	巩义市	铝制耐材		31	商水县	针织袜产品	
4	新密市	纺织服装		32	沈丘县	聚酯网产业	
5	荥阳市	建筑机械		33	郸城县	食品医药	
6	登封市	新型材料		34	太康县	纺织服装	
7	新安县	铝制品加工	洛阳市	35	鹿邑县	化妆刷产业	
8	栾川县	农产品深加工		36	项城市	生物医药	
9	嵩县	中药材产业		37	舞阳县	特色农业	漯河市
10	汝阳县	食用菌产业		38	临颍县	休闲食品	
11	宜阳县	艾草产业		39	宝丰县	渔具制品	平顶山市
12	洛宁县	农副产品		40	叶县	能源化工、装备制造	
13	伊川县	农副产品		41	鲁山县	香菇制品	
14	杞县	装备制造	开封市	42	郏县	装备制造	
15	通许县	农副产品		43	舞钢市	特种装备制造	
16	尉氏县	农副产品		44	汝州市	化工产品、汝瓷	
17	兰考县	木制品产业		45	南召县	苗木花卉、食用菌、中药材	南阳市
18	鄢陵县	花木产业	许昌市	46	方城县	农副食品	
19	襄城县	烟叶产品		47	西峡县	香菇制品	
20	禹州区	陶瓷产业		48	镇平县	玉制品	
21	长葛市	人造金刚石基地、再生有色金属加工基地、蜂器具、蜂制品		49	内乡县	农牧装备	
				50	淅川县	特色农产品	
				51	社旗县	仿真花制品、艾草制品	
22	民权县	制冷产业	商丘市	52	唐河县	装备制造、电子信息、农产品加工	
23	睢县	制鞋产业		53	新野县	纺织服装	
24	宁陵县	农资化工、电子及设备制造、农产品加工		54	桐柏县	油茶制品	
25	柘城县	农副产品(辣椒)		55	邓州市	黄酒产业	
26	虞城县	五金配件(钢卷尺)		56	渑池县	绿色建材、铝制品	三门峡市
27	夏邑县	纺织服装		57	卢氏县	食用菌、中药材	
28	永城市	煤化工		58	义马市	煤化工	

续表

序号	县（区）	特色产业	所属城市
59	灵宝市	中药材、农副产品	三门峡市
60	西平县	农副产品	驻马店市
61	上蔡县	农副食品加工	
62	平舆县	户外家具	
63	正阳县	食品加工、装备制造、节庆礼品	
64	确山县	小提琴产业	
65	泌阳县	农副产品	
66	汝南县	农副产业	
67	遂平县	农副食品	
68	新蔡县	农副产业（辣椒）、奶制品	
69	济源市	有色金属	济源市
70	修武县	汽车及零部件、机械加工	焦作市
71	博爱县	轮胎制造	
72	武陟县	农产品深加工	
73	温县	农副产品加工业、装备制造业、制革制鞋业	
74	沁阳市	化工能源	
75	孟州市	先进制造、皮革制品、生物化工、新能源	
76	新乡县	家用电器	新乡市
77	获嘉县	特色农业	
78	原阳县	农副产品深加工、汽车零部件、综合化工	
79	延津县	农产品	
80	封丘县	农产品	新乡市
81	长垣市	起重机械、卫材产业、医疗耗材、防腐蚀产品	
82	卫辉市	化工产业	
83	辉县市	造纸产业	
84	安阳县	儿童服饰、汽车配件	安阳市
85	汤阴县	汽车配件	
86	滑县	食品加工、纺织印染、医药化工	
87	内黄县	新型陶瓷、机械制造、农副产品加工	
88	林州市	汽车配件	
89	清丰县	家具制造	濮阳市
90	南乐县	农产品	
91	范县	石油化工	
92	台前县	羽绒羽毛加工	
93	濮阳县	石油化工	
94	浚县	绿色食品、智能家居	鹤壁市
95	淇县	农产品	
96	罗山县	电子信息	信阳市
97	光山县	羽绒产业、装备制造	
98	新县	中药材、茶叶制品	
99	商城县	食品产业	
100	固始县	农副产品	
101	潢川县	农副产品	
102	淮滨县	轻纺、造船、食品	
103	息县	农副产品	

注：洛阳市偃师区于2021年撤县并区，因此未纳入本表中。

资料来源：根据网上公开资料综合整理。

3. 夯实平台载体，完善产业生态

统筹整合当地土地和企业资源，加强县域地区跨境电商园区、电商物流园

等平台载体建设，通过企业集聚，实现资源的最大化利用，降低基础设施投入和企业综合运营成本。揭榜挂帅，积极引进跨境电商园区运营服务商，支持园区服务商开展跨境电商宣讲、培训等活动，充分发挥服务商企业资源和专业化园区运营优势。根据县域产业特点，针对性招引物流、报关、货代、金融等跨境服务商，打造一体化服务的综合性跨境电商总部基地。完善县域地区物流快递基础设施建设，招引物流服务商，通过企业集聚和资源集聚，提高企业物流快递议价能力，助力县域跨境电商规模化发展。邀请市场监管、税务、外汇等政府监管部门在产业园区等设立办事柜台，打造县域地区一体化、数字化、高效集中的政务服务平台，切实提升县域地区营商服务水平。提高全县跨境电商等外贸新业态发展认识，组建县政府主要领导任组长的专项领导小组，充分发挥政府引导和指导作用，建立全县重点园区和企业定期调研回访制度，切实解决其发展面临的难点痛点，为跨境电商园区发展提供组织保障。

4. 健全政策体系，深化“飞地”合作

加大国家和省市政策宣传力度，用好市级跨境电商相关支持政策。加强与市内外跨境电商园区合作，建立跨境电商“飞地”合作机制，通过提供办公场地、给予运营补贴等措施，推动跨境电商、平台企业、服务商等在县域产业园设点。支持跨境贸易企业、平台企业和服务商等跨境电商各类主体，结合县域产业，针对性开展企业走访，引导企业提升转型发展意识。推动县域本土企业与市域外贸易类企业深化合作，通过“飞地”合作、优势互补，打造生产在县域、设计销售在城市的跨地域发展模式，实现资源共享共用，助力“双赢”发展。积极推动与市域外高校和人才孵化基地合作，通过产学研或供应链合作，打造人才“飞地”和运营“飞地”，有效弥补县域地区跨境电商人员缺口大、招人难等问题。

参考文献

石睿：《县域跨境电商如何突围?》，《小康·财智》2020 年第 11 期。

芦千文：《把握县域经济高质量发展着力点》，《中国中小企业》2022 年第 7 期。

师艳玲、卓艳艳：《共生理论视域下广西县域经济高质量发展现状及对策》，《玉林师范学院学报》2021 年第 6 期。

江梦婕：《以提升企业科技创新能力促进县域经济创新发展的研究》，《科技经济市场》2022 年第 7 期。

探索篇

Exploratory Reports

B.15
二十大精神下中国跨境电商政策分析及发展启示

张夏恒 *

摘　要： 针对跨境电商政策的研究有助于制定更合理有效的跨境电商政策，尤其是在党的二十大精神指导下，能更好地推动跨境电商未来发展。结合党的二十大报告定量分析我国跨境电商政策，研究发现，已有的跨境电商政策与二十大精神内容存在一定的偏差，应围绕二十大精神对跨境电商政策进行调整；跨境电商政策在2020年爆发，且呈现三个时间阶段状态；地方层面跨境电商政策数量要远超国家层面，在不同政策工具方面差异较大，且在不同时间阶段既表现出政策类型的趋同也存在一定的差异。为贯彻党的二十大精神，更好发挥政策对跨境电商的推动效用，应正视已有政策与二十大精神的偏差，围绕二十大精神的指引，更有针

* 张夏恒，博士，硕士生导师，西北政法大学管理学院教授，西北政法大学涉外法治研究中心副主任，主要研究方向为跨境电商。

对性出台国家层面及地方层面的跨境电商政策，以期发挥出政策对跨境电商的推动作用，实现跨境电商健康发展。

关键词： 跨境电商政策　政策类型　政策工具　党的二十大

一　引言

我国政府历来重视跨境电商发展，自 2013 年 8 月起出台了多项政策，旨在推动跨境电商新业态新模式的快速成长与健康发展。自 2014 年起，政府工作报告连续九年均提及要发展跨境电商，党的十九大报告、十九届五中全会、“十四五”规划也都提出要推动跨境电商发展。从中央到地方陆续出台的跨境电商相关政策，标志着发展跨境电商已经成为国家重要的发展战略。党的二十报告提到“坚持把发展经济的着力点放在实体经济上”“加快建设贸易强国”“推动共建‘一带一路’高质量发展”等，这些内容与跨境电商都存在紧密关联，如跨境电商能够推动实体经济发展、跨境电商可以推动贸易强国建设、跨境电商尤其是丝路电商致力于“一带一路”经贸高质量发展。通过梳理文献发现，我国学界关于跨境电商政策的研究成果尚不多，已有成果多聚焦跨境电商政策评价或政策对跨境电商的影响，较少运用定量方法研究跨境电商政策的演变及趋势。为学习贯彻党的二十大精神，将二十大精神与跨境电商政策制定、跨境电商高质量发展实现有机结合，对研究我国跨境电商政策，尤其是理解我国跨境电商政策的表征、演变过程等信息，为以后制定与完善跨境电商政策具有重要的参考意义与指导价值。

二　研究思路与数据来源

（一）研究思路

运用文本的结构性计量方法对跨境电商政策文件进行主题词聚类，根据主题词聚类层次关系分析跨境电商政策的演化维度。跨境电商政策属于文本数据。因此，运用质性分析扎根理论与文本结构性计量方法相结合对跨境电商政策进行研究。跨境电商政策跨度时间较长、发文单位较多、覆盖地区较广、涉及内容较宽，因此有必要从这几个方面先对跨境电商政策进行分析，以厘清跨境电商政策的相关表征。结合语义编码分析结果，将跨境电商政策工具类型归为需求型、环境型与供给型。为更加深入分析跨境电商政策，在对跨境电商政策的表征分析基础上，从时间维度、地区维度及政策工具等细分维度对跨境电商政策进行细化分析与对比分析。综合上述分析，对跨境电商发展变化的逻辑进行深入梳理与探讨。

（二）数据来源

以国务院、各级政府、海关总署、科技部等官方网站和北大法宝数据库为数据源，以“跨境电商”“跨境电子商务”等关键词对公开发布的政策进行检索。为确保政策内容的有效性，筛选出与跨境电商直接相关的政策内容。另外，为确保后续分析的规范性、严谨性，依据原文中的政策类型将诸如新闻报告、政策解读等予以剔除。梳理出 2013~2022 年有效政策 148 项，国家及部委层政策共计 38 项，省市及地方层政策共 110 项。其中，国务院办公厅 2013 年出台的《关于实施支持跨境电子商务零售出口有关政策的意见》是本研究纳入分析范围最早的政策，最晚的则是国务院 2022 年出台的《国务院关于同意在雄安新区等 46 个城市和地区设立跨境电子商务综合试验区的批复》。

三　我国跨境电商政策整体表征分析

（一）我国跨境电商政策的时间维度分析

从时间维度看，如表 1 所示，2015 年之前，国家出台的跨境电商政策较少，每年出台的跨境电商政策不超过 3 项；从 2016 年起，国家开始重视跨境电商相关政策的制定与出台，除2017年外，其他年份出台的跨境电商政策都保持在10项以上，涉及各个方面的政策规制，如跨境支付、税收、知识产权以及跨境电商综试区建设等。这符合国家"十三五"规划对发展跨境电商的政策指示，同时也符合当时中美贸易摩擦中国寻找外贸发展新思路、博鳌亚洲论坛中国主张大进口战略、海关商检合并实现跨境贸易便利化发展的时代背景。跨境电商相关政策在2020年呈现爆发状态，2020年共有62项跨境电商政策出台，这说明在疫情大流行背景下，跨境电商成为促进经济增长及传统外贸转型的新方式，跨境电商由此进入了新的发展阶段，这与笔者此前的观点相吻合，即疫情对跨境电商带来发展契机。进入"十四五"发展阶段，跨境电商被赋予更高的期望与价值，不仅会成为"一带一路"高质量发展的重要抓手，也会成为贸易强国建设的新引擎，这也显著体现在党的二十大报告中对"一带一路"及贸易强国建设的战略定位。因此，在"十四五"发展阶段，无论是国家层面还是地方层面都将出台更多关于跨境电商方面的政策。

表1　我国跨境电商政策年度分布情况

单位：项

项目	2013年	2014年	2015年	2016年	2017年	2018年	2019年	2020年	2021年	2022年
国家层面	1	3	1	2	1	8	2	6	8	6
地方层面	0	0	1	12	0	9	14	56	10	8
总计	1	3	2	14	1	17	16	62	18	14

资料来源：笔者根据资料整理。

（二）我国跨境电商政策的发文单位维度分析

政策发布机构作为政策出台的主体，对政策的实施效果及面向主体均有影响。从发文单位维度来看，148项跨境电商政策中有38项政策由国务院和国家各部委颁发，占比为25.68%；110项政策由各地区颁布，占比为74.32%。此外，机构联合发文的政策有8项，占国家层面政策总体的21%。其中国务院办公厅为发文最多的机构，累计发文16项，约占国家层面政策总体的42%。海关总署次之，累计发文10项，约占国家层面政策总体的26%。商务部为发文数量排名第三的机构，发文数量为6项，约占国家层面政策总体的15.8%。各省各地区颁布的政策大多由当地的省市级人民政府或商务部门等政府机构牵头发布，内容主要是涉及跨境电商综试区建设等。我国跨境电商政策发布特点呈现“国家牵头，地方沉降”的特点，政策由国务院及国家各部委牵头，逐步实现各地方的落地下沉。政策发布机构的多样性表明了发展跨境电商是一个需要多方主体共同协作的工作，需要不同部门之间的共同协作与联系。党的二十大报告作为“十四五”阶段的纲领性政策，对后续跨境电商政策的制定与跨境电商发展的导向具有很高的指导性。无论是二十大报告提及的实体经济、高质量发展、贸易强国，还是发展与安全的平衡等内容，都会反映到跨境电商政策主体，这也将预示着与之相关的业务主管部门，如商务部、海关总署、国家市场监督管理总局、国家税务总局等，都会根据二十大报告指出的重点内容制定跨境电商发展政策。

（三）我国跨境电商政策的地区分布维度分析

在148项跨境电商政策中涉及跨境电商综试区的政策有110项，占比为74.32%。因此，以跨境电商综试区政策为例来分析我国跨境电商政策的地区分布情况。自2015年国务院批设中国（杭州）跨境电子商务综合试验区后，陆续批设了第二批、第三批直至第六批跨境电商综试区，各地方随后响应出台了跨境电商综试区实施方案等相关政策。再如表1所示，对比省级层面和国家层面出台的跨境电商政策，发现地方政策总和大于国家层面，这是因为各地方政策主要是涉及跨境电商综试区的建设，这说明各省积极响应国家对于发展跨境电商综试区的政策指示。党的二十大报告提出要“发挥国家发展规划的战略导向作用”，这充分体现在跨境电商综试区相关政策方面。从跨境电商综试区的设立看，就是想在跨境电商方面充分发挥国家发展规划的战略导向作用，从而各地区积极申报跨境电商综试区，并出台诸多的配套政策来探索与建设跨境电商综试区，发挥好跨境电商综试区对跨境电商发展的引擎与导向作用。

从跨境电商综试区设立看，跨境电商发展政策呈现“杭州先行，东部沿海布局”的特点，鼓励跨境电商综试区设立在杭州、广州、深圳、上海等沿海或经济发达地区，这些城市在经济实力、产业基础、交通运力以及人口分布等资源禀赋方面具有长足优势，很适合优先选作发展跨境电商的试验田，为后来者发展跨境电商提供相关经验。我国“十三五”期间，跨境电商政策又呈现“中西部跟进，三、四线城市布点”的特点，西安、昆明、长春、鄂尔多斯等中西部地区逐渐获批跨境电商综试区，这些中西部城市大多拥有特色突出的优势产业或具备内陆枢纽功能。中西部更多城市建设跨境电商综试区，是我国经过前几批综合试验区的成功探索，将局部“试验”产生的成功经验复制并放开至全局的体现，各地区政策的核心大多围绕建立“六体系两平台”展开。因此，从地区维度看，我国地方层面跨境电商政策具有覆盖面广且重点突出的特点，经历了从“杭州先行，东部沿海布局”到“中西部跟进，三、四线城市布点”的格局，既有沿海沿边布局的外贸优势城市，又有内陆交通枢纽和产业集聚城市。党的二十大报告提到“巩固东部沿海地区开放先导地区，提高中西部和东北地区开放水平”。从我国跨境电商综试区发展看，尤其是 2022 年 11 月 14 日新批复了第七批跨境电商综试区，广东、浙江、江苏与山东实现了全部地级市的覆盖。这也体现出跨境电商发展从东部沿海向中西部递进的格局。

（四）我国跨境电商政策的关键词维度分析

通过整理我国跨境电商政策的高频关键词，并按国家层面与地方层面绘制出跨境电商政策高频关键词词云图。由图 1 可知，国家层面与地方层面的跨境电商政策存在一定的重叠与交融，但也具有一定的差异性，尤其表现在政策关注重点的倾斜性。从国家层面看，跨境电商政策高频关键词主要有：原产地、海关总署、代理人、产业链、信息化、真实性等。这说明国家在制定跨境电商政策时多从宏观视角出发，主要侧重于跨境电商的交易环节，注重通过完善跨境电商的基础条件赋能跨境电商发展，同时注重从行业指引角度来制定跨境电商相关政策。从地方层面看，跨境电商政策高频关键词主要有试验区、进出口、数据库、所得税、产业链、互联网、信息化等。相比国家层面的跨境电商政策，各地方出台的跨境电商政策多以国家相关政策为指导，更多是结合本地情况对国家宏观政策的细化与落实。在地方跨境电商政策方面，较多围绕跨境电商综试区而出台，鼓励完善跨境电商综试区的信息化与互联网水平，完善包括数据库、上下游渠道在内的跨境电商产业链，从而实现促进本地跨境电商发展的目的。从跨境电商政策高频词看，与党的二十报告对跨境电商发展的着力点仍有差异，二十大报告不仅提及发展与安全的问题，还提到贸易强国、“一带一路”高质量发展、人民币国家化、实体经济，也提出要推动现代服务业与先进制造业深度融合，促进数字经济与实体经济深度融合，打造具有国际竞争力的数字产业集群。当然，二十大报告是纲领性文件，也对跨境电商发展具有前瞻性的指导作用，因此这些内容也会成为未来制定跨境电商政策的关注点与重点内容。

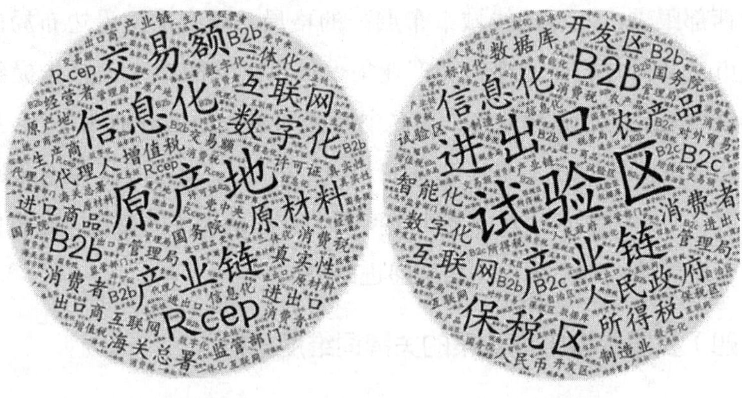

a. 国家层面　　b. 地方层面

图 1　国家与地方层面跨境电商政策词云

资料来源：笔者绘制。

四　我国跨境电商政策的演变分析

由于 2013~2017 年跨境电商政策相对不多，因此将 2017 年及以前年份的数据进行合并，运用 CiteSpace 构建出跨境电商政策的时间演化图，如图 2 所示。我国跨境电商政策大致可分为三个发展阶段，具体如下。

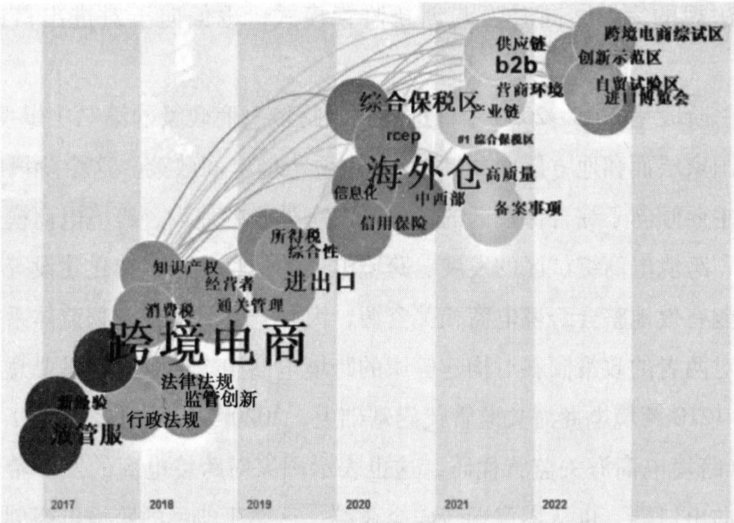

图 2　我跨境电商政策演化情况

资料来源：笔者绘制。

第一阶段是 2013~2018 年。这是我国跨境电商政策的第一次集中增长期，其间全国共有 38 项跨境电商政策出台。结合政策背景看，这一阶段国家主要是对跨境电商发展的探索，如 2014 年新设 9610 与 1210 两个跨境电商海关监管代码，2015 年批设中国（杭州）跨境电子商务综合试验区等，这也是国家提倡跨境电商综试区建设的初始阶段。在此阶段，我国跨境电商政策倡导学习首批跨境电商综试区的建设经验，通过放管服等举措鼓励跨境电商新业态以及创新示范区的发展，以达到推动跨境电商健康创新发展的目的。另外，这一时期还积极推动跨境电商法律体系建设，2018 年颁布的《中华人民共和国电子商务法》作为我国电子商务领域的第一部综合法律，将跨境电商经营纳入了该法的管辖范围，更加重视推动跨境电商合规化发展。在这一阶段，我国跨境电商政策针对跨境电商初级阶段这一现状及一些新的试点与尝试举措，也属于跨境电商政策的探索期。

因此，这一背景下的跨境电商向更成熟、更完整、更规制的方向发展，跨境电商政策倾向于跨境交易中的知识产权保护、消费税、信用保险以及其他法律法规的完善，同时强调创新监管模式，也偏向于对进出口的通关管理。

第二阶段是2019~2020年，这是我国跨境电商政策的第二次爆发阶段，该阶段国家层面和地方层面共颁发了78项跨境电商政策。这个阶段跨境电商政策主要倾向于综合保税区的运营以及海外仓的建设、跨境电商模式的创新监管、跨境电商综试区的发展、跨境电商的信息化与一体化建设等。综合保税区能有效地整合跨境电商相关资源，海外仓是跨境电商物流体系的重要支撑，对两者的政策倾斜对构建健康的跨境电商生态体系具有重要意义。在9610与1210跨境电商海关监管代码基础上，2020年海关总署又增设了9710与9810跨境电商海关监管代码，这也表示国家对跨境电商的发展希望从进口端转向出口端，也从零售端转向企业端，这属于典型的跨境电商创新发展相关政策。跨境电商属于数字经济范畴，数字技术与数字经济成为赋能我国经济增长的强劲动力，跨境电商发展高度依托于数字经济的发展水平，信息化是传统产业数字化升级的重要依托。因此，国家在跨境电商政策中高度重视信息化水平的发展，包括服务平台建设、信用保险体系建设、数据互通和监管等。由于该时间段发生了全球范围持续蔓延的疫情，这对跨境电商行业及企业影响颇深且是多维的。因此，这一阶段国家与地方也出台了一些疫情纾困政策，对跨境电商发展也产生了诸多影响。

第三阶段是2021年以来，其间全国共有32项跨境电商政策出台，多围绕B2B这一模式展开，鼓励发展跨境电商产业链及供应链，推动自贸试验区建设与运营，提升跨境电商发展的营商环境。跨境电商经过几年的发展，尤其是B2C与C2C模式发展较快，跨境电商已经初具规模。因此，跨境电商政策主要是为了推动跨境电商的自由化与便利化，探索向B2B这一主流交易模式延伸，跨境电商政策也偏向于对现有监管的查缺补漏以及创新。在发展跨境电商同时，也越发重视跨境电商的安全，供应链安全是党的二十大精神内容之一，因此跨境电商政策中有关鼓励发展产业链及供应链的举措是十分必要的。另外，该阶段跨境电商政策最突出的体现是RCEP的生效，RCEP是最新成立的大规模、高影响力自贸区协定，对促进区域经济一体化和提升对外开放水平具有高度价值。这一背景下的跨境电商向更开放、更高质量的方向发展，跨境电商政策鼓励建设创新示范区、自贸试验区，同时积极参与举办进口博览会等国际性交流活动。

从跨境电商政策发展的三个阶段看，我国跨境电商政策从注重跨境电商发展的基础设施和法律规制，逐步过渡到推动跨境电商行业创新化、系统化、全面化发展，从跨境电商行业发展视角演化到跨境电商具体环节或工作的需求，这也符合我国跨境电商从起步到深入发展应用的特点。

五　党的二十大精神对跨境电商政策的启示

正如党的二十大精神所倡导，要积极推动跨境电商与实体经济融合发展，致力于跨境电商推动贸易强国建设，以跨境电商为载体助力“一带一路”高质量发展，要关注跨境电商的发展与安全。但从目前关于跨境电商政策看，现有的跨境电商政策或跨境电商政策所关注的内容，与二十大报告对未来跨境电商发展的指导性纲要仍存在一定的差距。无论是在跨境电商与实体经济融合方面，还是发展跨境电商推动实体经济转型，抑或是跨境电商的高质量发展方面，已有的政策仍未较多涉及，这都是制定跨境电商政策时所忽略的方面，也未能将跨境电商推动实体经济发展的效用充分发挥出来。

政府扶持性政策对跨境电商发展起到重要的促进作用，因此更应关注与注重国家层面及地方层面跨境电商政策的制定与实施，以践行党的二十大精神。党的二十大报告对未来发展作出了战略性的指引，比如，大力发展实体经济、注重发展与安全、促进数字经济与实体经济深度融合、提高中西部和东北地区开放水平、加快建设贸易强国等。因此，需要围绕二十大精神，结合我国近些年跨境电商政策的分析，更好地制定跨境电商发展政策，发挥跨境电商政策对跨境电商发展的积极作用，提升跨境电商政策的效用，进而推动我国跨境电商健康持续发展。

（一）出台能契合跨境电商发展所需的政策

跨境电商发展已走过十多年，跨境电商政策出台也近十年。不论是跨境电商行业自身发展与变化，跨境电商相关技术应用与创新，还是跨境电商内外部环境的变化，都决定了国家在制定跨境电商政策时应关注这些变化，出台能够契合跨境电商当下发展甚至未来发展所需的相关政策，这也充分体现在前文所进行的第三阶段跨境电商政策分析结果中。跨境电商已从野蛮生长阶段过渡或演化到高质量发展阶段，国家层面关于跨境电商的政策再聚焦跨境电商初期所需的内容，已不能有效促进其发展，甚至还会出现政策资源浪费乃至会阻碍跨境电商发展。因此，国家应出台能够契合跨境电商发展所需的政策，尤其要响应党的二十大精神，如跨境电商与实体经济融合发展、跨境电商创新发展等层面政策，可以出台实体经济企业向跨境电商转型的专项扶持政策、跨境电商主体培育政策、国有大型企业开展跨境电商业务扶持政策等促进实体经济的专项措施，出台支持“前店后仓”式跨境电商零售模式、跨境医药电商、跨境电商冷链物流、跨境直播/社媒、保税维修以及跨境电商在营销、支付、交付、物流、品控等细分领域创新的相关政策。

（二）制定能协同跨境电商发展与安全的政策

跨境电商已从野蛮增长向高质量发展演化，加上数字技术自身的问题、疫情全球范围持续蔓延及国内疫情多点散发、大国政治博弈及贸易摩擦、地区冲突突发等错综复杂因素的作用，跨境电商政策制定既要关注发展所需，也要关注安全所需。正如党的二十大报告明确提出要协同好发展与安全，在发展中保安全，在安全中促发展。因此，国家在制定跨境电商政策时，需要正视跨境电商行业发展现状及所面临的现实问题，从单纯刺激跨境电商行业增长转向鼓励跨境电商高质量发展，尤其要杜绝通过政策刺激跨境电商交易规模的无效数量增长，更要关注那些有助于跨境电商合规化、健康化、阳光化发展，能够实现跨境电商发展与安全协同效应的政策及措施。国家政策更需要聚焦在跨境电商相关标准化制度、标准体系及相关标准的建设，聚焦知识产权、阳光出海、品牌建设、偷税漏税规制等方面的合规化内容，聚焦跨境数据流动规制、数据安全保护、平台反垄断等内容。

（三）推出能解决跨境电商核心痛点的政策

跨境电商是一个生态系统，跨境电商活动涉及众多环节、链条及组织，尤其是在跨境电商步入成熟创新期，在受到错综复杂国内外环境影响时，跨境电商会出现一些核心的痛点，如跨境电商发展之初的物流短板，跨境电商在政策第二阶段的法律风险及人才短板，跨境电商在政策第三阶段的供应链安全等。因此，国家不仅要关注跨境电商主要障碍在不同阶段的变化，更要及时把握跨境电商发展趋势及当下乃至未来环境变化对跨境电商的影响，进而及时出台一系列能够解决这些跨境电商痛点与问题的政策或措施。党的二十大报告更是明确提出要重视产业链供应链安全。从当下及未来一段时间看，国家层面应聚焦跨境电商产业链价值链供应链安全、跨境电商人才建设、跨境电商知识产权、海外仓及跨境物流体系、人民币跨境支付体系、跨境电商数字产业集群等方面的政策与措施。

（四）制定契合本地发展所需的跨境电商政策

地方在制定跨境电商政策时，不仅要以国家层面的政策为参考及目标，更应结合本地资源禀赋及城市定位情况，这样制定出的跨境电商政策才能真正匹配本地现实所需并促进本地跨境电商发展。当前，许多地方层面出台的跨境电商政策或者照搬照抄国家层面的跨境电商政策，或者高度模仿乃至直接搬用其他地方的跨境电商政策。以跨境电商综试区实施方案为例，在历年所批设的跨境电商综试区中，第三批以后的地方多数复制与借鉴前两批跨境电商综试区实施方案，而且同一批次中出台较早的跨境电商综试区实施方案会成为其他城市模仿或复制的样本。我国不同省份存在较大的差异，地方在制定本地跨境电商政策时，更应结合当地具体情况，因地制宜地出台具体的发展政策和实施方案。正如二十大精神所强调的“巩固东部沿海地区开放先导地区，提高中西部和东北地区开放水平”，对于东部沿海省份而言，要注重总结与提炼跨境电商发展经验，探索出不同类型的跨境电商发展模式，积极探索跨境电商创新举措；对于中西部省份而言，要学习东部沿海省份的跨境电商成熟经验，完善本地跨境电商生态系统，培育适合本地发展所需的跨境电商环境，更应将成熟经验与本地定位、资源禀赋及规划相结合，探索适合自身发展的跨境电商举措。

参考文献

张夏恒：《新冠肺炎疫情对跨境电子商务的影响及启示——基于 454 份问卷样本的实证分析》，《江苏海洋大学学报》（人文社会科学版）2020 年第 2 期。

张夏恒、李豆豆：《数字经济、跨境电商与数字贸易耦合发展研究——兼论区块链技术在三者中的应用》，《理论探讨》2020 年第 1 期。

谌楠：《政府扶持性政策在促进跨境电子商务发展中的有效性问题》，《浙江社会科学》2016 年第 10 期。

张夏恒：《跨境电子商务生态系统构建机理与实施路径》，《当代经济管理》2021 年第 7 期。

B.16

百舸争流千帆竞

——中国跨境电商服务生态体系发展研究

王小艳　侯若旭　贺蓓蓓*

摘　要：在我国跨境电商从产品出海进入品牌出海阶段，跨境电商卖家的各类服务需求日渐增长，催生出一大批专业跨境电商服务商，在不同环节为跨境电商卖家发展赋能。目前，跨境电商服务商加速携手资本市场，物流、支付、SaaS服务领域最受关注，更有跨境大卖跨界进入服务领域，整个服务生态展现出专业化、生态化、标准化发展特点。面对目前存在的问题，在新的发展形势下，跨境电商服务商将着力提高精细化服务能力、打造生态化服务矩阵、构筑本土化服务优势，跨境电商服务行业也将呈现整合并购趋势明显、服务“走出去”进程加快、跨境服务国际规则对接加强等发展趋势。

关键词：跨境电商　服务生态　出口

近年来，我国跨境电商始终保持高速增长，跨境电商出口市场规模由2017年的6.3万亿元逐步增长至2022年的12.3万亿元，[①] 发挥了联动畅通

* 王小艳，河南国际数字贸易研究院研究员，院长助理，主要研究方向为跨境电商、数字贸易、品牌出海；侯若旭，郑州职业技术学院教师，全球（郑州）跨境电商研究院研究人员，主要研究方向为市场营销、跨境电商；贺蓓蓓，郑州职业技术学院教师，全球（郑州）跨境电商研究院研究人员，主要研究方向为跨境电商、跨境物流。

① 网经社：《2022年度中国跨境电商市场数据报告》，2023年3月。

国内产业链和海外供应链的重要作用。与此同时，全球互联网流量增长整体趋缓，平台企业启动合规治理，推动我国跨境电商从产品出海进入品牌出海阶段，精细化运营、多渠道布局和品牌化发展成为跨境电商卖家的共同选择。在此背景下，跨境电商卖家的各类服务需求日渐增长，催生了一大批提供各种专业产品和服务的跨境电商服务商，跨境电商服务生态呈现新的发展趋势。

一 跨境电商服务生态的概念和分类

跨境电商服务生态是为跨境电商交易活动提供各种专业服务的企业集合，是促进跨境电商创新和发展的支撑力量。跨境电商基础流程可分为采购、交易、支付、营销、物流和交付等主要环节，根据不同服务商在不同环节对跨境电商卖家的赋能（见图 1），同时参考商务部对电子商务服务业的分类，可将跨境电商服务行业分为交易型服务、支撑型服务和衍生型服务。

交易型服务是指促进网上交易为目的的跨境电商交易平台服务，主要包括 B2B 交易服务、B2C 交易服务和 C2C 交易服务三种类型，主体是跨境电商平台企业。支撑型服务是确保跨境电商交易活动顺利完成的基础支撑体系，主要包括电子支付服务、物流服务、信息技术服务三种类型。衍生型服务是指伴随跨境电商深入发展而催生的各类专业服务，如代运营、营销推广、教育培训、财税合规等服务。

二 我国跨境电商服务生态的发展特点

在跨境电商生态系统的发展演化过程中，商品交易中的交易主体与交易服务的“解绑”成为重要趋势，跨境电商卖家只需专注产品研发、运营、销售等核心环节，其他各种服务由第三方服务商来承载。跨境电商服务商利用自身专业资源在关键节点快速补齐跨境电商卖家的商业链条，持续为跨境电商卖家创造价值。

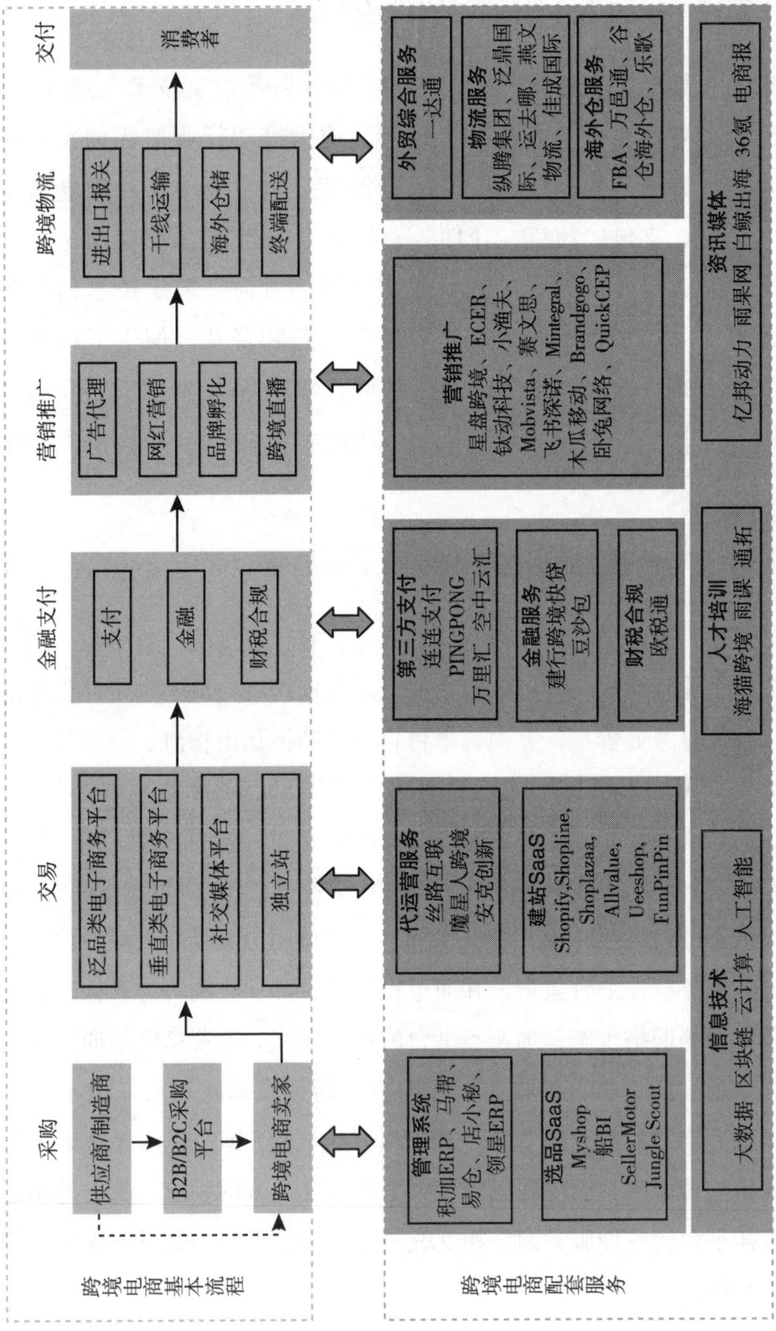

图1 跨境电商基本流程及跨境电商服务生态图谱

资料来源：笔者绘制。

（一）新技术推动跨境电商服务专业化发展

近年来，大数据、云计算、人工智能、区块链等数字技术飞速发展，全面渗透到跨境电商服务生态的各个环节，成为推动行业迭代创新的重要驱动力量。一方面，数字技术提升服务深度。数字技术在跨境电商生产、采购、交易、支付、物流、仓储、营销等各环节的深度应用，加快推动供应链重塑，提升全流程的运营效率。另一方面，数字技术催生各种新型服务方式。数字技术和数字工具逐步成熟和普及，催生了跨境电商 SaaS、数字营销、跨境直播等新服务领域；建站 SaaS 推动卖家建站进入低成本的“平民化”时代，使独立站成为跨境电商 DTC 品牌出海的重要途径。

（二）跨境电商平台服务生态化特征日益显著

跨境电商平台是跨境电商生态系统的核心，它代替传统产业组织，把新业态所有关联企业集合成一种新的市场关系。目前跨境电商平台延伸服务链条，生态化特征日益显著。一方面，平台自身不断演化出物流、第三方支付等延伸服务，如阿里巴巴已形成国际 B2B（阿里巴巴国际站）、国际 B2C（全球速卖通、淘宝海外、天猫国际）以及国际支付（国际支付宝）、物流（菜鸟物流）与外贸综合服务（阿里一达通）等各类应用、平台、服务互动发展的跨境生态圈。另一方面，平台发挥自身海量用户流量和市场地位的优势，促使更多服务商在平台集聚，并通过投资、合并、收购等方式构建业务交织、功能互补的网络生态，加速了平台的链式扩张。如菜鸟网络通过投资参股圆通、申通、中通、百世物流、递四方、新加坡邮政等行业上下游企业，其物流服务能力覆盖全球 224 个国家/地区，搭建起一张具有全球配送能力的跨境物流骨干网。围绕阿里跨境大平台演化出来的物流、支付等小平台，以及依托平台的各种服务商，相互交织在一起，形成一张日益庞大的复杂服务生态系统。

（三）跨境电商服务商加速携手资本市场

在跨境电商第三方平台规则限制增多、流量红利减弱的背景下，独立站成为我国出海企业拓展国际业务的重要渠道，伴随而生的跨境支付、SaaS建站、海外营销等服务需求不断增加，引起了资本市场的广泛关注，跨境电商服务商成为跨境电商领域最热门的投资方向。2021 年我国跨境电商领域共发生 77 起融资事件，融资总额 207 亿元，其中服务商融资 50 起、融资金额 71.5 亿元，占融资事件总数的 65%、融资总额的 34.5%。2022 年跨境电商领域共发生 43 起融资事件，融资金额超 62.06 亿元，其中跨境服务商最受资本的青睐，融资 33 起，融资金额 51.51 亿元，占融资事件总数的 76.74%、融资总额的 83%。[①]

（四）物流、支付、SaaS 服务领域最受关注

1. 站在风口上的跨境电商物流行业

得益于我国跨境电商出口行业的快速发展，我国跨境物流市场规模也持续扩大。艾瑞咨询研究报告显示，2025 年我国跨境电商出口物流行业规模有望超过 3.6 万亿元，2021~2025 年复合增长率将达到 22.5%。[②] 目前我国跨境电商物流服务商主要包括三类：一是第三方服务商，以纵腾集团、递四方、燕文物流等为典型代表；二是快递企业的跨境电商物流业务，如顺丰国际、中通国际、德邦跨境等；三是传统大贸货代企业的跨境电商物流业务，如中国外运股份、华贸物流等。在市场利好、政策支持的影响下，火热的跨境物流赛道吸引了大量资本进场。在资本加持下，涌现出纵腾集团、递四方、燕文物流、万邑通等头部跨境物流企业，甚至燕文物流已经递交招股说明书，跨境电商物流领域的上市企业呼之欲出。据晓生研究院调研统计，截至 2021 年底，我国跨境物流领域年营收过亿元的企业有上千家左右，集中

---

① 网经社：《2022 年度中国跨境电商投融资数据报告》，2023 年 2 月。

② 艾瑞咨询：《2021 年中国跨境电商出口物流服务商行业研究报告》，2021 年 9 月。

度偏低的发展格局，使各类物流企业并购、整合交易活跃，资本的推波助澜也加速了跨境物流行业的业态进化和行业洗牌。

2. 金融支付类服务需求从单一走向多元

中国支付清算协会数据显示，2021 年我国共有 43 家支付机构开展了跨境支付业务，共处理跨境支付业务 71.91 亿笔、9723.63 亿元，分别增长 62.55%、21.56%，增速较 2020 年分别增加了 31.62 个和 7.01 个百分点。[①] 跨境支付的巨大市场吸引了众多的海内外参与者，这些支付服务商大体可以划分为四种类型：一是 PayPal、Payoneer、WorldFirst 等国际支付机构；二是联动优势、连连支付、汇付天下等获得跨境支付牌照的国内支付机构；三是 PingPong、iPayLinks、Skyee、Airwallex 等国内无牌收款企业；四是银行。目前，跨境电商卖家的跨境金融支付服务需求已经从跨境收款、收单等单一的基础服务，向供应链金融、外汇、资金管理、保险、财税等综合性服务拓展，并发展出“沉淀真实贸易数据”以便融资上市等新服务需求，这对跨境电商金融支付服务商提出了更高的要求，也推动支付服务商跳出单一支付业务带来的价格战阶段，利用技术及产品服务向产业链其他环节延伸赋能。

3. 跨境电商 SaaS 服务需求高速增长

在疫情及平台政策收紧的背景下，跨境电商卖家进入多平台布局和精细化运营阶段，对跨境电商 SaaS 的需求迎来新一轮增长。2021 年我国跨境电商 SaaS 市场规模达 73 亿元，增长 73.8%，预计未来 4 年跨境电商 SaaS 市场将以 31.7%的复合增速持续增长（见图 2）。[②] 根据服务跨境电商卖家经营管理链路的不同环节，可将跨境电商 SaaS 划分为营销、ERP 和供应链三大场景。其中，营销类 SaaS 市场份额占比最高，约 66%，尤其是在跨境卖家从铺货式粗放管理转向精细化运营、从平台公域流量争夺转向精准私域运营的背景下，市场对营销类 SaaS 的需求保持高速增长。

---

① 中国支付清算协会：《中国支付产业年报 2022》，2022 年 6 月。

② 艾瑞咨询：《中国跨境电商 SaaS 行业研究报告》，2022 年 6 月。

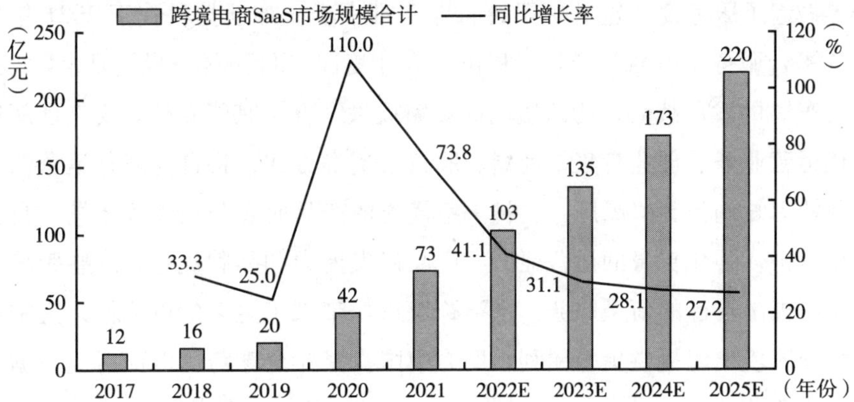

图 2　2017~2025 年中国跨境电商 SaaS 市场规模及预测

资料来源：艾瑞咨询，《中国跨境电商 SaaS 行业研究报告》，2022 年 6 月。

（五）跨境电商大卖跨界进入服务领域

1. 大卖“跨界”物流服务

跨境电商大卖在探索第二增长曲线时，都不约而同地选中了物流业务，如亚马逊大卖赛维时代和乐歌股份。赛维时代近几年的物流收入不断攀升，2020 年、2021 年的物流服务收入分别为 2.95 亿元和 2.29 亿元，[①] 已成为公司较为主要的收入来源。华东老牌跨境大卖乐歌股份 2013 年开始自建海外仓，2020 年 6 月起全力推进乐歌跨境电商公共海外仓创新综合服务体项目，已建成运营的公共海外仓达 35 万平方米，累计服务超 400 家客户。2021 年、2022 年上半年乐歌海外仓业务分别实现总收入 2.92 亿元和 2.58 亿元，[②] 公共海外仓成为拉动公司整体业绩增长的重要引擎。

2. 大卖开拓跨境服务领域

在平台卖货很难维持较高利润的时候，很多卖家积极拓展身份边界，

① 数据来源于赛维时代招股说明书。

② 数据来源于乐歌股份 2022 年上半年财报。

跨界做起了服务商，这其中不乏行业头部大卖。如通拓科技于2021年增加“平台服务型电商”模块，提出“人才培训+项目孵化+投资基金”“三驾马车”的发展战略，为跨境电商卖家提供全方位赋能支持。安克创新通过代运营业务、创业者集结计划、股权投资等方式，将自身海外运营的优势和能力复制到新兴品牌，更将一些优秀的产品研发公司和人才纳入自己的矩阵中，强化自身的运营能力、产品研发能力和品牌优势。这些跨境大卖纷纷推出自己的新型服务，也给跨境市场带来了更多的可能性，为中小微卖家跨境出海提供更多便利，助力中国卖家在全球跨境电商行业占据更多市场资源。

（六）跨境电商服务业逐步走向标准化

作为外贸新业态新模式，跨境电商一直处于“在发展中规范，在规范中发展”的状态，跨境电商标准体系缺失成为困扰行业发展的重大问题，制定统一的行业标准成为目前最关键的课题，也是促进行业实现标准化的必经之路。2021年以来，商务部组织全国跨境电商综试区开展“跨境电商规则与标准建设专项行动”，发布了一批跨境电商领域国家、行业、地方、团体和企业标准，包括国家标准《中小微企业跨境电商综合服务业务管理规范》《跨境电子商务交易服务质量评价》、团体标准《跨境电子商务海外仓运营与管理服务规范》等，初步形成了适应跨境电商发展的标准体系。此外，国家标准委公布2021年度国家级服务业标准化试点项目名单，由浙江国贸数字科技有限公司承担的“跨境电子商务服务标准化试点”纳入全国试点项目，进一步深化跨境电商标准化建设工作。

三　我国跨境电商服务生态存在的问题

（一）行业“内卷”竞争环境愈加复杂

随着跨境电商行业的蓬勃发展，每个环节和赛道都拥有数量众多的跨境电商服务商，行业竞争环境日益激烈。以跨境电商建站 SaaS 为例，目前市场上大概有 500 种建站 SaaS 软件，不仅有国内外优质服务商割据一方，更有跨界玩家不断入局。国外建站工具有 Shopify、BigCommerce 等，其中 Shopify 2021 年商品成交总额达到了 1754 亿美元，在全美零售电商销售额中占比 10.3%，列第 2 位，仅次于占有 41%市场份额的亚马逊，超过了沃尔玛（6.6%）和 eBay（4.2%）；[①] 国内建站服务商有 Shoplazza、Shopline、Shopyy、Ueeshop 等，近几年以快速响应的技术支持和本土化的运营培训服务赢得市场认可。跨境电商物流领域同样竞争激烈，跨境物流链条比较长，涉及“揽、干、关、仓、配”等环节，导致具有全链条服务能力的企业较少，而各个细分赛道参与者数量众多，各物流细分赛道呈现充分竞争态势。

（二）跨境电商部分关键环节缺少国际竞争力

在平台、物流和支付等跨境电商关键环节，我国还缺少具有国际影响力的服务商。一是全球性电商平台的国际影响力有待提升。跨境电商平台出海一直是我国互联网公司全球化布局的重要业务板块，B2B 平台有阿里巴巴国际站、中国制造网、敦煌网等。B2C 平台更是多点开花：阿里系有全球速卖通、东南亚电商平台 Lazada、土耳其电商 Trendyol、南亚电商平台 Daraz；缺少电商基因的腾讯投资的东南亚电商平台 Shoppe；字节跳动依托 TikTok Shop 完成电商闭环；独立站 SHEIN 取代 Zara 成为全球搜索次数最多的时装零售商；拼多多成立跨境电商独立站 Temu 并进军美国市场，快手也把直播电商业态复制到了海外。以上种种表现了中国互联网企业运营海外电商平台的努力，但目前整体影响力还不能撼动亚马逊、eBay 等老牌电商平台的江湖地位。在 2022 年全球电商平台访问量排名前 20 的名单中（见表 1），我国的全球速卖通、淘宝、拼多多、京东均上榜，但淘宝、拼多多、京东主要面向国内市场，面向国际市场的只有排名第 5 位的全球速卖通，但与稳居第

① 谢小丹：《千亿美元 Shopify 的未来：电商界的“苹果应用商店”》，志象网，2022 年 4 月 12 日。

1 位的亚马逊（56.9 亿次月访问量）、第 2 位的 eBay（29.8 亿次月访问量）还存在较大差距。尤其是 2021 年 4 亚马逊掀起声势浩大的封号潮，让我国跨境电商出海企业深刻感受到我国在平台规则方面还受制于人。

表 1　2022 全球电商平台访问量 TOP20

单位：亿次

序号	平台名称	服务地区/国家	产品类别	每月访问量
1	亚马逊(Amazon)	全球	综合电商	56.9
2	易贝(eBay)	全球	综合电商	29.8
3	虾皮(Shoppe)	东南亚	综合电商	6.3
4	乐天(Rakuten)	全球	综合电商	5.91
5	全球速卖通(AliExpress)	全球	综合电商	5.26
6	沃尔玛(Walmart)	北美	综合电商	5.14
7	美客多(Mercado Libre)	拉美	综合电商	4.47
8	Etsy	全球	艺术品、手工艺品	3.96
9	淘宝(TaoBao)	中国	综合电商	3.33
10	Wildberries	俄罗斯	综合电商	2.79
11	拼多多(Pinduoduo)	中国	综合电商	2.63
12	Trendyol	土耳其	综合电商	2.23
13	泰伦斯(Target)	美国、澳大利亚	综合电商	2.07
14	Flipkart	印度	综合电商	2.02
15	Allegro	波兰	综合电商	2.01
16	Ozon	俄罗斯	综合电商	1.97
17	京东(JD.COM)	中国	综合电商	1.87
18	Zalando	欧洲	时尚电商	1.7
19	Tokopedia	印度尼西亚	综合电商	1.64
20	来赞达(Lazada)	东南亚	综合电商	1.44

注：本表是根据 SimilarWeb 对 2022 年 7 月访问量超过 100 万次的 151 个电商平台的流量进行排名，月访问量数据为同一平台在不同站点的访问量总和。

资料来源：Webretailer。

二是缺少具有全球服务能力的快递物流企业。截至 2021 年，我国快递业务量已连续 8 年位居世界第一，但作为全球规模最大的快递市场，我国

70%的国际快递业务被 FedEx、DHL、UPS 三大快递企业占据。尽管我国快递企业也积极推进国际化步伐，但整体市场份额依然较小。2021 年我国一级央企队伍中首个综合物流与供应链服务集团企业——中国物流集团成立，2022 年中国物流集团国际速递供应链管理有限公司落地郑州，现代物流领域的“国家队”开始发力国际速递和全球物流网络布局，以此构建我国自主可控、安全可靠的国际供应链体系。

三是跨境收款依赖境外支付服务商。当前越来越多的中国卖家通过独立站拓展国际市场，但跨境支付一直是独立站运营重要且较难解决的环节。目前 PayPal 是全球最大在线支付提供商之一，也是跨境电商独立站常用的支付方式。2022 年 7 月 19 日，华鼎股份公告称其子公司通拓科技累计被扣款的 PayPal 账号已达 49 个，被划扣金额合计 6902. 52 万元。其实自 2022 年 3 月开始，PayPal 针对中国区账户进行了大规模整治，很多外贸商家 PayPal 账户的资金直接被冻结甚至被清零，据不完全统计，被 PayPal 冻结、清零的资金已经超 6 亿元。[①] 此次事件不仅让卖家意识到合规出海的重要性，更意识到我国出海独立站在海外收单、收款方面严重依赖境外支付服务商。

（三）跨境电商服务人才缺乏制约行业发展

目前跨境电商卖家类型多元化、业务模式丰富化，各类服务需求更加个性化，这对跨境电商服务商的人才质量和水平提出了更高要求。特别是在多平台、多渠道、多市场布局的背景下，跨境电商卖家对接的销售渠道和目标市场逐渐增加，卖家在对当地政策、社会人文和消费习惯不熟悉的时候，主要借助专业服务商的力量来探索和开拓市场，因此掌握当地语言、熟悉目标市场和消费者、掌握跨境电商运营技巧、具有某一领域专业技能的复合型服务人才就成为重中之重。随着 TikTok 等新兴平台不断涌现，拉美、中东等

① 欧雪：《跨境电商合规警钟再响，PayPal 向南财回应大规模冻结卖家账户：是常规行动》，https：//m. 21jingji. com/article/20220725/herald/53539c2c4a85a7ac1ff53925474f2689_ ths. html。

小语种市场不断拓展，跨境电商服务商要先于卖家储备相关人才才能满足业务发展需要，但高质量跨境电商服务人才的短缺，极大限制了跨境电商服务能力输出和企业“走出去”的积极性。

四　我国跨境电商服务生态发展趋势

（一）跨境电商进入精细化服务新阶段

自 2012 年我国启动跨境贸易电子商务服务试点和 2015 年国务院在杭州设立首个跨境电商综试区以来，跨境电商零售进口试点和跨境电商综试区逐渐覆盖全国，跨境电商相关配套服务也不断完善。在跨境电商发展初期，跨境电商服务主要围绕物流服务、支付服务、信息技术服务等支撑型服务展开；随着跨境电商行业的不断成熟和分化，市场对提供专业产品及服务的跨境电商服务需求增大，市场营销、税务合规、品牌打造、跨境直播等衍生型服务快速发展。相较于早期跨境电商的基础支撑服务，目前跨境电商在精细化运营和品牌化发展方面有着更多元化的服务需求，也催生了独立站建站、数字营销、大数据选品、数据算法分析等一批数字化服务机构。我国跨境电商从产品出海到品牌出海，不仅是产品质量、产品品质的提升，更是服务能力的全面提升，“产品+服务”才能为消费者提供完美的购物体验。因此，更高效的跨境物流、更精准的海外营销以及提高管理效能的各类 SaaS 服务，都是中国商家在海外市场打造品牌、提升消费体验的重要服务环节。

（二）打造生态化服务矩阵成为服务商共同选择

为满足跨境电商卖家的多元需求，从某一环节切入的跨境电商服务商不断拓展服务边界，向前后两端延伸服务链条，打造生态化服务矩阵成为各类跨境电商服务商的重要发展方向。一是跨境物流服务方面，跨境电商卖家除了跨境运输核心需求外，对协助清关、退货索赔、退货换标、逆向物流等增值服务也有更多需求，这也推动物流运输企业在仓储、装卸、运输、货代的基础上，增加了加工、包装、配送等新服务项目，并进一步拓展贸易服务、金融服务、数据服务等功能，成为供应链一体化服务企业。二是跨境支付服务方面，在跨境电商支付合规化和跨境电商卖家全球化布局的背景下，跨境电商卖家在多平台、多币种的跨境收款服务需求外，产生海关清关、出口退税、金融服务、汇率管理、资金管理、保险、全球收单等多元衍生服务，一站式接入的跨境支付金融服务商成为产业未来的主要发展趋势。三是跨境电商 SaaS 服务方面，以建站 SaaS 为例，其核心竞争力从建站工具向更多生态延伸，包括前端的流量获取、广告投放等，后端的收款、物流等环节，满足用户品牌出海、海外营销的需求，从而实现对卖家成长过程的支持闭环。

（三）本土化服务能力构筑服务商核心竞争力

目前，本土化运营已经成为跨境电商突围制胜的关键。以前，跨境电商主要是“空军作战”模式，本土运营的深度不足，现在很多出海企业正从“空军”的轻模式向“海军陆战队”的重模式转变，通过产品、团队、品牌、物流、营销、服务等一系列本土化运营，建立对目标市场用户和需求的深度认知。但本土化运营需要全链路的资源匹配和长期持续投入，很多出海企业在海外市场洞察、支付环境、海外仓及本地物流、海外营销、财税合规等本土化环节都存在或多或少的“水土不服”，因此会通过与跨境电商服务商合作的方式，迅速补齐主要环节的短缺资源和能力短板，加速落地本土化战略。因此，具有海外本土化服务能力成为跨境电商服务商的核心竞争力。如跨境物流企业在保障跨境电商物流干线畅通的基础上，通过目的地并购和供应链整合，保障末端供应链的稳定和尾程的及时交付，将极大提高卖家的物流履约能力和消费者购物体验。如很多出海企业为贴近目标市场，会在目标市场设立公司，成为跨国企业开展跨国经营，而跨国经营面临较高的合规风险，选择一家在海外有自己独立的办事处的税务服务商就尤为重要，不仅能帮助解决全球化布局的税务问题，还能利用海外当地的税务政策提前规避风险问题。这些本土化服务为跨境电商卖家深入目标市场提供了极大助力，推动卖家加速本土化运营发展。

（四）跨境电商服务业的整合并购趋势愈发明显

随着跨境电商获客成本的不断提高，跨境电商服务企业积极寻求资源整合，通过构建生态化服务体系提高行业竞争门槛，支付企业、物流企业、社交媒体、SaaS 软件等领域的跨界并购趋势愈发明显。如我国领先的国际货代企业——华贸物流从 2019 年起便通过并购合作的方式布局跨境物流，先后收购华安润通切入邮政小包渠道、收购佳成国际实现前端及尾程物流环节布局、入股深创建供应链延伸业务至中港运输及关务申报，后又参与国企混改整合，成为中国物流集团的核心成员。全球电商 SaaS 平台“店小秘”于 2021 年 6 月收购全球领先的物流轨迹查询服务商“17TRACK”，基于平台级 ERP 系统持续扩充自身服务体系。加拿大 SaaS 电商平台 Shopify 于 2022 年 7 月收购美国本土物流网络服务商 Deliverr，共同构建以商家为中心的端到端物流平台，帮助各大规模的电商与独立站卖家实现业务增长。各类跨境电商服务商以并购、投资等形式持续完善自身产品矩阵，不断扩大在全球电商服务领域的业务版图。

（五）跨境电商服务行业“走出去”进程加快

跨境电商出海不仅是产品和品牌“走出去”，更是一个国家的平台、物流、支付、技术等服务“走出去”。一是 eWTP 推进数字经济基础设施建设。自 2016 年阿里巴巴集团提出 eWTP 倡议后，eWTP 积极在全球范围内打造数字经济基础设施，目前 eWTP 已在全球开展 10 个合作试点（马来西亚、卢旺达、比利时、泰国、埃塞俄比亚、墨西哥，以及中国杭州、义乌、海南、香港），通过商业实践探索数字贸易新规则，通过数字技术推动贸易的普惠、绿色和可持续发展。二是物流企业持续加强国际业务。如顺丰侧重于航空专线模式，目前拥有 80 架飞机，着力打造自营航空运输网络，在航空快递领域形成领先优势；同时收购东南亚最大的第三方物流企业嘉里物流，有效补充顺丰在国际货代、清关等方面的资源与能力，通过占据东南亚市场实现其全球化的野心。菜鸟采取基础设施“硬联通”和数智建设“软联通”轻重结合模式，通过建设物流设施促进货通全球的同时，积极推广数字技术提升全球物流效率。三是中国数字支付走出国门。蚂蚁集团推出的“Alipay+”已经接入日本、韩国、新加坡、马来西亚、泰国、德国、奥地利等国的15个数字支付工具，服务全球250多万商户，商家只需“一点接入”即可无缝连接10亿亚洲消费者，[①] 中国的数字支付技术开始服务越来越多的全球消费者和小微企业。我国跨境电商产品、品牌及全链路服务出海，为全球范围内更多的跨境电商相关市场主体创造了新的机遇，同时也为电商国际合作带来更多发展空间。

（六）跨境服务国际规则对接成为国际经贸合作重点

跨境电商兼具货物贸易和服务贸易属性，且正从货物贸易为主向货物贸易、服务贸易双轮驱动转变。跨境电商交易活动产生了跨境营销、国际物流、国际金融、知识产权、财税合规等一系列服务贸易工作；同时，跨境电商进一步与教育、医疗、文旅等服务贸易融合，扩大了新业态新模式的创新空间。在数字经济时代货物贸易和服务贸易加速融合的发展趋势下，跨境电商的服务贸易属性逐渐发挥关键作用，跨境服务国际规则对接成为国际经贸合作的重点。针对小额、高频、数字化的跨境电商发展所带来的新规则、新机制，未来各国应进一步在跨境贸易监管合作、跨境物流通道建设、跨境支付、人民币国际化以及数据跨境流动等跨境服务生态体系建设方面取得突破性的成果。

参考文献

艾瑞咨询：《2022年中国跨境电商服务行业趋势报告》，2022年6月。

艾瑞咨询：《中国跨境电商SaaS行业研究报告》，2022年6月。

王健、诸子怡：《跨境电商服务生态体系发展及其对中国电商国际合作的启示》，《国际贸易》2022年第3期。

王健、诸子怡：《跨境电商与服务业的融合创新》，载李小牧、李嘉珊主编《中国国际服务贸易发展报告（2021）》，社会科学文献出版社，2021。

① 数据来源于2022年11月3日蚂蚁集团在新加坡金融科技节公布的最新数据。

B.17

跨境电商知识产权保护国际规则研究及对我国的启示

洪勇　李峄*

摘　要： 侵犯知识产权是我国跨境电商企业出海面临的障碍之一。保护跨境电商知识产权能提高商品溢价，使企业摆脱低质量重复竞争的窘境。跨境电商知识产权促进了诸如音乐、视频、电影、文学、软件系统等数字化业务的交易。当前，我国跨境电商知识产权领域的法规远远落后于跨境电商发展，且没有明确主管部门，对跨境电商知识产权侵权行为惩罚力度较轻。一部分跨境电商中小企业不了解销售目的地国的知识产权法规，不能有效防范潜在的侵权风险。为了更好地保护公民权益，我国应当健全法律法规体系，构建多方协作管理机制，拓宽维权援助渠道，构建公共信息平台，加强国际合作交流，加大人才培养力度。

关键词： 跨境电商　知识产权保护　国际规则

一　跨境电商知识产权保护的作用

跨境电商知识产权是指跨境电商主体对其所创作的图片、视频、文字、商标、产品等劳动成果享有的专有权利，包括著作权、专利权和商标权。目

* 洪勇，商务部国际贸易经济合作研究院副研究员，主要研究方向为数字经济、跨境电商；李峄，商务部国际贸易经济合作研究院副研究员，主要研究方向为数字经济、跨境电商。

前，跨境电商知识产权侵权行为主要表现为盗图、销售假冒商品和盗用专利等。

在中央政治局第二十五次集体学习时，习近平总书记提到："创新是引领发展的第一动力，保护知识产权就是保护创新。"知识产权有效保护对于中国跨境电子商务企业的可持续发展至关重要，为其进军全球市场提供了坚实的基础。2022 年我国跨境电商进出口 2.11 万亿元，同比增长 9.8%。其中，出口 1.55 万亿元，同比增长 11.7%，进口 0.56 万亿元，同比增长 4.9%。① 然而我国跨境电商发展与知识产权保护并不协同，国内跨境电商企业因侵犯知识产权被海外电商平台下架、店铺被封禁、账户资金被冻结等情况屡见不鲜。因此，加强跨境电商知识产权保护意义重大。

一是跨境电商知识产权保护有助于打击"山寨文化"，维护品牌形象。目前，我国大部分跨境电商企业不注重知识产权保护，自身维权能力和维权意识不足，在发生国际知识产权纠纷时，往往处理不当，损失惨重。亚马逊在 2021 年 8 月以"涉嫌违反亚马逊平台规则"等理由对我国跨境电商企业采取了严厉的封号政策，以此来阻止其发展壮大。2022 年 7 月，PayPal 以"涉嫌销售假冒伪劣商品"为由临时冻结大量中国跨境电商企业账户。跨境电商知识产权保护措施有利于保护中小卖家的合法权益，保护企业的品牌独立性，打击侵权行为，营造良好的网络贸易环境。

二是跨境电商知识产权保护有助于驱动企业创新热情，推进行业提质升级。跨境电商知识产权保护能帮助企业凸显产品品牌优势和质量优势，进一步增强企业竞争力，为企业创新营造宽松的营商环境。同时，跨境电商知识产权保护通过激励创新、保护投资、加快技术产业化、改革制度等，深化跨境电商的核心竞争力，推动跨境电商相关产业的优化升级。

三是促进贸易平等互信，减少国际贸易摩擦。我国跨境电商知识产权保护将与国际公约和双边协定保持一致，有助于增强多双边跨境贸易的平等与

---

① 数据来源于海关总署 2022 年全年进出口情况新闻发布会，http：//www.customs.gov.cn/customs/xwfb34/302330/4795072/index.html。

互信，推动数字经济强国的法治环境建设。近年来，中美贸易摩擦中美国多次指责我国的知识产权问题，甚至向世贸组织提起诉讼，对我国跨境电商出口造成了一定的负面影响。在国际知识产权规则对接的背景下，我国商品知识产权侵权问题将进一步缓解，逐渐扭转国际社会对我国商品的认知，为我国跨境电商“走出去”营造更好的国际舆论环境。

二　我国跨境电商知识产权保护概况

近年来，我国跨境电商领域的知识产权保护颇有成效。世界知识产权组织（WIPO）《2021 年全球创新指数》报告显示，中国排第 12 位，较 2020 年上升 2 位。[①] 2021 年中国通过《专利合作条约》（PCT）途径提交的国际专利申请量连续 3 年居全球第一位。[②] 国家知识产权局统计的 2021 年全国知识产权保护社会满意度调查显示，2021 年全国知识产权保护社会满意度为 80.61 分（百分制），相较调查启动之初（2012 年）和“十三五”初期（2016 年）分别提高了 16.92 分和 8.23 分，得分创历史新高。[③]

（一）电子商务知识产权保护法律法规体系

近年来，传统知识产权领域的法律法规不断更新。然而，随着我国电子商务高速发展，侵犯知识产权的新手段不断出现，知识产权保护面临新挑战。在此背景下，立法部门和行政主管部门与时俱进，修改了相关法律法规条款和行政规章，增加了反映电子商务领域的新内容。目前，我国电子商务知识产权保护“四梁八柱”已经搭建，已经形成与世界第二大数字经济强国相匹配的法律法规体系。电子商务知识产权不仅要遵守《民法》和《刑

① 《世界知识产权组织发布 2021 年全球创新指数排名，中国位列全球第 12 位》，商务部官网，http：//at. mofcom. gov. cn/article/jmxw/202110/20211003207997. shtml。

② 《我国 PCT 国际专利申请量连续三年第一》，中国政府网，http：//www. gov. cn/xinwen/2022-02/11/content_ 5673183. htm。

③ 《国家知识产权局：2021 年全国知识产权保护社会满意度达到 80. 61 分得分创历史新高》，央广网，https：//baijiahao. baidu. com/s？ id=1743210006673859315&wfr=spider&for=pc。

法》等高级别的法律，还需要遵守专利、商标、著作权等法律。《电子商务法》是我国第一部专门为电子商务设立的法律，规定了知识产权方面的内容，将电子商务与知识产权第一次关联起来。新修订的《对外贸易法》增加了“与对外贸易有关的知识产权保护”一章，将现行知识产权法律法规与对外贸易管理相衔接。

（二）电子商务知识产权保护行政执法体系

政府不断加大力度推进电子商务知识产权执法工作。2014 年，全国打击侵权假冒工作领导小组印发《打击互联网领域侵犯知识产权和制售假冒伪劣商品工作方案》，强化对重点网络销售平台的监管，严厉打击网络侵权盗版和销售假冒伪劣产品。2015 年，《国务院办公厅关于促进跨境电子商务健康快速发展的指导意见》进一步明确了跨境电商领域打击知识产权违法侵权的行为。2018 年，《“互联网+”知识产权保护工作方案》鼓励电商平台运用新技术处理侵权假冒举报投诉。此外，为了提升电子商务领域知识产权保护的行政执法效力和综合整治力度，政府相关部门经常开展大规模的专项整治行动，线下和线上协同，利用技术手段解决知识产权侵权问题，取得了较好的社会效益，如国家版权局等部门联合开展的打击网络侵权盗版的“剑网”行动、国家市场监管总局牵头开展的网络市场监管专项行动等。在跨境电商知识产权保护领域，2021 年我国海关总署共查扣跨境电商侵权嫌疑货物 1.78 万批 199.57 万件，扣留批次和数量在非货运渠道执法中的占比由 2020 年的 11.69%和 9.93%大幅提升到 2021 年的 23.25%和 18.11%，为跨境电商知识产权保护提供了有力的保障。①

（三）电子商务知识产权司法保护体系

随着电子商务发展，互联网、人工智能、区块链等技术也被引入司法实

① 《1 年扣留 7000 多万件！全国海关 2021 年扣留进出口侵权嫌疑货物有所增长》，中国政府网，http://www.gov.cn/xinwen/2022-04/22/content_5686729.htm。

践中。2017年以来，我国在广州、杭州、北京等城市相继成立了互联网法院。互联网法院是指将线下法院审理流程全面线上化，处理互联网领域相关案件。2019年，北京互联网法院采用区块链技术实行一键立案，并实行“法院+检察院+仲裁+公证”模式，让司法机关在证据的收集、固定，立案的快捷，审理的公开透明、快速等方面显示了强大优势。网络协调和仲裁工作在海外电子商务知识产权纠纷处理中充分发挥着作用，它们不仅具备保密性、独立性和自主性，而且成本低廉，技术手段更为灵活多样，可以大大提高争议处理的效率。此外，为了保证小额争议诉讼程序的高效性，还制定了专门的小额诉讼程序条例或电子诉讼条例，使小额诉讼裁决可以在成员之间迅速被认可和执行。

（四）电子商务知识产权保护多元共治体系

由于电子商务的虚拟性、跨行业和跨地区特点，知识产权的保护，除了行政执法和司法保护，还包括多元主体参与的多元共治。跨境电商知识产权多元主体主要包括行政机关、公益性组织、消费者、电子商务平台及在平台上的商户。多数跨境电商平台建立了知识产权保护机制，不断完善知识产权保护规则，使用信息技术防止知识产权侵权行为。阿里巴巴利用先进的技术和大数据，开发出一套能够自动监测和发布侵权消息的系统，以保护消费者的权益。亚马逊也推出“透明计划”，在商品外包装上印有“透明化标志”，每件产品都有一个独特的蓝色二维码，用户只需要通过 Transparency 软件扫描，就能够获取详尽的商品信息。总而言之，各大电商平台正在充分利用互联网技术，不断提升管理水平，加强智能化治理，积极预防和有效解决纠纷，并积极开展知识产权保护工作。

三　跨境电商知识产权国际规则体系

随着电子商务与传统贸易深度融合，各国政府越来越重视电子商务知识产权保护在国际贸易中的作用，在制定国际规则体系时都把电子商务知识产权规则作为重要部分，以促进电子商务在全球范围内的良性发展。

（一）多边电子商务知识产权国际规则

自多哈回合贸易谈判陷入僵局以来，以世界知识产权组织（WIPO）和与贸易有关的知识产权协定（TRIPS）为代表的电子商务知识产权保护多边机制构建进展逐步放缓，同时以两个或两个以上大型经济体参与谈判并缔结协议的区域自由贸易协定成为电子商务知识产权多边机制构建的重要推动力量。

1. 强化知识产权的立法模式

多边电子商务知识产权国际规则都采取条款叠加方式，在现有知识产权国际条约的基础上发展创新。例如，TRIPS 协定的知识产权条款是在《巴黎公约》《华盛顿公约》等协议的基础上形成的。而 CPTPP 协定中知识产权条款是在 TRIPS、TPP、《专利法条约》等协议的基础上形成的。这些国际多边规则在现有知识产权国际规则的基础上叠加，逐步提升跨境电商知识产权保护标准，以解决跨境电商知识产权所面临的问题。

2. 持续更新传统知识产权内容

近年来，多边国际规则更注重新技术、新经济的发展对传统知识产权的影响。一是多边国际规则更加重视数字版权。数字经济背景下的版权保护问题得到多边知识产权国际规则的高度重视。应充分保护版权所有人利用信息通信方式向他人传递产品的权利。二是多边国际规则更加重视新型商标权。在商标注册方面，多边国际规则探讨在基于视觉感知的基础上，增加声音和气味注册。三是在外观设计领域，多边国际规则不仅保障已登记注册的外观产品设计，而且还对未登记注册的外观产品设计提供了有限的保障，并且为外观产品设计提供了至少 20 年的独占保障；外观设计未注册者享有不少于 3 年的保护期。

3. 确定新的知识产权品种

随着跨境电商交易商品品种不断扩大，电商知识产权多边国际规则里新类别也不断丰富。一是增加了植物新品种。以 WIPO《国际植物新品种保护公约》为基础，日欧 EPA 将植物新品种列为知识产权保护类别之一，并对 TRIPS 协定列举的知识产权种类进行了扩充。二是新增了遗传物质、传统知识、民间文学等。RCEP 协议采纳了以第三世界国家为代表的 RCEP 成员国在跨境电商知识产权方面的建议。三是增加了药品品种。强化药品知识产权保护是在 TRIPS 时期国际法律体系中不可或缺的一部分。

4. 知识产权执法力度明显提高

国际贸易规则电子商务知识产权执法更加严格。一是对知识产权权利有效性规定更加严格。除非存在相反的证据，否则 TPP 等国际贸易规则一般认定知识产权有效。在知识产权方面，TPP 比 TRIPS 等协定规定更加严格。二是对侵犯知识产权的惩罚规定更加严格。通过降低侵犯知识产权的刑事门槛，并且进一步细化赔偿规定，可以更好地保护知识产权。此外，还将对侵犯知识产权的情况提供更多的规定，增加了数字环境下的侵权行为认定及惩罚。

（二）欧盟电子商务知识产权国际规则

自“单一市场战略”实施以来，欧盟加强电子商务知识产权保护以鼓励欧洲企业创新产品和服务。欧盟在电子商务知识产权保护国际规则方面的举措包括出台多层次的法律、加大打假力度、建立专利体系等。

1. 拥有完善的知识产权法律体系

欧盟电子商务知识产权法律包括《海牙协定》《与贸易有关的知识产权协定》等国际条约，《关于数据库法律保护指令》《信息社会著作权及相关权益绿皮书（增补）》《电子签名指令》《电子商务指令》《知识产权刑事措施指令》等欧盟法律以及《欧洲专利公约》等成员国知识产权法律。

2. 加大打击假冒伪劣产品的力度

一是鼓励打击知识产权侵权的行业行为。欧盟委员会在“通过互联网销售假冒商品的谅解备忘录”经验的基础上，继续支持行业主导的打击知识产权侵权行为，包括网站广告自愿协议、付款服务以及交通运输。这比法律手段更快地执行打击假冒盗版行动。二是减少进入欧盟市场的假冒产品的数量。欧盟委员会建议加强与第三方（中国、东南亚、拉丁美洲）的合作计划，并创建一份被举报参与或促成实质性知识产权侵权的市场观察名单。2018 年 12 月 7 日，欧盟委员会公布了首份假冒市场观察名单，旨在确认欧盟境外经常出现出售假冒和盗版商品以及以其他形式滥用知识产权行为的市场。此次欧盟委员会公布的假冒市场观察名单，重点关注销售药品等商品的电子商务平台。

（三）美国电子商务知识产权国际规则

作为全球第一大经济体，美国对知识产权保护非常重视，在完善立法、多途径保护、技术赋能和建设信用体系等四个方面保护电子商务知识产权。

1. 完善立法

美国制定了一系列规范电子商务市场的法律。如保护市场秩序和公平竞争的《反不正当竞争法》，保护商标所有人权益的《兰哈姆法》，加大专利保护力度的《美国发明法案》，关于互联网使用和安全的《互联网法》，打击窃取商业秘密和知识产权行为的《联邦商业间谍法》。为了保护美国公司的知识产权和竞争利益，美国政府依据《1930 年关税法》第 337 条的要求，对进入美国境内货物进行严格的检查，以确保它们不存在侵权或不正当竞争行为。美国政府根据《1974 年贸易法》第 301 条对中国发起调查，并发布了《特别 301 报告》，认为中国在知识产权政策、创新政策、专利技术转让等方面给美国知识产权密集型产业带来了极大的不利影响。

2. 多途径保护

美国政府提供多种保护知识产权途径。一是专利和商标保护。美国专利和商标局（USPTO）是负责颁发专利和商标的联邦政府机构，其颁发的专利和商标可以防止他人在专利期限内制造、使用该专利，保护商标所有人在图案、图形、颜色等方面的权利。二是版权保护。美国版权局是负责版权登记的联邦政府机构，保护音乐、文学等作品的版权持有人权利。三是贸易商品侵权保护。美国国际贸易委员会负责审查侵害美国知识产权的进口商品，并采取有效的保护措施。四是知识产权政府救济。美国政府设有知识产权法庭，专门处理知识产权纠纷。此外，美国政府还提供财政援助、减免税、培训等各种知识产权救济。

3. 技术赋能

美国政府部门广泛应用 GPS、RFID 等设备追踪、定位和监控侵犯知识产权的行为。在音乐、电影、软件等行业，美国政府部门利用数字版权管理技术（DRM）和数字水印技术，在数字内容中嵌入特定标识符，追踪其使用情况并防止盗版行为。同时，美国政府部门利用专利数据库和专利分析工具，帮助企业监测和分析竞争对手的专利情况，发现自身的技术优势和劣势，并制定相应的技术战略。利用商标监测工具，帮助企业监测和管理自身商标的使用情况，及时发现侵权行为并采取相应措施。

4. 建设信用体系

美国完善的信用体系建设可以为打击侵犯知识产权的行为提供支持和帮助。一是信用评分可以影响知识产权申请的审批。如果申请人的信用评分较高，对知识产权的申请可能会更容易获得批准。二是信用体系可以提高知识产权持有者的信用价值。知识产权持有者可以将自己的专利、商标和著作权等知识产权作为信用资产，持有知识产权的公司和个人可以通过这种方式提高他们的信用价值，从而获得更好的金融支持和更低的利率。三是信用体系可以帮助打击侵权行为。在美国，侵犯知识产权的行为可能会对个人或企业的信用评分造成负面影响。

四　对我国跨境电商知识产权保护的建议

随着跨境电商的发展，我国跨境电商知识产权相关法律法规的制定已经跟上了时代的步伐，但是由于缺乏专门的监管部门，对于跨境电商知识产权侵权行为的惩罚仍然不够严格。许多中小企业缺乏对国际知识产权法律的认知，缺乏足够的资源和精力去预防可能会存在的知识产权侵权风险，因此，他们在面对侵权指控和惩罚时只能采取消极的态度。因此，我国政府应采取多方面的措施解决跨境电商知识产权问题。

（一）完善法律法规体系

根据跨境电商知识产权的特点，做好对现有法律法规的补充和完善，加强现有法律法规与跨境电商知识产权间的协调。为增强法律法规的实效性，防止法律规范滞后于跨境电商知识产权发展，应专门针对跨境电商知识产权制定法律，以适应跨境电商快速发展过程中出现的侵犯知识产权的新问题，达到规范跨境电商发展的目的。地方性立法应当有助于促进跨境电商行业的发展和繁荣。参考国际经验，制定赔偿、禁止行为以及案件惩罚规则，加大惩处力度。为了保护消费者权益，应对电商平台和入驻企业进行严格审查，核实商家资质和商品信息，并加强对跨境电商卖家的知识产权监管。

（二）建立多方协作机制

跨境电商知识产权涉及法院、知识产权、商务、公安等多部门以及行业协会、平台企业、商户等多个主体，应创新多方共赢的稳定模式。一是要加强各部门之间的协作。通过有效整合各政府部门的资金、人员等，减少部门之间的摩擦，加强联合执法，提升监管和执法效率，从而实现政府部门的高效运作。为了提升跨境电商知识产权服务能力，政府应该支持跨境电商联盟、知识产权联盟等行业协会，参与政府部门的规划制定、行业调研、数据收集等工作，加强与跨境电商平台和企业的沟通，共同努力解决知识产权维权过程中的各种问题。二是要推动各跨境电商平台之间的协作。积极推动阿里、亚马逊、eBay 等大型电商企业合作，鼓励跨境电商平台知识产权保护工作协调发展，提高知识产权信息共享水平，确保平台商户基本权利，构建可持续发展机制。

（三）拓宽维权援助通道

为了更好地保护知识产权，应扩大电商平台的维权渠道，为符合条件的权利人提供更快捷的维权方式。一方面，政府机关应为我国跨境电商企业提供司法便利和帮助，通过构建海外网络维权平台，开展域外法律普及教育，提供线上风险回避咨询服务，树立跨境电商知识产权行业规范，维护我国跨境电商企业的正当权益。加强电商平台与国家知识产权局及地方知识产权维护维权援助中心的沟通机制，推动主动防控体系建设。另一方面，引导行业协会、企业和个人共同努力，建立私人救济机制，并通过多种宣传渠道，提高跨境电商企业和个人的维权意识，以促进行业发展和社会进步。通过集体力量协助企业参与跨境诉讼，确保跨境电商企业能够获得有效救济。为了促进跨境电商行业的发展，应建立跨境电商知识产权联盟，为中小型跨境电商企业提供专业的知识产权维权服务，并在全球范围内建立分支机构，以满足当地知识产权法律的要求，降低企业的维权成本。

（四）打造公共信息平台

建立健全国内跨境电商领域的知识产权信用平台，丰富数据维度和数量，建立网络数据预警机制，实现跨境电商知识产权信用平台与其他信息系统之间失信违法信息交换。通过建立跨境电商企业信用评估体系，实现跨境电商平台、海关、知识产权等相关方之间的数据信息交换共享，充分利用信用评估结果，进一步提升信用信息的透明度，从而促进跨境电商的发展。降低金融机构与跨境电商的信息不对称，支持跨境电商企业知识产权融资。设置跨境电商黑白名单，提高跨境电商企业通关效率。

（五）加强国际合作交流

在深入分析 RCEP、CPTPP 等多双边协议中有关电子商务知识产权文本的基础上，了解各国对跨境电商知识产权的诉求，签订双边、多边跨境电商知识产权协定，保证跨境电商知识产权保护工作在全世界范围内合理有序开展。积极与美欧等发达国家开展跨境电商知识产权讨论与谈判，表达跨境电商知识产权保护立场，提升跨境电商知识产权保护的国际话语权。通过加强多边谈判，重点关注金砖国家和上合组织成员国之间的跨境电商知识产权保护，探索一种能够有效反映发展中国家利益诉求的跨境电子商务知识产权保护机制。

（六）加大人才培养力度

人才是跨境电商知识产权发展的重要因素。要培养一批既懂跨境电商，又懂知识产权的复合型人才，搭建跨境电商知识产权人才体系，可以采用以下方式解决人才缺乏难题。一是针对性教育。每个企业所拥有的禀赋不一样，所处的行业阶段不一样，人员素质不一样。因此，应针对不同企业，因地制宜地开展定制化培训。二是推动专业人才培养。鼓励学校根据跨境电商企业需求，开设专业的培训课程，进行实操与理论结合的专业培养，形成可操作的跨境电商知识产权人才培养体系。三是沟通交流。通过各类交流平台，跨境电商从业者可以与行业内相关企业分享知识产权维权过程中遇到的问题。跨境电商从业者可以向行业领军人咨询知识产权问题，也可以与同样存在知识产权纠纷的同行进行集中维权，共同应对平台问询和法院诉讼。

参考文献

马珺：《我国跨境电商知识产权保护问题研究》，黑龙江大学硕士学位论文，2022。

薛虹：《数字贸易风险管理中的知识产权保证制度》，《科技与法律（中英文）》2022 年第 2 期。

郑鲁英：《跨境电子商务知识产权治理：困境、成因及解决路径》，《中国流通经济》2017 年第 10 期。

薛虹：《中国电子商务平台知识产权保护制度深度剖析与国际比较》，《法学杂志》2020 年第 9 期。

付磊：《跨境电商平台对知识产权纠纷的治理研究》，东北财经大学硕士学位论文，2021。

B.18

国货出海群像：进击的跨境电商品牌

贾锐杰*

摘　要： 2020年新冠大流行后，全球电商发展全面提速，提前走完了之后几年的路径，并随着疫情的结束逐渐回调至原本的增长曲线。在不断翻新的外贸数据中，跨境电商新业态贡献显著，也迎来了更多政策红利。在越来越多的企业自主加强品牌化发展以及销售平台的流量驱动下，我国跨境电商品牌化趋势日益突出，但不同企业间的品牌力差距很大，形成了知名国牌、跨境电商原生品牌、制造商转型品牌、“商标型”品牌共同“闯荡”国际市场的发展局面。如何做好品牌营销并在海外立足纳客，成了诸多跨境电商企业的必修课。结合业内头部品牌的打造历程，卖家可以从产品、传播、渠道布局等方面发力，持续提高品牌影响力。

关键词： 跨境电商　品牌化　独立站

跨境电商行业一路狂奔，推动越来越多的中国品牌走向海外。业内品牌化趋势显著，知名国牌、跨境电商原生品牌与制造商转型品牌领跑，大量新品牌紧随其后。但海外消费者对中国品牌的信任程度较低，品牌出海过程中还面临营销成本高、本地化难度大等一系列挑战，探索有效提高跨境电商品牌影响力的方式势在必行。

---

* 贾锐杰，亿恩网资深编辑，主要研究方向为跨境电商平台变迁。

一　跨境电商行业发展前景

（一）疫情红利消失，跨境电商市场回调

2020~2022 年，新冠大流行加速了全球电商的渗透率。大流行早期，运动健身、家居厨房、办公、园艺等品类需求呈现爆发式增长，亚马逊、Shopify 等电商平台无不借机加快布局，抢夺激增的电商市场。但之后欧美等地区陆续放松疫情管控措施，因居家原因大量涌入线上的消费者陆续回归实体店，这场突然而至的网购潮开始降温，电商市场逐渐回调至原本的增长曲线。

2022 年底，国内全面放开疫情管控，供应链、港口等跨境贸易环节很快恢复全速运转，大批跨境卖家赶在春节前完成假期档备货。2023 年 1 月 8 日起，中国对新冠病毒感染实施“乙类乙管”，疫情管控不再，业内开始期待 2023 年的货如轮转。

2023 年 1 月底，美国白宫在声明中表示，将于 5 月 11 日终止应对新冠疫情的国家紧急状态和公共卫生紧急状态。在海外市场，大流行催生的行业红利已完全退去。小家电、保健按摩等品类失去需求加持，欧美航线海运价格基本回落至疫情前水平，加之消费市场经济下行、消费需求受到抑制，一度冲高的跨境电商也放慢了节奏，行情从“大热”转凉。

疫情带来的红利只是短暂的供需失衡，相比“降温”一说，“行业在意外增长后开始回调”这种理解更准确，在一定程度上，“异常高烧”的跨境电商逐渐回归正常是件好事。

（二）利好政策助推，跨境电商出口持续增长

艾媒咨询数据显示，2021 年中国跨境电商出口规模为 1.44 万亿元，在支持性政策持续落地及海外消费者消费习惯转变等作用下，中国跨境电商出口市场将进一步发展，预计 2024 年有望达到 2.95 万亿元，相较 2021 年将

实现翻倍增长。①

跨境电商综试区不断扩围，截至 2022 年 11 月，全国跨境电商综试区增至 165 个，覆盖全国 31 个省区市。2023 年初，跨境电商再迎政策利好，财政部、海关总署、国家税务总局联合发布《关于跨境电子商务出口退运商品税收政策的公告》，因滞销、退货原因，自出口之日起 6 个月内原状退运进境的部分商品，可实现退运进境“零税负”。

一直以来，由于退运关税及运费成本因素，跨境电商企业大多在海外将滞销产品做低价清仓处理，亏本不可避免，甚至要为此支付一笔处理费。2023 年 1 月 17 日起，亚马逊美国站移除和弃置订单费用变更，标准尺寸及大件商品的移除弃置费几乎都翻了一番。出口退运政策出台后，将有效减少高客单价及高退货率产品卖家的经营成本。在利好政策助推下，2023 年跨境电商将迎来加速发展。

二　跨境电商品牌化趋势凸显

一个叫得响的名字对发展大有裨益，要在出海赛事中保持持久的竞争力，企业离不了“品牌”这柄利刃。

跨境电商企业均有意加强品牌化发展，且效果显著。在谷歌联合凯度发布的“2022 凯度 BrandZ 中国全球化品牌 50 强”及子榜单中，超过 20 个跨境电商行业品牌上榜。在 50 强榜单中，SHEIN、安克、科沃斯、傲基、兰亭集势仍旧在列，其中科沃斯、安克、SHEIN 位居品牌力增速最高的前五之列；WORX（威克士）、ECOFLOW（正浩）及 FlexiSpot（乐歌）则一并成为新晋跨境电商相关品牌。在“中国全球化成长明星”榜单中，跨境电商领域品牌表现生猛，占据了 20 名中的 14 个，包括 Cider、Costway、追觅科技、eufy 等，覆盖了家居园艺、线上时尚、智能设备等多个领域（见图 1）。

---

① 艾媒咨询：《2022~2023 年中国跨境出口电商行业发展现状与典型案例研究报告》，2022 年 12 月。

品牌	领域	品牌	领域
CIDER	线上时尚	Insta360	智能设备
CONSTRUCT	互联网服务	NIO	汽车
COSTWAY	家居园艺	RIVER GAME	移动游戏
dreame	智能设备	roborock	智能设备
eufy	智能设备	tineco	智能设备
	美妆个护	SHEGLAM	美妆个护
HALARA	线上时尚	VASAGLE	家居园艺
HEGUAN	线上时尚	VEVOR	家居园艺
homary	家居园艺	VIVAIA	线上时尚
Infinix	消费电子	XPENG	汽车

图 1　“20 个中国全球化成长明星品牌”榜单

行业品牌化趋势显著，这也是销售平台喜闻乐见的，因此各个平台都在助推商家实现“品牌化”，向精品优质商家靠拢，追求长期主义。如亚马逊全球开店发布了 2023 年中国业务的四大战略重点，其中之一就是“做轻品牌全球化出海路径”，要让卖家打造品牌变得更容易。谷歌也发布了织帆项目，通过提供出海资源启动、品牌成长策略、用户策略赋能和产品策略迭代四方面服务，为中国品牌打通出海全链条，未来三至五年将支持 20 多个潜力出海赛道，扶持 1000 多个中国市场新兴品牌出海。

在销售平台的助力下，我国跨境电商品牌型商家显著增加。2022 年 5 月亚马逊公布数据显示，过去四年，在亚马逊上完成品牌注册的中国卖家数量增长了 40 倍。2022 年底亚马逊还公开了另一组数据：过去三年中，亚马逊上的中国品牌型卖家数量增长近 3 倍；这些品牌型卖家的销售额，在过去一年里实现双位数增长，在过去两年的年复合增长率较非品牌卖家平均高 50 个百分点以上。

三 出海群体的品牌化现状

在品牌化进程上，跨境卖家群体已经有了不同程度的进展，层次分明，形成了知名国牌、跨境电商原生品牌、制造商转型品牌、“商标型”品牌共同“闯荡”国际市场的发展局面。

（一）知名国牌

出海途中，传统知名国牌有明确的先发优势。跨境电商出现之前，出海的门槛较高，普通品牌很难在海外赢得消费者心智。跨境电商模式出现后，大大降低了出海门槛，大量国货品牌得以通过第三方电商平台或独立站直接展示给消费者，而已经有较高知名度的品牌如虎添翼，在海外电商领域破冰并快速立足，他们也是跨境电商早期的重要玩家。

此前，亚马逊发布的《2019 亚马逊全球开店中国出口跨境品牌百强报告》中，波司登、李宁、特步等传统品牌都在百强之列，出海表现颇为亮眼。2022 年中国全球化品牌 50 强榜单中，消费电子类的联想、小米、华为、OPPO、一加、VIVO、ZET 中兴、荣耀、TP－LINK、真我（realme），家电类的海信、海尔、TCL、美的等全部在列。这些品牌成立多年，早已名声在外，它们通过商超、门店、线上渠道等打开海外市场，因为有先发优势，相比其他品牌，布局起跨境电商来也是事半功倍。

随着全球化趋势加快，多个知名品牌也在紧跟跨境电商行业步调，完善渠道建设，如小米在亚马逊、速卖通、Lazada 等平台上做得风生水起。同时，一些国内成熟品牌开始拓展外销，也迈入了跨境电商赛道。

（二）跨境电商原生品牌

目前，活跃在跨境电商领域里的是一批行业“原住民”。这些公司的主营业务本身就是跨境电商，它们大多在品牌创立之初就直接投身跨境出海赛道，或是在出海过程中逐步创建不同品类的自有品牌，通过多年积累，终于将其打造成畅销海外的金字招牌，SHEIN、安克创新、傲基、致欧、泽宝等都可归为这类企业，它们也是当前跨境电商行业的中坚力量。

2020 年 8 月，一篇文章《揭秘 SHEIN：中国最神秘百亿美元公司的崛起》将 SHEIN 推到了众人面前，人们才惊觉，这个低调的跨境企业已悄然长成快时尚界的庞然大物，可对标 Zara。而在此之前，许多人对其知之甚少，甚至闻所未闻。之后，电商圈开始用放大镜观察这家独角兽公司，其快速上新、高性价比、柔性供应链等经营特点被人们反复分析。直到 2023 年，SHEIN 仍然是跨境圈最热门的品牌之一。相比其他依赖第三方平台做生意的公司，自建平台独立出海的 SHEIN 是一个跨级别的存在。2022 年 4 月，SHEIN 被曝正在筹集新一轮或超过 10 亿美元的融资，融资后公司估值高达千亿美元，一举超越竞争对手 H&M 和 Zara 两者的市值之和。SHEIN 还搭建起了品牌矩阵，包括年轻快时尚 ROMWE、运动时尚 Glowmode、彩妆品牌 SHEGLAM 等超 10 个品牌，以覆盖消费者的多方位需求。

有 SHEIN 珠玉在前，2021～2022 年 DTC（Direct To Consumer）品牌迎来发展的黄金时代，PatPat、CUPSHE、Lilysilk、Newme 等一众跨境 DTC 品牌都获得了资本加持。或许是出于“再投出一个 SHEIN”的心理，快时尚类品牌爆发融资潮，Cider、Boundless、全量全速、细刻等均实现了融资。

在第三方电商平台上，也闯出了一些“大声量”的品牌，如主营智能配件和智能硬件设计、研发和销售的安克创新。安克创新的业务从线上起步，主要销售渠道为 Amazon、eBay、天猫、京东等海内外线上平台，在亚马逊等境外大型电商平台上都占有领先的行业市场份额，知名度颇高。安克创新致力于在全球市场塑造中国消费电子品牌，现已成功打造智能充电品牌 Anker，相继推出 Soundcore、eufy、Nebula 等自主品牌，并进一步拓宽业务领域，在 AIoT、智能家居、智能声学、智能安防等领域表现不俗。Anker 曾被定义为“亚马逊原生品牌”，从品牌诞生之初就专注线上渠道，是跟随亚马逊一起成长起来的。2021 年 11 月，世界权威市场调查机构欧睿国际经调研确认，Anker 已经成为全球第一的数码充电品牌；截至 2022 年，Anker 已连续 3 年蝉联“BrandZ 中国出海品牌”Top10，品牌力不言而喻，是跨境电商圈当之无愧的标杆。

和 SHEIN、Anker 一样多次上榜中国出海品牌 50 强的，还有 AUKEY。一直以来，业内对傲基科技自主品牌的印象都停留在 AUKEY 品牌上。事实是，傲基科技的“多品牌、多品类”战略已实施多年，其在 3C 数码、电动工具、家庭健康电器、小家电、家居等品类频频发力，已构建出一个出海品牌矩阵。在 2019 亚马逊全球开店中国出口跨境品牌百强中，傲基科技旗下自主品牌 AUKEY、NAIPO 共同上榜。

致欧是跨境家居大卖，产品包括家具系列、家居系列、庭院系列、宠物系列等品类，公司先后创立了 SONGMICS、VASAGLE、FEANDREA 三大自有品牌，历时多年，均已跻身亚马逊欧美市场消费者热衷的家居品牌之列，多款产品常年位列亚马逊等第三方电商平台畅销榜前列。与安克创新相同，致欧也是长期主义的践行者，坚持稳扎稳打步步为营。2019 年，致欧获评“亚马逊年度最受欢迎品牌卖家”，同年 SONGMICS 和 VASAGLE 一并入选“亚马逊全球开店中国出口跨境品牌百强”；到 2022 年，致欧连续两年入选网经社评定的“中国跨境电商百强榜”。

消费电子是国货出海的热门赛道，泽宝则是国内营收规模最大的出海消费电子品牌企业之一。其聚焦于小家电、智能音频、智能配件等设备的研发、设计和销售，产品远销英美等 60 多个国家和地区，在亚马逊等跨境平台上市场份额领先，旗下三大品牌 VAVA、TaoTronics、RAVPower 知名度较高。2020 年，泽宝 93.4%的收入来自亚马逊平台，品牌发展高度依赖亚马逊。但在 2021 年亚马逊封号潮中，泽宝上述三个品牌及 Anjou、Sable、Hootoo 品牌的店铺相继被暂停销售，对其造成了严重打击。

围绕 3C 电子、家居用品及户外用品等大类商品，帕拓逊旗下有 5 个知名品牌，其中，Mpow 连续多年为北美、欧洲地区 3C 产品优质品牌，在北美市场算得上网红品牌，其 Amazon Bestseller 累计超过 606 个，是 Amazon 北美音频产品的第一品牌，但和泽宝如出一辙，帕拓逊也受到亚马逊封号潮殃及，主力品牌 Mpow 被暂停销售，公司深陷泥潭。

对于泽宝、帕拓逊这些跨境电商原生品牌来说，其高度依附于亚马逊，不仅业绩有赖亚马逊贡献大半，一定程度上品牌也是寄生在平台上的。一旦出现类似封号潮的情况，整个公司将遭受毁灭性打击，当公司严重触礁，品牌发展已经无从谈起，合规化经营的重要性再次凸显。

目前，精品模式已成为跨境电商行业推崇的可持续发展路子，而“品牌化”是精品模式的一个外在体现。上述提到的安克创新、致欧等公司，几乎都是走精品发展模式，或是将重心向精品化运营倾斜，这种情况在业内越来越普遍。以华凯易佰为例，泛品业务占总收入的约85%，仍是其盈利的基本盘，不过公司已经开始发展精品业务，2022年优化了产品线，精品业绩正在快速上升。

（三）制造商转型品牌

在跨境电商领域，有“制造基因”的品牌也占据了半壁江山。它们大多来自工贸一体型企业，此前公司主要通过代工赚取较微薄的利润，但在长远发展考虑和跨境浪潮持续冲击的双重作用下，企业创建了自有品牌，开始“造船”独立出海，且目前已有所成就。宝时得、华宝新能源、比依股份、杰美特、巨星科技、伊可普科技等都是这类企业的代表，新锐品牌NCETOWN、HiBREW等也由此而生。

WORX（威克士）是企业转型的典范。早在1998年，宝时得集团就成为全球知名电动工具企业百得的中国第一家OEM/ODM供应商；2002年宝时得意识到创建自主品牌才是企业的长足之道，便明确以“创建优秀的国际品牌”作为今后的发展战略目标；2004年宝时得自主品牌WORX DIY系列正式进驻海外市场。多年经营下，WORX产品覆盖了专业电动工具、园林系列、车品系列、家用&Hobby系列，国内外用户众多。2022年，WORX MAKERX被德国专业测评杂志“Heimwerker Praxis”评为年度最佳产品；在2022中国全球化品牌50强中，WORX排名第45位。近年来，WORX也加快了跨境电商领域的布局，开始在亚马逊等电商平台销售。2020年，WORX入选“速卖通十大新锐品牌”。

华宝新能源是便携储能细分行业的一个重要角色。公司成立于2011年，早期以充电宝 ODM 业务为主，这种模式产品附加值较低，之后华宝新能源开始做便携储能产品研发，并推动从 ODM 业务模式中转型升级。目前华宝新能源核心产品为便携储能类，已打造出 Jackery、电小二两大户外电源自主品牌，分别布局境内外市场。在 Google、亚马逊、日本乐天、天猫等搜索引擎或电商平台的搜索榜单中，华宝新能源品牌在便携储能产品关键词的检索热度中排名领先。其便携储能产品先后入选 CNET、《纽约时报》年度最佳便携储能榜单，登上《福布斯》《华尔街日报》等媒体，全球影响力显著。

伊可普科技是从 OEM 成功转型自有品牌的又一个例子。公司主营净水核心技术研发及专业设备的设计制造，2016 年 Waterdrop 品牌正式登陆美国家用净水市场，成为首个在亚马逊北美市场上线无桶式 RO 机的品牌，爆款产品销量稳居平台前列。

相比之下，"空气炸锅第一股"比依股份仍然以 ODM/OEM 为主，自主品牌建设才刚刚起步，业务转型比同类型企业晚了许多。2022 年，比依股份已将"BIYI 比依"自主品牌业务作为公司的一项重心，持续加大培育力度。

杭州宠恒从传统外贸转型而来，2020 年推出的"天空之城"猫爬架定价 150 美元，远高于全网约 50 美元的售价。其产品能实现高客单价，一方面得益于品牌影响力，另一方面是自有供应链，在研发及生产环节优势明显，从产品创意到样品仅需一两天的时间，产品销售过程中可随时进行小批量的加单。而贸易型卖家要想对接工厂生产，在最小订单量上就会被"卡脖子"。

外贸企业转型出海的案例越来越多，这些企业在出海领域的角色也发生了很大转变，从最初简单加工、代工的低毛利和低附加值，渐渐向"微笑曲线"（见图 2）两端的设计、品牌发展。有制造业背景加持，这类品牌在同行竞争中更容易突围。

（四）"商标型"品牌成为沉默的大多数

出海潮热度持续，为方便在海外开展业务，跨境商家群体注册了越来越多的商标，作为发展品牌的第一步。

2021 年，美国财富网（Fortune）报道了来自中国的商标申请激增的情

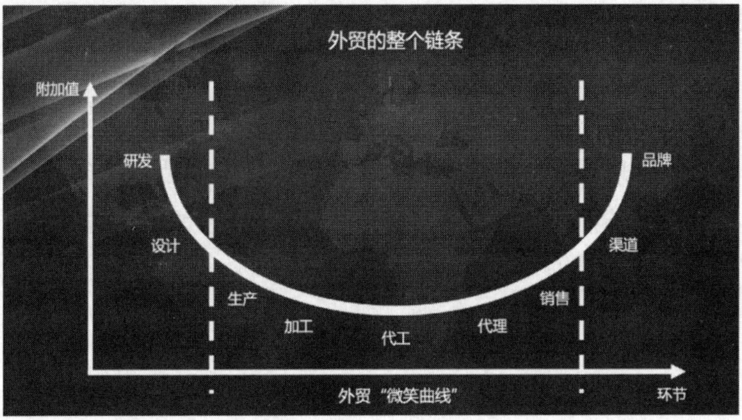

图 2　外贸"微笑曲线"

资料来源：速卖通，2022 年 8 月。

况。美国专利商标局研究申请激增背后的原因，指出这是由于国内外申请同时增加以及大流行期间电子商务的增长。数字经济和 DTC 公司的快速增长意味着更多品牌的诞生，进而产生对商标申请的需求。报告显示，在美国商标申请量中，来自中国的申请占比已由 2013 财年的 1.8%激增至 2021 财年的 25%（见图 3）。

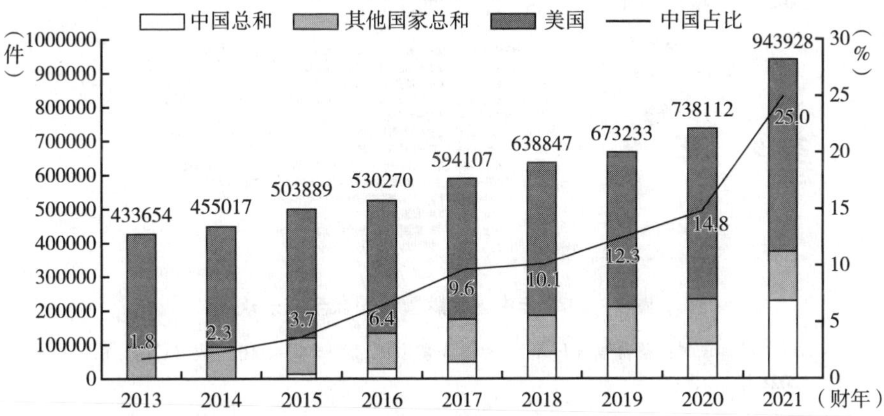

图 3　来自中国的商标申请数量及占比

资料来源：美国专利商标局，《USPTO 2021 年度绩效与责任报告》，2022 年 1 月。

但数量不等于质量。实际情况是，除了站上出海前沿的拔尖品牌，其他大部分品牌尚没有影响力可言，所谓的“品牌”仅仅是一个用以和其他公司产品区别的名字，是一个商标，而不是叫得响的名号。“商标型”品牌普遍，并成为行业内沉默的大多数，除了名称，它们在品牌理念、品牌个性、品牌体验、品牌传播等方面几乎完全空白，距离成长为真正的品牌还有很长的路要走。

四　品牌出海面临的挑战

（一）全球消费者对中国品牌信任程度较低

2021 年益普索（Ipsos）发布的“中国品牌全球信任指数”显示，海外消费者对中国品牌的整体好感度略有提升，但整体偏低，其中新兴市场表现更加正向，而在发达市场的提升更快一些（见图 4）。

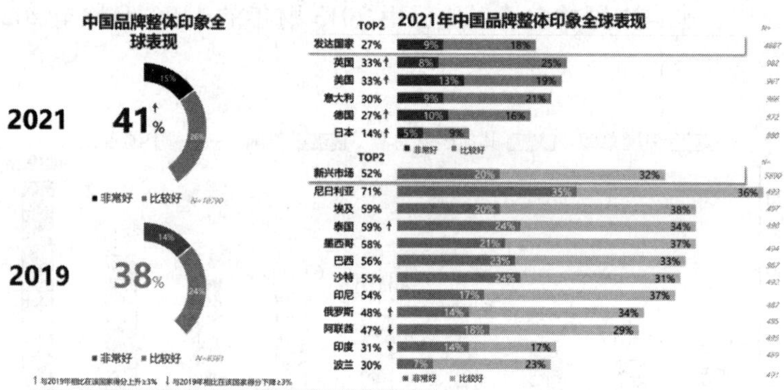

图 4　2021 年中国品牌整体印象全球表现

资料来源：益普索（Ipsos），《益普索中国品牌全球信任指数（GTI）》，2021 年 12 月。

消费者对不同国家的品牌信任度截然不同，对欧美和日本品牌的信任指数最高，韩国品牌居中，中国品牌的信任指数最低。具体到各个市场，中东和东南亚国家最信任中国品牌，西方市场虽然对中国品牌的信任程度开始有所好转，但整体上不信任仍然占据大多数；日本对中国品牌的信任最低，净信任度大概为-55%，可以说是非常不信任了。总的来看，中国品牌在新兴市场的信任状况表现相对较好，但是在发达市场还需要下一番功夫进行提升。这个结论，与跨境卖家在不同海外市场开展业务时的体验是一致的。

怎样才能让海外消费者更信任中国品牌？报告指出，要提供高品质的产品或服务、以公正和有道德的方式做生意、尊重并保护客户隐私、做有吸引力的雇主、对环境负责，在发达市场还要注意承担起社会责任，这有助于增加“印象分”。

（二）本土化难度大

出海途中，实现本土化是非常有必要但不易做到的环节，具体体现在产品本地化、内容本地化、运营本地化等方面，深耕市场的品牌还需考虑人才本地化。

从产品角度说，企业需了解当地消费者的特征和习俗偏好，注意尺寸差异并避免照搬其他市场产品导致的水土不服；此外，所有商品要符合当地的合规要求，如欧盟 CE 认证、玩具类的 CPC 认证、电器的 FCC 认证和 UL 认证等。

相对于这些明确的规则，做到内容本地化难度更大。品牌推广对于本土化的需求极高，但实际上许多中国出海卖家都面临语言和文化差异的基本挑战，怎样用地道的语言拿捏住海外消费者关注的重点，输出本地化的内容，成为出海品牌要攻克的第一道关卡。仅就亚马逊产品详情页的标题及五点描述来说，能做到原汁原味表达的就是少数。

运营本地化则涉及前期市场调研和销售过程中的服务落地，包括支付本地化、物流本地化、售后本地化，如家居大件产品的安装、产品的售后退换维修等。如果要搭建本地化团队和工作场地，操作难度及资金投入将会更大，这使跨境品牌实现本土化的挑战极大。

（三）出海营销成本上升

跨境电商品牌主要通过线上渠道加快渗透，常用的推广渠道包括Facebook、Google、Instagram等，此外TikTok等新社媒持续涌现，用户数量及日均使用时长持续攀升，成为新的流量引擎。卖家需要布局的营销渠道增加，且不同平台上的营销策略各异，在营销环节需要投入更多的精力。

另一个关键问题是，社交平台上的流量越来越贵了。2020年Facebook广告的每次点击费用（CPC）范围在0.7~1.01美元，但2021年Facebook的CPC范围上升到了0.5~3.5美元，平均最高点击费用增长了3倍；2021年，Google Ads在搜索网络上所有行业的平均CPC为2.69美元，比Facebook更高。截至2021年10月，YouTube广告的CPC为3.21美元，在数据集中呈现的社交网络中，LinkedIn的CPC最高，为5.26美元，Twitter的CPC最低，也有0.38美元。除此之外，品牌营销活动常常以KOL等红人为传播载体，近几年，电商对网络红人的需求激增，同等粉丝体量的红人合作费用已翻了几番，卖家推广成本水涨船高。

五　提升跨境电商品牌影响力的途径

结合业内头部品牌的打造经历，要想提高品牌影响力，卖家可以从产品、传播、渠道布局等几个方面发力，其中部分着力点与品牌本土化的路径殊途同归，具体包括但不限于以下几点。

（一）做好产品，筑牢品牌基石

产品是销售的基石，也是业务的核心，业内一些卖家对自己所售产品都不屑一顾，换位思考，这样的产品也很难打动消费者，或创新或质优，实力过关的产品才能打开客户的钱包。如安克创新十分重视产品品质及创新，2021年公司研发投入近8亿元，全体员工中研发人员占比近半，业内无出其右者。2022年，安克创新全年四项工作重点中，其中两项“加大研发投入”“提升产品品质把控能力”，都将把好产品关放在第一位；另一项则是加大品牌投入，通过全域营销活动打造全球化的领导品牌。

（二）用好社媒工具，持续传播品牌

消费者购买商品的前提是信任，信任的前提是了解，因此商家要做持续传播，加深消费者对品牌的印象和认知，越了解，信任的概率越大，进而成为产品用户。

全球互联网普及率不断提高，在营销及品牌推广环节，社交媒体发挥的作用越来越大，KOL 营销等对仅线上销售或以线上业务为先的品牌意义重大。在 SHEIN 成功的一系列因素中，其网红营销策略功不可没。SHEIN 通过与 KOL 或有影响力的人合作，在 Instagram 和 TikTok 等社交媒体平台上开展在线营销活动，从而在年轻客户尤其是青少年中获得知名度。

随着 TikTok 等社交媒体用户数量呈现指数级增长，社媒营销几乎成为不可或缺的推广手段，新锐品牌对此也愈发重视。

渔猎领域新入局者不断，竞争日趋激烈，但因产品质优、运营到位，加之长期联合网络红人等持续做品牌及产品推广，SeaKnight 品牌一直是该行业的领先者。SeaKnight 在速卖通平台的粉丝数量超过 100 万，在 FaceBook、VK、YouTube 等平台的粉丝数量超过 6 万，因渔猎行业有一定的专业度，SeaKnight 会在社交媒体上物色善于讲解和制作视频的优质博主沟通合作，并根据实际推广效果决定是否进一步合作，公司每年为此投入数十万元。杭州宠恒也尝到了甜头。2021 年宠恒花费 2 万美元和网红博主合作，为包括“天空之城”在内的几款产品制作了推广视频，在 YouTube、TikTok 等平台上宣传，收效喜人。

（三）搭建独立站，获取私域流量

跨境电商行业头部品牌的销售路径基本上覆盖了第三方电商平台、独立站及线下商超，多渠道并进，既可以降低依赖单一渠道的风险，也可全方位拓客，提高品牌知名度。华宝新能源就采用了“品牌官网独立站、第三方

电商平台、线下零售”三位一体的渠道布局。2022 年第三季度，其品牌官网独立站营收 4.91 亿元，第三方电商平台营收 12.26 亿元，线下零售营收 5.13 亿元，分别占总营收的 22%、55%和 23%，形成三足鼎立的渠道优势。

2021 年爆发的亚马逊封号潮，让许多主要通过第三方平台创收的跨境电商企业警铃大作，并趋向通过多渠道布局来避险，受此影响独立站热度高涨。对达到一定规模的跨境电商品牌来说，搭建独立站已是不可或缺，原因有三：一是可以作为品牌的“形象墙”，传递品牌个性和讲好品牌故事；二是私域流量池可以沉淀用户，提高用户黏性增加复购；三是在欧美等行业核心市场，品牌独立站的接受度很高，卖家以此拓客具有较高可行性。

目前亚马逊仍是许多跨境卖家出海时布局的首站平台，但 2022 年海外经济下行消费需求受到抑制，平台内卷进一步加剧，不确定性使卖家群体倾向保守经营，亚马逊运营岗位的招聘量骤降 70%。与此同时，独立站运营的需求逆势上涨，业内“建站”呼声居高不下。艾媒咨询的报告显示，预计到 2025 年，跨境电商行业 B2C 市场中独立站市场的份额将从 2020 年的 25%上升至 41%，[①] 未来成长空间巨大。

参考文献

艾媒咨询：《2022~2023 年中国跨境出口电商行业发展现状与典型案例研究报告》，2022 年 12 月。

益普索（Ipsos）：《2021 年益普索中国品牌全球信任指数（GTI）》，2021 年 12 月。

① 艾媒咨询：《2022~2023 年中国跨境出口电商行业发展现状与典型案例研究报告》，2022 年 12 月。

B.19

链条价值的延伸与节点价值的提升：跨境电商供应链数字化的路径选择

潘 勇 潘嘉睿*

摘 要： 全球化的供应链管理一直秉承着资源最优配置的理念，并以综合成本最小化作为管理的基本原理，但目前跨境电商供应链遭遇的困难和挑战，需要我们对后疫情时代全球供应链管理基本思想进行重新思考。以大数据、云计算、5G、人工智能为代表的新型基础设施建设的数字经济为解决跨境电商供应遭遇的挑战和困难，并实现跨境电商高质量发展提供了解决路径。本文认为，跨境电商是电子商务和国际贸易在数字经济下的发展和延伸，目前电子商务已经进入新的发展阶段，要通过数字化赋能跨境电商供应链，并提出了跨境电商供应链数字化的路径选择，即链条价值的延伸与节点价值的提升。本文还以致欧科技股份有限公司跨境电商供应链为例，分析讨论该跨境电商供应链的数字化历程，并提出策略建议。

关键词： 跨境电商 供应链 数字化 柔性化

* 潘勇，博士，教授，博士生导师，河南财经政法大学电子商务与物流管理学院院长，中国信息经济学会副理事长，教育部高等学校电子商务类专业教学指导委员会委员，中国（郑州）跨境电子商务综合试验区专家委员会委员，河南省电子商务专业咨询委员会委员，河南国际数字贸易研究院兼职研究员；潘嘉睿，上汽集团帆一尚行（郑州）有限公司助理工程师。

一　挑战与机遇：跨境电商供应链管理基本目标的再思考

当代经济的飞速发展使企业面对的社会环境变化巨大，要想在激烈的市场竞争中立于不败之地并发展壮大，就需要在经营中引入供应链的管理思想。《国家物流标准术语》中对“供应链管理”的定义为：“供应链管理是指利用计算机网络技术全面规划供应链中的商流、物流、信息流、资金流，并进行计划、组织、协调与控制。”美国供应链协会对供应链及其管理的定义是：“供应链管理包括管理供应与需求，原材料、零部件的采购、制造与装配，存储与库存查询，订单的接收与管理，渠道分销以及最终交付给用户。”

供应链管理是一种管理思想：从供应商到企业自身、到分销商、到最终客户之间的关系是合作、协同、信息共享、全程优化、相互利益和共同赢利的。供应链管理也是一种认识论：每个组织均是价值链的一个环节，如同生物链一样，链上的任何一个环节的失败会波及整个价值链上的每个组织，所以必须从链的角度来审视管理工作。因此，供应链管理的目标是追求效率和整个系统费用的有效性，使系统总成本最小。

跨境电商供应链是指在满足国外顾客需求过程中，直接或间接涉及的所有商业交易环节。跨境电商供应链包括供应商、制造商、跨境电商平台、国际物流、海关监管、分销商以及消费者，这些主体通过物流、资金流和信息流的传递共同构成了一条完整的“链”，以期实现降低采购、生产、运输、销售等环节的成本，提高整个供应链系统运营效益的目标。与电子商务供应链相比，跨境供应链所涉及的实体更多、部门更多、周期更久。小米公司成立于2010年4月，创业仅7年时间，年收入就突破了千亿元，截至2018年，小米的业务遍及全球80多个国家和地区。在如此短的时间内，小米能在竞争激烈的市场中脱颖而出，其中一个重要的因素就是对自身供应链运营模式的创新与改革。小米在设立之初就对供应链进行了有效的精简。传统的手机生产需要由研发组、供应商、代工厂、核心企业、分销商、零售商、消费者等组成完整的供应链系统，涉及主体多，管理环节也较为复杂。手机产品生产完成后即送入成品仓库，依据各分销商的订单进行发货，而后再由各地的零售商予以销售。小米的供应链由研发组、供应商、代工厂、核心企业、消费者等主体组成，省去了分销商与零售商等中间商，降低了日常运营成本（包括行政管理、营销服务、政府税收等方面），获得了更高的系统收益，有效保证了供应链管理的成效。①

应该看到，跨境电商供应链也面临困难和挑战。

（1）疫情影响导致跨境电商供应链的不稳定性。2020 年开始的新冠疫情及扩散造成跨境电商供应链体系的“延迟”甚至“断链”。最直接的表现就是物流通道受阻、运输价格异常、干线运货难、商品备货难和终端配送难。如 2021 年以来，国外疫情反复，加速产业外迁订单向国内回流，导致国内集装箱需求出现“一箱难求”的现象，再叠加苏伊士运河堵塞事件影响，国际运力更是处于紧张状态。同时，新冠疫情在全世界蔓延使全球航空运输和国际海运货物量缩减，加上很多疫情严重的国家甚至关闭了边境，直接导致物流费用暴涨、跨境物流效率降低，造成 FBA 爆仓和海外市场退货率提升等问题。另外，世界各国在采取封城隔离、交通运输管制、人口流通限制等措施下，跨境电商终端配送及物流“最后一公里”受到影响，对跨境电商订单交付造成阻碍，还加大了海外仓弃货风险。

（2）全球政治博弈和贸易不确定性风险加剧。近年国际关系局势复杂，尤其是俄罗斯与美、欧、日间的贸易制裁与反制的不断升级和影响扩大，对我国跨境电商供应链也产生了不利影响。如 2018 年以来，美国政府采取了多项贸易保护主义政策，导致中美之间的贸易摩擦和争端不断升级。美国《国家安全战略报告》把供应链安全列为美国国家安全战略的关键内容，充满对中国供应链的攻击。

① 潘勇：《跨境电子商务物流管理》，高等教育出版社，2021。

（3）全球跨境电商相关税收规则不断收紧，对我国跨境电商全球供应链布局带来新挑战。如欧盟（EU）成员国对适用于 B2C 电子商务交易（尤其是在线商品销售）的增值税规则进行重大修改，在欧盟范围内进行 B2C 在线商品销售的零售商和其他企业将有义务向其商品到货的成员国缴纳当地增值税。美国众议院通过的《2022 年美国竞争法案》中，提出将对包括中国在内 33 个国家和地区的“低价值包裹”取消免征关税的优惠，这将增加中国企业通过电商平台对美出口的成本。

（4）平台规则收紧引发跨境电商市场主体的不确定性。2020 年以来，全球主流跨境电商平台持续加强平台规则建设，如亚马逊在 2021 年 5 月对平台规则管理进行了整顿，对跨境电商供应链韧性和安全性产生新的挑战。

长期以来，全球化的供应链管理一直秉承着资源最优配置的理念，并以组织协作整合、参与方互惠共赢、综合成本最小化作为管理的基本目标，但是，跨境电商供应链遭遇的困难和挑战，需要后疫情时代全球供应链管理基本架构的重新思考。企业不应再把成本最小化作为供应链中最重要的、唯一的参考因素，而是综合考虑经济性、安全性、可持续性、敏捷性、先进性，从成本最优化向综合要素指标最优化转变。目前，以大数据、云计算、5G、人工智能为代表的新型基础设施建设的数字经济为解决跨境电商供应遭遇的挑战和困难提供了解决路径。

习近平总书记在《求是》杂志发表的重要文章《不断做强做优做大我国数字经济》中指出，数字技术、数字经济可以推动各类资源要素快捷流动、各类市场主体加速融合，帮助市场主体重构组织模式，实现跨界发展，打破时空限制，延伸产业链条，畅通国内外经济循环。习近平总书记对未来数字经济的发展提出了非常明确的方向：一是促进数字技术和实体经济的深度融合，二是要赋能传统产业转型升级。因此，我们要利用数字化赋能跨境电商供应链，借助新兴技术手段，加速变革升级跨境电商供应链。

二　链条价值的延伸与节点价值的提升：跨境电商供应链数字化的路径选择

首先来看一下数字经济。很多学者、政府和组织机构等都对“数字经济”给出了不同的定义。泰普斯科特在1996年出版的《数字经济时代》一书中通过美国信息高速公路普及之后所产生的新经济体制，最早宣告了数字经济时代的到来，同时指出数字经济是以信息数字化和以知识为基础的一系列经济活动。1998年美国商务部公布了以“浮现中的数字经济”命名的第一份研究报告。之后，美国商务部在1999年出版了《新兴的数字经济Ⅱ》，在2000年又出版了《数字经济2000》，这些报告均以分析信息产业、电子商务、网络经济等有关信息经济的发展为内容，将数字经济定义为电子商务（通过互联网或其他非独占的、以网络为基础的系统进行业务往来的交易方式）以及信息技术产业。“数字经济”的概念被越来越多的人士所接受。2016年G20杭州峰会发布的《二十国集团数字经济发展与合作倡议》，对数字经济做出了如下定义：数字经济是指以使用数字化的知识和信息作为关键生产要素、以现代信息网络作为重要载体、以信息通信技术的有效使用作为效率提升和经济结构优化的重要推动力的一系列经济活动。2021年国家统计局《数字经济及其核心产业统计分类（2021）》的定义为：数字经济是指以数据资源作为关键生产要素、以现代信息网络作为重要载体、以信息通信技术的有效使用作为效率提升和经济结构优化的重要推动力的一系列经济活动。2022年1月，国务院发布的《“十四五”数字经济发展规划》对数字经济的表述是：数字经济是继农业经济、工业经济之后的主要经济形态，是以数据资源为关键要素，以现代信息网络为主要载体，以信息通信技术融合应用、全要素数字化转型为重要推动力，促进公平与效率更加统一的新经济形态。

总结以上观点，我们可以发现，数字经济是一个内涵比较宽泛的概念，凡是直接或间接利用数据来引导资源发挥作用，推动生产力发展的经济形态都可以纳入其范畴。就中国实际情况来，可以把我国数字经济的发展分为五个阶段。①第一阶段为萌芽期（1994～1997 年）：1994 年 4 月 20 日，中科院架设了中国第一条 64K 国际专线，标志着中国正式接入国际互联网，开启了数字经济的新征程。随后，中国政府开始了“三金（金桥、金卡、金关）”工程，推出“中国黄页网”。②第二阶段为探索期（1998～2007 年）：以平台企业为显著特征，伴随互联网用户数量的高速增长，诞生了一批电子商务的先行者，包括 8848、淘宝网、中国制造网、eBay 等。③第三阶段为发展期（2008～2013 年）：电子商务模式创新不断丰富，一大批业内的先锋企业相继诞生。代表企业有唯品会、阿里巴巴（国际站）、天猫等。④第四阶段为全面期（2014～2020 年）：2014 年中国对跨境电商零售进口做出监管制度创新，跨境电商迎来了爆发式增长，诞生了天猫国际、网易考拉等企业。以网络零售为基础，生活服务的各个方面几乎都在向线上转移，如滴滴打车、饿了么、美团外卖等。⑤第五阶段为深化期（2020 年以来）：通过数字化赋能跨境电商供应链，提升供应链韧性、柔性和安全性（见图 1）。

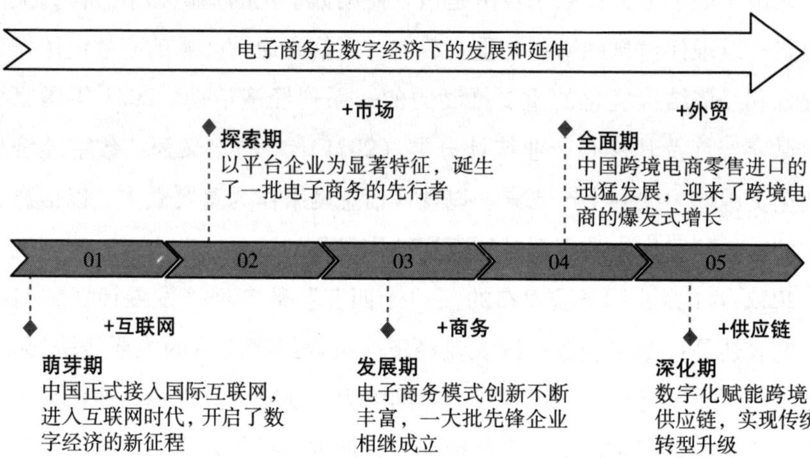

图 1　电子商务在数字经济视角下的发展历程

资料来源：笔者绘制。

从中国数字经济发展历程中可以看出，跨境电商是电子商务和国际贸易在数字经济下的发展和延伸，是数字经济的重要组成部分，它最直接和主要表现就是贸易方式的数字化和贸易对象的数字化。贸易方式的数字化是指数字技术与传统贸易各个环节的融合渗透，带来贸易效率提升和贸易成本降低；贸易对象的数字化是指数据和以数据形式存在的产品和服务贸易，极大地拓展了现有服务贸易的深度和广度，推动跨境电商蓬勃发展（见图 2）。

图 2　跨境电商在数字经济视角下的发展

资料来源：笔者绘制。

目前电子商务已经进入新的发展阶段，如何在新的数字经济环境下赋能跨境电商供应链，梅特卡夫法则（Metcalfe's law）给了我们一个启示。[①] 梅特卡夫法则告诉我们：一个网络的价值等于该网络内的节点数的平方，网络的价值与联网用户数的平方成正比。公式：网络的价值 $V=K\times N^2$（K 为价值系数，N 为用户数量）。假设一个网络中有 N 个节点，它最大的沟通连接数就是 $N\times(N-1)$。当 N 足够大，连接数将接近于 N^2。如果把网络里的连接数直接看成是网络的价值衡量指标，那么“梅特卡夫定律”就是一个完全成立的等式。因此，在传统供应链向数字化供应网络变革跃迁的过程里，各节点企业信息联结、协同作业最终形成一张庞大而联结紧密的数字化供应链网，其价值将成指数级增长，为企业带来巨大收益。梅特卡夫法则所产生的网络外部性[②]必将随着数

① 梅特卡夫定律是关于网络价值和网络技术发展的定律，由乔治·吉尔德于 1993 年提出，以计算机网络先驱、3Com 公司创始人罗伯特·梅特卡夫的姓氏命名。梅特卡夫定律，常与摩尔定律、吉尔德定律合称为“互联网三大定律”。

② 外部性（Network Externality）：是指一个市场参与者的行为影响到了其他人或者公共的利益，而行为人却没有因该行为做出赔偿或得到补偿。网络外部性是指连接到一个网络的价值，取决于已经连接到该网络的其他人的数量。用户人数越多，每个用户得到的效用就越高，网络中每个人的价值与网络中其他人的数量成正比。

字化供应链网络的发展延伸，供应链的价值将成指数级增长，为企业和产业带来巨大收益。具体来讲，供应链数字化的关键在于能够链接的链条长度和数据密度；各参与方开展供应链数字化的核心在于两方面——链条价值的延伸与节点价值的提升（见图3）。

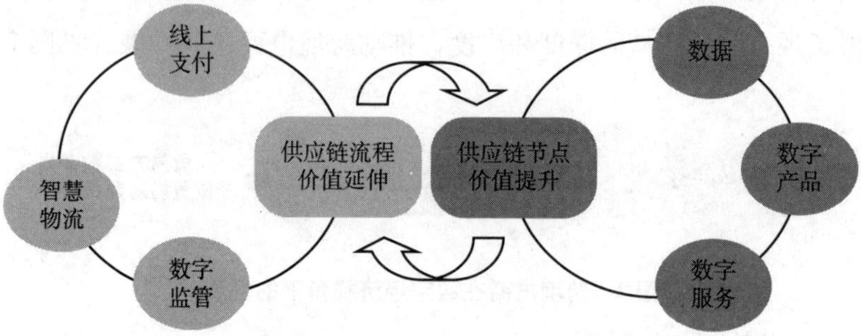

图3　跨境电商供应链数字化价值链和价值节点

资料来源：笔者绘制。

跨境电商供应链数字化的过程也是数字化赋能跨境电商供应链的过程。要实现供应链流程的价值延伸和供应链节点的价值提升，必须重点关注以下的“链条”和“节点”。①通过数字化技术，实现“生产者驱动”向“消费者拉动”的转变。②提升贸易便利化水平。推进口岸物流电子化、无纸化，削减国际贸易中的制度性成本，为企业开展的“多频次、碎片化、小额化”跨境电商业务提供便利。通过服务业数字化转型，提高其跨境传输交付水平。③催生跨境电商、海外仓、数字贸易、云外包等外贸新业态。通过物流数字化技术的应用，加大物联网、云计算、大数据、人工智能、区块链等在物流与配送领域的应用。④提高供应链柔性。提升供应链的适应能力、运营能力、信息与系统化能力，加强供应链上下游关键环节，使供应链保持通畅。⑤促进物流资源的共享及高效利用。通过共享物流信息、跨行业员工共享、整合海外仓资源等方式，降低运营成本，畅通进出口双向渠道。开展共同物流（共同配送、共同运输、共同仓储）、迷你仓、前置仓的科学合理应用。⑥提升跨区域、跨模式物流资源协同效应。开拓全球多元化物流体系，实现物流体系的全球化、动态化、多元化与智慧化。利用数字化加速赋能跨境供应链价值，实现跨境电商数字化供应链出海，构建“全球数字化供应链”战略布局，提升供应链效率，应对外部冲击，提高跨境电商供应链的稳定性，完善供应链风险应对机制（见图4）。

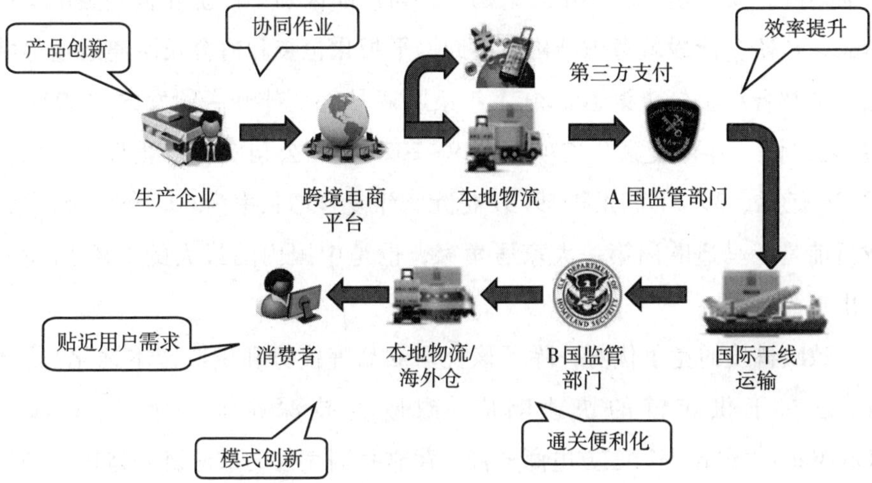

图4 数字化赋能跨境电商供应链

资料来源：笔者绘制。

三 案例：致欧家居科技股份有限公司跨境电商供应链的数字化历程[①]

坐落在河南郑州的致欧家居科技股份有限公司（简称致欧科技）是主要从事自有品牌家居产品的研发、设计和销售的跨境电商企业，主要产品包括家具系列、家居系列、庭院系列、宠物系列等品类，是全球知名的互联网家居品牌商。致欧科技拥有 SONGMICS、VASAGLE、FEANDREA 三

① 本部分所使用的数据除特别说明外均来自致欧家居科技股份有限公司《首次公开发行股票并在创业板上市招股说明书》，2022 年 7 月。

大自有品牌。通过跨境电商出口新业态、新模式与我国传统家具家居制造行业的深度融合，在促进行业持续发展和公司业绩快速增长的同时，实现“中国制造”向“中国品牌”的转型升级。公司聚焦家具品牌十余年，衍生了包括家具系列、家居系列、庭院系列、宠物系列等多材质、多场景的产品矩阵，实现消费者一站式采购。公司产品区别于传统外贸整装出口家具品，从研发阶段就考虑结构可拆卸、平板化包装和适合长距离运输等特点，更契合线上销售渠道。2021 年荣膺亚马逊全球开店颁发的“2021 年‘赢之以恒’年度卖家”奖项。2019~2021 年，公司实现营业收入分别为 23.26 亿元、39.71 亿元和 59.67 亿元，年复合增长率为 60.19%。致欧科技目前是亚马逊欧洲第一大家居卖家，也是中国内陆最大的 B2C 跨境电商出口品牌之一。

致欧科技的竞争优势，除了该公司的品牌优势和供应链本地化①优势外，还在于供应链的快速响应。致欧科技深耕亚马逊、Cdiscount、ManoMano、eBay 等第三方电商平台，背靠我国完善的供应链制造体系和优质的家具家居产业集群，借助互联网技术赋能上下游产业链，对贸易各环节实现效率提升，通过产品研发与设计、外协生产及采购、跨境运输及仓储、线上销售及客户服务等业务环节链接上游供应商，以及遍及欧洲、北美和日本等国家或地区的终端消费者。公司用数字化赋能跨境电商供应链的全流程，多年来不断对供应链体系进行建设和优化，已具备了快速响应的柔性供应链管理能力。

1. 自发研制数字化技术贯穿跨境电商供应链业务全流程

公司自设立之初就重视数字化对业务发展的长远推动作用，通过应用系统研发实现关键业务环节的智能化运作，通过数字技术研发辅助业务流程的持续精进。公司旨在以全链路数字化提升业务运营效率，不断提高对终端消费者的服务质量，实现“需求预测—产品设计—供应链协同—用户反馈”

① 潘勇：《跨境电商供应链本地化：基于致欧家居科技股份有限公司的案例分析》，载张大卫等主编《中国跨境电商发展报告（2022）》，社会科学文献出版社，2022。

的高效循环。同时，公司把数字化技术逐步赋能于核心供应商，协助供应商逐步对关键业务流程完成数字化改造，提高整体沟通和管理效率。公司已上线或已完成开发的主要数字化模块见表 1。

表 1　跨境电商供应链数字化管理软件

技术模块	创新优势
供应链协同管理系统	目前已完成与超过 120 家供应商合作，实现 ERP 系统与供应商协同平台的备货单、采购订单、质量管理、开票和请款的深度协同，整合了优势资源，使采购流程标准化、透明化，提升了采购效率
订单管理系统	订单管理系统完成 15 个平台共 50 个国家站点的对接，实现了所有平台订单的集中高效处理。相关环节特点如下：①通过各平台提供的 API 接口，自动完成待处理订单的下载，避免了人工逐个平台下载订单的低效操作；②订单管理系统能完成自动分仓、自动选择最优的物流公司、自动拆单、自动合单，超过 85%的订单能自动完成上述处理且不需要人工审核，极大提升了相关业务部门的工作效率；③异常订单自动处理，能够实现各类型异常订单的自动拦截标记，如价格异常、地址异常、税率异常等；④精准的订单对账及税号计算功能，能够精准高效地完成成千上万订单的秒级对账，为公司的精细化管理提供基础保障，提升了公司的运营效率，也潜在地提升了用户的购物体验
海外仓管理系统	实现了欧洲及美国超过 10 个高架仓库的精细化管理。匹配了公司的行业属性及公司业务流程，相关环节特点如下：①精细化的立体库位管理，能够精准管理到每一个 SKU 在仓库的位置，使仓库作业人员可以及时高效地定位货物位置，极大提升了仓库人员的作业效率，解决了仓库无规划、库存混乱、作业需要熟练工、生产作业成本高、易出错的问题；②根据公司业务场景进行了深度定制化的集中管理，可以为仓库作业提供最优工作模式的匹配，减少仓库作业人员行走路径，最大化单次作业的拣货数量，较好地适配零售发货、FBA 仓库补货、FBA 仓库召回收货、客户自提等多模式；③作业的全流程跟踪及统计功能，可以辅助仓库管理人员完成工作量统计、出入库效能分析、费用统计等工作，使员工工作清晰可见，发货异常可溯源，仓库运营成本可控，KPI 绩效清晰
算法分析—销售预测	通过充分测试调整优化 SARIMA 模型（Seasonal Auto Regressive Integrated Moving Average，周期性自回归差分移动平均），建立了基线销售预测模型，同时按照产品的分层、分级特征，以及周转率、交付率等关联指标等持续对模型进行检测和优化，为订货预测提供技术支持
算法分析—基于场景化的语意情感分析	运用 ABSA 信息技术（Aspect-Based Sentiment Analysis，基于场景化的语意情感分析技术），对互联网上的用户评价、用户反馈等自然语言进行结构化分析，实现了在家具家居领域，基于功能、场景、价格、服务、质量、样式等的结构化抽取、归类和情感分析，辅助产品、营销和客服等部门在各自环节快速识别消费者的需求，从而大幅提升消费者洞察的效率

续表

技术模块	创新优势
算法分析—图像处理	使用SSD技术(Sum of Squared Differences,误差平方和算法)对图像中的物体实现快速的识别和分类,辅助设计和运营部门快速分类处理大量图片,同时辅助结构化商品详情的图片数据,支撑后续的机器学习和深度分析;对采集的大量产品图片进行学习和比对,生成各式新图片数据,可以给产品开发、设计、运营提供产品开发或场景搭配参考依据和支持,同时使用VGG16等技术,对大量图片进行特征抽取和分群处理,加速图像处理过程,从而大幅提升公司处理图片的效率

资料来源：致欧家居科技股份有限公司，《首次公开发行股票并在创业板上市招股说明书》。

2. 数字化供应链节点：产品设计——大数据追踪能力精准挖掘时尚元素

利用本地化运营优势，公司利用自己研发的算法分析—销售预测、算法分析—基于场景化的语意情感分析和算法分析—图像处理软件，准确洞察海外消费者需求。公司深耕海外家居市场多年，并结合自身的目标市场本地化运营优势，能够深入洞察当地消费者对家居产品的使用和消费习惯，紧跟欧美家居行业发展趋势，深入调研市场需求、消费者偏好与售后反馈，不断输出高质量的产品设计，拓展全屋场景的产品矩阵，持续为全球家庭提供高品质的家居产品。逐步组建专业的CMF（Color，Material & Finish，颜色、材料、表面处理）研发团队，为产品设计提供方案支撑。通过CMF研发团队的研究，为公司产品研发提供素材、场景搭配解决方案，并在此基础上为产品设计团队提供多维度的设计案例进行引导与支持，为各品牌、各场景产品赋能，引导公司产品设计升级，产品向系列化、场景化转变。如公司以“铁+木”为主要材料的美式工业风家具系列的部分产品，销量一直位居线上家具各细分品类前列。自建产品打样工程中心，验证产品从方案设计到批量生产的可行性。公司自建了产品打样工程中心，引入优秀设计师和技术人员，购进先进的自动化备，通过高效精准的打样试样，快速验证、论证创新设计方案、结构创新方案，制定工艺制程标准，同时赋能采购中心开展供应商开发工作，降低运营成本，提高工作效率，进一步缩短新品上市时间。

3. 数字化供应链链条：数字化赋能供应商协同管理

在供应商合作方面，公司在东莞设立子公司，并在东莞、宁波设有仓库，公司布局国内家具产业集群区域（广东、福建、江浙地区等），充分利用当地供应链配套资源和集群优势，通过与家具家居行业领域具有优势的供应商进行战略合作，形成长期稳定的合作关系，确保公司的产能优势。针对重点品类，公司建立了多层次的供应商梯队，设置了“主供应商”及多个“副供应商”，副供应商用于对主供应商产能的补充作用，通过建立“主/副供应商”机制，并对外协供应商名单进行动态管理，保证了产能弹性空间，且随着公司采购规模的持续扩大，公司产品采购具备一定的规模效应(见图5)。

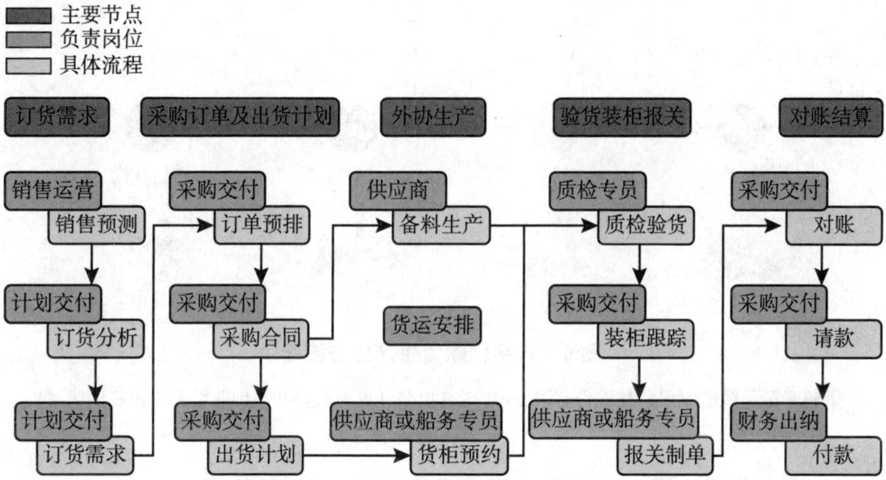

图5　数字化赋能供应商的管理

资料来源：致欧家居科技股份有限公司，《首次公开发行股票并在创业板上市招股说明书》。

在供应链管理方面，公司不断优化供应链相关业务和管理流程，逐步建立起一套完善的供应链管理制度和流程管理体系，包含对合格供应商的选择、定期评价、退出以及执行采购等业务的管理，为公司的供应链高效率、规范化运作提供了管理支撑。在对供应商作业质量的管理过程中，公司品质工程师会定期对供应商的生产制程进行评估和技术指导，协助供应商提高生产效率和质量，进而提升公司的供应链管理效率。在“合作开发”模式下，公司主要负责产品功能、外观设计方案的规划以及产品开发过程的流程管理，产品研发的具体实施由具备研发能力的供应商或第三方研发机构完成，公司对最终方案及成品进行专利保护、品质稳定性、检测合规性等方面的最终审查（见图6）。

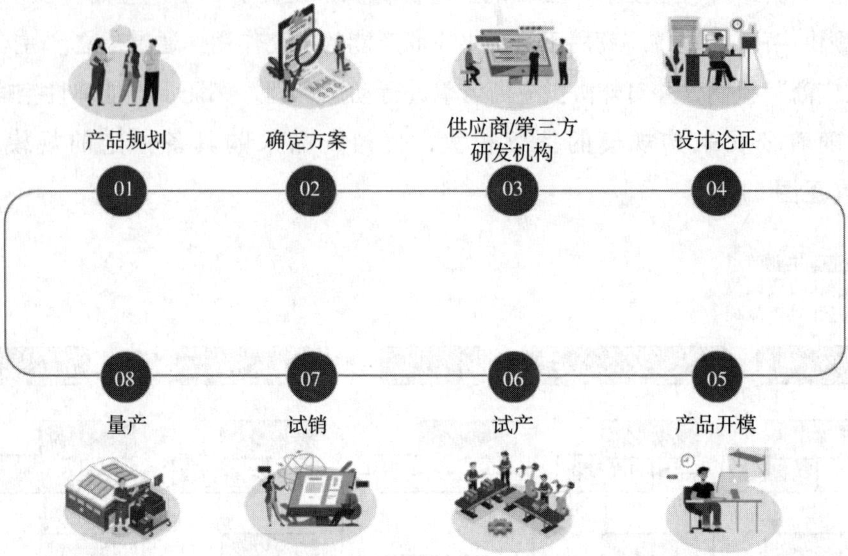

图6　数字化赋能生产业务流程

资料来源：致欧家居科技股份有限公司，《首次公开发行股票并在创业板上市招股说明书》。

4. 数字化供应链链条和节点:数字化赋能海外仓管理

公司经过多年持续对仓储物流体系的建设，已建立了具有差异化竞争优势的“国内外自营仓+平台仓+第三方合作仓”跨境电商出口仓储物流体系。目前，公司在德国、美国等地设立了多个海外自营仓，可以实现仓储物流自主管控，提高了发货、退换货、售后服务等业务环节的运作效率，有利于提高消费者满意度，相对于市场上大多数未设立海外仓的跨境电商企业具有显著的优势。为了保证高效、精准的库存管理，提高仓储物流的运营管理效率和服务时效性，致欧科技自主开发了仓储管理（WMS）系统，结合内部仓储动态仓位、发货路径优化等技术，实现了仓储物流效率的优化，提升了消费者购物体验，提高了终端销售配送时效（见图7）。

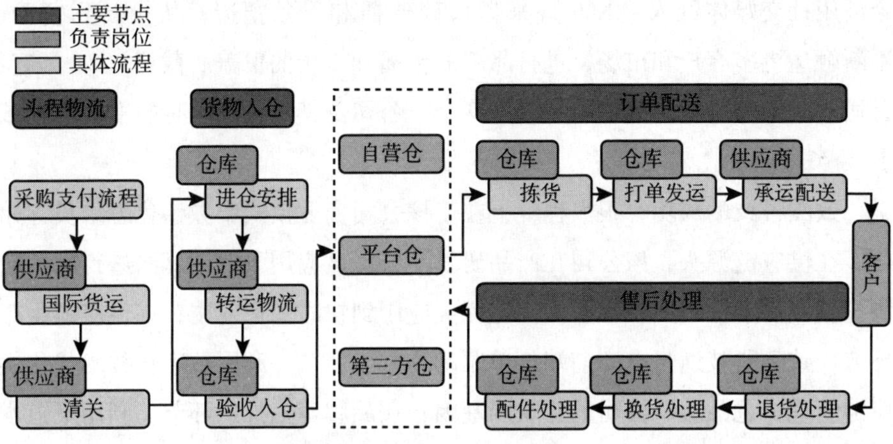

图 7　数字化赋能海外仓管理

资料来源：致欧家居科技股份有限公司，《首次公开发行股票并在创业板上市招股说明书》。

5. 数字化供应链链条和节点：渠道本地化+本地化引流

致欧科技的销售市场主要位于欧洲、北美和日本等地，并分别在德国、美国和日本设立了全资子公司 EUZIEL、AMEZIEL 和 ZIELJP，实现了本地化经营，形成了国际化的产业布局。在目标市场设立分支机构，公司能够更好地触达终端消费者，有助于公司深刻洞察消费者需求，及时跟踪掌握市场动向。同时，通过境外子公司开展经营活动，公司可以更好地适应当地相关法律法规的监管要求，进而保障公司业务稳定、健康、持续发展。

致欧科技主要通过亚马逊、Cdiscount、ManoMano、eBay 等第三方电商平台以线上零售方式将产品销售给终端消费者。通过多渠道广告投放、网红 KOL 推广、联盟营销等途径进行本地化引流。公司在欧洲、北美和日本等各亚马逊区域市场拥有相对独立的账号，在亚马逊全球总部的监管下相对独立经营。在各个亚马逊区域市场中，公司在德国、美国和日本的子公司分别与当地亚马逊分支机构合作，签订合同并开展经营活动。除了与第三方电商平台合作外，公司亦通过自营官网平台进行产品销售。品牌官网是公司产品展示、品牌推广的重要平台之一。同时，公司通过电商平台旗舰店、社交媒体、搜索引擎、媒体杂志、电子邮件等进行持续的品牌展示和数字营销，也会借用社交媒体红人（KOL）来做口碑传播和形象塑造，从拉新到复购，不断触达更多客户和市场，进行品牌的传播和市场的覆盖。截至2021年底，公司及其子公司拥有的境内域名共9个，公司及其子公司拥有的主要境外域名共76个。

致欧科技的成功，很大程度上在于该公司商业模式中数字化思维贯穿始终。在供应链源头，该公司在产品研发环节深度应用大数据算法进行潮流趋势挖掘、需求分析，将互联网优势完美应用到快时尚行业中；在供应链生产环节，致欧科技通过电商前端订单驱动后方生产，并利用数字化技术优化供应链管理，也凸显了公司的互联网基因；在品牌营销推广环节，利用渠道本地化和本地化引流，为品牌的长期增长打下流量基础。

四 结语

目前，跨境电商正处在创新发展的窗口期，也正迈入全流程数字化变革期。科学有效的供应链资源整合能力和快速响应的供应链管理能力是企业长远发展的必要条件。我国工业革命进程已与世界发展轨迹交汇，在国际生产格局中的地位明显提升，未来面临信息化与智能化并进的挑战。

习近平总书记在党的二十大报告中明确提出“建设现代化产业体系，坚持把发展经济的着力点放在实体经济上，推进新型工业化，加快建设数字中国”“加快建设现代化经济体系，着力提高全要素生产率，着力提升产业链供应链韧性和安全水平”。这对于推动高质量发展、加快建设现代化经济体系、维护国家产业安全具有重要指导意义。目前我们已经处于转型升级期，数字经济正由初级阶段发展到高级阶段。在这个阶段，我们要把握新一轮技术革命和产业变革的战略选择，通过数字化赋能跨境电商供应链，抢占跨境电商未来发展的制高点。

国务院办公厅印发的《关于加快发展外贸新业态新模式的意见》（国办发〔2021〕24号）中提出，运用数字技术和数字工具，推动外贸全流程各环节优化提升；提高海外仓数字化、智能化水平。目前，国务院已经分7批在全国设立了165个跨境电商综试区，促进跨境电商物流畅通化、出口通关便利化，也需要数字化创新。

为了做好跨境电商企业供应链链条价值的延伸。首先，引导平台企业、行业龙头企业整合开放资源，构建供应链互联网平台，构建跨界融合的数字化生态。支持具有产业链带动能力的核心企业搭建网络化协同平台，鼓励产业链龙头企业联合建设合作平台。其次，做好跨境电商企业供应链节点价值的提升。供应链上的各节点企业必须依靠新兴技术加持以及供应链平台赋能，逐步实现供应链信息化、数字化与可视化，将物料清单信息、在途及现场库存水准、产品需求预测、运营和财务指标等整合在一起，以实现供需两侧相匹配的完整数字经济。未来随着数字化供应网络的发展延伸，在梅特卡夫定律的作用下，其价值将成指数级增长，为企业和产业带来巨大的收益。

应该看到，我国跨境电商出口数字化仍处于探索阶段，虽然诸多企业认识到了数字化转型的重要性，但应用程度、认知程度仍不够深。我们必须从战略的角度认识它并付诸实践过程。同时，供应链数字化不等同于数字化技术，更不是一个技术的堆砌，它必须和企业的实际业务相结合。数字化应该赋予供应链管理一个新的视角和思路，促进供应链从依靠经验管理转变为依靠数据管理，使跨境电商供应链数字化管理成为企业管理的内在动力。

B.20
宠物行业跨境电商发展现状及未来发展趋势

李豪强　李佳威*

摘　要： 伴随着养宠人群数量的增长，“宠物经济”成为全球经贸发展的热点之一，同时跨境电商、数字经济等新兴业态成为世界经济发展新引擎，两个发展热点的碰撞带来更多的际遇。本文梳理了全球及中国宠物行业的发展现状，总结了美国、欧洲、日本等发达地区的宠物行业发展经验，指出我国宠物行业跨境电商面临经济形势严峻、行业乱象严重、国际龙头企业缺乏、医疗保健和生活服务发展滞后等挑战，并认为当前环境下宠物行业标准化和合规化需进一步加强，卖家应选择多渠道出海和提高创新设计能力，同时智能化宠物用品、宠物健康和生活服务发展潜力较大，受到越来越多消费者的青睐。

关键词： 宠物行业　宠物用品　跨境电商

当前，新冠疫情反复冲击人们工作生活，人口老龄化持续增加精神生活需求，推动养宠人群数量迅速攀升，“宠物经济”成为覆盖全年龄段的全球消费趋势，加之信息化、数字化发展浪潮快速席卷全球，跨境电商、数字经济等新业态新模式加速渗透各个行业，助推全球宠物行业持续升温、市场规模不断扩大。

---

* 李豪强，河南国际数字贸易研究院助理研究员，主要研究方向为跨境物流、数字贸易；李佳威，郑州职业技术学院教师，全球（郑州）跨境电商研究院研究人员，主要研究方向为物流与运营管理、跨境电商。

一　全球宠物行业发展“火热”

（一）全球宠物经济发展动力强劲，市场规模持续扩大

近几年来，多国宠物市场迎来爆发式增长，“宠物经济”成为热门词汇，消费者购买宠物产品意愿不断升高。全球市场洞察公司（Global market Insights）在报告中指出，预计 2022 年全球宠物市场规模约为 2610 亿美元，将于 2027 年增长至 3500 亿美元，[①] 全球宠物市场规模持续扩大。虽然各国（地区）宠物行业萌芽时间不同，处于不同发展阶段，但全球宠物经济发展动力十足，宠物行业迎来“井喷时代”。一方面，发达国家的宠物行业逐渐迈入成熟阶段，以美国为代表的地区宠物行业发展历史较长，宠物消费持续升温，宠物相关企业在全球范围内具有较强的竞争力；另一方面，发展中国家宠物行业兴起时间较晚，宠物市场发展潜力较大，宠物相关企业数量快速增长。

（二）细分行业发展趋势呈现新格局，宠物消费不断升级

随着全球人们生活水平的整体提升，宠物的需求量增多，情感消费带动效应增强，宠物食品、用品、医疗、保险等细分行业呈现不同程度的增长态势，多样化和个性化需求特征日益明显。

1. 宠物食品稳居最大细分赛道，市场规模稳步增长

宠物食品是养宠的刚性需求，用户黏性较大，具有较强的消费韧性，全球宠物食品消费市场规模逐年增长。2012~2021 年全球宠物食品市场规模从 600.63 亿美元增长到 1029.14 亿美元（见图 1），年均增长率 6.17%，近 10 年市场规模持续保持正增长。随着人们对宠物健康的重视和情感的加深，以及发展中国家宠物数量的激增，全球消费者对宠物食品的认可度和需求量也

① 《如何掘金千亿宠物市场：宠物行业趋势及营销指南》，雨果网，2022 年 8 月 7 日。

在不断提升，全球宠物食品发展后劲十足。同时，经过多年的发展，宠物食品包括宠物主粮、宠物保健品和宠物零食三大类，以犬猫食品为主，产品种类呈现科学化、高端化、多样化发展。

图 1　2012~2021 年全球宠物食品市场规模及增长率

资料来源：Statista，华经产业研究院。

2. 宠物用品快速发展，新品牌新产品不断崛起

新冠疫情发生以来，人们居家时间变长，宠物陪伴、情感安抚属性凸显，宠物用品呈现多样化发展趋势，全球宠物用品市场规模快速发展。欧睿国际（Euromonitor）数据显示，2021 年全球宠物用品市场规模为 445.55 亿美元，同比增长 9%，随着年轻一代"铲屎官"队伍日益壮大，宠物行业持续扩容，宠物用品消费潜力将进一步释放。宠物用品覆盖面广、细分品类多，且玩具、宠物衣服、食碗食盆等宠物用品技术门槛较低，导致新入局或跨行业拓展宠物用品领域的企业快速增长。全球宠物用品市场集中度偏低、竞争格局较为分散，但宠物用品的领先企业以国际品牌为主，截至 2020 年，美国的中央花园和宠物公司凭借高质量的宠物用品跻身市场前列，占据 3.80%的市场份额；德国拜耳公司凭借宠物护理用品占据 3.50%的市场份额。[①] 此外，

① 《2021 年宠物用品上下游产业链、市场现状、市场竞争格局及发展趋势》，华经情报网，2022 年 9 月。

宠物消费向高端品质化升级，设计新颖、材质环保、智能制造成为越来越多养宠人群的关注点，推动宠物用品向高颜值、重产品设计、智能硬件化（自动化、物联网化）方向发展。

3. 各地区宠物医疗发展差异较大，行业前景广阔

宠物医疗主要包括宠物药物和宠物医疗器械两大类，在治疗宠物疾病、预防宠物传染病、控制宠物繁育等方面发挥重要作用。宠物药物包含疫苗、免疫调节剂、抗感染药、驱虫药等，2020 年全球宠物药物使用量约占兽药总使用量的 40%，① 尤其是欧美地区对宠物的关爱程度较高，对伴侣动物兽药需求量较大。宠物医疗器械是解决宠物健康问题、修理、美容等需求的仪器，2020 年全球宠物医疗器械市场规模达到了 57.69 亿美元，预计 2027 年将达到 117.16 亿美元，② 其中欧美、日本等地区宠物医疗器械发展相对成熟、技术比较先进。目前，各国相关法规和政策相继出台，推动宠物医疗器械行业逐步合规健康发展，行业竞争也更加激烈。伴随着全球人们宠物健康意识的不断提高，人们日益重视正确治疗宠物感染、预防保健、驱虫卫生等，进一步推动宠物医药市场的发展。

4. 宠物保险如日方升，全球进入高速发展阶段

宠物保险主要包括综合险（健康+意外）和意外险等，其中宠物狗的年均保费比宠物猫的高。全球宠物保险行业的发展自 1924 年开始起步，发展过程一直不温不火，近年来随着人们对宠物观念的转变，逐渐呈现爆发式增长态势。美国、加拿大、日本等发达地区宠物保险增长势头较猛，2020 年美国宠物保险市场规模接近 20 亿美元，加拿大的宠物保险规模达到 2.4 亿加拿大元，日本的保险规模达到 764 亿日元，2015~2020 年三个国家的年均复合增速均超过 15%。③ 但相比较来看，宠物保险渗透率依旧不高，中国等发展中国家宠物保险仍处于萌芽期，全球宠物保险市场潜力巨大。

---

① 前瞻经济学人：《2022 年全球兽药行业市场规模及发展趋势分析》，2022 年 3 月。

② QYResearch：《2021~2027 全球与中国宠物医疗器械市场现状及未来发展趋势》，2021 年 8 月。

③ 前瞻产业研究院：《2022 年全球宠物保险行业发展现状及市场规模分析，主要国家保费规模高速增长》，2022 年 2 月。

（三）发达国家宠物行业发展周期长，产业链条完整

宠物行业在发达国家已有百余年的历史，目前美国、欧洲、日本已发展成为相对成熟的宠物市场，衍生出食品、用品、繁育、训练、医疗、美容、保健、保险等相关产品与服务，上下游产业链条延伸完整，行业标准和监管法规逐步得到完善，养宠人群规模稳定在较高水平，宠物行业生态体系发展良好。

1. 美国宠物行业发展现状

美国宠物行业协会（APPA）社会调查报告中显示，2021 年美国已有约 70%的家庭拥有宠物（见图 2），宠物市场规模达到 1236 亿美元，同比增长 19.3%，美国家庭宠物渗透率持续提升。美国宠物市场具有漫长的发展历程，市场规模居全球首位，宠物生态体系发展比较完善。1956 年，美国宠物行业协会成立，宠物市场开始进入快速发展时期，历经几十年的产业链调整、重组和升级，市场逐步趋向集中化。2021 年美国宠物行业投融资活动活跃，更多大型公司进军宠物市场，并购事件从 76 宗增加到 169 宗，同比增长 122.4%。同时，随着宠物伴随人们的时间变得越来越长，其逐渐成为家庭中的重要一员，宠物生活健康的关注度逐渐提升，高端宠物食品、医疗健康的需求快速增加。

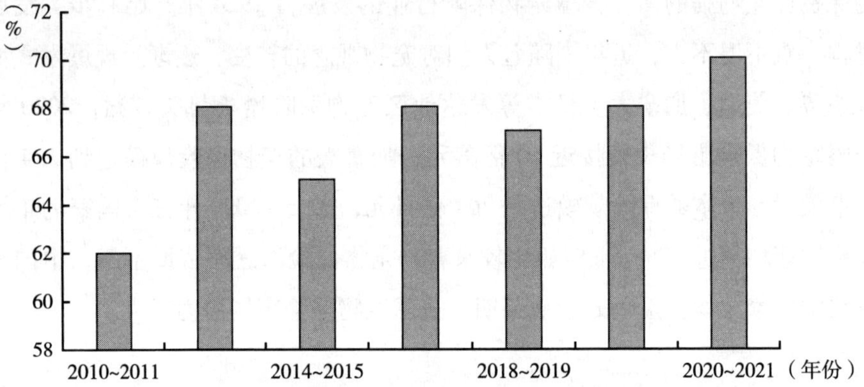

图 2　2010~2021 年美国家庭宠物渗透率

资料来源：APPA，华安证券研究所。

2. 欧洲宠物行业发展现状

欧洲大部分国家盛行养宠，宠物市场规模呈现快速上升趋势，宠物饲养人群数量稳定增长，消费水平持续提升。欧洲宠物食品协会（Fediaf）发布的报告显示，欧洲家庭宠物渗透率不断创造新高，2021年欧洲养宠家庭达到9000万户，约有46%的家庭饲养宠物，宠物食品行业规模为277亿欧元，同比增速为27%，宠物行业直接从业人员约11万人，同比增加约1万人，相关从业人员数量超过百万，[①] 兽医、繁育、展览、媒体等上下游产业链拓展完善。欧洲宠物市场愈加活跃，欧洲地区"领养宠物"等关键词的谷歌搜索量显著增加，欧洲人饲养宠物的意愿不断加强，将进一步刺激欧洲宠物市场，成为欧洲宠物市场新的增长动力。

3. 日本宠物行业发展现状

20世纪70年代以来，日本宠物行业迎来高速发展，并逐渐迈入成熟阶段，同时伴随着老龄化问题的长期影响，日本地区老年人群体数量激增，对宠物的情感寄托日益加深，宠物饲养数量达到顶峰后逐渐趋于稳定，宠物行业整体市场规模持续稳健增长。日本宠物食品协会研究数据显示，2021年，日本宠物犬和猫的数量分别约为710.6万只、894.6万只，宠物在家庭中的渗透率约为38%。[②] 随着日本养宠人群数量的稳定和宠物市场的成熟，宠物行业已经步入稳定发展期，2021年日本宠物行业市场规模约在1.63万亿日元，宠物食品市场规模约为4446亿日元，宠物用品市场规模约为1759亿日元，传统细分行业均保持较低增长速度，但人们逐渐重视对宠物健康安全的保护，保险行业规模得到了快速增长，由2016年的402亿日元增长至2020年的764亿日元，年均增长速度约为17.41%，日本宠物保险行业发展潜力较大。[③]

① 《2021欧洲新增200万养宠家庭，宠物猫数量增长约344万只》，搜狐网，2022年8月1日，https://pets.sohu.com/a/573464955_99982343。

② 中国畜牧业协会宠物产业分会：《2021年中国宠物行业白皮书》，2022年1月18日。

③ 前瞻经济学人：《2022年日本宠物行业发展现状与市场规模分析》，2022年5月25日。

（四）宠物行业与跨境电商加速融合，宠物电商规模扩大

伴随着全球数字贸易、跨境电商等新业态新模式的快速发展，人们的消费习惯发生深刻变化，宠物行业消费渠道逐渐由传统的线下购买，转变为线上平台购买。美国宠物电商渠道的销售占比由 2017 年的 11.9%增加至 2021 年的 28.8%,[①] 宠物电商规模增长迅速，"狗粮""猫粮""玩具"等相关宠物产品词汇成为电商平台搜索热词，通过电商平台购买心仪的宠物产品成为越来越多美国养宠家庭的消费选择，预计 2022 年美国宠物用品的电商销售额达到 307 亿美元。[②] 虽然欧洲地区养宠人群习惯传统零售渠道购买宠物产品，但更多的人愿意尝试线上购买渠道，宠物电商行业蓬勃发展，欧睿国际数据显示，2020 年西欧宠物食品销售的电商渠道占比为 12.3%，东欧市场的电商渠道为 12.7%,[③] 欧洲宠物电商市场增长空间较大。随着养宠人群消费习惯的转变和全球电商平台的快速发展，欧洲宠物电商也将迎来更多发展契机。

二　中国宠物经济发展驶入"快车道"

（一）人们情感需求增多，宠物市场发展潜力巨大

新时代我国人口发展面临深刻而复杂的形势变化，"十四五"期间人口将进入负增长阶段，当代年轻人结婚率和生育意愿持续下降，独居年轻人和老年人越来越多，加上社会"内卷"环境日趋严重，人们寻求更多精神寄托的意愿也持续增强。由于现代宠物观念的转变，越来越多的宠物如同家庭

① 未来智库：《2022 年宠物行业市场现状及竞争格局分析》，2022 年 6 月 21 日。

② 《美国宠物市场持续火热，2022 年线上销售额预计达 307 亿美元》，亿恩网，2023 年 1 月 9 日，https：//www.ennews.com/news-36404.html。

③ 《272 亿！被 KKR、EQT、H&F 三巨头竞购，欧洲最大宠物电商要易主?》，东方财富网，2021 年 9 月 28 日，https：//caifuhao.eastmoney.com/news/20210928224446668227690。

成员一般走进千家万户，人们对于宠物的精神需求日渐凸显，我国宠物食品和用品市场持续升温。2012~2021 年中国城镇宠物（犬猫）消费市场规模持续保持正增长（见图 3），十年间增长了约 7 倍，2021 年消费市场规模到达了 2490 亿元，同比增长率高达 20.6%，“宠物经济”正在进入发展“快车道”。

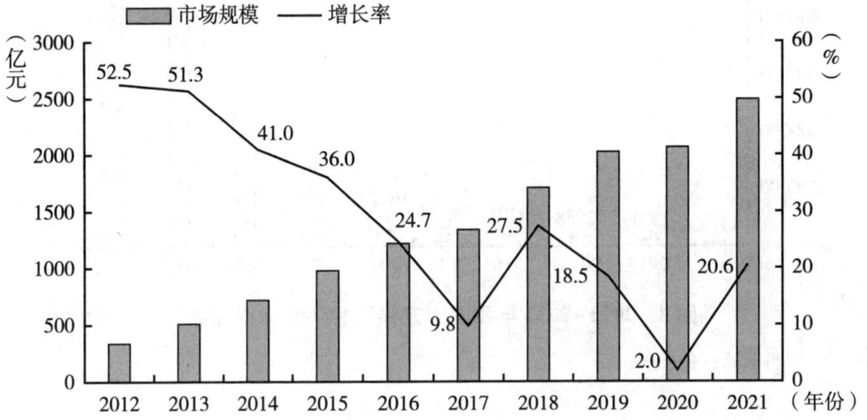

图 3　2012~2021 年中国城镇宠物（犬猫）消费市场规模及增长率

资料来源：中国畜牧业协会宠物产业分会，《2021 年中国宠物行业白皮书》，2022 年 1 月 18 日。

（二）宠物行业企业迅速增长，发展规模扩张速度明显

在企查查上搜索“宠物”得到的结果显示，2013~2022 年，每年“宠物”相关企业成立数量呈现指数增长趋势（见图 4），年均增速 59.20%。特别是 2019 年以来，新冠疫情大流行、结婚率持续下降等因素，导致人们居家独处时间变长，越来越多的人通过宠物陪伴来慰藉自己，宠物市场规模迅速扩大，资本大量涌入，新成立“宠物”相关企业数量急剧增加，“宠物”相关企业数量达到了约 291 万家。2021 年和 2022 年“宠物”相关企业成立数量分别为 962320 家、969061 家，近两年成立企业数量约占总企业数量的 66%。从主食到零食，从美容到医疗，甚至保险、殡葬，宠物行业的企业种

类也在逐渐丰富，宠物主的诉求逐渐向精细化科学化养宠方向转变，对宠物食品的品质和健康、宠物服饰的设计和款式、宠物护理的专业和安全也有着更高的追求。

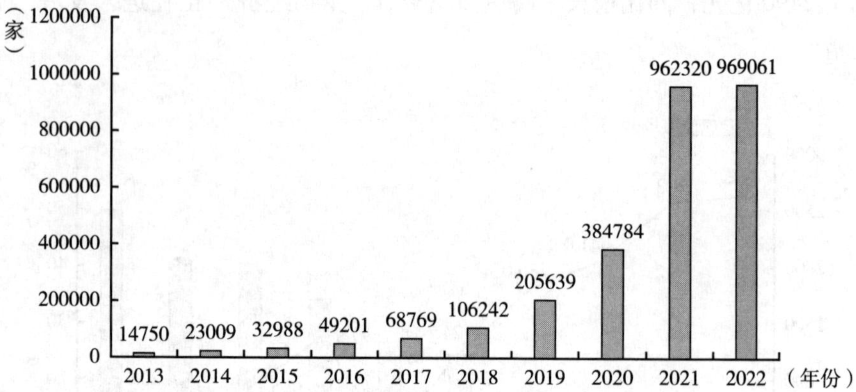

图 4　2013~2022 年我国“宠物”相关企业成立数量

资料来源：企查查。

（三）宠物食品跨境贸易扩大，进口出口差异明显

宠物食品是宠物行业最大的细分市场，全球宠物市场规模的扩大推动了中国宠物食品跨境贸易的快速增长。2012~2021 年中国零售包装的狗食或猫食饲料进出口总额整体呈现增长趋势（见图 5），年均增长率 8.77%，2020 年和 2021 年增长幅度较大。在进口方面，自 2017 年开始，零售包装的狗食或猫食饲料进口增长迅速，2021 年有所下降。随着宠物家庭化趋势和新消费升级影响，国内宠物食品行业已初步形成稳定态势，国产宠物食品品牌被更多宠物主接受，进口宠物食品将和国内品牌展开竞争。在出口方面，2012~2021 年中国零售包装的狗食或猫食饲料出口在波动中增长，特别是自 2020 年开始，出口总额持续上升，2022 年上半年出口总额达到 42.91 亿元，同比增长 21.33%，国产宠物食品出海规模扩大，越来越多的中国品牌成为全球宠物食品市场的新生力量。

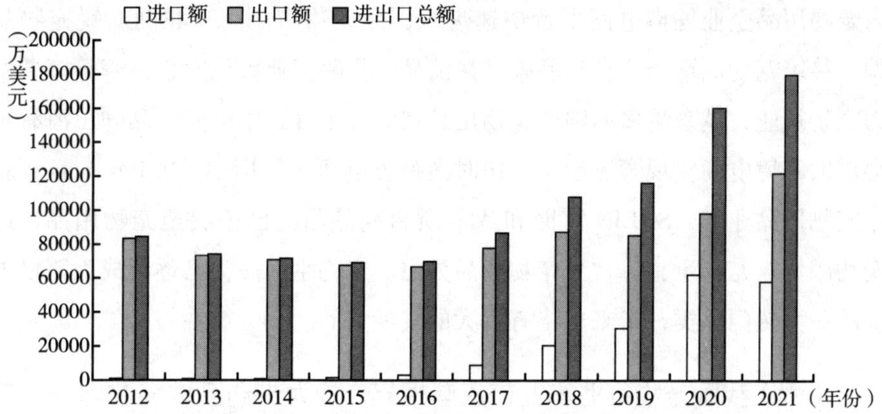

图 5　2012~2021 年零售包装的狗食或猫食饲料进出口贸易额

资料来源：联合国贸易数据库（https：//comtrade. un. org/），海关编码 230910。

（四）我国允许跨境电商进口宠物食品，监管要求明确

我国从第一批跨境电商零售进口商品清单就允许零售包装进口狗食或猫食罐头及其他配制的动物饲料，但对应的备注中明确指出：仅限网购保税商品（1210 模式）和已获得检疫准入产品进口。截至 2022 年 6 月，共有荷兰、法国等 20 个国家（地区）的 356 家境外宠物食品生产企业获准对华出口宠物食品成品或原料。[①] 同时，海关对跨境电商进口宠物食品实施风险管理和入境检验检疫，农业农村部制定的《宠物饲料管理办法》《宠物饲料生产企业许可条件》《宠物饲料标签规定》《宠物饲料卫生规定》等 6 个规范性文件，为宠物饲料企业的监督管理提供了法律依据，保障跨境电商进口宠物食品的安全性。

（五）我国宠物用品品牌快速成长，出海产品增多

近年来，随着国内经济和跨境电商新兴业态的发展，中国宠物食品和用品市场需求越来越大，中国宠物用品的跨境电商进口业务日益增大，同时国

① 海关总署：《境外宠物食品注册生产加工企业名单》，2022 年 7 月。

内宠物用品企业凭借电商平台快速进入国际宠物市场。互联网新锐宠物品牌、传统宠物制造企业自建品牌、快消品巨头跨行业孵化宠物品牌等多方发力宠物行业，越来越多的国产宠物用品在海外走红，中国宠物品牌出海有机会借助跨境电商实现弯道超车。快时尚跨境电商 SHEIN 在 2021 年初宣布新添宠物用品业务，SHEIN 官网和 App 所售商品品类已拓展至宠物用品，以宠物服饰、宠物玩具等常见宠物商品为主。宠物生活品类已逐渐成为跨境电商的一大热门品类，未来也将有巨大的发展空间。

（六）我国宠物行业产业带逐渐崛起，成为带动区域经济增长的新动能

宠物热度持续攀升，宠物消费正在成为消费市场的新生力量，国内企业敏锐抓住全球宠物行业的发展机遇，依托地方独具特色的优势宠物行业产业带，扩大宠物产品业务发展规模，拓展更多宠物细分产业，延伸宠物产业链条，逐渐成为带动区域经济增长的新动能。目前，国内宠物产业中宠物食品和宠物用品的产业集聚度较高，诞生了典型的宠物产业带。

1. 宠物食品产业分布集中，形成了颇具规模的产业带

中国宠物食品行业存在产业集群现象，全国畜牧总站公布的数据显示，2021 年河北省宠物饲料产量为 42.98 万吨，占全国的比重为 38.47%，居全国首位，排第 2 位的是山东省。① 河北的宠物主粮占比较高，山东则以宠物肉干零食为主，同时河北、山东的代表性宠物食品企业也较多。

（1）邢台市南和区“中国宠物食品之乡”，从宠物食品延伸更多产品。邢台南和区的宠物产业经过了 30 年发展和沉淀，形成了具备地方特色优势的宠物食品产业，被评为“中国宠物食品之乡”。宠物产业集群入围省级产业布局，宠物食品规模占据全国市场份额 60%，是全国最大的宠物食品生产基地，猫砂产销量占据全国市场份额 30%，是全国最大的豆腐猫砂生产

① 中国饲料工业协会：《2021 年全国饲料工业发展概况》，2022 年 2 月 10 日。

基地。另外，全国10强宠物食品企业独占4家，数量居全国第一。[①] 近年来，南和区宠物食品产业带积极融合跨境电商、数字经济等新业态，带动传统宠物食品加工企业向跨境电商企业转型，延伸产业链条，助推国内宠物市场向中高端产业链转型升级。同时政府出台了《关于扶持宠物产业全产业链发展的意见》等支持政策，引导当地企业数字化、智能化转型，拓展宠物用品、宠物医疗、宠物保健品、宠物美容等更多宠物细分产业，打造全方位宠物服务的产业生态，推动“中国宠物食品之乡”向“中国宠物产业之都”升级转变。

（2）山东宠物食品产业带，“鲁字号”企业席卷宠物餐桌。山东养殖业发达，具备发展宠物食品的原材料优势，已形成完整的上下游产业链。据中国饲料工业协会数据统计，2021年山东宠物饲料产量达26.8万吨，同比增长59.3%，远高于全国平均17.3%的增速。[②] 通过企查查数据库查询[③]，截至2022年12月底，山东省宠物食品类企业共887家。其中，青岛、临沂、潍坊是拥有宠物食品企业数量较多的地区，均超过百家。同时，在成功登陆A股的4家宠物食品上市企业中，山东的中宠股份、路斯股份占据2席，山东相关企业的IPO也开始提速，促使山东成为拥有宠物上市公司数量最多的省份。在A股隆起的宠食山东“板块”，成为宠食产业发展的重要力量，并以迅雷之势席卷宠物餐桌。此外，山东省宠物行业协会数据显示，山东宠物零食的80%出口到全球各个国家，2家上市企业也以出口为主。

2. 宠物用品产业分布广泛，满足市场多元化需求

目前国内最大最主要的宠物用品批发市场位于义乌、广州和深圳，是全国宠物用品生产和批发的主要集中地。另外杭州、武汉、北京、徐州、西安也是国内重要的宠物用品批发市场（见表1）。

---

① 《邢台南和：“经济强区　美丽南和”建设不断攀上新高度》，河北网络广播电视台，2022年8月11日，https://www.hebtv.com/19/19js/zx/tt/10882216.shtml。

② 中国饲料工业协会：《2021年全国饲料工业发展概况》，2022年2月10日。

③ 在企查查数据库中使用高级查询，设置筛选条件：关键词为“宠物食品”，查找范围为企业名、品牌/产品、经营范围、企业简介，国民行业中选定制造业—农副产品加工业，省份选定山东省。

表 1　国内主要宠物用品产业带

序号	省份	产业带	地址
1	浙江	义乌宠物用品批发市场	义乌国际商贸城五区四楼
2	广东	广州清平宠物用品批发市场	广州市荔湾区和平西路与清平路交口处
3	广东	深圳东门宠物用品批发市场	深圳市罗湖区人民北路与永新街交叉路口东北侧
4	北京	北京通州宠物用品批发市场	北京市通州区梨园镇云景南大街国际汽配城
5	江苏	徐州快哉亭公园宠物用品批发市场	快哉亭公园南门口
6	陕西	西安文艺路宠物用品批发市场	西安文艺路市场
7	上海	上海华东第一街宠物用品批发市场	航北路航西路交叉口
8	广东	汕头澄海宠物用品产业带	汕头澄海区
9	浙江	温州平阳宠物用品产业带	温州平阳县

资料来源：笔者根据相关资料整理得到。

义乌宠物用品产业带在全国宠物用品市场中占据十分重要的地位，义乌国际商贸城五区宠物用品区更是产业支撑力量雄厚、集中度最高的宠物用品一站式采购中心。历经多年的产业整合培育发展，义乌宠物用品在五区市场高度集聚，销售渠道以外贸为主，主要出口国际中高端市场，产品远销欧洲、南美、东南亚等地，市场外向度高达 90%，年销售额约 20 亿元，约占全国宠物用品出口总量的 10%，[①] 宠物用品特色产业带加速崛起，推动更多义乌商品走向全球宠物市场。从整体来看，五区宠物用品行业处于生态链上游，地位稳固，经销体系稳定，同时为满足客户多品类产品采购需求，宠物综合品类经营持续增加。此外，义乌宠物用品产业带正加速数字化转型，大力发展跨境电商“黄金赛道”，2019 年阿里巴巴电商平台为义乌宠物用品设立产业带专区，助力“义宠好货”通全球。

① 《宠物用品线下购物节开幕》，中国义乌网，2022 年 7 月 5 日，https：//news. zgyww. cn/system/2022/07/05/010231352. shtml？ from = singlemessage&isappinstalled = 0。

三　我国宠物行业跨境电商面临的挑战

（一）全球经济形势严峻，国内消费意愿低迷

受全球新冠疫情、俄乌冲突、美联储加息等多方面因素影响，全球经济形势不容乐观，国内经济复苏缓慢，人们消费意愿持续偏低。2020 年新冠疫情发生初期，全年社会消费品零售总额遭受巨大打击，呈现负增长，2021 年社会消费品零售总额有所回升，但 2022 年以来新冠疫情反复、国内外经济形势不容乐观，国内消费水平低迷，3~12 月社会消费品零售总额处于波动状态（见图 6），人们对经济形势的衰退日益担忧，消费意愿逐渐降低，而宠物行业势必会受到整体经济大环境疲软的波及，阻碍宠物市场消费需求扩大。

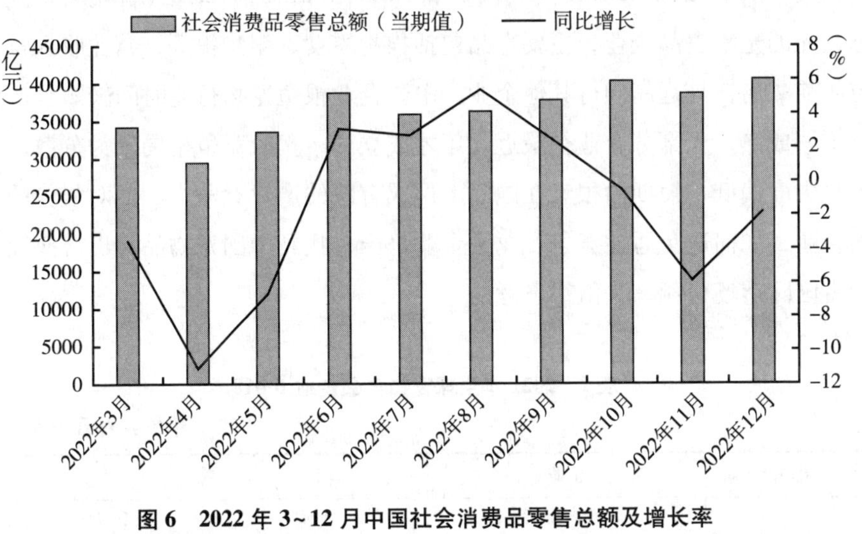

图 6　2022 年 3~12 月中国社会消费品零售总额及增长率

资料来源：国家统计局。

（二）国内宠物行业规模迅速扩大，行业乱象日益严重

在宠物行业市场规模快速扩张的背后，行业规范性不强的问题凸显，线

上平台宠物行业卖家乱象频出。首先，部分线上卖家借助“宠物盲盒”的旗号吸引年轻人参与线上宠物交易，但不少商家无法说明宠物来源、查清健康状况等，对运输过程也缺乏重视，导致宠物的安全得不到保障。其次，宠物食品、宠物用品技术和成本门槛较低，部分食品不适合宠物饮食习惯，用品质量参差不齐，产品不符合环保要求等，都是市场新入局企业不规范生产造成的。最后，部分宠物医院伪造兽医资格证，一些不具备资质的机构进入宠物行业，加上线上问诊模式的兴起，不仅催生了乱收费的行业乱象，还频频出现“医疗事故”引发消费者投诉。

（三）中国缺少宠物行业国际龙头企业，与美国企业竞争压力较大

全球宠物行业中，美国企业处于主导地位，Petfood Industry 6 月杂志显示（见表 2），2021 年全球宠物食品企业排行前 10 名中，美国企业占据前 8 名，其中 Mars Petcare Inc.（玛氏）和 Nestlé Purina PetCare（普瑞纳）是全球领先的宠物食品企业，主要产品包括猫狗零食、湿狗粮等，营业收入常年位居前 2 名，且远超同行其他企业。中国企业根植宠物行业时间较短且产业链不够成熟，大部分企业是最近几年才成立的，卖家竞争格局较为分散，市场集中度偏低，短期内很难在国际上形成有效的产业竞争力。面对强势的美国企业，如何避免恶性竞争、龙头企业打压，找到中国宠物品牌出海捷径和抢占国际市场份额，是值得思考的。

表 2　2021 年全球宠物食品企业 top10

单位：百万美元

排名	企业	国家	收入
1	Mars Petcare Inc.	美国	19000.00
2	Nestlé Purina PetCare	美国	16500.00
3	Hill's Pet Nutrition	美国	3311.00
4	J. M. Smucker	美国	2694.00
5	General Mills	美国	1732.00
6	Diamond Pet Foods	美国	1500.00

续表

排名	企业	国家	收入
7	Simmons Pet Food	美国	1000.00
8	Alphia	美国	875.00
9	Unicharm Corp.	日本	828.73
10	Thai Union Group	泰国	802.24

资料来源：Petfood Industry 6 月杂志。

（四）宠物食品用品跨境电商发展迅速，医疗保健和生活服务发展滞后

宠物食品和用品品类准入门槛较低，借助中国较强的轻工业基础，新成立宠物企业或跨行业企业能够迅速建立起宠物食品和用品的产业链条，通过电商平台、社交媒体等数字平台抢占国内宠物市场份额，如 2022 年上半年京东电商平台数据显示（见表 3），宠物食品和宠物用品排名前 10 品牌中绝大部分为中国企业，同时热款、爆款也能在跨境电商平台上获得大卖，在海外走红。但宠物医疗保健技术门槛相对较高，短期内中国企业难以赶超国外企业，而且目前国内宠物服务行业仍处于起步阶段，宠物训练、代遛、代养、宠物摄影、宠物保险等生活服务生态尚不成熟，宠物服务市场比较混乱，缺乏相关的行业制度和标准。

表 3　2022 年上半年京东平台宠物食品、用品和医疗保健品牌排名

排名	宠物食品（主食/零食）		宠物用品（日用、出行、玩具、洗美）		宠物医疗保健	
	企业	国家	企业	国家	企业	国家
1	皇家	法国	华元	中国	卫仕	中国
2	开饭乐	中国	小佩	中国	福来恩	法国
3	伟嘉	英国	憨憨宠	中国	萌氏	中国
4	伯纳天纯	中国	pidan	中国	麦德氏	美国
5	麦富迪	中国	MinkSheen	美国	普安特	美国
6	味及	中国	雪貂留香	中国	小宠	中国

续表

排名	宠物食品（主食/零食）		宠物用品（日用、出行、玩具、洗美）		宠物医疗保健	
	企业	国家	企业	国家	企业	国家
7	耐威克	美国	福丸	中国	MAG	英国
8	lorde	中国	嬉皮狗	中国	倍酷	美国
9	凯锐思	中国	有陪	中国	布尔	英国
10	冠能	美国	catlink	中国	红狗	美国

资料来源：浙江省电子商务促进会，《中国宠物电商行业洞察（2022）》，2022年8月。

四　我国宠物行业跨境电商发展趋势

（一）行业标准化和合规化将进一步加强

跨境电商平台的宠物卖家爆发式增长，容易出现鱼目混珠的现象，行业标准化、合规化能够帮助中国宠物品牌在全球舞台上走得更远。中国宠物企业应积极对接国际宠物行业标准，以高质量产品率先在跨境电商平台上留下印记，实现品牌出海，从而扩大线上平台市场的国际影响力，逐渐参与并引领行业规则制定。同时，伴随着养宠人群日渐增多，宠物伤人事件也愈发频繁，特别是大型犬科，宠物饲养的规范化和安全意识也需要进一步加强完善。

（二）多渠道出海，建立更加完善的宠物生态

选择单一的跨境电商平台容易受到平台规则的制约和打压，通过主流跨境电商平台、本土电商平台、独立站及线下渠道商等多渠道布局，能够有效规避平台风险，同时将线上线下渠道有效结合，建立更加完善的宠物服务体系。同时借助社交媒体、短视频、直播等数字化技术拓展宠物产品宣传渠道，在信息分享中形成更多情感交流，逐步打造企业的宠物产品生态和宠物服务文化，为品牌带来高效的转化率，积累更多的用户资源。

（三）智能化宠物用品成为未来发展的潮流

目前越来越多的年轻人饲养宠物，但在离家办公后也面临新的问题。为应对宠物独居在家，宠物行为训练及互动玩具、智能摄像机、远程训练器等智能化设备需求快速增长，2021 年全球智能宠物用品市场规模为 27.37 亿美元，预计 2028 年达到 101 亿美元[①]。在亚马逊上，除智能摄像机爆火之外，自动清洁的猫砂盆、带 GPS 定位的狗项圈、智能定时定量投喂机等针对宠物主外出的产品也越来越受欢迎。与此同时，智能化、信息化的宠物设备需要保证与其他智能化设施和场景的兼容性，对售后服务有更高要求，因此需要在海外当地市场建立本土化的线下实体店或通过与其他企业合作保障售后服务，打造国际竞争力更强的智能化宠物用品品牌。

（四）宠物卖家需要更强的创新设计能力

宠物市场受众更趋年轻化，推动宠物种类的多样化发展，鼠类、兔子、鸟类、爬宠等异宠的饲养数量逐渐增加，打破了宠物市场的传统格局，宠物用品的种类变得更加丰富。多样化的宠物需要的饲养环境、生活方式各不相同，卖家需要了解更多种类宠物的饲养条件，生产出更多样式的宠物用品和食品，为不同宠物饲养人群提供全方位服务。同时，宠物卖家通过更强的创新设计能力满足高颜值、智能化、IP 联动等方面的需要，增强用户的养宠体验和黏性。此外，通过个性、创造、高颜值的宠物产品，为宠物遮掩体型缺失、增添美感，增强养宠人群的社交、短视频分享欲望，吸引更多忠实客户。

（五）与宠物情感加深，宠物健康和生活服务受到更多关注

宠物成为家庭中越来越重要的一员，其健康程度和生活环境受到人们的重视。宠物医疗是养宠人群的刚性需求，宠物医疗企业具备专业性强、技术

① 《智能宠物用品行业分析：预计 2028 年市场规模将达到 101 亿美元》，腾讯网，https：//view. inews. qq. com/a/20221226A062Q500。

壁垒高等特点，同时也存在乱收费、过度宣传、小病乱医等问题，有关政府部门需加强监管，制定高标准行业规则。同时，宠物医疗企业应拓展在线问诊、宠物健康客服等数字化服务，提高企业服务效率。宠物保险、殡葬、摄影、寄养等服务前景广阔，多元化的宠物保险产品，规范化的宠物殡葬流程，唯美的宠物摄影技术，优质的宠物寄养服务，将为宠物行业带来更多新的增长引擎。

参考文献

中国畜牧业协会宠物产业分会：《2021 年中国宠物行业白皮书》，2022 年 1 月 18 日。

未来智库：《2022 年宠物行业市场现状及竞争格局分析》，2022 年 6 月 21 日。

B.21

全球法定数字货币发行的理论依据及数字人民币发展路径探析

张煜坤　张楠楠　韩　振*

摘　要： 法定数字货币可降低国与国之间货币信息传递的复杂度和信息处理成本，有利于提高货币信息传递和跨境贸易金融活动的时效。由于货币的国际地位受国家经济体量、科技水平、国际政治地位、军事实力等方面影响，而法定数字货币目前尚不足以成为影响国际货币地位的主要因素，因此各国都在积极探索本国货币参与国际竞争的有效途径，数字货币或将重塑国际货币体系。我国数字货币的研究成果为人民币国际化奠定了基础。本文在介绍数字货币发展进程及演变趋势的基础上，比较不同数字货币的优劣势，分析数字货币面临的治理挑战，并通过对我国法定数字人民币的前景分析，提出我国法定数字货币发展的对策建议。

关键词： 法定数字货币　数字人民币　跨境贸易

新一代信息技术与社会经济各领域加速融合，电子商务蓬勃发展，金融科技创新水平不断提升，推动支付方式不断升级，由实物货币衍生出虚拟货

* 张煜坤，河南国际数字贸易研究院政策研究部副部长，主要研究方向为跨境电商、国际金融、跨境支付结算、国际及国内税制；张楠楠，郑州职业技术学院教师，全球（郑州）跨境电商研究院研究人员，主要研究方向为跨境电商、国际商务、国际金融；韩振，陆军炮兵防空兵学院副教授，主要研究方向为计算机编程与软件开发、计算机仿真、大数据分析与智能化研究。

币，数字货币也在信息技术的加持下应时而生。我国央行数字货币的发行对稳定货币金融体系有着积极作用，对维持社会经济秩序健康发展有更深远的意义。

一　数字货币的发展进程及趋势

随着数字货币的深入发展，技术创新逐渐扩展其内涵与外延。货币形态不断演变，经历了从电子货币、虚拟货币再到数字货币的阶段，多领域应用场景愈发丰富。国际货币基金组织（IMF）认为数字货币是通过数字技术实现其价格尺度、贮藏手段和流通支付等货币职能。欧洲银行业管理局（EBA）指出，数字货币是货币价值的数字化体现，但可通过支付交易完成电子化存储和转移。我国学者认为数字货币有广义和狭义之分，广义数字货币包括电子货币、虚拟货币和加密数字货币，狭义数字货币分为主权数字货币和非法定数字货币。①

（一）数字货币发展进程

从 2009 年加密资产比特币（Bitcoin）的出现到 2019 年稳定货币天秤币（Libra）的诞生，已有超过 10000 种的数字货币。② 各国金融部门认为社会大众对货币的信任和整体金融体系的稳定，都得益于央行的监督管理和不断探索，各国央行也意识到有必要紧跟私营企业电子支付的最新创新，加大央行数字货币的研发。从 2015 年起，多个国家的央行开始数字货币的研究和试验。数字货币的发展依托于区块链技术的应用，并衍生出三个发展阶段，且与区块链发展的各个阶段相对应。

1. 数字货币1.0阶段

以去中心化的比特币为代表。比特币具有支付功能，主要特点有：一是去中心化运行，以矿工挖矿的方式记录交易各节点信息；二是发行量不超

① 李建军：《数字货币理论与实践研究进展》，《经济学动态》2017 年第 10 期。

② 数据来源于“币圈子”对数字货币的统计。

2100 万枚，上限被设定且不能更改；三是分布式记账，以区块链为技术核心；四是有经济激励机制，矿工通过挖矿获得交易费；五是通过加密算法确保数据安全传输和储存。

2. 数字货币2.0阶段

以可编程的以太币为代表。在区块链技术的基础上加入以太币智能合约，主要特点有：一是未设定单一发行主体，是以太坊的数字代币，可以在交易平台买卖；二是发行数量没有上限限制，以太币整体成长率是按照逐年递减的模式设计，每年最多产生 1800 万枚；[①] 三是机构或个人可通过以太坊和智能合约技术发行数字货币；四是打造更加稳定的技术环境和安全的激励机制，由工作量证明机制（PoW）过渡到权益证明机制（PoS）。

3. 数字货币3.0阶段

以央行数字货币（Central Bank Digital Currency，CBDC）和超主权的天秤币（Libra）为代表。央行数字货币又称法定数字货币，汇率与本币持平，且不受其他加密货币市场波动影响，自 2014 年部分国家率先启动研究及引入本国法定数字货币。美国智库大西洋理事会发布的全球央行数字货币发展研究报告显示，有 105 个国家和地区正在探索研究央行数字货币，其中有 50 个国家已进入研发高级阶段。[②]

2019 年 6 月，Facebook 公司发布的《加密货币天秤币（Libra）白皮书》指出，将打造一个去中心化且具有智能合约的金融设施及加密货币，其加密货币具有低波动性、无国界的属性，将为超十亿人提供金融服务。但天秤币发行之初，因其在全球发行，具有超主权特征，且监管难度大，将与主权货币同台竞争，因此遭到美国及多个国家的质疑或反对。2020 年 4 月，Libra 协会正式向瑞士金融市场监管局（FINMA）申请 Libra 支付系统牌照，并发布第二版天秤币白皮书，并表示为确保币值的稳定及支付系统的安全性，增加了与法定货币挂钩的稳定币，同时构建合规框架，建立资产储备保护措施等。

---

① 《以太币是什么币？以太币发行量多少？》，币界网，2020 年 10 月 5 日，https：//www.528btc.com/bk/160273904370312.html。

② 《全球央行数字货币发展提速》，《人民日报》2022 年 7 月 29 日。

（二）数字货币发展趋势

从不同发展阶段数字货币的特点来看，数字货币逐渐更安全、稳定，功能不断拓展，不仅具有支付属性，特别是在引入智能合约后，还具有了商品、金融投资等属性，且可作为支付手段、交换媒介或货币单位。

1. 发行主体由“去中心化”到“中心化”

去中心化的比特币不具备国家信用等特征且波动频繁，不具有货币职能；而法定数字货币因具信用特征和法律特征，表现更加稳定。央行数字货币是国家发行且由国家信用背书，拥有中心化的区块链记账方式。我国央行发行数字货币，不仅强化了我国货币政策宏观调控能力，未来或将打破美元的国际支付结算体系的统治地位，进一步去美元化、去美元中心化。

2. 发行数量从限量转变为市场调节

比特币有发行数量上限，其他数字货币虽然在发行上设置了一定规则，但发行数量上不设上限。天秤币则是通过采用锚定法与真实资产价值挂钩以维持币值稳定。部分国家认可流通中的数字货币可作为商品买卖、金融交易的支付工具，同时流通中受到市场与经济的双重作用。

3. 交易主体从“强匿名化”到“弱匿名化”

由于没有主权货币、信用或资产背书，数字货币的价格仅通过使用者共识完成电子交易支付，故价格会存在较大波动。同时，由于匿名性为洗钱、恐怖主义融资等非法金融活动创造环境，货币安全性问题和新型监管需求应运而生，数字货币发行逐渐“中心化”以减弱匿名程度。

（三）数字货币的特征

在信息化和电子商务快速发展的时代背景下，数字货币的潜在价值不断释放，呈现四个典型特征。一是数字货币通过区块链网络形成虚拟货币，通过社会共识的产生赋予其价值。二是在流通市场中数字货币是一种单向兑换机制的货币，可由其他类型货币购买但不能转换为其他类型货币。三是数字货币相较于其他类型货币风险更大。法定货币从印刷到发行，都严格遵照执行各国货币当局的标准和程序。而比特币、莱特币等数字货币是以私营企业信用背书，以私营企业的资产总值和市场信誉等条件为发行基础，其价值会随着企业内部风险、外部市场风险的增加而波动。四是数字货币通过区块链网络流通，其传播速度更快，传播范围更广。

（四）CBDC 与 Libra、比特币的异同

我国较早开展数字货币的研发工作，且央行数字货币实践位居世界主要经济体前列。2017 年中国人民银行成立数字货币研究所，2022 年 1 月数字人民币（试点版）在各大应用商店上架试运行。①

数字人民币是以广义账户体系为基础，定位为现金类支付凭证，其功能和属性与流通中纸币等价，具有货币价值特征、法偿性和可控匿名性，不仅可以实现小额匿名，也具有更高的追溯性，可有效防范和打击犯罪行为。央行数字货币同 Libra 最本质的区别在于发行者不同。前者属于国家货币当局发行，为法定货币的数字化形态，后者由私营企业 Libra Networks 发行，属私人数字货币。

1. 货币形态相同

数字化形态的 CBDC 操作快捷，大大降低流通成本、提升支付结算的效率；同为数字化形态的 Libra 采用非托管钱包的形式运行，用户可通过钱包存储或交易。②

2. 价值转移模式相同

CBDC 无须绑定银行账户即可实现点对点支付，具有透明度高、自动触发、强制履约等特征，业务模式不断创新。Libra 采用加密的区块链技术，也是通过点对点传输实现点对点价值转移，支付效率和交易成本大大降低。

3. 应用场景相同

CBDC 是法定货币 M0 的补充，广泛应用于零售支付活动；Libra 将在

① 倪禾、张育、刘曦子：《数字人民币的国际合作与发展》，《银行家》2023 年第 2 期。

② 赵国华：《DC/EP 和 Libra 两种数字货币的比较与发展前景探析》，《北方金融》2021 年第 2 期。

全球范围内推广，所有人都可参与，具有普惠金融的意义。如通过 Libra 跨境支付，只需通过 Facebook 账号绑定 Libra 并支付，避开环球银行间金融通信协会（SWIFT）的影响。因此数字货币在跨境支付上适用于更多应用场景。

4. 运营架构不同

CBDC 双层架构的设计参考了法定货币发行模式，在不改变现行金融体制的同时持续推动金融创新。CBDC 大多采用双层架构，与现行法定货币发行流通模式相同，是中央银行和商业银行并行的模式，央行发行数字货币，并将数字货币兑换给商业银行，再由商业银行向客户提供数字货币存取和流通等服务。中央银行和商业银行都要积极参与构建应用生态体系。

Libra 设计架构是在多币种的基础上增加稳定币。稳定币是在 Libra 网络中运行的特殊加密货币，通过区块链发行和运营，且绑定法定货币，如欧元相对应的稳定币设置为 Libra EUR，在交易中用法定货币欧元（EUR）买卖天秤币时，与之对应的稳定币 Libra EUR 在买卖过程中随之产生或销毁（见表 1）。

表 1　两种数字货币运营架构对比

CBDC	Libra
双层架构	多层架构
央行先将数字货币下发至商业银行，商业银行再兑换给公众	在交易过程中，指定经销商（或虚拟资产服务商）在 Libra 网络购买或出售天秤币，再由指定经销商（或虚拟资产服务商）向交易所和场外交易经销商买卖天秤币，个人或其他实体将通过第三方金融服务提供商实现法定资产与 Libra 兑换

资料来源：笔者综合整理。

5. 价值不同

CBDC 的发行量是在确保证流动性的前提下，由央行根据国内商品供需和通货膨胀水平发行，同时还要结合货币国际化需求情况，进一步完善货币政策和金融调控，确保币值稳定和金融稳定，助力实体经济发展。

Libra 通过对应的稳定币作为跨境结算代币，由现金、现金等价物或短期政府债券作为储备金。对于无稳定货币的国家和地区的居民或企业想要进入该支付系统交易 Libra 时，操作流程更为复杂，且汇率风险更高。所以 Libra 的使用范围还有一定限制。

比特币币值表现极不稳定，也不适合用于通用跨境支付。2010 年 11 月 6 日比特币交易所诞生之时，1 比特币相当于 0.5 美元，2013 年 11 月涨至历史高点 1000 美元，经历 2014 年 2 月的惨烈下跌之后，2020 年比特币价格又涨至 1 万美元的高位。[①] 比特币的价格极不稳定，风险较大，给商业交易带来不确定性因素。

6. 技术层面的不同

以我国 CDBC 为例，央行和商业银行都可以研发数字货币，通过竞争选出最佳技术路线。商业机构的加入使数字货币的设计、研发更具实践性，并不断完善技术和相关设施建设。目前，我国支付宝和微信支付已在全球移动支付领域趋于领先地位，而我国央行数字货币将助力移动支付迭代升级。我国央行数字货币在支付方式上采用了双离线模式，不受物理环境限制，即央行数字货币在没有网络和信号的情况下仍可通过手机数字钱包完成交易和支付。支付宝、微信等第三方支付则采用单离线模式，即有网络的条件下才能实现支付。因此，央行的数字货币相对于移动支付应用场景更广，安全系数更高。

比特币技术路线是通过区块链和加密算法将认证后的交易信息记录在区块链条上，即区块链是一个按照时间顺序排列的交易信息记录簿。通过非对称加密算法（哈希算法）将比特币在区块链上的交易信息进行加密，同时又兼具不可篡改性，链条上每个区块的时间戳被准确记载且不能更改，这就使交易信息能被安全、清晰地追溯（见图 1）。

---

① 崔巍：《比特币被热捧背后，有哪些“坑”?》，https://baijiahao.baidu.com/s?id=1695529662282428140&wfr=spider&for=pc。

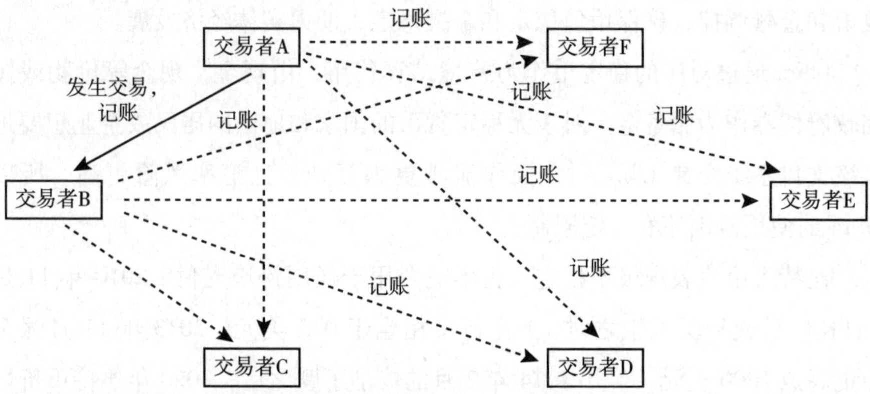

图 1　区块链分布式记账

资料来源：李拯、唐剑宇，《比特币、Libra 和央行数字货币的比较研究》，《中国市场》2021 年第 7 期。

Libra 支付系统的技术路线也是采用区块链技术，但 Libra 协会采取许可型区块链，即所有人都可参与 Libra 区块链开发，以便采纳更多用户提出的建议，有助于打造一个更便捷、安全、合规的数字货币支付体系。

7. 账户是否匿名不同

以我国为例，CBDC 在匿名支付时，反洗钱等工作会同时触发，通过大数据和数据挖掘技术挖掘非法交易行为特征，在保护使用者数据隐私的同时有效打击非法交易。

在 Libra 协议下，不关联用户真实身份信息，即可生成多密钥并创建多账户，且同一用户创建的多账户间互不关联。所以，Libra 较强的匿名性特征或成为非法交易滋生的温床，监管难度随之增大。Libra 新版白皮书详细说明了合规监管、打击非法活动的相关内容，但仍均未提及用户匿名性或隐私保护机制。

8. 四种货币特点

法定货币、比特币、天秤币和法定数字货币的顶层设计和监管机制不同，造成它们在发行机制、信用背书、流通范围方面也有异同（见表 2）。

表 2　四种类型货币的特点汇总

货币类型	发行机制	信用背书	发行数量	流通范围	是否使用区块链等数字技术
法定货币	央行中心化发行	国家信用背书	无上限	取决于该国法币在世界范围的认可程度	否
比特币	去中心化	无	2100 万	全网	是
Libra	中心化发行，去中心化使用	线下一揽子资产，以美元为主	无上限	全网	是
法定数字货币	央行中心化发行	国家信用背书	无上限	取决于该国法定货币在世界和网络的认可程度	是

资料来源：笔者综合整理。

它们在应用场景、交易成本、匿名难度、违约风险等方面也具有不同特征。在应用场景上，法定货币不如其他三种数字货币场景丰富。在交易成本上，央行数字货币和天秤币能打破交易的时空限制，结算成本较低。在匿名程度上，法定货币和法定数字货币都是国家货币当局发行，为了反洗钱等打击非法犯罪行为和确保用户数据安全的目的，匿名难度较其他两种数字货币更大。央行数字货币由国家主权背书，比 Libra、比特币等违约风险更低，交易结算安全性、稳定性更高（见表 3）。因此，央行发行的数字货币应运而生且势在必行。

表 3　四种类型货币功能比较

货币类型	应用场景	交易成本	匿名难度	违约风险
法定货币	相对较少	相对较高	相对较难	相对较高
比特币	相对较多	相对较高	相对较易	相对较低
Libra	相对较多	相对较低	相对较易	相对较低
法定数字货币	相对较多	相对较低	相对最难	相对最低

资料来源：笔者综合整理。

二　数字货币的治理与挑战

数字货币无论是在发行环节还是流通环节都存在监管风险，主要风险点有四个方面。一是数字货币发行的主体为个人或企业，更关注于个人或企业的利益，当与个人消费者发生利益冲突时，消费者权益难以得到充分保障。二是个人或私有企业发行的数字货币，会大量使用和收集全球用户的相关资料和信息，涉及全球用户数据隐私安全问题。三是数字货币在流通中或会挤兑法定货币的使用份额，也会影响货币当局制定货币政策及治理金融体系的能力。四是数字货币不断创新，风险与机遇共存，借由先进的信息技术重塑世界货币体系。美元的霸权地位将会因数字货币的出现受到制衡，将实现相关国家“去美元化”目标，发行央行数字货币也将成为对抗美元霸权的有效途径。2020 年 7 月，16 家欧洲银行宣布将推出新的联合支付系统，摆脱对维萨卡（VISA Card）和万事达卡（Master Card）的依赖。同样地，俄罗斯早在 2014 年就研发搭建新支付系统“金融信息传输系统（SPFS）”，以此减少来自 SWIFT 支付系统的限制，以及降低被美国金融制裁的不良影响。在复杂多变的国际形势下，我国除了打造人民币跨境支付系统（CIPS，Cross-border Interbank Payment System）之外，也在致力于法定数字货币的研究，积极探索跨境支付结算的替代途径，数字货币有望在未来国际贸易活动中持续发力。

全球数字货币发展也面临挑战。一是现有的法律法规与数字货币不适配。现行的国际货币法律法规和政策体系都是以实物货币为标的进行制定和设计的，不能完全匹配法定数字货币，因为数字货币依托数字信息技术而产生，与实物货币的发行、流通和存储有很大不同。二是数字货币会造成金融体系的不稳定。法定数字货币处于研发试验阶段，其后期发行和使用仍存在较大不确定性，可能会降低金融监管效能，并引起金融风险。三是法定数字货币国际化面临各国间政策和规则的差异化。在经济全球化背景下，各国金融和经济运行方式的不同，法定数字货币的跨境使用也会面临货币流动与使用、监管与治理等障碍。四是对搭建全球数字货币体系提出更高的要求。为应对数字货币流动，需要完善跨境金融风险防范机制，且为避免数字货币对法定货币的不利影响，各国要尽快调整宏观经济政策和全球金融监管体系以避免跨国经济犯罪。

三　我国央行发行数字货币的必要性

（一）维护央行数字货币法定地位，捍卫国家利益

央行数字货币是各国国家背书的法定数字货币。许多国家都对央行数字货币持开放态度，但各国的开发目的不尽相同。2014 年中国人民银行成立数字货币专门研究小组。2019 年我国央行数字货币开发取得了阶段性的进展，并将相关研究成果申请专利。[①] 2020 年 10 月，深圳开展“礼享罗湖数字人民币红包”活动，标志着中国的央行数字货币开始试运行。[②] 我国央行数字货币研发与发行，不仅推动了我国金融体系与国际经济接轨，也是人民币国际化的重要步骤，更是维护国家经贸地位的重要体现。

（二）强化法定货币主权，推动人民币国际化进程

在经济数字化背景下，央行数字货币成为打破强权主义、霸权主义、单边主义的重要工具。数字货币的产生已对现有货币和金融体系产生深远的影响，国际上已有多国加快研发和发行法定数字货币的步伐。我国央行数字货币的脱颖而出不仅囊括了法定货币的支付交易、流通储值、金融监管等特点，还具有新型货币支付工具的特征，有助于推动人民币国际化，并增强我国在国际金融市场上的话语权和经济市场上的定价权。随着我国经济体量的不断扩大，

① 《2019 年终回顾：央行数字货币成为国家竞争新焦点》，金色财经，2019 年 12 月 25 日，https：//baijiahao. baidu. com/s？ id = 1653870498600723137&wfr = spider&for = pc。

② 《1000 万元红包！深圳开展数字人民币红包试点》，新华社，2020 年 10 月 10 日，https：//baijiahao. baidu. com/s？ id = 1680129904648111364&wfr = spider&for = pc。

我国坚定不移推进更高水平对外开放，跨境贸易连年增长，也为我国央行数字货币发展带来了新机遇和新挑战，为建设开放型世界经济注入更多正能量。

（三）降低发行时间和流通成本，便利经济活动

我国央行数字货币通过分布式支付体系完成资金交易，大大降低资金在途风险，实现跨境交易和清算的即时性，提高交易双方时效。通常国际第三方机构支付清算的手续费在3%~6%，相比之下，央行数字货币的发行和流通仅通过区块链网络完成，具有相对较高的安全性和流通效率，而自身损耗及维护投入更小，不仅规避了第三方支付机构的手续费用，节约交易成本，也为社会经济活动中的金融交易提供极大便利。

（四）有利于贯彻落实国家政策，便于金融市场监管

法定数字货币流通具有可追溯性，大大提升了数字货币的反洗钱能力，有助于打击金融犯罪、逃税漏税、行贿受贿等不法行为。通过大数据和云计算等信息技术，准确采集和整理法定数字货币的流通速度、流通范围等数据，并对其价值总量、价值结构等进行更准确的分析，为央行货币政策的决策、实施、执行等提供了有力的支持。同时，国家在制定支持中小民营企业和实体经济相关政策时，可通过企业对法定数字货币的使用情况，提前从系统中抓取企业相关信息，从而使国家的政策从制定到落地能精准定位和执行。同时通过后台数据准确分析和预测市场流动性，让洗钱、逃漏税等金融犯罪活动无处遁形。

（五）有利于政策创新，推动货币体系升级

我国法定数字货币的发行是对货币政策和传导机制的创新。法定数字货币M0（流通中现金）会对现金流通量产生直接影响，也会对M1（M0+单位活期存款）、M2（M1+单位定期存款+个人的储蓄存款+证券公司的客户保证金）也会产生间接影响，通过创新货币供给传导机制，在提升支付效率的同时，使现金流通量达到均衡水平，防止利率大幅变动。而且，法定数

字货币的货币供给传导机制会使金融资产流动性增加，有利于实施更加有效、透明的货币政策，推动法定数字货币体系完善和升级。

（六）有利于促进数字经济发展，助力跨境支付结算

近年来，我国数字经济发展迅猛，以跨境电商、直播带货为代表的新业态新模式不断涌现，促使数字支付、数字货币应用场景不断丰富。央行数字货币的跨境支付系统有利于构建新跨境支付格局，并通过更多的支付应用场景，形成纸币、电子货币和法定数字货币并存的多层次支付体系，助力我国跨境贸易支付结算，促进数字经济快速发展。

四　我国法定数字人民币的前景分析

习近平总书记在中央政治局第十八次集体学习时指出，“要加强对区块链技术的引导和规范，加强对区块链安全风险的研究和分析。探索建立适应区块链技术机制的安全保障体系。使区块链技术在建设网络强国、发展数字经济、助力经济社会发展等方面发挥更大作用”。数字货币是区块链技术运用的体现，且具有金融特征，可以作为投资和融资的工具。我国对数字货币的开发和发行秉持鼓励创新发展的理念，并不断完善金融治理监管环境。

央行数字货币的研发和普及也有利于推动我国普惠金融的发展。央行数字货币应用场景丰富，离线支付进一步便利了用户使用。同时，央行数字货币将与现金、电子货币等其他零售支付工具并存，共同完善社会支付体系。随着人民币国际化程度不断加深，央行数字货币的发行和使用不仅符合数字经济发展需求，更是人民币国际化的需要，这也将对我国法定数字货币研发与构建提出了更高要求。

五　关于我国发行法定数字货币的对策建议

我国央行数字货币在发行机制、监管机制等方面的研究已经处于全球领

先地位。为推动数字经济的发展和更高水平的开放，持续推进我国央行数字货币，更需要完善法定数字货币运行机制和法律法规，加强监管，打击金融犯罪。

（一）紧抓研发先发优势

全球已有上万种数字货币，大部分是由个人或私人企业发行，都不具有法定货币的特征。Facebook 发行的数字货币天秤币已有社交网络的庞大用户基础，其受众人群和流通范围都将超过其他数字货币。天秤币将成为各国央行数字货币的强劲对手，我国央行数字货币在抢占先机之后更应该加快研究和发行速度，确保我国央行数字货币的领先优势。

（二）尽快制定我国法定数字货币相关法律法规

央行数字货币要顺利发行和流通需要与现行法律法规相匹配。我国央行数字货币的发行和流通不仅涉及《中国人民银行法》《反洗钱法》《物权法》《人民币管理条例》《存款保险条例》等法律法规的补充和完善，还需制定专门针对数字货币的法律法规，为央行数字货币的发行与流通提供最完善的法律保障。目前我国需要政府各部门的协作，确立法定数字货币的内涵属性、监管方式、运行模式等，并建立健全法定数字货币的应用规范和交易流程。

（三）加强数字货币监管，防范违法金融活动

法定数字货币对国家金融和经济政策的贯彻落实发挥着重要作用。为确保金融体系的安全与稳定，不仅需要完善数字货币监管体系，还需加强数字货币交易全流程的监督。同时，充分利用数字信息技术对法定数字货币实行技术监管，坚决打击跨境支付洗钱或海外转移资产等违法活动。对于数字货币跨境支付，应通过严格监管数字货币交易，稳定货币市场秩序，为央行法定数字货币发行保驾护航。

（四）做好风险管控，推进落地应用

法定数字人民币应用场景逐步扩大，从跨境零售业务领域逐步扩展至跨

境 B2B，从消费领域逐步扩大至生产领域，进一步提升数字货币支付的吸引力。同时，稳步扩大数字人民币试点城市范围，做好法定数字人民币风险监测，全面把握法定数字人民币的传导机制、流通速度、风险预警，并及时总结试点经验与不足。

（五）有针对性地宣传和引导法定数字货币

充分利用各类媒体渠道对法定央行货币发行信息等进行宣传，提高央行数字货币信息透明度，减少消费者对央行数字货币安全性的担忧，及时完善央行数字货币缺陷。同时，通过试点商业银行开放央行数字货币手机客户端，宣传和引导使用者了解央行数字货币使用步骤、安全稳定、操作便捷等特征，更直接地宣传和拓展央行数字货币的使用场景。

（六）预先谋划数字人民币国际化之路

积极推进我国央行数字货币国际化的基础设施建设，与国际货币基金组织、世界银行以及各国金融部门就央行数字人民币跨境使用的法律法规体系积极交流，并形成多边合作共赢的局面。推进央行数字人民币试点的优质经验做法从国内向国外复制，主动探索在跨境电商交易中运用央行数字人民币进行支付结算和金融投资。积极推动将央行数字货币纳入国际货币体系改革议程。

参考文献

苏杭：《央行数字货币的本质分析》，《企业改革与管理》2021 年第 1 期。

范云朋、尹振涛：《数字货币的缘起、演进与监管进展》，《征信》2020 年第 4 期。

谢东：《我国数字货币法律规制研究》，南京大学硕士学位论文，2021。

赵国华、赵子薇：《DC/EP 和 Libra 两种数字货币的比较与发展前景探析》，《北方金融》2021 年第 2 期。

黄睿倩：《我国虚拟货币监管立法现状、问题及对策》，海南大学硕士学位论文，2019。

谈俊：《全球数字货币发展前景展望与中国应对》，《开放导报》2021 年第 1 期。

附录一　2022年中国跨境电商行业大事记

2022年1月1日　《区域全面经济伙伴关系协定》（RCEP）开始生效，为东南亚、日韩、澳新等地的跨境电商市场带来巨大利好。

2022年1月12日　国务院印发的《“十四五”数字经济发展规划》提出，扎实推进跨境电商综合试验区建设，积极鼓励各业务环节探索创新，培育壮大一批跨境电商龙头企业、海外仓领军企业和优秀产业园区，打造跨境电商产业链和生态圈。

2022年1月19日　国务院办公厅印发的《关于促进内外贸一体化发展的意见》提出，扎实推进跨境电子商务综合试验区建设，促进跨境电商零售进口规范健康发展，引导外贸企业、跨境电商、物流企业加强业务协同和资源整合。

2022年1月20日　国家发改委、国家市场监管总局、中央网信办、工信部、人社部、农业农村部、商务部、人民银行、国家税务总局联合印发《关于推动平台经济规范健康持续发展的若干意见》，鼓励平台企业发展跨境电商，积极推动海外仓建设，推动中小企业依托跨境电商平台拓展国际市场，积极推动境外经贸合作区建设，培育仓储、物流、支付、通关、结汇等跨境电商产业链和生态圈。

2022年1月22日　国务院印发《关于同意在鄂尔多斯等27个城市和地区设立跨境电子商务综合试验区的批复》，同意在鄂尔多斯市、扬州市等27个城市和地区设立跨境电子商务综合试验区。

2022年1月26日　商务部、国家发改委、工信部、人民银行、海关总署、国家市场监管总局联合发布《关于高质量实施〈区域全面经济伙伴关系协定〉（RCEP）的指导意见》，在跨境电商知识产权保护、支持各综试区创新、发展“丝路电商”、开展电子商务务实合作等方面提供支持。

2022 年 2 月 21 日 财政部、国家发改委、工信部、生态环境部、农业农村部、商务部、海关总署、国家濒管办印发《关于调整跨境电子商务零售进口商品清单的公告》，优化调整跨境电商零售进口商品清单，将清单进口商品种类数从 1413 个增加至 1476 个。

2022 年 3 月 12 日 在第十三届全国人民代表大会第五次会议上，李克强总理在《政府工作报告》中提出，加快发展外贸新业态新模式，充分发挥跨境电商作用，支持建设一批海外仓。

2022 年 3 月 30 日 跨境大卖通拓科技发布公告称，有 29 个账号被 PayPal 公司划扣大量资金，此后爆料出许多独立站卖家的 PayPal 账户遭受到审核、资金冻结、账户清零等情况。

2022 年 4 月 11 日 我国首单跨境电商零售进口药品在“全球汇”线上平台完成实单交易，国家跨境电商零售进口药品试点业务迈出了新的篇章。

2022 年 4 月 22 日 国家税务总局、公安部、财政部、交通运输部、商务部、文旅部、人民银行、海关总署、国家外汇局、银保监会联合印发《关于进一步加大出口退税支持力度　促进外贸平稳发展的通知》，便利跨境电商进出口退换货管理，鼓励并支持符合条件的跨境电商出口企业积极适用出口退税政策，规范跨境电商零售出口税收管理。

2022 年 5 月 26 日 国务院办公厅印发的《关于推动外贸保稳提质的意见》中提出，推动跨境电商加快发展提质增效，加大对跨境电商出口海外仓监管模式的政策宣传力度，尽快出台便利跨境电商出口退换货的政策，加强广交会等展会与跨境电商平台等联动互促。

2022 年 6 月 1 日 福建省商务厅、福州市人民政府指导，商务部外贸发展事务局联合福建省进出口商会、福建荟源国际展览有限公司主办的“2022 中国跨境电商交易会”在福州开幕，会议以“链接跨境全流域，共建电商新生态”为主题，同步举办专题展会和高峰论坛，在中国跨境电商金融资本高峰论坛上，德勤发布了《2021中国跨境电商企业出海发展蓝皮书》，在“思有绪，心更远”跨境生态峰会暨聚多多平台全球首发仪式上，发布了行业首个专注于跨境电商服务的综合服务平台——聚多多。

2022年6月18日 深圳市跨境电子商务协会主办的“2022第五届全球跨境电商节暨第七届深圳国际跨境电商贸易博览会”在深圳开幕，本届全球跨境电商节以“文化跨境，品牌出海，智量强国”为主题，从跨境财税、知识产权、跨境物流等多维度分享探讨跨境电商行业未来发展趋势。

2022年6月20日 人民银行印发《关于支持外贸新业态跨境人民币结算的通知》，加大对外贸新业态的支持力度，完善跨境电商等外贸新业态跨境人民币业务相关政策。

2022年7月25日 中华人民共和国商务部、海南省人民政府主办的“第二届中国国际消费品博览会”在海口正式开幕，海内外跨境电商企业携手，推动更多消费品进入跨境电商平台。

2022年7月28日 杭州市人民政府、浙江省商务厅主办的“第六届全球跨境电商峰会”在杭州正式开幕，围绕跨境电商激活的贸易创新，聚焦双循环新发展格局，在创新、独立站、品牌出海、投融资、人才等方面共享跨境电商发展机遇。

2022年8月8日 河南省商务厅、郑州市人民政府、中国国际电子商务中心、中国服务贸易协会、商务部国际贸易经济合作研究院共同主办的“第六届全球跨境电子商务大会”在郑州成功举办，会上发布了《中国跨境电商发展报告》等研究成果。

2022年8月26日 中国（广州）跨境电子商务综合试验区、中国服务贸易协会主办的“2022世界跨境电商大会”在广州开幕，会议以“跨境数字化 RCEP共发展”为主题，发布了《2021中国跨境电商城市发展报告》《跨境电子商务海外仓运营与服务管理规范》《城市在跨境电商和数字创新南南合作中的创新经验》《跨境电商产教融合建设规范》等文件，同时国际商事争端预防与解决组织、中国服务贸易协会联合成立了跨境电商海外争端预防与解决50人论坛。

2022 年 8 月 26 日 青岛市政府、山东省商务厅、商务部外贸发展事务局共同主办的“2022 年黄河流域跨境电商博览会”在青岛开幕，发布了《沿黄九省（区）跨境电商发展蓝皮书》，并成立黄河流域跨境电商产业联盟、黄河流域供应链联盟。

2022 年 9 月 1 日 拼多多跨境电商海外平台 Temu 正式上线，这意味着拼多多正式进军国际市场。

2022 年 10 月 28 日 第十三届全国人民代表大会常务委员会第三十七次会议上，国家发改委作出《关于数字经济发展情况的报告》，大力支持发展跨境电商，加强跨境电商综试区建设，打造跨境电商产业链和生态圈。

2022 年 11 月 11 日 跨境大卖杭州子不语在中国香港上市，进一步推动企业快速扩大规模。

2022 年 11 月 23 日 中国贸促会商业行业委员会牵头提出的《数字贸易——基本概念与关键倡议》被国际标准化组织（ISO）正式注册，是 ISO 首个标题为“数字贸易”的国际标准，对中国参与全球经济治理具有重大意义。

2022 年 11 月 24 日 国务院印发《关于同意在廊坊等 33 个城市和地区设立跨境电子商务综合试验区的批复》，同意在廊坊市、沧州市等 33 个城市和地区设立跨境电子商务综合试验区，综试区城市同年内再次扩容，总数量达到了 165 个。

2022 年 11 月 24 日 国家市场监督管理总局发布了《中小微企业跨境电商综合服务业务管理规范》、《跨境电子商务交易类产品信息多语种描述智能手机》、《跨境电子商务交易类产品多语种分类与命名陶瓷产品》和《跨境电子商务交易服务质量评价》四项跨境电商国家标准，有助于跨境电商综合服务领域的规范健康发展。

2022 年 12 月 9 日 浙江省商务厅、宁波市人民政府指导，宁波市商务局主办的“第四届中国（宁波）跨境电子商务发展大会”顺利举办，发布“2022 宁波外贸新业态十大热点”、《中国（宁波）跨境电子商务综合试验区发展水平评价体系》、《宁波市跨境出口电商企业海外经营合规指引》等文件。

2022 年 12 月 11 日 浙江省人民政府、商务部联合主办的首届“全球数字贸易博览会”在杭州举行，发布“2022 全球数字贸易行业企业 Top100 评选”、《2022 数字贸易企业百强榜》、《中国数字贸易发展报告（2021）》等成果，加深数字经济领域国际合作。

附录二　2022年全国跨境电商综试区重点政策

2022年1月24日　安徽省人民政府办公厅印发《关于印发安徽省加快发展外贸新业态新模式实施方案的通知》（皖政办秘〔2022〕8号），推动全省外贸新业态新模式高质量发展，壮大外贸发展有生力量。

2022年1月28日　江苏省人民政府办公厅印发《关于加快发展外贸新业态新模式若干措施的通知》（苏政办发〔2022〕10号），加快培育外贸新业态新模式，促进外贸高质量发展。

2022年1月29日　北京市商务局印发《关于进一步推进跨境电子商务创新发展的若干措施》（京商函字〔2022〕82号），积极推进北京市跨境电商高质量发展。

2022年1月30日　丽水市商务局发布《关于促进丽水市视频（直播）电子商务发展的若干意见（试行）》（丽商务〔2022〕4号），加快推动视频（直播）电商创新发展。

2022年2月15日　中山市人民政府印发《中山市支持跨境电商高质量发展二十四条》（中府函〔2022〕40号），对跨境电商规模、海外仓、跨境电商孵化（培训）、展会、仓储物流等多方面给予政策补贴，推动跨境电商高质量发展。

2022年2月15日　江西省人民政府办公厅印发《关于加快发展我省外贸新业态新模式的实施意见》（赣府厅发〔2022〕6号），加快外贸新业态新模式发展，推动外贸高质量跨越式发展。

2022年2月16日　河南省发改委印发《关于全面提升河南跨境电子商

务核心竞争力专项方案》，推进全省跨境电商科学布局，持续完善跨境电商生态体系。

2022 年 3 月 2 日　陕西省人民政府办公厅印发《关于加快发展外贸新业态新模式的实施意见》（陕政办发〔2022〕6 号），培育外贸创新发展新动能，推动全省外贸高质量发展。

2022 年 3 月 18 日　云南省人民政府办公厅印发《关于加快发展外贸新业态新模式的实施意见》（云政办发〔2022〕13 号），加快全省外贸新业态新模式发展。

2022 年 3 月 18 日　辽宁省人民政府办公厅印发《关于加快发展外贸新业态新模式的实施意见》（辽政办发〔2022〕25 号），推进全省外贸新业态新模式健康持续创新发展，促进外贸稳定增长。

2022 年 3 月 21 日　宁夏回族自治区人民政府办公厅印发《关于推进全区外贸新业态新模式发展的若干措施的通知》（宁政办发〔2022〕17 号），推动外贸领域创新，拓展外贸发展空间，提升外贸运行效率，培育外贸发展有生力量。

2022 年 3 月 31 日　重庆市人民政府办公厅印发《关于印发重庆市加快发展外贸新业态新模式实施方案的通知》（渝府办发〔2022〕35 号），加快发展外贸新业态新模式，推进重庆对外贸易持续健康发展。

2022 年 4 月 12 日　山东省青州市人民政府办公室印发《青州市支持跨境电子商务发展政策措施》（青政办字〔2022〕13 号），出台 10 条 12 项跨境电商支持政策，培育青州市外向型经济新增长点。

2022 年 4 月 12 日　广东省人民政府印发《关于印发中国（韶关）等 8 个跨境电子商务综合试验区实施方案的通知》（粤府函〔2022〕58 号），加快推进综合试验区建设，为推动全省跨境电子商务高质量发展探索新经验、新做法。

2022 年 4 月 24 日　四川省商务厅印发《关于促进跨境电商零售进口健康快速发展的重点举措》（川商贸创〔2022〕6 号），围绕主体引培、平台创新、模式创新、通道创新、服务创新五个方面，打造国际消费目的地。

2022 年 4 月 29 日 湖南省人民政府办公厅印发《关于加快发展外贸新业态新模式的实施意见》（湘政办发〔2022〕21 号），加快发展外贸新业态新模式，推动全省外贸提质量、扩规模。

2022 年 5 月 23 日 山东省人民政府印发《关于印发中国（淄博）跨境电子商务综合试验区实施方案和中国（日照）跨境电子商务综合试验区实施方案的通知》（鲁政字〔2022〕82 号），通过创新形成可复制、可推广的经验做法，加快培育外贸竞争新优势。

2022 年 5 月 29 日 浙江省人民政府印发《关于印发中国（金华）、中国（舟山）跨境电子商务综合试验区实施方案的通知》（浙政函〔2022〕82 号），坚持特色定位，构建优化跨境电商完整产业链和生态圈。

2022 年 5 月 30 日 内蒙古自治区商务厅印发《关于印发自治区加快推进跨境电子商务发展行动计划（2022~2025 年）的通知》（内商贸字〔2022〕336 号），推动全区跨境电商高质量创新发展。

2022 年 5 月 31 日 云南省人民政府办公厅印发《关于印发云南省促进内外贸一体化发展若干措施的通知》（云政办发〔2022〕43 号），加快跨境电商主体培育和园区建设。

2022 年 5 月 31 日 安徽省人民政府办公厅印发《关于印发中国（马鞍山）跨境电子商务综合试验区、中国（宣城）跨境电子商务综合试验区建设实施方案的通知》（皖政办秘〔2022〕41 号），立足地方特色，加快跨境电商综试区建设。

2022 年 5 月 31 日 杭州市跨境电商综试办制定发布《杭州跨境电商“暖心助企 产业共富”行动举措 15 条》，围绕跨境电商产业链、品牌链和生态链三大方面，助力更多跨境电商企业和品牌出海。

2022 年 5 月 31 日 福建省石狮市人民政府办公室印发《石狮市支持品牌电商发展若干措施》（狮政规〔2022〕5 号），出台补贴政策支持企业品牌建设，增强自主品牌创新能力和核心竞争力。

2022 年 6 月 2 日 杭州市人民政府办公厅发布《关于促进杭州市新电商高质量发展的若干意见》（杭政办函〔2022〕34 号），推进新电商和实体经济融合发展，加大新电商招引力度，促进新电商产业集聚。

2022 年 6 月 26 日　云南省人民政府印发《关于印发中国（红河）跨境电子商务综合试验区实施方案的通知》（云政发〔2022〕38 号），探索沿边地区跨境电子商务创新模式，构建云南面向东盟陆路跨境贸易电子商务增长极。

2022 年 6 月 27 日　江苏省人民政府办公厅印发《省政府关于同意中国（扬州）、中国（镇江）、中国（泰州）跨境电子商务综合试验区实施方案的批复》（苏政复〔2022〕20 号），推动开展探索创新，研究出台更多支持举措，及时总结推广试点经验，为跨境电商综试区发展营造良好的环境。

2022 年 6 月，德阳市商务局印发《中国（四川）自由贸易试验区德阳协同改革先行区跨境电子商务发展规划（2021~2025）》，明确德阳市跨境电商发展方向，助力德阳市跨境电商高质量发展。同时德阳市推进中国（德阳）跨境电子商务综合试验区建设工作领导小组出台《德阳市促进跨境电子商务产业发展三年行动计划（2022~2024 年）》，促进德阳市跨境电商等新业态快速发展。

2022 年 8 月 19 日　江西省人民政府印发《关于印发中国（景德镇）跨境电子商务综合试验区实施方案和中国（上饶）跨境电子商务综合试验区实施方案的通知》（赣府字〔2022〕50 号），立足各自特色定位，健全跨境电商生态圈。

2022 年 8 月 20 日　新疆维吾尔自治区人民政府办公厅印发《关于印发中国（喀什）跨境电子商务综合试验区实施方案的通知》和《关于印发中国（阿拉山口）跨境电子商务综合试验区实施方案的通知》，加快完善跨境电商产业链和生态链。

2022 年 9 月 9 日　广州市人民检察院、中国国际贸易促进委员会广州市委员会、广州市商务局、广州市邮政管理局、国家税务总局广州市税务局、广州市市场监督管理局、广州海关和黄埔海关联合发布《广州市跨境电商行业合规指引（试行）》（穗检会字〔2022〕9 号），分别为跨境电商平台、跨境电商企业、物流企业、支付企业和其他跨境电商业务经营者提出跨境电商业务合规管理的针对性指引，提高跨境电商业务经营者合规意识。

2022 年 9 月 22 日　内蒙古自治区人民政府印发《关于印发中国（鄂尔多斯）跨境电子商务综合试验区建设实施方案的通知》（内政字〔2022〕101 号），加快发展外贸新业态新模式，推动实现鄂尔多斯消费买全球、鄂尔多斯制造卖全球目标。

2022 年 10 月 11 日　四川省人民政府印发《关于印发〈中国（南充）跨境电子商务综合试验区实施方案〉、〈中国（眉山）跨境电子商务综合试验区实施方案〉的通知》（川府函〔2022〕223 号），推动南充、眉山两地跨境电商加快发展、创新发展、高质量发展。

2022 年 10 月 12 日　三亚市商务局印发《关于印发〈三亚市鼓励跨境电商发展措施实施细则〉的通知》，对开展跨境电商保税进口业务的企业给予资金支持。

2022 年 10 月 20 日　云南省红河州人民政府办公室印发《关于印发中国（红河）跨境电子商务综合试验区建设具体扶持政策（试行）的通知》，加快推进综试区建设。

2022 年 10 月 26 日　温州市印发《温州市跨境电商高质量发展三年行动计划（2022~2024 年）》，围绕挖掘潜力、培育主体、完善服务、打造生态等方面，推动跨境电商高质量发展，力争进入全国跨境电商综试区前 20 强。

2022 年 11 月 1 日　深圳市盐田区人民政府印发《盐田区关于加快推进跨境电子商务产业发展扶持办法》，通过具体扶持政策，力争解决跨境电商企业痛点问题，培育市场主体做大做强。

2022 年 11 月 15 日　深圳市商务局印发《深圳市推动跨境电子商务高质量发展行动方案（2022~2025）》，通过实施七大行动，初步建成跨境电商国际枢纽城市，全面提升深圳跨境电商高质量发展水平。

Abstract

At present, economic globalization has experienced a counter-flow. The impact of the epidemic has not completely faded. The world economy is facing a strong headwind. China's foreign trade is under the descending pressure. The report of the 20th National Congress of the Communist Party of China put forward "Promote the trade in goods optimizing and upgrading, innovate the development mechanism of the trade in services, develop the digital trade, and accelerate the construction of the great trade country" . How to play the important role of cross-border e-commerce in stabilizing the supply chain and industry chain of the foreign trade, deeply participating in the global industrial division, and accelerating the construction of the great trade country which are the historical mission of cross-border e-commerce and also the long-term value of China's cross-border e-commerce industry. With the theme of "Focus on the Long-Term Value of Cross-Border E-Commerce Industry", the blue book comprehensively summarizes the new environment, the new characteristics and the main challenges of China's cross-border e-commerce in 2022, and deeply analyzes the development trend of China's cross-border e-commerce in 2023, and explores the development path to realize the long-term value of the cross-border e-commerce industry in order to promote the long-term sustainable development of cross-border e-commerce comprehensive test areas and help Chinese brands going overseas with high quality.

In 2022, cross-border e-commerce shows the great vitality of the market and the resilience of growth. Cross-border e-commerce market continues to expand. The import and export of cross-border e-commerce have reached 2.11 trillion Yuan and 9.8% Year-on-year growth. It will become a new channel for foreign trade, a new driving force for transformation and upgrading, and a new engine for high-quality development. Cross-border e-commerce comprehensive test area continued to expand and approved twice a year, adding 60 cross-border e-commerce comprehensive test areas. The total number of cross-border e-commerce comprehensive test areas reached 165, covering 31 provinces and cities all over the country. Guangdong, Zhejiang, Jiangsu and Shandong achieved full coverage. The cross-border e-commerce import market presents "The Amalgamation of Ice and Fire", and the variety of cross-border e-commerce import goods is gradually enriched. The medical pilot program of the cross-border e-commerce retail import has been officially launched. However, the developing road of cross-border e-commerce import entrepreneurial platform is extremely difficult. MIA is forced to transform, the future of YMATOU is dim, the market share of Vipshop declined further, and the import market resources are accelerated to concentrate on the platform tycoon. The export market of cross-border e-commerce presents the trend of all-platform and all-channel layout. Chinese Internet companies have expanded their overseas e-commerce business. Pinduoduo has been online a cross-border platform Temu. SHEIN has turned to the comprehensive e-commerce platform. TikTok has accelerated to complete the closed-loop of e-commerce. Cross-border e-commerce enterprises have expanded the multi-channel of going overseas, forming an omni-channel matrix including third-party platforms, stand alone website, social media and offline entities. In addition, more and more emerging digital technologies enable the development of cross-border e-commerce. The "collision" between AI, blockchain, metaverse, ChatGPT and cross-border e-commerce has brought infinite imagination to the cross-border e-commerce industry.

Under the combined effect of repeated epidemic, inflation, geopolitical crisis and other factors, the global economy has shown the trend of recession, consumer demand has weakened, and the operating cost of platform have risen. Cost reduction and efficiency increase have become the main theme of cross-border e-commerce sellers in 2022. When the cross-border e-commerce industry has entered the stage of stable growth from barbaric growth, focusing on the refined operation of enterprises has changed from optional to necessary, and building a private domain flow has also become the focus. The refined digital operation has become the "first driving carriage" of cross-border e-commerce sellers to reduce costs and increase efficiency. When the traditional distribution mode gradually fell from the altar, the sellers' business focus shifted from "polishing products" to the strategy of "product-based, taking brand as the moat". The model of DTC going overseas has risen rapidly, and branding has became the "second driving carriage" for cross-border e-commerce sellers to reduce costs and increase efficiency. When the dividend of flow and the dividend of operation at the peak, the competition of cross-border e-commerce has shifted from the front-end sales to the back-end supply chain, and the construction of supply chain has become the "third driving carriage" and core competitiveness for cross-border e-commerce sellers to reduce costs and increase efficiency. When brand going overseas in global market, it needs to achieve product and business model innovation through localized operation. Localized operation becomes the "fourth driving carriage" for cross-border e-commerce sellers to reduce costs and increase efficiency and build global brands.

In 2022, the cross-border e-commerce industry experienced a "greatly shuffle cards", cross-border e-commerce is still a big market. How to improve the ability to resist risks and shift to high-quality growth has become a common topic for all enterprises. The old balance has been broken, and the new order is being established. Only by adhering to the long-term principle, focusing on products and users, we will find the "key" for enterprises to achieve stability and prosperity.

Keywords: Cross-Border E-Commerce; Long-Term Value; Supply Chain; Brand Going Overseas

Contents

Ⅰ General Report

B.1 Focus on the Long-Term Value of Cross-Border E-Commerce Industry

—*Analyses and Prospects on the Development of Cross-Border E-Commerce in 2022-2023*

Henan World Electronic Trade Research Institute, Research Group of Global (Zhengzhou) Cross-Border E-Commerce Research Institute / 001

Abstract: At present, economic globalization is meeting with contra-flow. The impact of epidemic has not fully taken off. The world economy is running into a strong headwind. China's foreign trade is under the downward pressure. As the new form of foreign trade, cross-border e-commerce shows a strong toughness and vitality. It has become a new channel for foreign trade, a new driving force for upgrading, and a new engine for high-quality development. At the new stage, China's cross-border e-commerce industry should uphold the principle of long-term and build the long-term value system of cross-border e-commerce industry from six aspects, including optimizing the industrial ecology, promoting the two-way penetration between the digital and the real economy, driving the cross-border e-commerce high-quality going overseas, accelerating the domestic and foreign trade integration, stimulating the development of the full link compliance and actively participating in the docking of international rules. We will build a long-term value system for the cross-border e-commerce industry, promoting the long-term sustainable development of cross-border e-commerce comprehensive test areas and high-quality Chinese brands going overseas.

Keywords: Cross-Border E-Commerce; Long-Term Value; Industrial Ecology; Brand Going Overseas; Cross-Border Supply Chain

Ⅱ Thematic Reports

B.2 Build an Industrial System with Long-Term Value

Zhang Dawei / 053

Abstract: Cross-border e-commerce has become a new trade mode based on digital technology and regulatory innovation in the field of international economic and trade, and it also is the successful model and solution with rules and standards. However, there are still serious challenges such as lack of industrial standards, insufficient policy supply, weak industrial ecosystem, and the restriction of trading platforms and international logistics in the course of cross-border e-commerce.

Keywords: Cross-Border E-Commerce; Long-Term Value; Industrial System

B.3 The Syncretism and Development of Cross-Border E-Commerce and Manufacturing Industrial Clusters

Xiong Bin / 062

Abstract: Cross-border e-commerce runs through all aspects of the industry, the attracting investment, the market, the business forms, the research and development, the manufacturing, the logistics and warehouse distribution, the sales promotion and the investment. It is gradually evolving from consumption and sales to production, services and even the whole industrial chain. The mutual-fusion-trend of cross-border e-commerce and industrial clusters is prominent. Based on the introduction of the general situation of China's manufacturing industrial clusters, the report analyzes the background and challenges of the integrated development of cross-border e-commerce and manufacturing industry cluster. Meanwhile, The report take Shenzhen's work plan of "industrial clusters+cross-border e-commerce" to introduce the experience and practice in the integration of cross-border e-commerce and manufacturing industrial clusters. It also put forward suggestions to promote the integrated development in strengthening industrial clusters planning, building the flexible cooperation mechanism, continuously optimizing the statistical mechanism and tax policy, and supporting the standardized operation of enterprises.

Keywords: Cross-Border E-Commerce; Manufacturing Industry; Industrial Cluster

B.4 The Brand of Cross-Border E-Commerce Going Overseas is Heading for the Golden Era *Zhang Zhouping* / 078

Abstract: Brand going overseas has become the hottest topic at present, and more and more Chinese enterprises and brands are exploring the overseas market. China's cross-border e-commerce brands have three stages which are the white-box, the channel brand and the product brand. The main part of brand going overseas includes three categories which are the original internet brand, the new forms of consumption brand, and the traditional industry brand. The brand of cross-border e-commerce not only have broad market and sales opportunities, but also face problems and challenges in terms of cognition, positioning, talent, marketing, channels and compliance. It is very important for brands going overseas to find the right way to the current series of problems of cross-border e-commerce brands going overseas. Therefore, the key factors for the success of enterprises with brands going overseas are to enhance brand awareness, finding their own market positioning, speeding up talent training, strengthening localized marketing and multi-channel operation, and improving compliance level.

Keywords: Cross-Border E-Commerce; Brand Going Overseas; Stand Alone Website

B.5 Research on the Construction of Cross-Border E-Commerce Flexible Digital Supply Chain

He Ying, *Zhu Xiaohui* / 091

Abstract: Behind the prosperity of cross-border e-commerce exports, supply chain has played a strong support in China. Especially in the background of the loss of the flow dividend of the global cross-border e-commerce market and the increasingly fierce market competition, cross-border e-commerce enterprises pay more attention to improving the digitization level of the supply chain, and building a flexible supply chain with rapid response, in order to improve the operational efficiency of the whole process of the supply chain. Based on the basic concepts of the supply chain, the flexible supply chain and the digitized management, the report tries to integrate the digitized management in the digital supply chain and the flexible supply chain. Through the cases of building flexible supply chain system by SHEIN and PatPat, and the promotion of digitized management capability by Huakai Yibai, SFC, the report comprehensively analyzes the application of flexible supply chain and digitized management in the field of cross-border e-commerce, and finally puts forward countermeasures and suggestions for cross-border e-commerce enterprises to build the flexible digital supply chain.

Keywords: Flexible Supply Chain; Digital Supply Chain; Cross-Border E-Commerce

B.6 Depth Analysis of the Competitive Pattern of China's Cross-Border E-Commerce Logistics Industry

Tian Yong / 107

Abstract: Not all scattered competitive markets will eventually become centralized objectively. The scarcity and exclusiveness of resources decide that cross-border e-commerce freight forwarders will be in an unequal position inevitably when facing suppliers in the industrial chain. Therefore, it will be the breakout path of cross-border e-commerce logistics enterprises through digital means and independently development in China. Furthermore, the current prosperous cross-border e-commerce logistics is actually a dynamic process of the outbreak of supply contradictions in the whole process of epidemic. In summary, the temporary transfer of demand suffered the supply decline, which caused the rapid development of the industry ultimately. With the epidemic fade and the changes of the economic environment, it is an indisputable fact that the part of the demands has turned to offline and the overall demands has shrunk.

Keywords: Cross-Border; E-Commerce; Digitalize; Logistics Industry

B.7 Research on the Development Strategy of Cross-Border E-Commerce Overseas Warehouses

Mei Guanqun, *He Xinru* / 129

Abstract: As the offshore "bridgehead" of cross-border e-commerce, overseas warehouses have made outstanding achievements with the rapid development of cross-border e-commerce. In the new stage, they will be the distinctive development emphasis which include how to play the leading role of overseas warehouses and help foreign trade maintain stability and improve quality , and taking overseas warehouses as an important node to build a safe, reliable, independent and controllable global supply chain. The report describes the significance of building overseas warehouses, summarizes the important development trend, and puts forward corresponding suggestions for the problems in building overseas warehouse system which include improving the top-level design of high-quality development, promoting global planning and layout, and vigorously promoting digital constructions, and so forth.

Keywords: Overseas Warehouse; Cross-Border E-Commerce; Global Supply Chain

Ⅲ Cases Reports

B.8 Wuxi Comprehensive Test Area: Focus on Cultivating New Forms and Models of Foreign Trade and Promoting High-Quality Development of Cross-Border E-Commerce

Wu Dong, Xu Xiaochen and Yang Jie / 144

Abstract: Wuxi fully relies on its location and industrial advantages since the approval of cross-border e-commerce comprehensive test area in July 2018. It concentrates on accelerating the cultivation of new forms and models of foreign trade, and promotes the construction of cross-border e-commerce comprehensive test area with high quality. A number of work innovation is at the forefront of the province and even he country. Based on the development status of Wuxi comprehensive test area, the report summarizes a series of innovative experiences and measures in terms of building platforms, strengthening carriers, promoting innovation, and cultivating talents. In the next step, Wuxi will focus on improving top-level design, strengthening policy innovation, cultivating benchmarking enterprises, strengthening platform empowerment, optimizing the layout of overseas warehouses, accelerating talent training, innovating integrated development. And actively explore the development path and mode of cross-border e-commerce with Wuxi characteristics, providing strong support for promoting the stability and quality of foreign trade and building the new development paradigm.

Keywords: Wuxi Comprehensive Test Area; New Form of Foreign Trade; High-Quality Development

B.9 Yiwu Comprehensive Test Area: Focus on Cultivating New Forms and Models of Foreign Trade and Promoting the High-Quality Development of Cross-Border E-Commerce *Dong Huaying*, *Yu Zhonghua* / 155

Abstract: As the world's largest small commodity wholesale market and the pilot cities for comprehensive reform of international trade, Yiwu has seriously implement the decision and deployment of "vigorously developing cross-border e-commerce" by the Provincial Party Committee and Provincial Government since it was approved as across-border e-commerce comprehensive test area. Focusing on the goal of "national e-commerce gathering center, global e-commerce marketing center, and cross-border e-commerce highland", and making effort on the main body education, advantages superposition, channel expansion, and innovation drive, it has formed a favorable environment for the agglomeration and development of micro, small and medium size cross-border e-commerce enterprises. According to the current situation of Yiwu cross-border e-commerce, the report summarizes the highlights of work, the innovative measures and the existing problems of Yiwu cross-border e-commerce. And based on the objectives of the development of cross-border e-commerce in *Yiwu 14th Five-Year E-Commerce Development Plan*, it proposes that Yiwu should make efforts in strengthening talent cultivation, broadening logistics channels, optimizing the main structure, improving the service system, supporting brand cultivation, and expanding import business, promote the high-quality development of Yiwu cross-border e-commerce.

Keywords: Yiwu; Cross-Border E-Commerce; High-Quality Development

B.10 Wenzhou Comprehensive Test Area: Promote to Upgrade Cross-Border E-Commerce Industrial Clusters by the Citywide Coordination

Zhou Huaizhong, Qian Jun, Long Jiali and Zhao Liangwen / 166

Abstract: Wenzhou has the outstanding geography district advantages, especially having the obvious advantages in cross-border e-commerce with the developed Chinese business network, the strong manufacturing base and the excellent industrial supporting system. The report summarizes the achievements and innovative experiences of cross-border e-commerce industry since Wenzhou comprehensive test area was approved in 2019, analyzing the shortcomings in terms of the industrial structure, the talents of cross-border e-commerce, cross-border logistics, and so forth. We suggests that Wenzhou cross-border e-commerce comprehensive test area make efforts to find the potential of import and export, cultivate new drivers for industry growth, and forge new toughness of logistics and warehouses. We will accelerate building the top-rank industrial ecosystem of cross-border e-commerce.

Keywords: Wenzhou Comprehensive Test Area; Cross-Border E-Commerce; Industry Chain

B.11 Shaoxing Textile Industrial Zone: With the Cluster Advantages to Drive the New Development of Cross-Border E-Commerce

Zhou Weiwei, Chen Jia / 180

Abstract: Shaoxing Keqiao has the largest textile industry cluster in China, occupying a quarter of the global textile fabric market share. In recent years, Keqiao textile industry has accelerated the development of new forms and models of foreign trade, deepened the pilot of cross-border e-commerce comprehensive test area and market purchasing mode, and achieved the significant results in cross-border e-commerce textile industry. Based on the introduction of Shaoxing textile industry and cross-border e-commerce comprehensive test area, the report analyzes the development of cross-border e-commerce clustering and the integration of online-offline of Keqiao textile industry, and putting forward the high-quality development suggestions for cross-border e-commerce of Keqiao textile industrial zone from the aspects of the generality cultivation, the policy support, the supporting construction, the project introduction and the integration of industry and education, and so forth.

Keywords: Shaoxing; Textile Industrial Zone; Cross-Border E-Commerce

B.12 Pingdu Eyelash Industrial Zone: Shandong False Eyelashes "Curl" Around the World, 7 out of 10 Pairs Come From Pingdu *Su Jing* / 193

Abstract: Qingdao Pingdu eyelash industry has a strong foundation and a long history. It has appeared and developed in Changle district, Dazeshan town, Pingdu city in the 1970s. Years later the eyelash industry has expanded gradually in Pingdu. The report analyzes the problems of eyelashes going overseas by reviewing the current status of the integrated development between the eyelashes industry and the cross-border e-commerce industry in Pingdu, and puts forward countermeasures and suggestions from some aspects which are formulating special support policies, establishing regional eyelashes brands, promoting the innovative development of the outbound model, strengthening the compliance management of intellectual property rights, and increasing the talents training of cross-border e-commerce.

Keywords: Pingdu; Cross-Border E-Commerce; Beauty; Eyelash Industrial Zone

B.13 LOCTEK: From the Explorer of Foreign Trade Transformation to the Leader of Cross-Border E-Commerce Ecological Services

Xie Shangwei, Yu Haoying and Wang Liang / 207

Abstract: After years of development, LOCTEK has formed two mature industries which are the home automation and the public overseas warehouse. It is the innovative and platform-based well-known bench-marking enterprise in the domestic cross-border e-commerce industry. After going through OEM, integration of industry and trade, shipbuilding and warehouse building, and brand shipping, LOCTEK's identity began to diversify. From a seller to a service provider, LOCTEK is unlocking more roles. Its globalization gene is becoming increasingly strong, and has found a high-quality development path for foreign trade which is the full value chain model of "cross-border e-commerce + cross-border shipping + overseas warehouse". The report takes LOCTEK as a case to discuss its transformation path of establishing its own brand and creating private domain data which provide some reference and thinking for the sustainable development of cross-border e-commerce industry and high-quality growth of cross-border e-commerce enterprises.

Keywords: LOCTEK; Cross-Border E-Commerce; Ecological Service

B.14 Research on Cross-border E-Commerce Helping Henan County Economy

Wang Yuedan, Yang Lan / 220

Abstract: County economy plays an important role in the development of the national economy for a long time in China. Promote the development of county economy is not only an important base point for expanding domestic demand and the key to unblocked the economic recycling, but also is important to promoting rural revitalization and integrating urban-rural development. As a new form and model of digital economy, cross-border e-commerce has not only met the consumption upgrading demand of urban and county consumers, but also built a supply and demand bridge for cross-border enterprises and county dominant industry in recent years. It has become an important path to promote the development of county economy and integrate into the new pattern. The report briefly states the development status of county cross-border e-commerce in Henan province in recent years, as well as the significance of cross-border e-commerce to promote county economy in Henan Province, focusing on the analysis and introduction of the development of cross-border e-commerce in Yanshi, Luyi, Zhecheng, Pingyu and other counties to explore the existing problems of county cross-border e-commerce in Henan Province. Therefore, it put forward suggestions for cross-border e-commerce to promote the development of county economy .

Keywords: Cross-border E-Commerce; The County Economy; Henan

Ⅳ Exploratory Reports

B.15 The Policy Analysis and Experience Enlightenment of China's Cross-Border E-Commerce are under the Spirit of the 20th National Congress of the Communist Party of China *Zhang Xiaheng* / 238

Abstract: The study of cross-border e-commerce policies will help to formulate more reasonable and effective cross-border e-commerce policies, and better promote the future development of cross-border e-commerce especially under the guidance of the spirit of the 20th National Congress of the Communist Party of China . Based on the quantitative analysis of China's cross-border e-commerce policies by the 20th National Congress of the Communist Party of China. According to research findings, there are deviations between the existing cross-border e-commerce policies and the spirit of the 20th National Congress of the Communist Party of China. It is necessary to revise the cross-border e-commerce policies according to the spirit of the 20th National Congress of the Communist Party of China. In 2020, cross-border e-commerce policies were issued intensively, and it presented three stages. The number of cross-border e-commerce policies of local governments is more than that of the State Council and national ministries. There are great differences in different policy tools, and there are some convergences of policy types at different stages. We should pay close attention to the deviation between the existing policies and the spirit of the 20th National Congress in order to implement and take the advantage of cross-border e-commerce policies. Based on the guidance of the spirit of the 20th National Congress, the cross-border e-commerce policies of local governments and nation will be issued in order to realize the healthy development of cross-border e-commerce.

Keywords: Cross-Border E-Commerce Policy; Types of Policy; Policy Instrument; The 20th National Congress of the Communist Party of China

B.16 The Boats Ride the Wind and Waves Racing on the Water: Research on the Development of China's Cross-Border E-Commerce Service Ecosystem

Wang Xiaoyan, Hou Ruoxu and He Beibei / 251

Abstract: In China, the cross-border e-commerce has entered the stage of outbound brands from outbound products. The various service requirements of cross-border e-commerce sellers is growing day by day, appearing a large number of professional cross-border e-commerce service providers to enable the development of cross-border e-commerce sellers. At present, cross-border e-commerce service providers are accelerating in association with the capital market especially in the fields of logistics, payment and SaaS services. In addition, cross-border sellers have entered the service field, and the whole service ecology shows the characteristics of professional, ecological and standardized. Under the existing problems and the new development situation, cross-border e-commerce service providers should focus on improving the refined services, making the ecological service matrix, and enhancing the localized service capabilities. The cross-border e-commerce service industry shows the trend of increasing integration and mergers, accelerating the process of going overseas, and aligning with international economic and trade cooperation.

Keywords: Cross-Border E-Commerce; Service Ecology; Export

B.17 Research and Enlightenment on International Rules of Cross-Border E-Commerce Intellectual Property Rights Protection *Hong Yong*, *Li Yi* / 266

Abstract: Illegal infringement of intellectual property rights is one of the barrier of China's cross-border e-commerce enterprises going overseas. The intellectual property rights protection of cross-border e-commerce can improve the commodity premium and help enterprises get out of the low quality competition. Cross-border E-commerce intellectual property rights promote the transaction of digital businesses such as music, video, film, literature, software systems, and so forth. At present, the formulation of laws and regulations in China's cross-border e-commerce intellectual property rights is lagging behind, and there is no special regulatory authority for cross-border e-commerce intellectual property rights. In addition, the punishment for illegal infringement is relatively light. A part of small and medium cross-border e-commerce enterprises don't fully understand the intellectual property rights laws and regulations of the sales destination countries, and failure to prevent the potential infringement risks of intellectual property rights. Therefore, China should improve the legal and regulatory system, establishing a multi-party cooperation mechanism, widening channels of rights protection and assistance, building the public information platform, strengthening international cooperation and talent training.

Keywords: Cross-Border E-Commerce; Intellectual Property Rights Protection; International Rules

B.18 Collective Portrait of Domestic Products Going Overseas: The Aggressive Cross-Border E-Commerce Brand

Jia Ruijie / 278

Abstract: After the outbreak of the COVID-19 pandemic in 2020, the global e-commerce has accelerated comprehensively, completing the path of the next few years in advance, and gradually returning to the original growth curve with the end of the epidemic. In the constantly updated foreign trade data, cross-border e-commerce has made a significant contribution to the new industry, and also brings more dividend policies. Driven by more and more enterprises focusing on the independent brand development and the flow of platforms, the trend of China's cross-border e-commerce branded has become increasingly prominent. However, the brand influence between different enterprises is wide. It has formed a development situation of famous national brand, cross-border e-commerce native brand, manufacturer transformation brand and "trademark" brand to explore the international market. How to do well in brand marketing and attract customers overseas has become the compulsory course for all cross-border e-commerce enterprises. The sellers can make efforts in terms of products, dissemination, channel layout and other aspects to continuously improve the brand influence in combination with the experience of the leading brand in the industry.

Keywords: Cross-Border E-Commerce; Branding; Stand Alone Website

B. 19 Extension of Chain Value and Improvement of Node Value: The Digitization Path Selection of Cross-Border E-Commerce Supply Chain *Pan Yong*, *Pan Jiarui* / 293

Abstract: The management of global supply chain has always taken the notion of optimal allocation of resources, and used the basic principle of management of minimize the comprehensive cost. However, the difficulties and challenges of cross-border e-commerce supply chain make the rethink with the basic management principle of global supply chain in the post epidemic era. The digital economy of new infrastructure construction represented by big data, cloud computing, 5G and artificial intelligence provides the solution for the challenges and difficulties encountered by cross-border e-commerce supply and achieving high-quality development of cross-border e-commerce. This report stated that cross-border e-commerce is the development and extension of e-commerce and international trade in the digital economy. At present, e-commerce has entered a new stage of the development. It is necessary to enable cross-border e-commerce supply chain through digitization. And it put forward the digitized path selection of cross-border e-commerce supply chain. That is the extension of chain value and the promotion of node value. The report also takes the cross-border e-commerce supply chain of Songmics Home as an example to analyze the digitization experiences of the cross-border e-commerce supply chain, and puts forward strategic suggestions.

Keywords: Cross-Border E-Commerce; Supply Chain; Digitalize; Flexible

B. 20 The Current Status and Future Trend of Cross-Border E-Commerce in Pet Industry *Li Haoqiang*, *Li Jiawei* / 310

Abstract: With the growth of pet owners, "pet economy" has become one of the hotspots of global economic and trade。 Meanwhile, cross-border e-commerce and digital economy have become the new engines for global economic that has brought more opportunities. The report reviews the current status of the pet industry in the world and China, summarizes the development experience of the pet industry in the United States, Europe, Japan and other developed countries, and points out that China's cross-border e-commerce pet industry faces challenges such as the serious economic situations, the critical industry chaos, the lack of international leading enterprises, and the lagging development of medical care and life services. The author also thought that the standardization and compliance of the pet industry need to be further strengthened in current status. Pet product sellers should choose multi-channel going overseas and improve the innovative design capabilities. At the same time, there are great potential in the intelligent pet products, the pet health and life services that will be favored by more and more consumers.

Keywords: Pet Industry; Pet Product; Cross-Border E-Commerce

B.21 Analysis on the Theoretical Basis of Global Central Bank Digital Currency and the Path of Digital Chinese Yuan

Zhang Yukun, Zhang Nannan and Han Zhen / 329

Abstract: Central Bank Digital Currency can reduce the complexity and the intermediate cost of the monetary information transmission between countries. It is profit to improving the timeliness of monetary information transmission and cross-border trade and financial activities. And the international status of monetary is affected by the country's economic volume, the scientific and technological level, the international political status, the military power. Central Bank Digital Currency is insufficient to become the main factor affecting the status of international currency at present. Therefore, countries are actively exploring effective ways for local currencies to participate in international competition. Digital currency may remodeling the international monetary system. The research results of China's digital currency have laid the foundation for the internationalization of Chinese Yuan. The report compares and analyzes the advantages and disadvantages between the different digital currencies from the development process and trend of digital currency, further elaborating the governance and challenges of digital currency and giving prominence of the necessity of digital currency issuance by the central bank. Through analyzing the prospect of China's Central Bank Digital Currency, the report puts forward the countermeasures and suggestions on the development of China's Central Bank Digital Currency.

Keywords: Central Bank Digital Currency; Digital Yuan; Cross-Border Trade

Appendices 1: Chronicle of China's Cross-Border E-Commerce Industry Events in 2022 / 344

Appendices 2: Key Policies of China's Cross-Border E-Commerce Comprehensive Test Area in 2022 / 349

皮书

智库成果出版与传播平台

皮书定义

皮书是对中国与世界发展状况和热点问题进行年度监测，以专业的角度、专家的视野和实证研究方法，针对某一领域或区域现状与发展态势展开分析和预测，具备前沿性、原创性、实证性、连续性、时效性等特点的公开出版物，由一系列权威研究报告组成。

皮书作者

皮书系列报告作者以国内外一流研究机构、知名高校等重点智库的研究人员为主，多为相关领域一流专家学者，他们的观点代表了当下学界对中国与世界的现实和未来最高水平的解读与分析。截至 2022 年底，皮书研创机构逾千家，报告作者累计超过 10 万人。

皮书荣誉

皮书作为中国社会科学院基础理论研究与应用对策研究融合发展的代表性成果，不仅是哲学社会科学工作者服务中国特色社会主义现代化建设的重要成果，更是助力中国特色新型智库建设、构建中国特色哲学社会科学“三大体系”的重要平台。皮书系列先后被列入“十二五”“十三五”“ 十四五”时期国家重点出版物出版专项规划项目；2013~2023 年，重点皮书列入中国社会科学院国家哲学社会科学创新工程项目。

S 基本子库
UB DATABASE

中国社会发展数据库（下设 12 个专题子库）

紧扣人口、政治、外交、法律、教育、医疗卫生、资源环境等 12 个社会发展领域的前沿和热点，全面整合专业著作、智库报告、学术资讯、调研数据等类型资源，帮助用户追踪中国社会发展动态、研究社会发展战略与政策、了解社会热点问题、分析社会发展趋势。

中国经济发展数据库（下设 12 专题子库）

内容涵盖宏观经济、产业经济、工业经济、农业经济、财政金融、房地产经济、城市经济、商业贸易等12个重点经济领域，为把握经济运行态势、洞察经济发展规律、研判经济发展趋势、进行经济调控决策提供参考和依据。

中国行业发展数据库（下设 17 个专题子库）

以中国国民经济行业分类为依据，覆盖金融业、旅游业、交通运输业、能源矿产业、制造业等 100 多个行业，跟踪分析国民经济相关行业市场运行状况和政策导向，汇集行业发展前沿资讯，为投资、从业及各种经济决策提供理论支撑和实践指导。

中国区域发展数据库（下设 4 个专题子库）

对中国特定区域内的经济、社会、文化等领域现状与发展情况进行深度分析和预测，涉及省级行政区、城市群、城市、农村等不同维度，研究层级至县及县以下行政区，为学者研究地方经济社会宏观态势、经验模式、发展案例提供支撑，为地方政府决策提供参考。

中国文化传媒数据库（下设 18 个专题子库）

内容覆盖文化产业、新闻传播、电影娱乐、文学艺术、群众文化、图书情报等 18 个重点研究领域，聚焦文化传媒领域发展前沿、热点话题、行业实践，服务用户的教学科研、文化投资、企业规划等需要。

世界经济与国际关系数据库（下设 6 个专题子库）

整合世界经济、国际政治、世界文化与科技、全球性问题、国际组织与国际法、区域研究 6 大领域研究成果，对世界经济形势、国际形势进行连续性深度分析，对年度热点问题进行专题解读，为研判全球发展趋势提供事实和数据支持。

法律声明

“皮书系列”（含蓝皮书、绿皮书、黄皮书）之品牌由社会科学文献出版社最早使用并持续至今，现已被中国图书行业所熟知。“皮书系列”的相关商标已在国家商标管理部门商标局注册，包括但不限于LOGO（ ）、皮书、Pishu、经济蓝皮书、社会蓝皮书等。“皮书系列”图书的注册商标专用权及封面设计、版式设计的著作权均为社会科学文献出版社所有。未经社会科学文献出版社书面授权许可，任何使用与“皮书系列”图书注册商标、封面设计、版式设计相同或者近似的文字、图形或其组合的行为均系侵权行为。

经作者授权，本书的专有出版权及信息网络传播权等为社会科学文献出版社享有。未经社会科学文献出版社书面授权许可，任何就本书内容的复制、发行或以数字形式进行网络传播的行为均系侵权行为。

社会科学文献出版社将通过法律途径追究上述侵权行为的法律责任，维护自身合法权益。

欢迎社会各界人士对侵犯社会科学文献出版社上述权利的侵权行为进行举报。电话：010-59367121，电子邮箱：fawubu@ssap.cn。

社会科学文献出版社